# 多方法物流系统仿真教程

刘新全 主编

北京理工大学出版社
BEIJING INSTITUTE OF TECHNOLOGY PRESS

版权专有　侵权必究

## 图书在版编目（CIP）数据

多方法物流系统仿真教程/刘新全主编. —北京：北京理工大学出版社，2019.9
ISBN 978-7-5682-6423-5

Ⅰ.①多…　Ⅱ.①刘…　Ⅲ.①物流-系统仿真-高等学校-教材　Ⅳ.①F252-39

中国版本图书馆 CIP 数据核字（2018）第 234323 号

| | |
|---|---|
| 出版发行 / 北京理工大学出版社有限责任公司 | |
| 社　　址 / 北京市海淀区中关村南大街 5 号 | |
| 邮　　编 / 100081 | |
| 电　　话 / （010）68914775（总编室） | |
| 　　　　　（010）82562903（教材售后服务热线） | |
| 　　　　　（010）68948351（其他图书服务热线） | |
| 网　　址 / http：//www.bitpress.com.cn | |
| 经　　销 / 全国各地新华书店 | |
| 印　　刷 / 三河市天利华印刷装订有限公司 | |
| 开　　本 / 787 毫米×1092 毫米　1/16 | |
| 印　　张 / 24.5 | 责任编辑 / 王玲玲 |
| 字　　数 / 578 千字 | 文案编辑 / 王玲玲 |
| 版　　次 / 2019 年 9 月第 1 版　2019 年 9 月第 1 次印刷 | 责任校对 / 周瑞红 |
| 定　　价 / 98.00 元 | 责任印制 / 施胜娟 |

图书出现印装质量问题，请拨打售后服务热线，本社负责调换

# 前 言

物流系统仿真是通过计算机建立能反映真实物流系统规律的仿真模型，对模型进行仿真实验，对实验数据进行分析，进而科学地开展系统方案评价和系统分析的关键技术，为复杂物流系统设计提供了技术性和经济性的最佳结合点和直观有效的分析方法，为物流系统规划设计人员和物流管理人员提供决策支持。

本实验教程共分3个模块：模块一为CLASS仓库布局与仿真软件运用，包括CLASS软件的概述、绘图工具介绍、仓库布局、仓库仿真等，让学生在动手做实验之前，对物流系统仿真有比较全面的了解。模块二为物联网平台软件，主要包括牛鞭效应实验、多级库存实验、物流网络博弈实验和物流配送管理实验等，通过物联网平台实验，让学生加深库存管理和供应链管理等知识和博弈现象的理解与掌握，加强学生运用所学理论知识解决实际问题的能力；模块三Anylogic软件的仿真应用，对仿真模型的构建和模型验证方法进行了介绍分析，在实验内容安排上，从最简单的模型入手，让学生掌握模型常用属性设置、模型数据导入仿真、模型动画演示、模型图的标记方式、模型控件等基本仿真操作方法，有助于学生加深对物流系统的结构、功能及物流系统分析与优化等方面知识的理解。

通过本书的学习，读者不仅可以初步掌握物流系统仿真的基本原理，还可以掌握实际系统仿真的步骤与方法。

本实验教材由刘新全研究员主编，黄武、沈小静参与编写，其中实验原始资料（模型、文本和图片等）由北京格瑞纳电子产品有限公司提供并给予技术支持。

本实验教材在编写过程中，参考了许多国内外最新的研究成果，作者已尽可能地在参考文献中将这些研究成果列出，在此，谨代表编写组的成员向这些研究者表示诚挚的谢意。也可能因为我们的疏忽，引用了他人研究成果却没有在参考文献中体现，若有这样的事情发生，作者表示深深的歉意。

本书可作为工业工程、物流工程、物流管理、系统工程等专业的高年级本科生和研究生的教学用书。

# 目 录

## 模块一　CLASS14 软件

第一章　CLASS 简介 ……………………………………………………………（ 3 ）

第二章　仓库构建布局图 …………………………………………………………（ 8 ）

第三章　CLASS 仓库仿真 ………………………………………………………（ 19 ）

第四章　高级仿真 …………………………………………………………………（ 42 ）

第五章　CLASS 应用于仓库 ……………………………………………………（ 57 ）

第六章　单品拣选 …………………………………………………………………（ 67 ）

第七章　产品分区 …………………………………………………………………（ 78 ）

## 模块二　物联网平台软件

第一章　课程简介 …………………………………………………………………（ 87 ）

第二章　牛鞭效应实验 ……………………………………………………………（ 91 ）

第三章　多级库存（信息共享）管理实验 ………………………………………（ 97 ）

第四章　物流网络博弈实验 ………………………………………………………（104）

第五章　配送管理实验指导书 ……………………………………………………（112）

## 模块三　Anylogic 软件

第一章　模型构建 …………………………………………………………………（121）

　　第一节　巴斯扩散模型 …………………………………………………………（121）

第二节　银行模型 …………………………………………………………………（128）
　　第三节　传染病扩散模型 ……………………………………………………………（143）
　　第四节　谢林隔离模型 ………………………………………………………………（151）
　　第五节　生命游戏模型 ………………………………………………………………（157）
　　第六节　野火蔓延模型 ………………………………………………………………（161）
　　第七节　空中防御系统模型 …………………………………………………………（168）
　　第八节　案例分析 ……………………………………………………………………（182）

第二章　模型运行分析 ……………………………………………………………………（230）
　　第一节　巴斯扩散－比较运行 ………………………………………………………（230）
　　第二节　巴斯扩散－敏感度分析 ……………………………………………………（233）
　　第三节　传染病－校准 ………………………………………………………………（235）
　　第四节　传染病－实时图表 …………………………………………………………（238）
　　第五节　存量管理 ……………………………………………………………………（242）
　　第六节　传染病和诊所 ………………………………………………………………（248）
　　第七节　消费者市场和供应链 ………………………………………………………（257）
　　第八节　产品组合和投资政策 ………………………………………………………（262）

第三章　模型运行常用属性设置 …………………………………………………………（273）
　　第一节　将单位时间的事件写入模型日志 …………………………………………（273）
　　第二节　利用事件产生新智能体 ……………………………………………………（275）
　　第三节　当存量达到一定值时触发事件 ……………………………………………（277）
　　第四节　自动关闭长时间不用的设备 ………………………………………………（278）
　　第五节　在特定日期减缓模拟速度 …………………………………………………（280）
　　第六节　产品运输 ……………………………………………………………………（286）

第四章　模型数据导入方式 ………………………………………………………………（289）
　　第一节　使用 txt 创建 log 文件 ……………………………………………………（289）
　　第二节　从 txt 文档中读入表函数 …………………………………………………（291）
　　第三节　读取 Excel 中不同类型的数据 ……………………………………………（292）
　　第四节　运用 Java reflection 从 Excel 读取模型的参数 …………………………（296）
　　第五节　在 Excel 中以图表形式展示模型输出结果 ………………………………（299）
　　第六节　利用 ResultSet 从数据库载入数据 ………………………………………（301）
　　第七节　由数据库参数化建立智能体人口 …………………………………………（304）
　　第八节　把仿真运行结果导入到数据库表格中 ……………………………………（307）
　　第九节　在输入数据库之前预编译 …………………………………………………（309）
　　第十节　剪贴板操作 …………………………………………………………………（312）

第五章　模型动画演示 ……………………………………………………………………（315）
　　第一节　产品价格变动图形演示 ……………………………………………………（315）
　　第二节　电梯门开/闭动画演示 ……………………………………………………（317）
　　第三节　货币存量动画 ………………………………………………………………（320）

第四节　导弹攻击动画 …………………………………………………… (322)
　　第五节　电影院座位图 …………………………………………………… (324)
　　第六节　电影院选座动画 ………………………………………………… (326)
　　第七节　画出花的图案 …………………………………………………… (327)
　　第八节　产品投资气泡图 ………………………………………………… (329)

## 第六章　模型图的标记方式 …………………………………………………… (334)
　　第一节　使用颜色展示状态图的当前状态 …………………………………… (334)
　　第二节　显示/隐藏注释 ………………………………………………… (336)
　　第三节　从文本文档中读取图形 ………………………………………… (337)
　　第四节　找出所有红色圆圈 ……………………………………………… (339)
　　第五节　为任意数量的物体选择合适的颜色 …………………………… (340)
　　第六节　用透明图形标记覆盖范围 ……………………………………… (341)
　　第七节　用颜色的深浅表示人口密度的变化 …………………………… (342)

## 第七章　模型控件 ……………………………………………………………… (344)
　　第一节　滑块控制模型参数 ……………………………………………… (344)
　　第二节　利用按钮改变参数数值 ………………………………………… (345)
　　第三节　编辑框链接嵌入式对象 ………………………………………… (347)
　　第四节　单选按钮改变视景 ……………………………………………… (349)
　　第五节　文件选择器的使用 ……………………………………………… (353)
　　第六节　单选按钮控制滑块控件 ………………………………………… (354)
　　第七节　锁定控件于窗口左上角 ………………………………………… (356)
　　第八节　复制按钮 ………………………………………………………… (357)
　　第九节　不同视图区域超链接导航 ……………………………………… (360)
　　第十节　在鼠标单击处创建点 …………………………………………… (362)
　　第十一节　在任何区域单击来创建点 …………………………………… (364)
　　第十二节　组合框控制仿真速度 ………………………………………… (366)

## 第八章　3D 动画模型构建 …………………………………………………… (368)
　　第一节　带 3D 动画的简单模型 ………………………………………… (368)
　　第二节　三维物体的旋转——标杆标志 ………………………………… (371)
　　第三节　桥式吊车模型 …………………………………………………… (372)
　　第四节　带三维窗口与摄像机的简单模型 ……………………………… (375)
　　第五节　将摄像机固定到移动物体上 …………………………………… (378)

## 参考文献 ………………………………………………………………………… (382)

# 模块一
# CLASS14软件

# 第一章

# CLASS简介

## 一、本培训模块目标

本培训模块旨在讲解 CLASS 仓库布局与仿真软件的核心功能。课程由两部分组成：讲解展示与附带案例。

本模块讲解的建模规则与方法可以应用于解决更复杂的实际问题。所有 CLASS 的后续学习都是基于本模块所讲述的方法。

表 1-1-1 是本培训模块核心课程，以及相应练习案例。

表 1-1-1 本模块核心课程

| 操作实例 | 布局图学习成果 | 仿真学习成果 |
| --- | --- | --- |
| 布局画图工具 | 熟悉 CLASS 布局画图小工具 | 不涉及 |
| 单一存储区域 | 建立一个带有基础设施和宽式巷道货架的仓库布局图 | 学习建立入库活动、出库活动，设置物料运输车及执行任务的劳动力资源 |
| 多存储区域实例 | 在单存储区域上添加一个类似属于堆垛存储区域的第二个货架存储区 | 利用分离上架路线与拣货路线分布表使一个物料流可以产生不同区域中的入库和出库活动 |
| 高等三维动画 | 通过使用矩形对象可在布局图中设置三维填充模型，使用三维模型编辑器来定制三维填充对象 | 在仿真中使用自定义的三维模型图标 |

## 二、CLASS 仓库布局及仿真系统概述

### 1. 关键理念

CLASS 是一个布局设计与仓库仿真的整合系统软件。布局模块可使用户按照实际设施的比例或形象来建立和定义仓库中的基础设施；仿真模块中可以指定吞吐量、仓库中待执行的任务及可用的执行任务的资源。

仿真根据这些输入信息来产生详细的仓库运营活动，并且可以统计出当前的可用资源来

执行相关任务的性能指标。如果在仿真过程中某一时刻的资源数量不足，则会出现待处理的未完成任务，直至相关资源可用为止。任务执行队列情况、对运营过程中的服务性能指标的影响及相应资源的利用率和生产水平都会在绩效指标中体现出来。它也是基于我们熟知的离散事件仿真建立的仿真系统，提供了独一无二的评估仓库活动动态性能的能力，并可识别出峰值负载，以及各个活动之间的相互联系对仓库运营性能的影响。

**2. CLASS 仓库布局设计**

（1）布局菜单栏

所有布局和仿真功能都可以在工具栏中找到。其中，CLASS 的布局栏中包含了布局所需的所有设计工具。

菜单栏中的所有工具按键都会有数据提示，可方便、清楚地知道每个按键的具体作用。在应用程序菜单中，还可以通过"帮助"选项找到"帮助"菜单。

（2）画图工具和其属性

画图工具可在布局界面上的几何图形部分找到，可用于向布局图中添加文本、直线、圆、矩形及多边形。

画图工具中也可以向布局图中添加额外的细节，这些主要是用于装饰，不会影响仿真数据及仿真结果。

（3）仓库布局对象及属性

CLASS 布局图中的仓库专用对象工具，例如货架、理货区、装卸口等，会对仓库操作运营等有实际影响；而类似屋顶面板、仓库墙壁、理货区地面、柱体等，则会对数据统计报告产生影响。

可用的仓库对象包括：

①边墙工具，用于添加仓库边墙。

②柱体工具，用于添加支撑房顶或阁楼的柱体。

③房顶工具，用于添加屋顶。

④阁楼工具。

⑤货架工具。

⑥理货区工具，用于添加出入库理货区域。

⑦装卸口工具。

⑧路径工具，用于在布局图中添加路径。路径可用作动画路径（三维展示仿真过程中的自动化运输系统），或者用作移动路径（定义物料运输车的移动轨迹）。

⑨区域工具，添加检测阻塞或者限制物料运输车进入的移动区域。

⑩测量工具，测量布局图中的距离和区域面积。

**3. 如何使用仓库布局对象**

（1）选择模式

"选择模式"按钮位于菜单栏的布局工具栏中。

当选择模式激活时，鼠标可以用来对布局图中的对象进行选择、移动或调整大小等操作。当绘图栏中某画图工具被选中时，单击"选择模式"按钮将取消绘图模式。当某个对象被选中时，在其拐角处会出现控制柄。可以看到，其中存在一个中心带有圆圈的特殊的控制柄，其表示布局图中绘图对象的起始点。

若需选中某个对象，只需将鼠标放置在该对象附近，当鼠标呈现手形时，即可选择。为了依次选择相邻对象，单击鼠标右键，可弹出下拉列表，单击"下一个"按钮，可选择下一个最接近的对象。选中对象后，对应的属性面板将会弹出，在其中可以进行相应属性的编辑。若需重新调整对象的位置，鼠标光标将会更改为十字形，表示对象可以被调整。按住鼠标左键即可将对象移动至新位置。

（2）属性面板

属性面板中可以对对象属性进行编辑。例如，仓库屋顶或文本颜色。所选对象种类不同，属性面板内容也会不同，选项卡大致分为二维、文本、三维和仿真四种。

（3）拖动画布模式

拖动画布模式可以通过按住鼠标左键来使布局图区域整体移动。鼠标光标更改为拖动图表来表示当前拖动画布模式已激活。在选择模式下，可以通过按住鼠标滚轮拖动鼠标来拖动布局图。

（4）默认对象属性

当添加一个新对象时，将会按照默认属性来创建并添至布局图中。此时，设置和应用默认属性工具，允许保存默认属性并应用到其他对象。在布局菜单栏的剪切板下可找到此工具。

可以使用"设置默认属性"按钮将当前对象属性设为默认属性值。

"应用默认属性"按钮类似于 Office 软件里的格式刷，其将选中的对象格式设为默认属性值里已有的数值。

因此，这两个按钮结合使用可以将属性从一个对象传递至另一个对象。

**4. 视图菜单栏**

（1）缩放

缩放控制可以对布局图进行缩小和放大。单击"＋"按钮可以进行放大，单击"－"按钮可以对界面进行缩小。缩放也可以通过滚动鼠标滚轮来实现。

菜单栏中的缩放功能也可以对布局图进行局部放大。为了使用此功能，在"视图"菜单栏中选择此按钮，然后在布局图中选中将要放大的区域，即可实现局部放大。

（2）存储和设置视角

在 CLASS 中可以将感兴趣的不同视角点进行预览和存储。

若需保存某个视角点，使用缩放和移动工具将布局图定位在某个期望位置，然后通过视图菜单栏中的视角工具进行保存。

默认视角比较特殊，此视角可用于返回时的默认视图位置。

对一个视角保存后，需要对其进行命名或添加描述。

若想返回至以前已保存好的视角点，可选择"视图"按钮，然后在下拉列表选择要查看的视角。若想更新已有视角点位置，则重新定位界面上布局图的位置，从"保存"按钮中选择希望更改的名称。

（3）三维模式

"三维模式"按钮用于在二维与三维模式间进行切换。前面介绍过的大部分画图工具既可用于二维，也可用于三维环境下。

注意：三维颜色属性是与二维显示相互独立的属性，需在三维选项卡中单独进行设置。

在三维视图中，鼠标可用于选择对象、绘图及编辑布局图等，也可以用来控制三维视角。此外，键盘也同样可用于控制视角及在属性面板中输入数据。

1) 三维鼠标控制（表1-1-2）

表1-1-2 三维鼠标控制

| 鼠 标 控 制 | 功　能 |
|---|---|
| 单击左键 | 选择对象 |
| 按住左键进行拖拽 | 移动当前选中对象 |
| 按住鼠标滚轮进行拖拽 | 拉伸对象 |
| 滚动鼠标滚轮，按住进行拖拽 | 移动三维摄像头位置 |
| 单击右键 | 在此处创建视频摄像位置 |

2) 键盘控制

作为用鼠标控制三维视频的备选方法，当前视角控制模式不同，键盘指令功能也会有所区别见表1-1-3。当AVI管理器打开时，AVI摄像机模式即被激活。

表1-1-3 三维视角控制模式

| 键盘指令 | 上升/下降视角 | 翻转 | 绕点旋转 | 绕当前视角旋转 |
|---|---|---|---|---|
| ↑ | 上升 | 向前移动视角 | 向下旋转 | 向下旋转 |
| ↓ | 下降 | 向后移动视角 | 向上旋转 | 向上旋转 |
| ← | — | 向左移动视角 | 向左旋转 | 左旋转 |
| → | — | 向右移动视角 | 向右旋转 | 右旋转 |
| W | 上升 | 向前移动视角 | 向下旋转 | 向下旋转 |
| S | 下降 | 向后移动视角 | 向上旋转 | 向上旋转 |
| A | — | 向左移动视角 | 向左旋转 | 左旋转 |
| D | — | 向右移动视角 | 向右旋转 | 右旋转 |

3) 视角设置

视角菜单栏的设置工具包含可以显示/隐藏网格的控件、缩放控件、比例缩放及属性面板的显示/隐藏切换按钮。视角设置窗口中包含了视图的总体属性设置。

属性包括：网格捕捉（在布局图菜单栏中也可设置）；水平/竖直网格间距；元素选择；可见最大边界值；单位系统；背景颜色；前景颜色；货币单位；图像编辑器（用于三维填充编辑器）。

保存模型的操作方法：应用菜单中的"保存"选项；单击快捷键下的保存图标；使用快捷键 Ctrl + S。如需将文件保存至其他目录或保存为同文件名，可使用菜单栏下的"另存为"选项。

CLASS 模型保存为 .zpjx 格式文件，此格式文件中包含了所有布局图、仿真及模型中的资源数据。

在操作过程中，若出现数据覆盖或数据丢失，CLASS 会出现警告或错误提示。若出现提示，需仔细阅读提示信息，并做出相应更改。

若想恢复一个已有模型，选择菜单栏中的"打开"选项，或者快捷键 Ctrl + O。

### 案例：使用绘图工具

①创建一个新模型。使用"打开模型"选项来载入"cleanwithtextures.zpjx"文件（此模板中带有预先添加的填充图案及图片库）。

②确保使用"另存为"选项将模型另存为"exDrawing.zpjx"，这样可以避免覆盖最初的模型。

③添加一个矩形、多边形、文本框。尝试更改所添加对象的属性，例如，文本颜色和大小、多边形的填充图案、矩形的线条颜色。

④对于多边形，使用鼠标来确定每个顶点位置，若想结束多边形的绘制，可通过单击在界面顶端出现的"绘图完成"选项来结束绘图。

⑤单击"完成"按钮可完成绘图。"闭合"选项允许多边形在闭合和非闭合之间进行切换。

⑥使用设置默认属性和使用默认属性来加快添加相同属性的对象的速度。也可尝试"布局"菜单栏的"编辑"选项部分进行一些复制/粘贴或旋转操作。

⑦在二维和三维中均可以查看布局图效果。使用"视图"菜单栏下的三维按钮可在不同视角下切换。

⑧记得保存模型，使用菜单栏下的"保存"选项来保存此模型。

# 仓库构建布局图

## 一、使用网格选项

①绘图网格是可以帮助对齐布局图上的对象的一系列网格点。

②"视图"菜单栏中的布局图设置部分里的"网格"按钮可以将网格打开/关闭。

③在二维布局图中,网格呈现为类似于一系列网格线的交点。在三维布局中,网格呈现为一系列的网格线。

④若布局菜单栏中的"网格对齐"选项被选中,则此时用鼠标移动或定位一个被选中的对象,均会对齐于最接近的网格点。复选此按钮则可取消对齐网格功能。

⑤网格间距可以在系统设置窗口中更改,在此处可以设置水平和竖直方向的网格间距。

## 二、用作距离测量的尺寸工具

可以使用尺寸工具在布局图中添加测距线段。可以在属性面板中更改数字标签的位置及测量单位。

## 三、绘制仓库墙壁

①仓库墙壁中包含用于存储的对象。若想模拟整个建筑物,则墙壁可代表仓库建筑的实体墙壁。此外,也可以用来模拟整个实体建筑物中独立的子空间墙壁。

②在 CLASS 中绘制的墙壁,需要在其三维属性中设置高度及墙体厚度来显示其三维形象。

③仓库墙壁中的闭合区域相关统计数据会显示在仓库分析报告中,例如,区域面积利用率。

## 四、添加屋顶建筑

仓库每个点对应的屋顶高度都会对货架的层数有所限制。可以在其属性面板中将起始高度和末端高度设为不同数值来绘制出倾斜的屋顶。

为了能在二维和三维中看出绘制完成的屋顶,需要将"视图"菜单栏下的屋顶处于选中状态。

## 五、创建车辆装卸

①车辆装卸口表示车辆卸载或装车的位置。装卸口可以用于表示水平通道门或门机,或只是车辆装载或卸载的简易区域。

②尽管装卸口在布局图上看上去像一个矩形区域,但在其属性面板上,它有一些在仿真中涉及的数据,例如,车辆朝向(图1-2-1)或者卸载时间。

③装卸口的属性面板中,是用下拉列表中的各种箭头来表示不同车辆朝向的。箭头方向显示了车头在此装卸口出现时的方向,包括二维和三维。

④通过设置装卸口高度及门高可以更改装卸口的三维形象。在二维布局时,把装卸口的线条与墙壁重合时,CLASS便会自动在墙壁处显示出装卸口的形象,如图1-2-2所示。

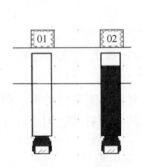

图1-2-1 车辆的朝向

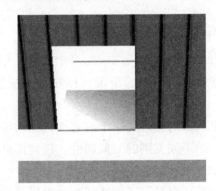

图1-2-2 在墙壁处显示出装卸口的形象

⑤装卸口将被用于后续仿真中,命名时,建议使用一些有意义的名称。例如,一致的编号方案,如"01""02""03"等,如图1-2-3所示。

图1-2-3 一致的编号方案

⑥可以使用"复制"和"粘贴"按钮来复制对象,或者快捷键Ctrl+C/Ctrl+V。在很多数据相同时,使用复制和粘贴功能会很便捷。使用自动命名功能,装卸口名称会在源上自动增加。

## 六、创建柱体

在规划仓库布局时,柱体的位置是很重要的,因为柱体位置会影响存储货架,因此减少了托盘或荷载数量。

一般来讲,柱体都是均匀分布在仓库中的,"批量复制"选项可用于快速产生起始柱体的多个副本。"批量复制"功能在布局菜单栏的"复制"选项下。屋顶高度会限制柱体的高度,所以可将其设为较高高度。

## 七、创建理货区

理货区用于模拟货物入库区（例如，用于对刚入库的货物进行检货、拆包/打包托盘等操作）或货物出库区（例如，在装载前进行打包托盘）。一个理货区可能既用作入库，也用作出库理货活动，此时此区域是共用的。

仿真过程中，会记录整个期间理货区所承货物数量，在仓库的不同流程之间，可承载容量的理货区可看作一个重要的缓存区域。

理货区也会用在后续的仿真中，所以建议设置有意义的名称，例如，"入库""出库"等。

若有多个不同的矩形区域，将其中一个用作放置入库货物，则可在"属性"菜单栏的"仿真"选项卡的理货区组 ID 中对其进行指定。在仿真数据中，只需要指定该组区域中的一个，则模型会随机向该区域分配特定数量的货物，数量与理货区面积成比例。

## 八、选择多个对象

有两种方法可用于选中布局图中的多个对象：单击不连续的多个对象时，按住 Ctrl 键并单击；选择多个连续的对象时，单击鼠标左键，拖拽鼠标，将待选择的对象框选在一个矩形中。

在属性面板上所做的更改适用于所有被选中对象。若选中的对象属于不同类型，则属性面板会显示可选择的不同类别的对象属性。任何不同类型对象所共有的属性适用于有此属性的所有对象（例如，线段颜色）。

属性面板顶端的列表显示了待选择的对象属性类别。

由于填充图案颜色对于两种对象是共有的属性，因此，设置的紫色填充已用于装卸口和理货区。

### 案例 1　　单存储区域 1——仓库布局

**一、仓库建筑设计**

①使用"打开模型"选项载入模型"the cleanwithtexture. zpjx"（此模板中含有部分填充图案及预先加载的图标库）。将模型另存为"exSingleArea1. zpjx"，保证源文件"the cleanwithtexture. zpjx"不被覆盖。创建仓库的墙壁、装卸口、理货区，使用尺寸测量工具来对尺寸进行测量。

②将网格尺寸设为 5 m×5 m，网格捕捉功能打开。

③使用图 1-2-4 中显示的名称命名，这样更方便比较结果。

④一旦完成，在模型中添加柱体和屋顶，并在三维视角中观察所建结构。

⑤尝试对几个对象进行多选，并更改其属性。

⑥在三维中查看布局。

⑦保存模型。

**二、创建存储区域**

仓库建筑设计完成后，添加存储货架及货架上的荷载。

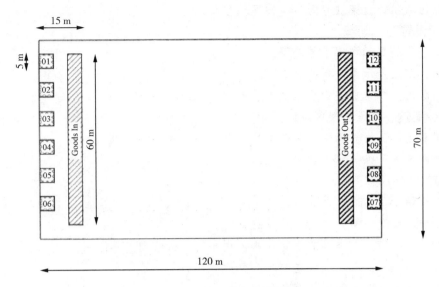

图 1-2-4　单存储区域

## 三、创建存储区域

每个货架都需要指定存储区。在仿真中,存储区用来描述仓库中不同区域的物料流向。

首先设置不同存储区的名称,指定一个有意义的名称,例如,"A01:大宗存储""A02:拣选区"等。

存储区域相关参数设置可在"布局"菜单栏的数据表部分找到。

## 四、创建荷载类型并定义存储需求

荷载是存储在货架上的物体(比较典型的是带有托盘的荷载)。荷载及托盘都可以进行尺寸及显示的设置。

可以创建不同种类的荷载来区分在不同存储区上的存储货位。例如,可用来区分整托盘存储货位与拣选区域货位,或者将产品分成不同组。

"荷载设置"可在布局菜单栏下的数据表中找到。

"填充图案"用在三维展示中。

"模型预览"会显示出荷载的三维形象。

在"仓库总结报告"中,CLASS 会统计出当前货架上所放置的每种类型荷载的数量及设置的目标存储数量。

## 五、创建货架

在绘图工具栏中单击"货架"按钮,拖拽鼠标即可绘出一组货架。

当货架被选中时,可以在属性面板中输入货架相关数据。

在货架属性面板顶端,需为此货架命名。在"货架"选项卡下选定货架类型(静态货架、驶入式货架、层板式货架、地面堆垛),并指定该货架所属的存储区域。

货架属性面板中有包含许多货架专属的选项,在其中可输入以下关键数据:

**1. 选项卡:货架**

**2. 属性**

①名称:选中货架名称。

②货架类型:从静态货架、驶入式货架、后推式货架、地面堆垛货架、层板式货架几种货架中选择。

③存储区域：此货架被分配的存储区域名称。

### 3. 显示设置
①图层：货架显示在哪个图层下。
②风格：二维显示中线条的类型。
③线条颜色：二维货架的显示颜色。
④高度/宽度：二维货架区域的尺寸。
⑤横梁颜色：三维显示中货架横梁的颜色。
⑥支柱颜色：三维显示中货架支柱的颜色。

### 4. 过道
①绘图起始于：巷道还是货架。
②起始横向过道：第一个横向过道的宽度。
③中央横向过道：中央过道宽度（需使用中央过道绘图工具绘制）。
④末端横向过道：末端过道宽度。
⑤过道宽度：货架内部的巷道宽度。
⑥过道编号：定义并应用一组过道编号。
⑦货架朝向：货架过道的朝向，即水平或者竖直。
⑧可伸缩：若勾选，则表示允许过道宽度可伸缩来填充空间。
⑨货架连接：用来将此货架与其他部分货架的末端进行连接。

### 5. 货格
①背靠背间距：每列货架的背靠背间距。
②货格配置：可选择背靠背类型或单排货架。
③货格深度：货格深度（包括支柱尺寸）。
④货格宽度：货格宽度（两个支柱之间）。
⑤多重深度间距：采取多货位配置的货架的货格间距。
⑥货格深位：货格深度维数。
⑦横梁宽度：货架横梁的宽度。
⑧支柱深度/宽度：货架直立支柱尺寸。
⑨每日成本：设置单位存储货格成本。

### 6. 层板数
货架范围配置：选择或创建一个层板配置。包括以下属性：
①名称：此范围的名称。
②层板数量：此层板范围内的层板数。
③净高：货格中可用的存储货物的竖直间距（两个横梁之间的间距）。
④横梁高度：此层板范围内的货架横梁高度。
⑤货架范围货物：存储在此货架范围上的荷载。
⑥旋转90度：将此货架的货物旋转90度（为了在宽度方向或深度方向上与货格匹配）。
⑦装载配置（宽度、深度、高度）：货格在三个方向上分别存储的货物数。
⑧存取暂存区：若选中，则表示此范围货架配置存取暂存区来进行窄巷道相关操作。

⑨地面偏移：货架的起始高度。例如，0 m 表示地面区域，5 m 则可表示将货架置于一个高 5 m 的积层架上。
⑩MHE 获取高度：运料车用来获取货架上货物的高度。
⑪货架屋顶间隙：货架的最上层横梁与屋顶的间距。
⑫最底层板偏移：货架的最底层层板与地面的高度差。例如，0 m 表示没有层板——底层货物放于地面上；0.2 m 表示在 0.2 m 处创建了一个横梁。
⑬立柱末端高度：最顶层横梁以上的支柱末端高度。

### 7. 存取暂存站

①起始存取暂存站：在巷道起始端配置存取暂存站，可从所有货架、奇数排货架、偶数排货架中进行选择。
②起始长度：巷道起始端配置的暂存站长度。
③末端存取暂存站：在巷道末端配置存取暂存站。
④末端长度：在巷道末端配置的暂存站长度。

### 8. 隧道

隧道连通高度：位于货架中的连通隧道高度（使用隧道绘制工具）。注意：这些隧道仅作为救灾通道，并不是货架巷道。后推式货架的拣选隧道也可在此处进行配置。

### 9. 边界

①起始偏移量。
为货架区域的起始端添加边界宽度。
②末端偏移量。
为货架区域的末端添加边界宽度。
③额外操作。
当货架被选中时，界面顶端会弹出荧光色标签，如图 1-2-5 所示。这些标签允许对货架进行一些额外操作。

图 1-2-5 荧光色标签

（1）分离货架
可以将一个货架拆分成两个相互独立的货架。当由于仓库本身的结构影响，一个存储区域中某部分的巷道长度较短时，可能需要将货架进行拆分。最好是为一个货架设置好全部的参数数据，然后再将此货架进行拆分，此时数据全部保存，因此只需要输入一次数据即可。
单击"分离货架"按钮，然后拉住货架上的控制柄至相分离的位置即可。

（2）中心巷道
添加中心巷道可以在切换巷道时减少行走时间。

为了在货架中间添加中心巷道,单击此标签上的"中心巷道"按钮,货架上的控制柄将会在两侧变为小的方形手柄。将控制柄移至需要产生巷道的位置——可能首先需要设置中央巷道宽度。当完成巷道的绘制后,再单击一次"中心巷道"按钮即可。

(3) 隧道

隧道的添加方法与上述添加巷道的方法类似。单击"隧道"按钮并将控制柄拖至货架中需要的位置。隧道将按照属性面板中指定的隧道高度创建出来。

当使用后推式货架时,"隧道"选项可用作创建货架中的拣选隧道。在其他类型货架中,这个功能是用作创建救灾通道的。注意,救灾通道在仿真中不能用作普通巷道。创建隧道时,先确定中央通道位置,然后将货架放置其上,将最低层板偏移高度设为隧道高度。

(4) 货物储存统计

单击"货物存储统计"按钮可以产生有关货架统计的报告。例如,创建了多少个荷载位置,是否符合期望值,由于柱体的原因损失了多少存储货位等。

(5) 货架视图观测

通过货架的各种视角可查看选中货架上放置荷载的具体情形,然后可以看到"视图"菜单栏上的各种选项。

检查这些视角以保证所设置的货架尺寸合适。例如,荷载是否与货架货格相匹配,是否悬空等。在不同标签上的数据验证项将会突出显示这些。

在这些视角选项下,可以从不同视角方向查看货架,可以选择前视图、后视图、左视图、右视图。

同样,可以为货架层板高度、巷道宽度、货格承装荷载后净高等添加测量尺度。

(6) 查看仓库统计数据

"布局"菜单栏上的"仓库分析"选项可以帮助获取全部存储结果,以及整个仓库的其他统计结果(不同于上述单个货架的统计元素)。

可以得到理货区区域面积及所创建的装卸口数量。

(7) 其他布局元素特征

①撤销/重复。

操作失误时也不用担心,使用"撤销"按钮即可恢复。可以撤销多个步骤的操作。

②打印和剪切板。

通过"文件"→"打印"选项可以打印当前的布局图,同时也有一个"打印欲看"选项,或者使用"复制"选项下的"将布局图复制到剪切板"功能将其存至剪切板,这样即可将其导入至 Word 或 PowerPoint 中。

许多数据表也可以复制至剪切板中,例如,案例中的货架数据。

布局系统中的正视图也可打印或复制至剪切板中,三维视图同样如此。

③图片及填充图案。

CLASS 可以导入多种标准图片文件格式,例如,导入 bmp、jpg、gif、png 格式文件至"视图"菜单栏下的图片库中。

保存在图片库中的图片可以通过图片绘制工具放置在二维布局图中,例如,可将公司 Logo 置于布局中。

填充图案可以用在仓库某些对象中来更改其三维形象,包括仓库墙壁、荷载及理货区。

填充图案是在图片库的图片文件中进行添加的。

例如,对于一个仓库来说,仓库墙壁或荷载的数码照片可以添加至图片资源库中,然后转换至三维填充图案中来美化三维形象。

图片包装方法会影响图片的填充效果。可以用一个立方体来尝试各种方法的包装效果。

显示尺寸决定了重复次数,若填充图案应用于尺寸大于图片大小的物体,会使用此参数。例如,若将公司 Logo 使用的填充图案的显示尺寸设为 1 m×1 m,而矩形尺寸为 2 m×1 m,则此时在该矩形中填充图案将显示两次。

在"视图"菜单栏下的"图片库"选项中可查看图片资源库或添加/移除图片。

CLASS 安装目录 CLASS2012 下的 Library folder 文件夹中会自带已加载好的图片文件。若想将新图片文件添加至模型中,单击"添加"按钮,浏览 Library \ Texture folder 文件夹来选择想添加的文件。

一旦将新图片文件载入模型中,可以单击"填充"按钮来将其添加至填充文件库。然后使用该图片进行填充,选择填充方法及显示尺寸。

## 案例 2: 单存储区域 2——存储货架

在案例 1 中添加存储货架,如图 1-2-6 所示(若未载入,请打开上一个案例完成的模型)。将模型另存为"exSingleArea2"。

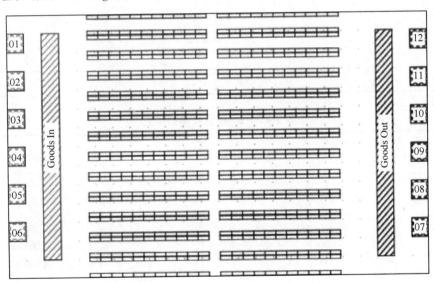

图 1-2-6 打开案例 1 的模型

创建一个存储区,命名为"A01—Bulk Store"。存储区域数据保持默认值。

创建一个新的荷载类型"Full Pallet",尺寸是:长度 = 1.2 m,宽度 = 1.0 m,高度 = 1.0 m。

托盘尺寸:长度 = 1.2 m,宽度 = 1.0 m,高度 = 0.15 m。

创建如图 1-2-6 所示的布局图,创建共 5 720 个货位。货架尺寸等参数按表 1-2-1~表 1-2-5 中的数据进行设置。

提示:建议在微调精确尺寸和货架在界面中的位置前先输入货架尺寸。当输入货架数据时,可能会更改例如巷道宽度或货架行与行之间空隙等布局图中货架的相关参数（表 1-2-1～表 1-2-5）。

**表 1-2-1　设置货架及过道的参数**

| 选项卡 | 属 | 性 |
|---|---|---|
| 货架 | 名称 | Racking |
| | 货架类型 | 静态货架 |
| | 存储区域 | A01—Bulk Store |
| 显示设置 | | 按个人喜好进行设置 |
| 过道 | 绘图起始于<br>起始横向过道 | 货架<br>3.000 m |
| | 中央横向过道<br>末端横向过道 | 3.000 m<br>3.000 m |
| | 巷道宽度<br>货架方向<br>可伸缩？ | 3.000 m<br>水平<br>是 |
| | 货架可连通？ | 否 |

**表 1-2-2　设置货格的参数**

| | | |
|---|---|---|
| 货格 | 背靠背间距<br>货格配置 | 0.200 m<br>背靠背 |
| | 货格深度<br>货格宽度<br>多深位间距 | 1.000 m<br>3.000 m<br>0.200 m |
| | 深位数<br>横梁宽度 | 1<br>0.100 m |
| | 支柱深度<br>支柱宽度 | 0.100 m<br>0.100 m |
| | 每日成本 | ￥0.00 |

表 1-2-3 设置架层的参数

| 架层 | 架层范围名称 | All Shelves |
|---|---|---|
| | 架层数 | 5 |
| | 净高 | 1.500 m |
| | 横梁高度 | 0.1 m |
| | 架层范围荷载 | Full Pallet |
| | 旋转90° | 否 |
| | 配置 | |
| | 横向 | 2 |
| | 深度 | 1 |
| | 纵向 | 1 |
| | 存取暂存区 | 无 |
| | 地面偏移 | 0.000 m |
| | MHE 连通高度 | 0.000 m |
| | 货架屋顶间隙 | 3.000 m |
| | 最底层板偏移 | 0.000 m |
| | 立柱末端高度 | 0.500 m |

表 1-2-4 设置存取暂存站的参数

| 存取暂存站 | 起始暂存站 | 无 |
|---|---|---|
| | 起始暂存站长度 | 0.000 m |
| | 末端暂存站 | 无 |
| | 末端暂存站 | 0.000 m |

表 1-2-5 设置边界的参数

| 边界 | 起始偏移量 | 0.250 m |
|---|---|---|
| | 末端偏移量 | 0.250 m |

观测货架的所有视图及存储区域，总结数据来确保已创建的货格数量正确。

若得到的货位数不正确，可以检查由于柱体导致的缺失货位数，或者检查货架的各个视图，观察是否有货架受到屋顶高度的限制。

在三维视图中尝试环绕观察仓库各个视角。

保存模型，名称仍为"exSingleArea2"。

### 扩展练习

#### 一、巷道分配标签实验

完成布局图后，尝试以下练习：

从布局菜单栏下的数据表部分选择巷道标签组，并创建一个新的标签组。然后，在货架的巷道标签处选择此标签组。尝试使用不同格式：

①单个字母，例如，A，B，…

②双字母，例如，AA，AB，…

③数字，例如，1，2，…或01，02，…或001，002，…

巷道数字也可使用起始文本选项来附加一些前缀，例如，C1，C2，…

默认起始字母或数字是列表中的第一项（A，AA 等，具体为基于格式）。然而，用户也可以在"起始于"选项中指定一个不同的起始标签。

在仓库中滤掉某些巷道字母，可以用来避免与数字混淆。为了在 CLASS 中实现此功能，可以使用禁用字符来排除标准字符集，或者使用"自定义排除字符"来定义自己想要的。

若想导入 WMS 数据（可见附加建模技巧模块）来反映不同巷道的吞吐量，或者重复实际拣选路线，将巷道提前定义标签是很有必要的。

#### 二、进一步增加的实验内容

①更改货架和荷载部分颜色。

②复制二维布局图、三维视角、正视图及货架数据表格到剪切板，并粘贴至 Word 文档里。

③导入图片到图片库中，并将图片和填充图案添加至单存储区案例中。

# 第三章 CLASS仓库仿真

## 一、分析仓库中的物料流及活动

在继续添加仿真前,首先要分析所仿真的仓库中的物料流及活动。

这个过程应该在建立仓库布局前进行,因为所涉及的物料流及活动可能会影响存储区域、理货区及月台在布局图中是如何定义的。

需要考虑的问题包括:

**1. 入库活动**

①到达方式是什么?
②车辆上的荷载装载量多大?
③货物将要被送至哪个存储区?
④车辆上的荷载最终被送至一个还是多个存储区?
⑤荷载被直接送到存储区还是经过一个或多个理货区域处理?
⑥进入的货物单元是整托盘上架存储还是需要拆分至多个存储位?

**2. 出库活动**

①车辆发车方式是什么?
②不同车辆上的货物数量有多少?
③货物从哪些存储区域进行拣货?
④车辆所装载货物来自一个还是多个存储区?
⑤拣货活动如何组织?(是整托盘拣货还是拆零拣选?)
⑥在存储区域中,是每个巷道均匀拣货还是部分巷道拣选速率较快,从而拣选频率更高?
⑦货物从拣选到装车环节经历何种理货操作阶段?如打包、重新装箱?

**3. 补货和进货**

①和拣选位相关的大宗商品存储在哪儿?
②哪些区域需要补货/进货?补货源从哪里来?

### 4. 物料运输车及资源
①可用运料车分别对应什么任务？
②每种类型车辆可用数量为多少？
③对应的性能参数分别有哪些？（速度、加速度等）

### 5. 劳动资源
①采取何种轮班方式？
②有哪些人员小组？待执行的任务分别由哪组负责？人数分别是多少？
③拣选后当天发货还是隔天发货？
④补货发生在白天还是晚上？

以图表进行展示可以很好地进行辅助分析，同时，可标注出存储区域并用箭头指示区域之间的物料流向。

## 二、建立仿真流

建立仿真流可以通过以下两种方式实现：
①将可视化的仿真模块与对话窗口结合使用。
②在本课程中使用可视化模块进行设置，还可以通过数据编辑器的方式来建立，这种方式将在后续的培训模块中涉及。

### 1. 设计模式
当切换至仿真界面时，CLASS 自动进入本模式。
可以在"视图"菜单中单击此选项来关闭设计模式。当仿真开始运行后，本模式自动被隐藏。

### 2. 仿真对象类型
仿真流程是通过在仿真界面中使用不同种类的仿真模块来模仿实际流程。在仿真界面中，每个对象都有相对应的图标，通过单击图标即可在仿真界面中添加所需对象。

入库流可设置到达货物数、到达时间及占用的卸货口等。如若需要，也可模拟车场交通。需结合一个或多个上架路线使用。

上架路线可设置入库理货阶段的所有处理活动、货物上架的存储区域。如若需要，上架过程也可设置为拆分上架。

出库流可设置发货数量、发车时间、所占装载口。如若需要，也可模拟车场交通。可产生一个或多个拣货路线。

拣货路线可设置待拣选货物的存储区、出库理货阶段的所有处理活动。如若需要，拣选过程也可设置为订单拣选。

货物转移流可设置每日移动次数、时间配置、转移源区域及目标存储区域。可使用拣货路线与若干个上架路线的组合。

拣货位的补货活动是由于不断地拆零拣选造成的，随后会产生存储区域的货位进货。

劳动人员的一个劳动班次是按班次执行任务的一组工人。每个班次都有一个或多个小组，任务被分配给各个小组，每个小组都可设置执行任务的员工数量。

自动传输系统若存在不是由仓库内资源直接执行的任务时，可以添加自动化物料传输系统。例如，可以模拟一个包装机器或者在理货区之间传递货品的传送带，也可在自动化运输系统上添加动画。

一个仿真模型中可以有多个不同种类的标签，例如，可能存在多个员工轮班标签，或多个不同方式的上架或拣货路线。

仿真标签会显示在模型界面中，可对其进行属性编辑、复制或删除等操作。

**3. 显示仿真标签**

每个仿真标签在界面中以矩形显示，标签中包括以下信息：

①易于辨识标签类型的仿真图标。

②当前标签的序号值。

③用于删除、复制、编辑仿真标签的按钮。

④用于显示和其他仿真标签或者仓库实体结构（存储区域、装卸口或理货区）之间连接的按钮。

图1-3-1显示的即是一个仿真标签。

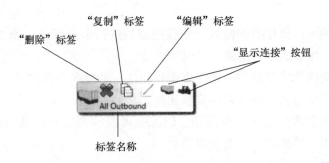

图1-3-1 仿真标签

**4. 显示仿真标签之间的连接**

试着切换标签上的连接显示来查看仿真标签之间或与仓库实体结构的连接情况。

**5. 重新排列仿真标签**

每个仿真标签在仿真界面都有其相应的显示位置。

通过单击、拖拽各个仿真标签，或者通过单击"视图"菜单栏下的"重排"命令，可以对其位置进行重新排列。可以选择待重新排列的标签种类。

**6. 编辑仿真标签属性**

通过单击标签上的笔形状的按钮即可进入编辑界面，在此可以对其进行属性编辑。

许多标签属性是从提供的列表中选择的，例如，存储区域是从在布局时所创建的存储区域列表中进行选择的。

另外一些仿真标签的属性是直接进入编辑或新建界面中进行编辑的，例如，可通过入库标签来创建车辆到达时刻表。

若某个必填区域没有填写完全，则相应的位置会以红色高亮标识，并且红色信息会提示缺失信息。

**7. 设计模式下的"向导"按钮**

在仿真菜单栏中找到该图标，通过此向导可以快速设置仿真初始数据。

向导可实现的功能包括：

①设置不同类型的分布表。

②建立执行不同任务的工作团队。

**8. 入库活动**

CLASS 使用入库流模块来代表不同类型或不同组的入库车辆。例如，不同的供货商。

每个入库流被分配给若干个装卸口，单位车辆可设置车载货物数、车辆到达模式及货物上架理货存储区数据。

入库流标签使用一个或多个上架路线来定义单元的上架存储方式。例如，理货区及目标存储区。

仓库可能有不同种类的车辆到达，分别承载不同类型货物，存至不同的存储区，但是需要调研的数据包括：

①出于仿真考虑，现实车辆是否应该被分组？CLASS 可以将每日车辆数、车载量、到达时间设为分布表形式，所以可以对其引入随机偏差，而无须为每一个车辆单独设置一个入库流。

②使用分组车辆可以简化数据输入，并且更容易进行多个可选方案之间的对比。例如，通过将所有车辆流量增加 20% 来模拟一个增长场景。

每一个分组车辆的货物存至一个还是多个存储区？若是多个存储区，则可以设置多个上架存储路线来指定存至不同区域的入库货物比例。

③入库活动中包含哪些理货处理活动？CLASS 可以模拟带有可选处理时间的四个理货阶段。例如，可以用来模拟验货、拆盘等活动。

**9. 分布表的用法**

需要仔细考虑如何设置驱动仿真的原始输入数据。在 CLASS 中解决了以下两种问题：

①仓库中操作信息的可用性和质量的变异性。

②需要模拟没有详细数据的潜在设计场景。

因此，CLASS 并非是基于 SKU 水平的数据。Cirrus Logistics 公司提出了用分布表的方式来解决以上两种缺陷。

分布表的概念贯穿于整个 CLASS 数据设置环节，其中数据是以百分比形式设置的，可包含一定程度的随机变化，基于可获取数据及所关注的问题对数据信息进行详略得当的设置。

设计模式中使用可以快速设置参数的分布表，通过以下例子展示 CLASS 中分布表的使用。

以下是使用分布表进行设置的一些数据：车辆到达时间、车载货物托盘数、理货区任务处理时间。

①车辆在中午 12 点至下午 3 点之间到达。

②每日 12 点之前无车辆到达。

③所有车辆截至下午 3 点全部到达。

④CLASS 中的分布应是：

12:00　0%

15:00　100%

⑤车载托盘数 15~25 个。

⑥所有车辆车载托盘数不小于 15 个。

⑦所有车辆车载托盘数不大于 25 个。

⑧CLASS 中分布应是：

15　0%

25　100%

⑨每个托盘检验时间为 1 min。

⑩所有托盘检验时间不小于 1 min。

⑪所有托盘检验时间不大于 1 min。

⑫CLASS 中的分布应是：

1　0%

1　100%

以上配置均是连续累积分布。连续意味着结果可在此范围中取为任意值，例如，车载托盘数在 15~25 个。累积是指百分比数字从 0% 累积至 100%。

## 案例 1　单存储区部分 1——入库流

①将模型另存为 "exsinglearea3"。

②将模型切换到仿真设置界面。

③在仿真流中选择入库流标签，按照以下数据进行属性设置：

a. 每日 20 辆车。

b. 到达时间：上午 9:00—10:30 之间随机到达。

c. 车载托盘数：单位车载数为 15~25 个。

d. 将装卸口 01~06 设为入库卸货口，选择方法为最低优先。

e. 卸载完毕后，车辆在卸载口停留 15 min 后离开。

f. 车辆在装卸口至少停留 30 min。

g. 命名：模块名字最好起得有意义。

④在入库流标签的上架属性框中，单击"编辑"按钮新建一个上架路线标签。对于此上架路线，需要进行以下参数设置：

a. 货物卸载至理货区。

b. 在理货区设置单位托盘处理时间 1 min。

c. 所有托盘均存储至单存储区 A01—Bulk Store。

d. 命名：建议模块命名有意义。

⑤尝试单击不同仿真标签之间的"显示连接"按钮。

⑥保存模型。

### 一、出库模块

CLASS 使用多个出库流模块来代表不同类型或者不同组的出库车辆。例如，主要的商店送货、当地的货车送货等。

每一个出库流都有分配的装货口、单位车载量、计划发车时间及存储区货物检索方式、理货阶段等相关信息。

出库流标签和一个或多个描述拣货方式的拣货路线结合使用。

出库流标签指定每组车辆的计划发车时间、使用的装货口、待装车货物如何拣选等设置。若在计划发车时间前拣选任务完成，则车辆会在早于计划时刻前到达装货口等待装车；若拣选活动未即时完成，则车辆将会显示离港晚点。

货品拣货可以模拟订单拣选或者整托盘拣货。订单拣选将在之后独立一章中详细讲到，拣选的货物会经历几个不同的理货阶段（例如处理前的打包）。

拣货起始时间指定了货品拣货的起始时间及装车的起始时间。

## 二、拣选及装载时间窗口

①CLASS 可设置从拣选到发车活动的参数，拣选和装车时间是在拣货路线标签的起始时间中设置的。每个拣货路线的拣选任务的开始时间见表 1-3-1。

表 1-3-1 开始时间设置表

| 每日最早时刻（绝对值） | 发车前相对时间 | 拣货起始时间标注 |
| --- | --- | --- |
| 0:00 | 24:00 | 这是默认设置。所有拣选任务均在每日零点时刻发生，与发车时间无关 |
| 10:00 | 24:00 | 拣选任务的发生均不早于每日 10:00 前，即所有拣选都会在 10:00 开始执行。提前 24 h 意味着无约束，因此不需考虑相对提前时间（只需按绝对时间即可） |
| 10:00 | 2:00 | 若发车时间为 15:00，则拣选在 13:00 起执行，此时相对时间为直接约束。若发车时间为 11:00，则绝对起始时间为直接约束，即拣选起始于 10:00 |
| 10:00 | 0:00 | 对于任意晚于 10:00 的计划发车时间，其拣选与发车为同时刻发生。对于早于 10:00 的发车时间，拣选于 10:00 开始。因此，所有出库车辆都会晚于计划发车时间离港。不推荐此方式 |

注意：每日最早时刻可以是单个数字，也可以是时间分布。CLASS 从分布表中采样，结合拣货路线来产生每个出库流的装载量。若一个出库车辆有 10 个使用此拣货路线的货物单元，则系统在其设置的分布表中采样一个时刻点作为这 10 个货物单元全部的拣货起始时刻。

②直接约束则通过比较绝对时刻和相对提前时间来给出拣货的实际起始时刻，见表 1-3-2。

表 1-3-2 拣货的实际起始时刻

| 每日绝对起始时刻点 | 分布表中采样点 | 比较后最终确定起始时刻 | 标注 |
| --- | --- | --- | --- |
| 10:00 | 8:00 | 10:00 | 不能早于绝对时刻点 |
| 10:00 | 12:00 | 12:00 | 由于采样时刻点晚于绝对起始点，因此拣货活动被推迟 |

③相对（相对于计划发车时间）提前拣货时间可以降低理货区容量溢出情况，但是也可能出现拣选活动被推迟，导致车辆未在计划发车时间内离港的情况。若车辆未满足其计划离港时间，则 CLASS 软件中会存有记录。

④同理，可以通过装载起始时间来决定出库车辆的装载方式。若仓库中拖车资源数量充足，则无须限制装载起始时间，因为此时托盘一旦在出库理货区准备好，车辆即可进行装载。若出库车辆来自别处，则它们只能在规定出发时间前某一时刻到达（表1-3-3）。

表1-3-3 装载起始时间设置

| 绝对起始时刻点 | 相对（出发）提前时间 | 装载起始时刻标注 |
| --- | --- | --- |
| 16:00 | 24:00 | 装载任务16:00后才开始执行。整理好托盘即可装载，提前24 h 意味着提前时间并不是直接约束 |
| 16:00 | 2:00 | 若车辆计划出发时间为19:00，则装载任务起始于17:00，此时提前时间（而不是绝对时刻）为直接约束条件。然而，若车辆计划出发时间为17:00，此时绝对时刻更晚，则此时为直接约束，因此装载起始于16:00 |
| 0:00 | 2:00 | 在车辆计划出发点前提前2 h 进行装载 |
| 0:00 | 24:00 | 此时出库货物托盘一旦准备好即进行装载，无须考虑规定离港时间 |
| 16:00 | 0:00 | 若计划发车时间在16:00之后，则装载与车辆出发为同时刻。因此不推荐此方式 |

### 三、物料流分析器

①物料流分析器可以快速有效地核对输入数据。

②允许在运行仿真前核对输入数据，比较输入数据中定义的入库/出库货物量，并在报告中使用不同颜色来标识潜在问题。

③分析器核对的存储区内活动种类包括整托盘上架与检索、拆分存储、订单拣选、存储区之间物料流转移及分拣线上的补货与进货等。

④在大型模型中，利用此报告来突出数据方面的潜在问题是很有必要的。分析报告中的颜色标识定义见表1-3-4。

表1-3-4 分析报告中的颜色标识定义

| 绿色 | 良好，入库与出库货物量平衡 |
| --- | --- |
| 黄色 | 出入库货物量不平衡，差额在允许范围内 |
| 红色 | 出入库货物量不平衡，差额超出允许范围 |
| 蓝色 | 未做比较 |

## 案例 2　　单存储区域部分 2——出库活动

①将模型另存为"exsinglearea4"。
②单击检索路线图标,添加一个检索路线标签,按如下要求来设置此标签属性:
a. 托盘被送至出库理货区(没有额外理货阶段)。
b. 托盘在出库理货区域存在处理时间为 30 s/托盘。
c. 所有托盘从单存储区域 A01 进行拣货。
d. 检索活动在中午 12:00 开始。
e. 命名:命名须有意义。
③单击"出库流"按钮,添加一个出库流,按如下要求设置属性参数:
a. 每日发出 30 辆车。
b. 发车时间均匀分布在 14:00—18:00 之间(分布表的采样方式选择"均匀分布",而不是系统默认的随机采样)。
c. 单位车载 20 个托盘(分布表中设置为常数)。
d. 使用装货口 07～12,选择"最低优先方式"。
e. 装载完成后,在装载口停留 15 min 后离开。
f. 在装载口至少停留 30 min。
g. 单击"检索"按钮,选择已创建的单一检索路线。
h. 命名:命名须有意义。
④输入时间时需注意时间单位,有些是"小时:分钟"格式,有些是"分钟:秒"格式。
⑤创建入库流和出库流之后,可以使用物料流分析来检验物料流量。
⑥保存模型(仍保持初始时命名:"exsinglearea4")。

### 一、分析物料流来理解任务

输入的入库/出库活动的仿真物料流会产生特定的待执行任务,在仓库中直接体现为一些不同种类的任务。分析模型中的物料流向可帮助深入理解存在哪些待执行任务。以下以单存储区为例进行说明,图 1-3-2 和图 1-3-3 所示为理货区处理活动。

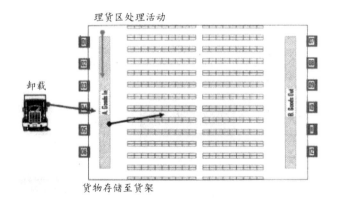

图 1-3-2　理货区入库处理活动

整托盘上架活动产生的任务如图 1-3-4 所示,整托盘检索活动如图 1-3-5 所示。

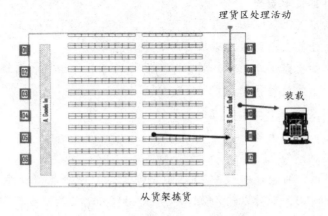

图 1-3-3 理货区出库处理活动

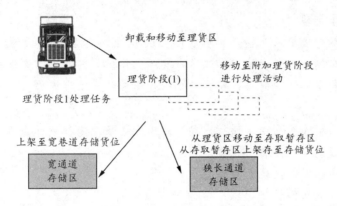

图 1-3-4 整托盘上架活动产生的任务

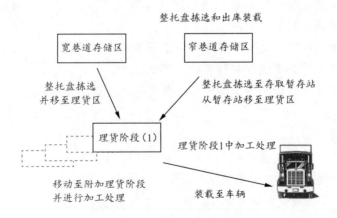

图 1-3-5 整托盘检索活动

这些图展示了仓库内一系列任务配合的常见方式，然而许多变化都是可能的，例如，入库活动后续可能没有理货阶段，即此时上架任务将货物从卸货口直接送至存储区。同理，若仓库内没有出库理货区域，则检索活动将整托盘从宽巷道存储区直接送至出库车辆上。车辆在拣货任务结束后到达装货口进行装载，此时虽然不存在理货区域，但仍可以指定在车辆上所发生任务的处理时间。

## 二、员工和物料运输车资源

在仿真时，需指定可用员工数及人员分配方式，例如，在不同的工作区域由哪组员工去执行，具体执行什么任务，每组员工采取哪种轮班方式等。

同时，也需指定物料搬运车数量及对于不同种类任务具体由哪种车辆执行。

## 三、员工轮班、小组及轮班制度

在仿真界面中，添加一个员工轮班标签来代表劳动资源。

员工轮班标签包括以下参数：

①每日轮班制度。

②设置轮班制度时，可使用扩展的24小时制。例如，一个轮班小组工作时间是从下午10:00至第二天上午6:00，则可以输入22:00至30:00。

③轮班小组所在的工作区域（工作区域将在后续仿真技巧中深入讨论）。

④小组个数、员工数量——每一个小组的人员按优先级顺序去执行任务。

## 四、物料运输车类型

每一种可用车辆的数量及车辆性能参数可以在MHE类型窗口中设置。每种任务需要有一类运输车及操作车辆的员工去执行。注意：实际工作时，某些不需要车辆执行的任务在仿真中也需要分配运输车，但此时可以定义一个驾驶车辆的员工去操作，基本上可以模拟人工操作。

仿真中运输车的运输时间由车辆行进参数及提升下降性能参数计算得出，如下例子：

①在理货区和装载口之间移动托盘。

②在理货区和存储货架区域之间移动货物。

③在不同存储区域间转移货物。

## 五、标准车辆任务分配

运料车作业仿真中的每一项任务均需指定由工人操作去执行任务的物料运输车（除非任务分配给自动化系统执行）。

通过运料车作业按钮可以定义和更改被分配任务的车辆类型。

可以使用此功能来分配不同的车辆去执行不同任务。

若希望将仓库不同区域中相同类型的任务分配给不同运输车去执行，则需要用到工作区（详见工作区章节）。

## 六、工作区介绍

CLASS中使用工作区的概念来控制人员及运输车任务的分配。

每一个存储区和理货区都只能属于一个工作区。一个小型简单的仓库可能只需要一个包括所有员工作业组和仓库基础设施的工作区，而复杂情况下可能需要多个工作区。

①若仓库中存在若干个不同温度的区域（例如，三个隔间：常温、低温及冷冻），员工组分别作业在不同区域内。

②若仓库一些区域需要特定运输车执行任务（例如，若某区域的存货由于是非托盘承装，则可能需要带夹具叉车来执行上架任务，而其他存货为整托货品，因此指派普通叉车即可）。

默认情况下，CLASS会自动创建一个名为"whole warehouse"的单一工作区，其中包含了所有存储区域及所有理货区。

而对于每个工作区，用户都可以通过设置其参数属性将其中涉及的任务分配给特定运输车。

人员轮班标签含有工作区优先级列表，这意味着可以限制某班次工人只工作在仓库的特定区域中。

工作区的概念将在其他培训课程中详细讲解，同时，在仿真"帮助"→"常见问题"中也有涉及。

## 七、运行仿真

单击"开始"按钮即可运行仿真。仿真会按照设置的物料流量及员工作业方式来运行，也可以通过单击"开始"按钮下的"仿真持续运行至"选项将仿真运行设置为运行至某个时刻点。

仿真也可以重复运行若干周。一次仿真运行结束后，再次单击"开始"按钮可以运行至下一周。若将仿真运行超过一周，前7天的仿真结果被清空来显示下一周的结果。

也可以关闭动画显示来提高仿真运行速度（注意：当测试模型时，不建议关闭动画显示）。

重新运行仿真。例如，修改了某些数据后，需单击"重置"按钮将仿真时间置为0时刻，重新运行模型。

## 八、数据完整性检验

当仿真开始运行时，为防止关键信息丢失，系统会检验数据的一致性。若有任何数据丢失或定义不正确，则编译器会弹出描述问题的信息，并且仿真不会开始运行。

在仿真再次开始前，可以使用编译器提示的信息来找到错误数据并进行修正。

## 九、操作员及车辆状态

在仿真运行时，将鼠标放置在车辆、操作员或理货区上时会出现数据提示，这对于检验模型及展示模型的逻辑是很有帮助的，如图1-3-6~图1-3-8所示。

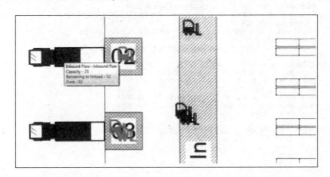

**图1-3-6 卸货口的一个入库车辆**

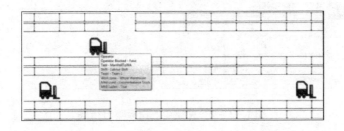

**图1-3-7 在货架上执行上架任务的运输车**

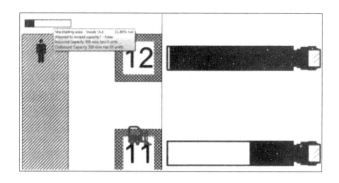

图1-3-8 出货理货区的容量

## 十、分析仿真结果

仿真输出结果通过仿真界面中仿真分析部分的"关键绩效指标"按钮获得，在这里关键绩效指标及所有其他仿真输出都可获得（图1-3-9）。

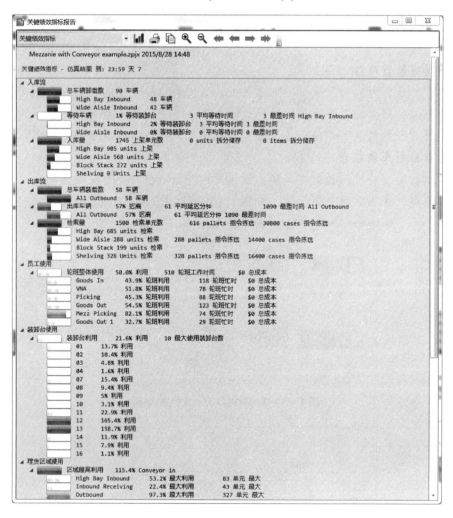

图1-3-9 关键绩效指标输出结果

"帮助"文档中包括了图表形式或表格形式输出的详细描述,通过这些报告可以理解整个仓库的操作流程,优化后可以提高效率及性能,见表1-3-5。

表1-3-5 "帮助"文档的内容

| 结果 | 使用举例 |
| --- | --- |
| 关键绩效指标 | 统计结果,如仓库吞吐量、作业组整体利用率、理货区最大利用情况。<br>采用类似于交通灯颜色的标识来突出潜在"瓶颈"问题。<br>双击某一项即可进入详细统计界面,单击 ![图标] 即可返回至KPI界面 |
| 任务完成率统计 | 检测产生任务的完成比例。当前比例是否合理?若不合理,则检查已分配的处理时间 |
| 理货区利用率 | 是否有容量溢出的区域?<br>若理货区有容量溢出,可以考虑任务优先级是否可更改。例如,若出库相关任务的优先顺序是装载、理货区处理、检索,这可降低在出库理货区所停留的货物数量。同时,为了保证检索活动及时完成,需添加一个小组来顺序执行检索、理货处理、装载等任务 |
| 作业组利用率及故障 | 检查小组作业时的人员使用情况及闲置情况,若利用率非常不均匀,则考虑员工数量是否可更改,以节省部分劳动力。若利用率全天都有较大的峰值,则是否可更改入库活动时间、拣选或出库活动时间来平衡工作量 |
| 车辆服务时间 | 车辆实际离港时间与规定时间相比是怎样?若大部分车辆存在离港晚点情况,是否可将拣选活动时间提前或增加拣选人员数量?检索和装载任务起始时间遵循什么规则 |

## 十一、模型测试与校准

仿真后最好检查一遍仿真中任务的执行情况,以此来验证关于工作量的基础数据和相关时间设定已按照期望正确输入。最终报告中的结果图表也可以用来进行测试或检验关于模型的数据,具体步骤见表1-3-6。

表1-3-6 模型测试与检验步骤

| 检查每类任务的完成数量(KPI报告及任务完成情况报告) | 装载或卸载车辆数是否符合期望值?进行卸载或装载活动的托盘数是否正确?很有必要核对吞吐量数据输入是否正确,因为这是仿真结果的关键驱动因素 |
| --- | --- |
| 在仿真结束时是否存在未完成任务?(KPI报告、任务队列状态报告及历史统计图) | 若存在,需先检查是哪项任务存在未完成情况,以及是否存在未执行任务。若存在某任务未被执行的情况,则检查该任务是否已分配了劳动员工及运输车。若某任务部分被执行,检查劳动员工或运输车是否被充分利用 |
| 比较任务完成率或当前操作所需劳动员工数量(任务完成率统计报表) | 在某些情况下可能需要模拟对仓库所做的修改,此时建议设置一个基本模型模拟原始状态,接下来便可将修改后的仿真结果与原始状态做比较 |

查看附录仿真技巧模块和仿真帮助常见问题章节来进一步了解模型校准。

## 案例 3　完成单存储区仿真——劳动工人、运输车，仿真测试，实验

导出案例 2 中的仿真模型，将模型另存为 "exSingleArea"。

### 一、分析仓库内部物料流

考虑仓库中产生的任务种类，描绘出任务流及布局图中的任务序号，来观察将要产生的不同种类的任务。

### 二、完成仿真数据——劳动力和运料车资源

单击人员轮班按钮来创建人员轮班标签，按如下要求定义数据：

①工人工作总时间应该无间断地覆盖案例 1 和案例 2 中给定的车辆到达时间及目标发车时间（9:00—18:00）。

②效率及可用性比例采取默认值 100%。

③将此轮班分配给整个仓库工作区。

④创建一个独立组。

在组与任务的对话框中，单击双箭头按钮来设置小组任务。此时将会按照优先级顺序将任务分配给相应小组。小组人数初始值设为 10 个。

### 三、运行仿真，检查数据是否填写正确

表 1-3-7 重申此例的入库/出库活动货物数量。

表 1-3-7　入库/出库活动货物数量

| 入库活动 | 出库活动 |
| --- | --- |
| √每日 20 辆车在 9:00—10:30 之间随机到达<br>√单位车载托盘数在 15~25 个不等<br>√卸货区域每个托盘处理时间为 1 min<br>√所有托盘全部上架存储 | √每日 30 辆车在 14:00—18:00 之间发车<br>√单位车载托盘数 20 个<br>√托盘均为整托检索，并运至出库理货区<br>√单个托盘处理时间为 30 s |

根据以上信息计算不同类别任务的预估任务量，并将预估值输入表 1-3-8 中。

表 1-3-8　预估值统计表

| 任务描述 | 预估任务量 | 仿真中完成的任务量 | 仿真中任务完成率 |
| --- | --- | --- | --- |
|  |  |  |  |
|  |  |  |  |
|  |  |  |  |
|  |  |  |  |

运行仿真，观察动画运行过程是否符合期望。

观察期望任务量是否均已完成，根据 KPI 报告来检测吞吐量是否符合预期设置，观察任务完成率及任务完成状态报告，根据你的估计值输入结果。

### 四、模型实验

使用运行时员工和车辆的数据提示来理解模型的运行状况，观察是否所有车辆均准时离港（检查车辆服务时间报告）。

观察3D运行界面。

决定所需操作员工的合适数量及理货区所需面积。

①与小组成员一起观察实验结果,并讨论怎样能得到最优结果。

②一旦实验完成,保存模型(保存布局图,并使用"模型另存为"将模型另存,此时可以在此模型基础上添加一些描述,但是仍命名为初始文件名)。

③是否有车辆等待卸货?有哪些可选的优化方案来避免入库车辆的卸货等待问题?

④尝试入库/出库流上不同的装卸口选择规则,并观察会对装卸口利用率产生的影响。

⑤考虑劳动员工的优先级顺序,尝试将员工分为不同优先级的任务小组。实验观察不同任务优先级顺序对结果的影响。

### 五、布局选项

**1. 移动至特定坐标**

移动及延伸对象至某一位置的方法在CLASS2012中进行了明显的优化,以下是一些使用方法举例。

(1)捕捉拖拽点

可在布局图菜单中选择"捕捉"选项。

当此功能被激活时,布局图中的每个对象都会在拖拽点出现红"×",同时,在界面中控件会呈现为浮动面板,并可将特定拖拽点"×"拖到其他红"×"处来选中某个对象并对其进行移动,如图1-3-10所示。

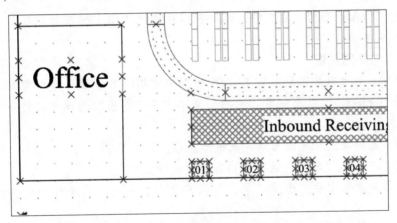

图1-3-10 布局图中的每个对象都会在拖拽点出现红"×"

此面板控制选项中,呈现蓝色的面板块是当前被选中功能,数据提示会显示每个按钮的功能。手形工具可以将面板在布局图中移动。

将对象拉伸至某个红"×"标记的位置,如图1-3-11所示。

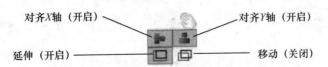

图1-3-11 将对象拉伸至或移动至某个红"×"位置

确保已单击并拖拽控制柄来激活连接点捕捉模式。单击布局图中的对象，按照正常方式移动即可。

（2）拉动

拉动功能可以允许对象进行移动或延伸至某一绝对或相对位置。

若需激活此功能，右键单击想拉动对象的控制柄，从弹出的菜单中选择"拉动"选项，将打开"拉动"菜单界面。

选择需要的拉动模式：延伸将按照已有的拉动设置来重设对象大小；移动将按照设置来移动已选中对象。

用户可以指定更改 $X$ 轴坐标或 $Y$ 轴坐标，或者同时更改 $X$ 轴和 $Y$ 轴坐标。

新坐标可以被指定为一个相对位置。此选项将可以沿 $X$ 轴或 $Y$ 轴对选中的控制柄移动或延伸一定的偏移量。

也可以使用"推进"选项来移动或延伸对象至仓库其他对象的相对坐标。首先选择想移至对象的控制柄，右键单击此对象，选择"获取相对坐标"，然后选择想移动的对象，右键单击，选择"拉动"→"获取坐标值"即可进行连接。

选择好对象或对象组后，选择"导出"菜单选项，并选择文件名和文件存储路径即可。

若明确想移至的精确坐标，选中的控制柄可以被移至一个特定绝对网格坐标。

一旦参数设置完成，单击"确定"按钮进行推进。选中的对象将被移动或延伸至新位置。

一旦导出为 CLASS 布局元素文件，此对象即可通过"CLASS 布局元素"菜单选项导入到其他 CLASS 项目中。

**2. CLASS 布局图元素**

布局图中的对象可以导出到其他 CLASS 模型中使用。对于单个或群组对象，可通过选择布局图中的"onjects"，以及使用"应用"菜单中的"导出"选项来将其导出为 .cle 格式（CLASS 布局图元素）。

为了导出一组对象，首先必须对对象进行多选。

接下来在菜单栏的"建组"选项中将其设为一组。

单个或一组对象选中后，选择"导出"菜单选项，然后为其选择一个存储路径，命名文件。

一旦导出为 CLASS 布局元素文件 .cle 文件后，此对象可以通过"导入"→"CLASS 布局图元素"菜单选项导入到之后的任意一个 CLASS 模型中。

**3. 关于柱体**

可以通过微调货架位置来尽量减少由于支柱的存在而造成的存储损失，可以将单个货架对象拆分为多个货架来重新布局，以避免柱体位于货架中。

具体操作是：先选中待分离的货架，在出现的"属性"菜单栏中选择"分离货架"来对其进行拆分。

一旦分离完成，拆分后的货架属性可以各自独立地进行更改。

**4. 仓库存储成本**

存储系统的建造成本可以在货架属性的"货格"选项卡中对其进行设置。不同种类货架的单位货格成本可以不同。

为了表示不同种类货架的成本，在"单位货格成本"处输入数据即可。

若想更改货币单位或者创建一个新的货币单位定义，可到"视图"选项卡中的"设置"窗口处更改。

如果单位货格成本不为 0，则 CLASS 会自动计算所创建的货格数的总成本，最终结果会显示在布局图中的仓库分析报表中。

## 六、其他仿真功能

### 1. 加入物料流的多存储区

一个仓库可能包含多种存储方式，在 CLASS 中可以用不同存储区域来表示。例如，整托商品的存储会异于拆零区域。

一个已有的货架可以使用工具栏上的"分离货架"按钮来将其分离为两个货架的属性，以引入一个新的货架，也可采用在布局图中直接绘出的方式来添加新的货架。

若在模型中创建额外的存储区，则需要将存储区添加到工作区中。工作区属性也可在"员工轮班"对话框中进行设置。

通过设置不同的上架路线，可将入库活动与多个存储区关联起来。若入库车辆中的待卸载货物存至不同存储区，则此时需设置分离上架路线。

分离上架路线配置是在入库流中单击"ADD Split"按钮，选择相应的上架路线，并对每个路线设置所占比例。出库单元也可通过设置多个检索路线来模拟从多个存储区获取货物。若出库车辆包含来自多个存储区域的荷载，则通过在出库流中采取与入库流中同样的方法添加分离检索路线即可。

当多个存储区域的货物由一个出库流出货时，人员组织及任务优先级处需仔细考虑，以确保不同区域之间的平衡，以便拣选出的货物均匀到达出库理货区。在任务量较大的仓库中，劳动员工可能需分为若干个不同小组，此时会更容易控制任务执行的优先级。而在小型仓库中，若有许多不同的小组，可能会导致员工利用率较低。

对于多存储区的仓库来说，分析仓库中的物料流显得尤为重要。例如，可以大致描绘任务流及待执行任务。

### 2. 分离上架及检索路线

早前已了解如何在 CLASS 的配置表中表示车辆到达时间、处理时间及目标发车时间等。在分离上架或检索路线时，指定 CLASS 在不同存储区域间的分离比例。例如，对于托盘存取，平均 70% 比例遵循上架路线 1，20% 遵循上架路线 2，10% 遵循上架路线 3。

可以分别设置分离上架路线配置表和检索路线，见表 1-3-9。

表 1-3-9　设置分离上架路线配置表和检索路线

| 路线 1 | 70% |
|---|---|
| 路线 2 | 20% |
| 路线 3 | 10% |

## 案例 4　多存储区（大宗存储及堆垛存储）

在此案例中，需修改单存储区仓库，来引入一个堆垛存储区域，此区域将用于存储来自整托存储区的不同类型的货物。

### 一、更改布局图

由于希望使一部分货物存储于与最初的整托存储区不同的堆垛区域，因此需为堆垛区域引入一个独立的存储区，如图 1-3-12 所示。

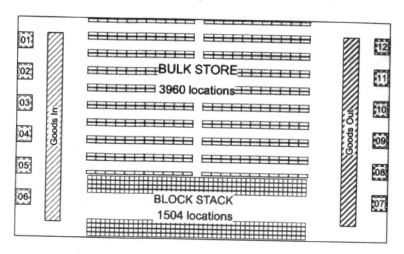

图 1-3-12　引入一个独立的存储区

①创建一个新的存储区，命名为"A02-Block Stack"。

②为此区域创建一个新的立方体荷载类型，三维尺寸分别为：宽 1 m、高 1 m、长 1 m，不使用托盘。

③减小大宗存储区面积，根据图 1-3-12 来为堆垛存储区域添加一个新货架。注意：尽管堆垛区域实际上并未使用货架，但仍用布局图中的货架对象来表示。

④为了定位堆垛区域，关闭网格捕捉功能。

⑤观察三维布局图。注意，由于此时无货架，需要在 3D 界面中开启货物显示功能，确保货物堆垛存储为可见。

⑥保存项目。

注意：图 1-3-12 中存储区上的标签是使用布局图中的文本标签创建的。

**1. 分析仿真流**

车辆数、车载数及到达/发车时间都按照单存储区设置。注意：70% 货物流向整托存储区，剩余入库及出库的 30% 使用堆垛式存储区。

流经堆垛式存储区的货物经历与整托存储区相同的理货处理流程。

**2. 设置仿真数据**

刚刚在布局图中创建了一个新的堆垛式存储区，接下来需要把此存储区添加到单工作区中。

设置仿真数据流,来模拟上述描述的情形。

需要创建:

①一个新的上架路线:将货物存储至堆垛式存储区。

②一个新的检索路线:从堆垛式存储区拣选货物。

③可以将原始对象(货架)复制,然后更改存储区。

所有理货阶段和处理过程均与大宗存储区路线相同。入库流标签需修改,确保货物通过分离上架路线配置来上架。出库流标签需要使用一个分离检索路线。

使用仿真标签的连接显示来确保物料流向及路线标签是按照预设连接的。

使用仿真流分析器来检验每个存储区物料流量。

### 3. 运行测试仿真

运行仿真,是否按照预设运行?是否所有任务都已执行?

使用关键绩效指标报告来检验各区域流量是否按照预设数据在多个存储区之间进行货物的分离。

使用操作员和车辆的状态提示来理解模型中正在发生的活动。

## 二、劳动力和物料运输车成本

### 1. 对于每种类型的运输车,可以设置两种成本

(1) 可用时成本(每日成本)

此成本是按仿真运行天数计算的,包含了所有可用运输车成本。因此,若此类车可用数量为10个,但是在仿真运行期间任意时刻最多使用量为8个,则此成本按照全部10辆车来计算。

(2) 工作时成本(小时成本)

运输车使用成本由使用总时间乘以该车辆单位时间的使用成本计算得到。在仿真期间,统计报告结果总结了运输车的总成本(若输入相应成本)。对于一个给定的运输车,报告统计了车辆的利用率历史。

### 2. 对于员工轮班,存在两种成本

(1) 劳动成本——上班可用时的小时成本

此劳动成本适用于轮班班次中的所有可用时间,而不考虑人员处于忙碌还是闲置状态。因此,对于一个班次的该成本,由轮班班次中的可用时长(间歇加上可用时间)、操作员数量及劳动成本率三个因数相乘而来。

(2) 劳动成本——忙碌时的小时成本

此劳动成本适用于上班时的忙碌时刻,因此对于一个班次来说,该成本由总忙碌时间和成本率相乘而来。

在仿真期间,统计报告结果总结了劳动员工的总成本(若输入该单位成本)。对于一个给定的劳动班次,轮班利用率历史报告可以显示劳动班次的直接成本。

## 三、假设分析向导

假设分析向导提供了一个快速创建和运行多个假设分析场景仿真的方法,例如,若吞吐量增加10%,会怎样?

假设分析向导允许修改以下数据集,见表1-3-10。

表 1-3-10　数据集

| 入库车辆 | 每日车辆数，入库车载量 |
|---|---|
| 出库车辆 | 每日车辆数，出库车载量 |
| 拆分存储上架方式 | 入库单元尺寸，单位产品单品数，单位产品存储货位数，平均上架速率，单品存储时间，单位货位所耗时间 |
| 订单拣选 | 出库单元尺寸；单位订单单品数；单位订单拣选货位数，拣货单元尺寸；平均拣选速率，单品拣选时间，单位货位所耗时间 |
| 劳动员工 | 小组员工数，效率 |
| 运输车 | 可用车辆数，运行速度参数 |

假设分析向导在仿真界面的工具栏中可获取，单击"如果"→"怎样向导"，可以在一个项目中创建一定数量的不同的假设场景，然后选择想运行的具体场景。通过单击左侧场景列表来选择想激活的场景，然后单击"运行"按钮即可开始仿真。

**四、方案对比**

方案对比功能允许用户在报表层次上对比若干个 CLASS 方案，也许是不同的物料流量、任务分配，或不同的布局图等差异因素。

在仿真运行结束，项目保存后，仿真结果会和模型一起保存。一旦模型保存，这些结果都会导入到方案对比报告中。

在仿真分析部分选择了方案对比选项后，其他方案可以通过"添加项目"按钮导入到方案对比中。

出现一个浏览界面，可将一个对比方案添加到对比浏览器中。

通过方案对比功能可以产生关键绩效指标的选择对比报告：出库车辆晚点、理货区利用率、劳动员工利用率及拣选移动距离。

对于每个选择的方案，关键绩效指标图表中都会有一个柱状图来比较各个方案的结果。

以上例子展示了在布局图两个不同的方案中，员工利用率的对比情况。

**案例 5　　假设分析向导及方案对比**

① 恢复已完成的模型"exsinglearea"。
② 重新运行仿真，再次保存模型，会将对比运行的基础实验结果一并保存。
③ 接下来创建一个假设场景：分别增加 20% 的入库量、出库量及劳动员工人数。
a. 单击"假设分析向导"（"如果"→"怎样向导"）。
b. 在描述框中，为此场景命名为"增加 20%"。
c. 增加 20% 的每日入库/出库车辆数。
d. 单击"员工及运输车"按钮，将数量增加 10%。
e. 单击"运行"按钮。
f. 在仿真结束，查看 KPI 报告。
g. 保存模型，重命名为"exsingleareaPlus+20%"。

现在可以将此模型的结果与基础实验进行对比，从仿真菜单栏下选择"方案对比"选项。

单击"添加方案"按钮,然后从已保存模型中选择最初模型"exsinglearea"。

在方案对比窗口的列表中选择不同 KPIs 结果进行比较,可通过查看两个方案的具体图形来分析差异。

先进的三维处理性能如下。

**1. 3D 填充对象**

可以在布局图的矩形对象中放置一个 3D 填充对象。例如,在静态图中显示车辆或人物。

3D 立方体需要根据现实中对象的尺寸来设置,网格对象设置为与矩形维度匹配的尺寸,确保在 3D 界面下设置为其实际高度。

矩形对象的属性面板中有一个网格填充列表,可以用来从填充资源库中为矩形分配三维填充物体。(默认分配值为空)

为了向网格资源库中添加网格对象,首先单击"布局"菜单栏上的"3D 模型"按钮,打开模型库来选择三维模型资源。

单击"添加"按钮,可打开一个文件浏览窗口,在此处添加新的 3D 模型。

CLASS 安装时,自带了大量的 3D 对象,可以在安装文件夹"\library\3Dobjects"子目录中找到想添加的 3D 模型对象,然后单击"打开"按钮,则已选中的对象将被添加到资源库中。

若想预览资源库中的 3D 模型,单击资源库中想查看的对象。若想进行多项选择,则使用 Ctrl 键或 Shift 键。

一旦网格对象被添加到资源库中,便可以在布局图中矩形属性面板的"三维"选项卡下被分配给矩形对象。

矩形对象可以使用属性面板上的"旋转"选项来围绕 $X$、$Y$ 或 $Z$ 轴旋转。

**2. 自定义三维车辆和人员**

3D 网格编辑器允许进一步自定义 3D 模型来提高 CLASS 仓库模型的 3D 视觉效果。自定义三维对象可以用作布局图中的静态对象或三维仿真中的车辆及运料车。

三维网格对象可结合三维模型加填充图片来创建。通过编辑填充图案,三维对象的外观显示可以自定义。例如,为车辆添加自定义的标识、托盘荷载上的商标或公司名称。模型编辑器允许用户快捷地更改与三维对象相关联的填充图案。

CLASS 安装时,附带了大量的三维模型,每一个都有各自的纹理文件,都可以使用模型编辑器进行编辑,任何 CLASS 的三维对象都可以载入到编辑器进行编辑。

三维模型编辑器可以打开 CLASS 2012 版本前的 .cl3d 或 .3DM 格式的 CLASS 三维对象。

为了打开三维模型编辑器,单击"布局"标签上的"3D 模型"按钮来选择"编辑"选项。

使用模型编辑器的"文件"→"打开"菜单命令来打开一个 .cl3d 或 .3DM 模型文件,被选中三维网格对象将可在模型编辑器窗口中看到,如图 1-3-13 所示。

在界面右侧,若模型有关联的填充图案,则此文件将会显示。

为了编辑一个纹理,单击"自定义"按钮来编辑填充图案。

使用"替换"按钮来将其全部替换为完全不同的外观。

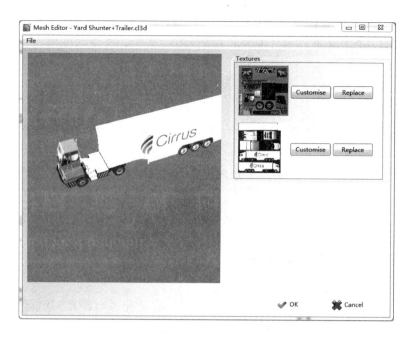

**图 1-3-13 查看三维网格对象**

CLASS 三维对象资源库包含了一个可替换的填充文件的文件夹,其中涵盖了不同车辆对象的多种不同颜色的纹理图案。

单击"自定义"按钮后,填充文件将在选中的图片编辑应用中打开。对填充文件做修改后,保存文件并退出图片编辑窗口,此时网格编辑器窗口中显示的网格对象将会更新显示出自定义的填充图片。使用网格编辑器中的"另存为"菜单选项来保存自定义的三维网格对象。

**3. 模型编辑器应用**

用来编辑填充文件的应用可以在布局设置窗口中选择。已安装在电脑上的任何图片编辑工具或绘图工具都可选用。

从"视图"菜单栏中打开设置窗口,然后使用"浏览"按钮来选择不同的图片编辑应用。在浏览窗口中,必须确定文件位置,然后选择需要的.exe 格式文件。

## 案例6　　自定义车辆及高级三维显示

①打开"exBulkBlock"的已完成项目。

②在"出入库标签"的"显示"选项卡下的"一般参数"窗口中自定义入库/出库车辆的二维颜色。

③在布局图中添加矩形,然后向其分配不同的三维填充模型。

④尝试将填充图案放置于三维立体模型中。例如,可将公司标志添加到建筑物一侧。

⑤使用三维模型编辑器来自定义车辆,在可选填充图案中选择一个来定义车辆颜色。

⑥一旦创建了自定义的三维车辆图标,通过在一般参数的车辆图标表中创建一个新的车辆图标,便在整个模型中都可以使用。

⑦保存模型。

### 一、关于设置成本的扩展练习

可以为不同类型的运输车、劳动员工及货架设置成本。

可通过打开关键绩效指标页面及劳动员工利用率统计图表来查看所产生的成本。

可在仓库分析报告中查看存储成本。

## 二、结论

CLASS 核心培训课程介绍了软件建模工具的基本建模规则与技巧，课后练习展示了仓库仿真中的不同情况。这些培训注释及案例设计的目的是在后续的课程中建模时建议使用 CLASS 附带的帮助内容，它解释了对象的不同属性及数据集中项目的不同含义。在布局图及仿真帮助中有大量的常见问题，仿真帮助解释了如何在 CLASS 中建模来模拟不同的仓库场景，以及如何分析报告。

培训课程中使用的例子是用于模拟相对小的仓库。通过这些例子学到的建模技巧普遍适用于不同规模的仓库。CLASS 安装目录附带了一些完整的展示模型，展示了系统的不同应用组件及使用 CLASS 可以达到的建模复杂程度。

## 案例注释

### 一、单存储区案例

在案例 6 中，CLASS 会根据运输车的性能参数来计算整托盘的检索时间。在某些情况下，可能需要添加一些额外时间（"检索路线对象"→"整单元额外检索时间"）来模拟未计入叉车的移动、升叉或降叉等活动而产生的时间消耗。例如，在上架至终点货位时的托盘扫描时间。此时间同样是由整单元检索活动所产生的。

为了防止车辆发车时间晚于规定时间，需要确保设置合适的装载起始时间规则。例如，可将装车起始时间设置为发车前 2 小时，若设在提前 0 小时，则在规定发车时间前没有对任何车辆进行装车，所以此时一定会出现发车晚点的情况。

在案例 6 中，偶尔会出现这种情况：一些入库车辆必须等待一个可用的卸货口。关键绩效指标界面会显示出车辆在等待卸货。从装卸口的统计结果可以发现，装卸口在某段时间内会大量排队。为了减少排队情况，可以尝试延长车辆到达时间的期间长度，或在所有卸货口的货物都在排队情况下，允许车辆选择一个出货口来卸货（通过将其设为第二比例卸货口）。然而这可能会增加运输车的运输时间，因为在出货口卸载的任何托盘想到达入库理货区，都需要被运送至更远的距离。

为了更好地控制劳动人员的任务优先顺序，可以将单个员工班次拆分为多个小组。例如，可以使一个小组优先执行卸货到理货区的任务，另一小组优先执行将货物从入库理货区上架到货架上的活动，这样可以尽量保证理货区所存储货物数在限定范围内。

然而在某些情况下，人员数过多也可能会导致某些问题出现。例如，若拣选人数过多，使拣选任务执行过快，则出库理货区可能会出现容量溢出情况，减少相应任务人员数可以保证理货区容量在限定范围内。

有时运行结果可能无法完全满足最初限定条件，CLASS 需要对此进行权衡。例如，车辆无法在规定时间发车，若拣选任务速率提升，则出库理货区可能会容量溢出。那么，理货区需设为多大面积，才能保证车辆在规定时间内发车？这便是需要考虑的问题。

### 二、整托盘货物堆垛案例

此案例介绍了检索分离路线及上架分离路线的分布表的设置。

# 第四章

# 高级仿真

此文件包含了 CLASS 培训的附加培训技巧模块所需的材料，见表 1-4-1。

表 1-4-1　CLASS 培训的附加培训技巧模块所需的材料

| 课后案例 | 布局图学习 | 仿真学习 |
| --- | --- | --- |
| 工作区 | 基于堆垛存储的布局图 | 如何分配不同员工轮班及不同运输车来执行仓库不同部分的特定任务 |
| 运输车移动路径 | 定义移动路径组，添加路径到布局图中 | 给路径组分配不同任务。活动区可用来检测拥堵或限制运输车连通 |
| 二维及三维视频序列 | 创建二维或三维布局图的 AVI 动画 | 创建二维或三维仿真的 AVI 动画 |
| 自动化系统介绍 | 基于堆垛存储布局图 | 车辆卸货时按照自动卸载时间，并为出库活动创建一个自动化系统 |
| 拆分比例 | 基于单存储区域布局图 | 理货阶段的拆分比例可用来模拟货物单元的组合或拆包活动 |
| 直接换装（交叉转运） | 基于堆垛存储的布局图 | 交叉转运操作在同一个存储区内，因此入库与出库货均为短期存储，仿真结果可由软件自动统计。本章将模拟两个批次的入库出库活动 |

本章总结了使用 CLASS 创建模型的注意事项。

## 一、工作区

**1. 关键原理**

CLASS 仿真中使用工作区的概念来控制人员及运输车的任务分配。

每一个存储区及理货区都必须属于且仅属于一个工作区。一个小型简易的仓库一般只需要一个包括所有组合及所有仓库设备的工作区。在某些复杂情况下，可能需要创建多个工作区，具体如下：

①若一个仓库有不同的温度存储区域（例如，常温、冷藏、冷冻），并且劳动员工均只在相应温度区工作。

②若仓库结构庞大，并且劳动员工范围被限制在各自的工作区域内，无法在整个仓库区域内活动，即活动范围无法跨区域。

③若仓库部分区域需要特定运输车来执行任务。例如，一个存储区的货物由于不是托盘存储，因此需要带夹具的叉车来执行上架任务，而其他存储货物均以托盘存储，因此使用普通叉车即可。

默认情况下，CLASS 自动创建一个名为"whole warehouse"的工作区，其中包含了所有存储区域及所有理货区。

有关工作区的相关内容将在仿真"帮助"→"常见问题"中涉及，关键知识点如下：

对于一个待完成的任务，CLASS 需要为其分配劳动资源及运输车，唯一例外是使用自动化物料运输系统。CLASS 使用工作区来决定由哪个人员班次来执行任务，以及使用到的运输车种类。

在"仿真"标签下的"仿真"设置组中可以对工作区的属性进行编辑，或通过"工作区"按钮来新建一个工作区域。若一个工作区中某项任务没有手动分配运输车，则 CLASS 将会为其分配默认的标准种类车辆。

若仿真需要不同运输车或不同劳动员工班次来执行仓库不同区域的任务，则此时可能需要添加多个工作区。

**2. 工作区任务**

（1）理货区处理任务

入库处理任务发生在理货区，所以 CLASS 会确定理货区所属的工作区。被分配至此区域工作的工人将执行默认任务。若在此工作区域，任务被分配给特定运料车去执行，则按照设定去运行，否则将使用标准类型运料车。

（2）存储区上架任务

考虑存在两个存储区，要求使用表 1-4-2 所示的车辆来执行托盘上架任务。

表 1-4-2　不同区域执行任务的车辆

| 存储区域 | 用于上架活动的运料车 |
| --- | --- |
| 堆垛存储区 | 带夹具叉车（特定种类叉车） |
| 整托盘存储 | 普通叉车（仓库中标准类型运料车） |

CLASS 的上架存储任务被描述成"宽巷道至理货区"。此任务在理货区与存储区之间活动。那么怎么确定此任务属于哪个工作区？使用包含理货区的工作区还是包含终点存储区的工作区？

表 1-4-3 描述了每类任务的相关工作区。

表 1-4-3　每类任务的相关工作区

| 仓库对象 | 相关任务 |
|---|---|
| 理货区域 | 卸载<br>入库理货<br>出库理货<br>装载 |
| 存储区域 | 上架存储<br>拆分存储<br>货物检索<br>订单拣选<br>补货（目标存储区）<br>货物转移（目标存储区） |

此案例需要的步骤为：

①设置任务所分配的运料车，以便上架任务由普通叉车执行。

②添加一个包含"地面堆垛"的存储区。

③为夹具叉车设置"特定运料车作业"（同样，也可设二维特定颜色和三维显示图标）。

工作区下的"特定运料车执行"选项卡下显示了当前标准叉车的任务分配，可在这里设置特定运料车种类。"恢复默认"图标表示"指令拣选"任务已指定特殊类别的运料车去执行。

**3. 工作区案例**

此案例包括两部分：

部分1：为地面堆垛的存储与检索分配一个特定班次的员工去执行。将学习如何根据给定的要求来使用工作区对话框。

部分2：地面堆垛区域的存储与检索均使用特殊类别运料车。将学习基于工作区的组织来分析货物和任务。

部分1：工作区与轮班工人。

①打开"exBulkBlock"案例，另存为"exWorkArea1"。

②在"仿真"菜单栏下，创建一个仅包含堆垛存储区的新工作区。

③创建第二个工人班次，仅分配给上述新建工作区。此工人班次与已有的工人班次工作在同一个时间段。

④新建班次的任务列表会展示在堆垛存储区的任务列表中，设置一个小组来执行这些任务。

⑤运行仿真。

⑥查看仿真的数据提示来检查整托存储区和堆垛存储区中活动所分配的劳动班次是否正确。检查工人班次使用历史来观察两个班次活动的执行情况。

⑦查看任务完成状态、任务完成率来查看工作区任务完成结果。一旦任务完成，保存模型。名称仍为"exWorkArea1"。

部分2：工作区和特定运料车。

①将部分1中的模型另存为"exWorkArea2"。

②在此案例中想将模型修改为：
a. 堆垛区域的存储任务和检索任务均由夹具叉车执行。
b. 整托存储区域的上架存储和检索任务由普通叉车执行。
在做任何修改之前，先进行分析，步骤如图 1-4-1 所示。

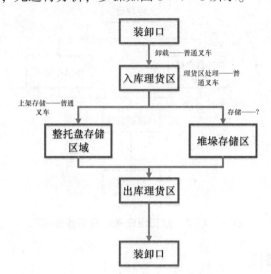

图 1-4-1 分析步骤图

完成表 1-4-4，了解哪些任务将由不同种类叉车执行。

表 1-4-4 需完成的表格

| 任务 | 由普通叉车执行 | 由夹具叉车执行 |
| --- | --- | --- |
| 卸载 | 是 | |
| 处理 | 是 | |
| 上架存储 | 是 | |

由于大部分任务由普通叉车执行，所以可以把普通叉车认为是标准车辆，夹具叉车为特殊类别叉车。

③需要在仿真中新建一种运料车类型。可以复制一个已有类别车辆，并将其命名为带夹具叉车。

④更改工作区属性，将其作为夹具车辆的工作区域，以使对于上架和检索活动来说，夹具车为"特殊车辆任务分配"。也可以自定义二维显示颜色和三维显示图标。

⑤运行仿真。查看仿真的数据提示来检查整托存储区和堆垛存储区中活动所分配的劳动班次是否正确。检查工人班次使用历史来观察两个班次活动的执行情况。查看任务完成状态、任务完成率来查看工作区任务完成结果。

⑥保存模型。

**4. 思考**

①尝试将模型流程更改为使用夹具叉车（及相关工作人员）来执行卸载和入库任务。

②若尝试将模型流程更改为使用夹具叉车（及相关工作人员）来执行出库和装载流程。

为了回答这些问题，在图1-4-2中标记出任务可能会很有效。

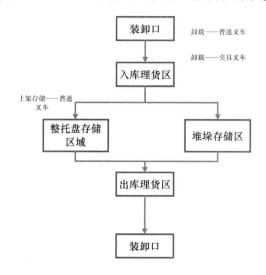

图1-4-2 标记出任务的分析步骤图

## 二、运料车行走路径

通过使用"行走路径"来定义操作员在仓库中活动的行走路线，可以提高视觉和模型的精确性。

在每个行程的起始，资源（运料车及工人）会在其当前位置和终点之间沿着路径网络自动找到最短路径。

若资源 A 的下个位置此刻被其他资源如资源 B 占用，则资源 A 会在路径网络上等待，等待时间被记在区域拥堵时间内（在关键绩效指标中有统计）。

路径可以设置为单向或双向、直线或曲线等多种形式。

当某区域中的资源在任何时刻均限在一个时，移动区域可用于限制此种区域数量，或记录一个路径网络上某个特定位置的拥堵情况。

**1. 布局系统的移动路径**

路径对象可使用布局菜单栏下的路径工具来创建。

路径对象的每一个路段都属于一个路径组，其属性可在路径组窗口中设置。此时，路径组类型应设置为"移动路径"。

在该组的所有路径都会按照路径组中设置的宽度、厚度和间距来显示。若将"在仿真中显示路径"选项设为"否"，则在仿真背景中路径不会有所显示，但是在路径上行走的运料车及人员会显示出来。

图1-4-3所示是仓库模型中关于路径的模型。

路径对象位于布局图中，显示了资源的行走路线。这部分路径的路径组类型应设为"移动路径类型"。

将同一组中的路径紧密连接起来非常重要。两个路段控制柄的中央点必须重合，才能紧密连接。

此时，网格捕捉功能可以保证路径连接紧密。

**图1-4-3 仓库模型中关于路径的模型**

一个操作员会占据一个路径点位置。可以将路径点看作路径网络上的箭头,表示了行走方向。路径组间距值用于决定路径网络上点的间距。

每一个路径都可在属性面板上定义成单向或双向路径。在上述例子中,路段均是双向。对于双向移动路径,CLASS 会将运送路段绘成双倍宽度。

斜坡也可通过将起始高度和末端高度设为不同值来绘制出。

若仓库为多层建筑,例如含有多个积层架,则路径的高度属性可用于在不同层数上绘出路径。

若在不同层数之间没有连接的路径,则仿真时会将它们看成独立的网络,例如,资源会只在积层架上活动,而无法到达其他层上。

**2. 移动区**

单击"移动区"按钮,可以使用移动区来创建容纳人数仅为一人的区域,或者监测仓库中某个特定位置的拥堵情况。

例如,若某个交叉路口或门口要求资源必须等待其他资源离开时方可进入,则"移动区类型"属性可以在属性面板中设置为"排除"。

移动区可设置起始高度和末端高度来决定此移动区适用于哪层。

**3. 仿真中的移动路径**

在仿真中,每一个任务都可设置为使用一个路径组。没有分配路径组的任务会采取绕道迂回的默认方式,没有阻塞及运料车行走的可视化。

一个任务对应的标准移动路径组是在运料车任务分配窗口中进行指定的。对于特定的移动路径组,可以在给定的工作区属性中分配任务。

若资源被阻止移动到下一个位置,则将在路径网络中排队。

在路径网络中占据的空间代表了资源图标的一般参数中设置的实际尺寸,所以使用大型运料车的工人将会占据路径网络中的更多控件,这依赖于在布局系统中设置的路径组的间隔属性。

**4. 运动路径的故障排除**

若在仿真中运动路径未按要求运行,可以从以下方面着手查找问题:

①移动路径组是否已分配了正确任务?

②检查移动路径的高度与员工工作区高度(此时可使用三维视角),只有在路径从起始点和末端终点形成连续的路线时,资源才可在路径上活动,因此此时需考虑高度。

③若网络有单向路段，可能无法到达路径网络中的某部分。

④大多数路径网络出现的问题来自未连接的路段，所以检查各个路段的起始高度与末端高度便显得尤为重要。

### 案例 1　整托盘存储案例

在做整托盘存储案例之前，打开"exBulkBlock"模型，另存为"exMHEPaths"。

#### 一、在"布局"菜单栏中设置

①新建一个路径组。

②向仓库中添加一个简易的运料车路径，建议的布局如图 1-4-4 所示。

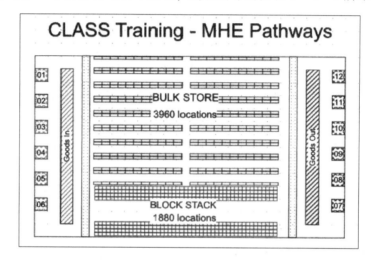

图 1-4-4　建议的布局图

#### 二、在"仿真"菜单栏中设置

①将上述创建的路径组在运料车任务分配窗口分配上架和检索任务。

②路径仅用于在货架和理货区之间移动托盘。装卸口和理货区中的任务不会使用此路径。

③运行仿真，减慢动画速度，可以观察到工人或运输车沿着路径网络进行移动。

④查看关键绩效指标中的路径拥堵部分。

由于此模型中布局图比较简易，货物吞吐量也较小，拥堵现象可能并不十分明显。

#### 三、扩展学习——移动区

①试着向上述布局图中添加一个或多个移动区。

②将移动区类型设为"监测"，命名最好有意义。

③运行仿真。

④查看关键绩效指标中的移动区域部分。

若时间充足，试着添加一个"排除"类型的移动区域。

⑤运行仿真，动画速度减慢。

⑥观测是否有运料车进入此区域。

#### 四、二维和三维动画序列

动画序列是一列二维或三维视角，CLASS 会自动在这些视角点之间移动，并将各个飞行视角捕捉成一个 AVI 文件。即使在没有安装 CLASS 的计算机上,也可以播放此视频文件,并且也可添加在 PPT 中。

**1. 新建一个 AVI 序列**

①在"视图"菜单栏中选择二维或者三维视角来记录 AVI 序列。
②在主窗口的"视图"菜单栏中打开 AVI 管理器。
③一旦打开,AVI 管理器会最小化,"扩展"按钮用于打开管理器窗口的不同面板。
  a. 单击"添加"按钮来新建一个 AVI 序列。
  b. 输入序列名称,可选择输入描述文字,然后单击"是"按钮。
  c. 使用"扩展"按钮来打开 AVI 序列设置,如图 1-4-5 所示。

图 1-4-5  使用"扩展"按钮来打开 AVI 序列设置

④录制完成之后,AVI 视频将默认保存在当前 CLASS 模型的存储路径下。单击"浏览"按钮可更换至其他路径。视频帧率设置如图 1-4-6 所示。

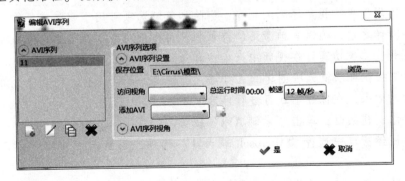

图 1-4-6  视频帧率设置

⑤AVI 序列开始设置,视角可以开始创建。
⑥将要记录的 AVI 类型基于所选择的视角模式,根据当前处于激活状态的菜单栏是布局还是仿真,来设置 AVI 类型所基于的视角模式。
⑦在布局图中创建 AVI,将会创建一个静态仓库视频,在仿真状态下创建。
⑧AVI 视频将允许显示动画仿真。
⑨在二维视角模式下,将会创建一个二维视频。若三维视角模式激活,则视频将在三维环境下创建。

**2. 创建一个二维 AVI 序列**

①在二维视角下定位视角，调整 AVI 序列第一帧的缩放比例。

对摄像头位置满意后，在屏幕界面单击鼠标右键，从弹出的窗口中选择"Create AVI View"（创建 AVI 视角）选项，如图 1-4-7 所示。注意：此选项仅在 AVI 管理窗口打开时为可用状态，这样便可创建出一个 AVI 序列。

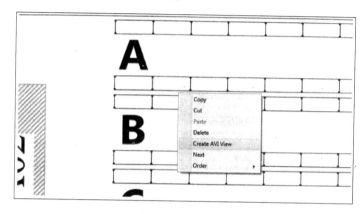

图 1-4-7 创建 AVI 视角

②视角可以被添加到 AVI 管理窗口。

视角名称可以被编辑，面板中包含多个视角的选项，记录时间选项可以被设置。

移动时间为设置的两个视角之间移动的时间消耗，也可以通过设置等待时间来选择暂停在某个特定点。

重复步骤①和②来创建一个多二维视角位置的序列，所选择的位置将会在 AVI 管理窗口中出现。

排序箭头可用于重排视角序列的顺序，删除和复制选项可用于移除或复制视角。

①在录制开始之前，确保当前激活的待录制视角为正确的。例如，二维布局图可用于生成一个布局视频，二维仿真可在视频中产生仿真活动。

②AVI 预览按钮可以重放所创建的 AVI 序列，但是并不会保存。此功能允许用户提前查看所录制视频的效果，在保存前还可进行修改。

③当准备录制视频时，单击"录制 AVI"按钮。

④从视频压缩窗口中选择"Microsoft 视频 1"选项，设置压缩率（推荐 75%），单击"OK"按钮。

⑤录制即将开始，进度条将会显示录制的进度状态。

⑥视频录制完成后，可以单击 AVI 管理窗口中间的"播放"按钮来播放 AVI 视频。

此时，AVI 视频已保存到指定路径。

完成的 AVI 文件可以在 Windows 的媒体播放器或类似软件中播放，也可插入至 PPT 文件中，或者导入至视频编辑软件中来对视频进一步编辑或生成其他格式文件。

**3. AVI 案例**

在测试模型中试着设置一个二维序列和三维视频序列。仔细选择仿真时间，来保证在这些时刻点均有活动。

预览这两个序列，并记录任意一个。

## 五、由自动化系统代替人员

仓库内部的一些任务可以由设备自动执行，并不需要特别的运输车及工人来执行，可能存在一个不需要详细模拟的流程，此时只需要指定一个发生频率及每日工作时长即可。

CLASS 自动化系统可以用于模拟这些情形：

①在多个理货阶段之间通过传送带传送货物；

②分拣系统；

③在一个理货区域内部进行自动处理活动，例如，贴标签或收缩包装机；

④在 P&D 和理货区之间进行货物的自动传送。

### 1. 自动化系统属性

自动化系统属性中可以指定其工作时长，在此期间，自动化系统将处于激活状态，并可以对每日的仿真分别设置。

自动化系统中也可以设置每小时货物的最大操作数量及有效系数。

自动化系统中同样存在与员工班次设置方法相同的工作区列表及任务优先级列表。

自动化系统也可以与传送带模块结合使用，来表示传送带及分拣系统。此部分将在 CLASS 高级培训模块中涉及，使用关键绩效指标中的自动化系统，利用图表来查看自动化系统相对于最大容量的处理数目。

### 2. 自动卸载及装载时间

在 CLASS 仿真中，自动化系统可用的另一功能是，与入库流结合使用可以模拟货物的自动卸载，或与出库流结合使用来模拟货物的自动装载。

这些参数的设置用来模拟类似于液压滚动系统、车辆车厢靠近装卸口，其中所有产品荷载可以通过自动化系统一次全部卸载运走。

自动卸载时间是在入库流属性的卸货口标签中设置，自动装载时间在出库流属性的装货口标签中设置。

若设定了自动装载/卸载时间，则不再需要工人来执行卸载任务，整辆车所载货物将会在指定的卸载时间后全部到达理货区域中。

若需要模拟货物单元以分批到达下一流程（例如，入库检验环节），则可在理货第一阶段中使用预处理停留时间分布表，可在上架路线属性数据中设置此配置。

**案例2** 　　　　　　　　**自动化系统介绍**

①打开 "exBulkBlock" 案例，另存为 "exAutomate"。

②保持布局图不变。

③按以下要求修改数据：

a. 入库车辆使用自动化设备卸载，时间为 30 min。

ⅰ. 删除入库车辆在装卸口的最短停留时间，以及装卸口额外停留时间，以保证对车辆活动没有约束限制。

ⅱ. 从工人班次任务列表中移除卸载任务。

b. 出库处理环节（在出库理货区域）由收缩包装机完成，同样可以使用自动化处理系统来模拟。

ⅰ. 添加一个自动化系统来执行出库收缩包装任务。

ⅱ. 从工人班次列表中移除出库任务。

④运行仿真。

⑤检查关键绩效指标中的工人利用率来验证工人未执行任何卸载及装载任务。

⑥查看任务完成状态及任务完成率结果统计。

⑦对自动收缩包装机的单元/小时容量进行实验。自动处理能力应设为多少，才能既保证出库区域货物数量维持在区域容量内，又保证出库车辆没有晚点？

⑧查看关键绩效指标，例如，自动物料传送系统使用统计，然后将其进行标记，以方便进行后续参考。

⑨实验完成后，保存模型，仍将其命名为"exAutomate"。

## 一、理货阶段拆分系数或打包系数

### 1. 关键原则

变化系数可用于在理货阶段模拟货物单元的拆包或打包过程。可用于拣货及出库理货阶段。

变化系数可用于模拟以下情形：

①部分托盘的打包整合。

②将多种不同货物单元整合在一个叉车上。

③理货阶段出货单元数＝变化系数×理货阶段进货单元量。

a. 变化系数为 2 时，表明：平均来讲，每 1 个进入理货区的货物单元将会拆分为 2 个货物单元。

b. 变化系数为 0.5 时，表明：平均来讲，每 2 个进入理货区的货物单元将会打包整合为 1 个货物单元。

c. 变化系数的计算：变化系数＝理货阶段出货单元量/理货阶段进货单元量。

### 2. 变化系数使用实例

（1）入货理货区托盘重新包装（图 1-4-8）

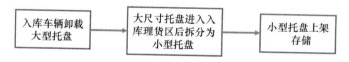

**图 1-4-8 入货理货区托盘重新包装流程**

平均来讲，100 个大托盘在入库理货阶段会重新包装成 150 个小型托盘。该过程将一个大托盘上货物重新打包，平均花费 2 min。

在 CLASS 中可在上架路线的理货阶段中将变化系数设为 150/100 = 1.5，来模拟上述过程。由于重新包装需要仓库中的资源来执行，因此需要将活动处理时间设为 2 min/每个入库托盘。

若平均有 100 个大型托盘，由 5 辆车送至仓库，则入库流将设置如下：每辆到达车辆承载托盘数为 20 个。由于变化系数的原因，上架存储托盘数将大于卸载托盘数。每卸载 100 个大型托盘，将有 150 个小型托盘存储至货架。

（2）出库区托盘整合打包（图 1-4-9）

托盘或防滚架被拣货送至出库理货区，在此区域中，部分托盘或防滚架将被整合打包。

**图 1-4-9　出库区托盘整合打包流程**

在此例中，装载到运输车辆上的托盘数将小于拣货后送至出库理货区的托盘数。想计算出变化系数，需要对订单信息进行分析。

若平均拣出 100 个托盘，最终整合为 90 个托盘进行装载，则此时可计算出变化系数为 $90/100 = 0.9$。

若拣出来的这 100 个托盘平均由 5 辆车进行运输，则每出库车辆平均装载的拣货量为 20。

此处需注意，出库车辆装载量应按照最终拣选出的货物单元数计算，而不是按照装载至车辆的托盘数计。

整合包装时间用于模拟每一个进入出库理货区的拣货单元的加工处理时间。

变化系数也可用于下述例子的情形：货品分拣时放置于周转箱中，在装载前将其堆垛在手推车上。

在一些仓库中，货品分拣后首先放置于周转箱中，移至出库区前，先在理货打包阶段将周转箱堆垛在手推车上。图 1-4-10 所示说明了在 CLASS 中如何模拟这个流程。

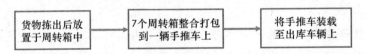

**图 1-4-10　出库流程**

出库车辆上装载了手推车堆垛的周转箱。

完成拣选的周转箱将被从存储区移至打包区域。手推车在此区域进行装载，每一辆手推车装载 7 个周转箱后被移至出库区域。

在理货阶段设置处理时间来代表打包区域，可模拟将一个周转箱放置到一个手推车上的过程。

需在打包理货阶段将变化系数设为 $1/7 = 0.14$，从而完成拣选的每 7 个周转箱将被放置到一个手推车上。

变化系数在流程处理时间结束后有效，因此此处的处理时间应是将 7 个周转箱全部放置到一个手推车上所用的时间。

若使用变化系数，则理货区利用情况（KPI 报告）中将会计算待装载的周转箱与手推车上的单元总数量。

若典型的出库车辆车载量为周转箱 200 个，则出库流数据中应将其装载量设置为 200 单元。

根据单日报表的统计结果，从该存储区域中拣选的单元数为拣选出的周转箱数量。装载到出库车辆的单元数为装载的手推车上单元数量，即为 $0.14 \times 200 = 28/$ 车。

## 案例 3  变化系数

① 将第二章的单存储区模型"exSingleArea2"另存为"exbreakfactors"。
② 保持布局图不变。
③ 按以下要求修改仿真数据：

　a. 对于存储至单区域的上架路线，平均每一个入库货物单元在入库理货区会被重新包装，变成 1.5 个单元送至货架进行存储。卸载的货物单元数量仍按照原始数据来设置。

　b. 第二章单存储区的模型，平均每个出库单元在出库理货区会被打包整合为 0.7 个单元装载至货车。拣货单元数量仍按照原始数据进行设置。

④ 运行仿真。在第二章的单存储区模型中已设置的工人数量是否适用于当前修改后的方案？若不适用，考虑一下是什么原因。

⑤ 查看任务完成率状态报表来观察已完成任务的相关数量：

　a. 卸载；
　b. 上架；
　c. 检索；
　d. 装载。

⑥ 对比已完成任务数与模型中设置的变化系数。
⑦ 保存模型，名称不变。

交叉转运原则如下：

交叉转运是仓库中术语，用于描述将托盘或货箱从卸货月台直接搬运至发运月台，而不是将该货物先堆放在储存区。此时检索活动需设置为从短期暂存区开始检索，而不是从长期存储区。

通常情况下，交叉转运的暂存区为地面空间区域，而不是货架存储区。为在 CLASS 中表示交叉转运，相应区域的货架可以用"block stack"的货架类型来表示。

在交叉转运的存储区，初始库存水平可设为 0 来表示每日起始库存为空。交叉转运操作的案例包括以下类型：

① 易变质货物来自不同的供应商，到达仓库后，在不同的推车之间进行分配。推车将被送至不同的终点区域。

② 提前拣选的订单来自其他仓库，加上本仓库拣选出来的货物，需要一起被装载到出库车辆再次被运送。

在以上两个例子中，货物均暂存于短期存储区中。

为了让 CLASS 明确入库流和出库流是采取交叉转运方式的，需使用交叉转运周期数。上架及检索路线均需使用此周期数。分配给同一个交叉转运周期数的上架与检索路线为相互连接的。

若存在多个入库/出库批次，则每一批次需使用不同的转运周期数。

存储区利用率的统计图表中会将长期存储区与交叉转运的短期存储区进行区分，因此可以清楚地观察到交叉转运操作所产生的影响。

在仿真报表中，交叉转运区域的利用率图表会将同一个存储区的入货量与出货量进行对比，对应于不同的周期数，结合仿真天数来对比入库流与出库流。

## 案例4　交叉转运

### 一、单批次峰交叉转运

①将"exBulkBlock"模型另存为"exCrossDock1"。

②保持布局图不变，修改以下仿真数据。

a. 拣货配置表，由两部分组成：80%货物来自大宗货物存储区，20%货物来自地面堆垛区。

b. 交叉转运发生于地面堆垛区。为此，区域的上架路线与拣选路线设置交叉转运周期数。

c. 将地面堆垛区的初始长期库存水平设为0（布局图菜单栏中的存储区部分）。

③运行仿真。

④打开存储区，利用图表来查看BLOCK STACK区域。图表下半部分显示的是交叉转运操作所产生的短期存储水平。

⑤一旦实验完成，保存模型。模型名称不变，仍为"exCrossDock1"。

### 二、双批次交叉转运

在下面的例子中，第二个入库批次也将进入交叉转运的地面堆垛区，同样，第二个批次出库前也需进行拣货。

从"exCrossDock1"模型开始以下操作：

①将模型另存为"exCrossDock2"。

②保持布局图不变。

③引入含有10辆入库车辆的另一个入库流，相关参数设置如下：

a. 装载量12~16托盘/车。

b. 到达时间：15:00—16:00之间随机到达。

c. 车辆上的所有托盘将在1 min/托盘的处理时间后上架存储至地面堆垛存储区。

d. 以上设置的货物将被出库车辆交叉转运运出。将需创建一个对应于交叉转运周期数为2的上架路线。可以采取复制方法来创建对应于地面存储区的上架路线，然后更改数据来满足第二批次的物料流。

e. 引入的第二波峰中，7个出库车辆的数据设置如下：

ⅰ. 每辆车20个托盘。

ⅱ. 发车时间均匀分布于18:00—19:00之间。

ⅲ. 上述车库车辆上的所有托盘将从地面堆垛区域进行检索。此检索任务发生时间为16:00（为第二批次中的入库车辆）。

ⅳ. 确保上述入库活动的标记属于第二批次入库车辆的交叉转运周期数。同样，需添加一个周期数为2的检索路线。

④运行仿真。

由于刚刚增加了工作量,需要调整劳动工人数。另外,由于部分车辆将于 19:00 发车,因此需延长工人的工作时长。

⑤打开存储区,利用图表来查看地面堆垛区统计情况。下部分显示的是由于交叉转运操作产生的短期库存水平。查看用于上架存储的第一批次车辆,第二批次在傍晚到达,出发前进行拣货。

⑥保存模型。命名保持不变,仍为"exCrossDock2"。

# 第五章

# CLASS应用于仓库

## 一、布局图设计

**1. 分析活动流**

在开始绘制布局图前，理解仓库内发生的活动是很有意义的。首先需要建立任务流程，以方便设计布局图中的存储区与理货区，从而保证符合想模拟的仿真流。

布局图中的几个货架可以属于相同的存储区，每一个存储区是仿真中的唯一元素。在默认情况下，存储区中的每个荷载的存放位置对于托盘的存入与取出的概率是相等的。当然，通过更改仓库配置数据，可以更改默认设置。

**2. 存储区控制数据**

在布局图菜单栏打开的存储区域窗口中，可以找到很多存储区控制参数。

在存储区对话框中，不同的选项卡中的参数包括巷道中运输车的封锁距离及仅用于窄巷道的参数。例如，每个巷道中拣选车数量，以及是否可超车。在CLASS中模拟巷道拥堵时，将使用这些参数。

**3. 编辑仓库配置**

仓库配置数据文件中包含的数据可以用于模拟特定情形。配置数据设置可以在布局选项卡中找到，可以修改的数据包括：

（1）存储区域

默认情况下，大宗货品的上架及拣选货位是假定为均匀分布在整个存储区中的，然而，在配置表中可以对其进行修改。例如，一个巷道中存储的货物流通更快，因此，平均来讲，被访问的频率更高（因此更容易出现区域阻塞）。因此可以模拟ABC库存管理。

也可以使用这些配置来控制用于拣选和补货的巷道。例如，可以选择特定的巷道用于拣选和补货。

CLASS对库存水平的仿真并没有模拟到单个货品层次的详细程度。但是可以更改这些配置表来反映仓库相关任务SKU存储货位的净存储量。

（2）仓库中组件的命名惯例

在布局图中创建的仓库内，对象将在仿真中被引用，例如，存储区、装卸口、理货区。因此，建议为布局图中的每一个对象命制一个有意义的名称，从而在创建仿真流和路线等时清楚每个对象的用途。

## 二、完善仿真模型的方法

### 1. 逐步完善模型

建立复杂模型时，一个比较好的习惯是分步建立模型，并且逐步检查所建模型。例如，设置入库流，检查流经不同存储区的货物数量，然后再添加出库流并进行测试。

建议每一步操作如下。

（1）创建仓库布局

①仓库外围墙壁。

②装卸口。

③柱体。

④理货区。

⑤屋顶。

（2）添加货架

①创建存储区。

②创建荷载类型。

③定义货架。

（3）添加仿真流

①创建入库流和上架路线。

②创建出库流和拣选路线。

在此处可以使用仿真物料流分析器来检查物料流流量。

（4）添加工人班次

（5）创建/分配运输车类型

（6）运行仿真

同样，定期保存模型也是好的习惯，并且将模型保存为不同版本，这样在必要时便可以恢复较早版本。

### 2. 检验物料通过吞吐数量

物料通过吞吐数量对于最终仿真结果来说是关键的驱动数据，因此，需要检验整体吞吐量及分配至不同存储区域的物料流量。

### 3. 校准和验证

可能会经常模拟对已有仓库进行的一些更改，此时建议首先创建一个"base case"的基础模型来模拟最初情形。然后将更改后的模型结果与基础模型进行对比。若模拟的新仓库包含和当前操作相似的元素，可以用交叉转运来模拟。

模型校准用于描述将软件中活动任务率和实际数据信息进行核对。校准应在已经确定对模型物料吞吐信息正确输入后进行。

对于校准练习，可查看的关键仿真结果为任务完成率结果。

若发现仿真的任务率与实际数据有差异，那么可以从以下几方面来调整模型：

①装卸口被占用时间可以通过修改耗费时间来修改，也可更改卸货或装载车辆时每个装卸口可以同时存在的运输车最大数量（可查看仓库配置数据集中的装卸口表格）。

②工人利用率可以使用效率%因数来更改。

③若某存储区的阻塞情况明显比其他区域严重，则此时若降低此区域人数，阻塞情况可能会有所缓解。

④更改检索路线或上架路线上货物单元花费时间。

⑤运输车速度（正常任务速度可能小于设置速度，窄巷道运输车由于自动化程度较高，因此可能速度更接近于设置速度）。

⑥订单拣选的时间花费。

图1-5-1给出了如何根据MHE运输车性能数据来计算存储一个托盘的时间花费，整个过程基于仓库配置数据。

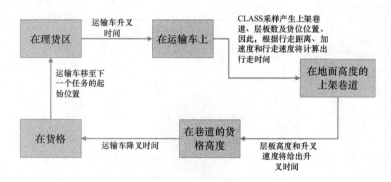

图1-5-1 计算存储一个托盘的时间花费的过程

## 三、使用概览表来产生不确定性

**1. 概览表使用的理论基础**

仔细考虑用于驱动仿真的原始数据及如何指定这些数据，可以帮助解决在模型中经常出现的两个问题：

①操作信息可用性及数量中的随机性。

②当某些场景没有详细的数据可用时，尽量进行仿真。

因此，CLASS软件并未围绕SKU层次的数据进行仿真，而是提出了"配置表"的使用方法来解决刚刚强调的问题。

概览表的概念一直贯穿整个CLASS软件中，采用的是均值与偏差百分比的分布。

这种指定数据输入的方法有以下优点：

①允许用户在采集的数据所允许的详细程度上仿真。

②对不充分的数据信息提供了一种简便的表达方法。

③不必产生假定的SKU数据。

④给吞吐量、资源及任务量提供了一个快捷的实验方法。

**2. 到达时间概览表案例**

若考虑"入库活动"，则有以下三个关键变量需要考虑：

①每天到达的车辆数量；
②到达时间；
③车上装载量。

以下案例展示了到达时间的"概览"应用：

车辆到达时间在到达时间概览表中进行指定。采样方法（随机/间隔内随机到达/均匀分布）决定采样如何进行（详情可查看帮助文档）。

CLASS 中使用的概览表可以表达信息的不确定性。这允许恰当地设置模型仿真的详细程度，主要依据可获取的数据及关注的问题。表1-5-1和图1-5-2、表1-5-2和图1-5-3分别给出了两个到达时间的概览表，以及它们在CLASS中的表示方法。

表1-5-1 到达时间的粗略概览表

| 到达时间 | 00:00 | 13:00 | 24:00 |
|---|---|---|---|
| 截至该时刻的累计到达概率/% | 0 | 87 | 100 |

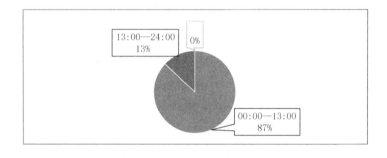

图1-5-2 到达时间的粗略概览

表1-5-2 到达时间的详细概览表

| 到达时间 | 00:00 | 06:00 | 10:00 | 11:00 | 13:00 | 16:00 | 24:00 |
|---|---|---|---|---|---|---|---|
| 截至该时刻的累计概率/% | 0 | 5 | 17 | 57 | 87 | 97 | 100 |

两个配置表均显示了在定义的时段内发生的 24 h 内到达总数量的百分比，其中 70% 车辆均在 13:00 前到达。然而，表1-5-2获得的数据更详细，因此定义的到达分布也更精确。

观察可知，在 10:00—11:00 之间存在一个到达波峰，这可能间接指明了仓库的处理能力。例如，对于集中到达的货物波峰，装卸口和入库理货区是否有足够的处理能力？

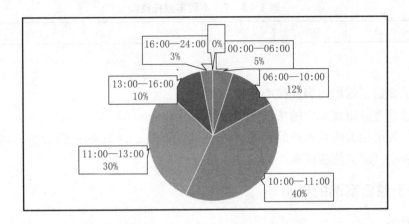

图 1-5-3 到达时间的详细概览

CLASS 会根据概览表中设置的百分比进行采样。例如，若在给定的某天有 20 辆到达的货车，则 CLASS 会在到达时间分布中为 20 辆货车采样出 20 个到达时刻。这种方法在到达时刻中引入了一些不确定性（除非指定为均匀分布到达方式）。

到达时间是连续概率分布的例子。连续是指采样值可以在限定的范围内任意取值。

**3. 连续概率分布例子**

连续分布的另一个例子如下，下述格式在 CLASS 概览表也可看到。

①处理时间在 1~2 min 间均匀分布，具体见表 1-5-3。

表 1-5-3 不同处理时间分布（1）

| 0% | 1:00 | 100% | 2:00 |
|---|---|---|---|

②所有托盘均为 1 min/托盘（下限值与上限值相等），具体见表 1-5-4。

表 1-5-4 不同处理时间分布（2）

| 0% | 1:00 | 100% | 1:00 |
|---|---|---|---|

③90% 托盘处理时间为 1 min，剩余 10% 时间为 1~3 min，具体见表 1-5-5。

表 1-5-5 不同处理时间分布（3）

| 0% | 1:00 | 90% | 1:00 | 100% | 3:00 |
|---|---|---|---|---|---|

④若处理时间为 1 min 或 3 min，则需要添加一个新的范围值，从而保证在 1~3 min 不取值，具体见表 1-5-6。

表 1-5-6 不同处理时间分布（4）

| 0% | 1:00 | 90% | 1:00 | 90% | 3:00 | 100% | 3:00 |
|---|---|---|---|---|---|---|---|

⑤30% 车辆的车载托盘数为 25~30 个，其余 70% 为 13~20 个（在范围内均匀分布），具体见表 1-5-7。

表 1-5-7 不同车载托盘数

| 0% | 13 | 70% | 20 | 70% | 25 | 100% | 30 |
| --- | --- | --- | --- | --- | --- | --- | --- |

### 4. 总结

上述例子涵盖了附加内容和核心建模规则。

可以通过软件应用菜单中的帮助选项链接到网址 www.classwarehouse.com。

网站中包含了相关的技术产品信息,并且可以下载 CLASS 的最新版本。可以将账户添加到邮件列表中,以方便获得新产品的发布信息。

## 四、关于课后案例的说明

### 1. 变化因素

当添加变化因素的时候,将发现会需要更多的资源,这是因为入库货物单元数量增加,导致产生了更多的上架路线行程。

任务完成报表相关的一些关键知识点如图 1-5-4 所示。

图 1-5-4 任务完成报表相关的一些关键知识点

①由于入库单元数量增加,上架的货物单元会多于卸载的货物单元。

②入库单位车载量 15~25 个托盘(平均 20 个)乘以每日 20 辆车可以得出卸载的货物单元数。这和上架的货物单元数并不相等。

③入库相关处理活动的发生早于变化因素有效时刻,因为处理的单元数与卸载单元数相等。

④由于出库区整合系数的存在,导致出库车辆装载单元数小于拣选货物单元数。

⑤30 辆出库车辆,每辆承载 20 单元的拣选货物,共产生 600 个拣选单元。这与最终装载到出库车辆上的单元数并不相等。

⑥出库前的处理活动发生于变化系数有效时刻前,处理的单元数与拣选出的货物数相同。

表1-5-8中显示的任务完成数可以与变化系数相吻合。

表1-5-8  每一任务对应的每日完成任务数

| 任务 | 每日完成任务数 |
|---|---|
| 卸载 | 403 |
| 上架 | 610 |
| 拣选 | 600 |
| 装载 | 439 |

①上架存储,变化系数 = 上架数量610/卸载数量403 = 1.51。

②出库装载,变化系数 = 装载数量439/拣选数量600 = 0.73,所产生的略微差别是由于随机采样和四舍五入造成的。

**2. 自动化任务**

在CLASS中可以使用传送带来模拟物料自动传送系统。传送带可以添加到布局图中并且将其设为传送带组。一个传送带组需要结合特定的自动化系统使用。

**3. 交叉转运**

在仿真期间计算短期存储能力时,对于相同的交叉转运周期数,CLASS会平衡每天的输入与输出物料数量。在此处,观测KPI报表时,可以查看交叉转运环节的详细数据。横轴指时间,刻度表示入库和出库活动的发生日。$Y$轴表示具体的入库或出库的数量。

若想模拟交叉转运区域的出库车辆于第二天早上出发,则仍需要将出库流与相应的入库流进行对应结合,但此时需使用扩展24小时制来模拟次日凌晨的目标发车时间,具体可见表1-5-9。

表1-5-9  出库车辆的时间设置

| 物料流 | 时间 | CLASS中输入时间 |
|---|---|---|
| 入库流 | 5:00pm—10:00pm | 到达时间17:00 - 22:00 |
| 出库流 | 2:00am—次日6:00am | 发车时间26:00 - 30:00 |

**4. 工作区**

工作区的设置见表1-5-10。

表1-5-10  工作区的设置

| 任务 | 关联工作区 | 放置于平板卡车工作区的仓库对象 |
|---|---|---|
| 上架存储任务 | 目标存储区 | 堆垛存储区 |
| 检索任务 | 源存储区 | 堆垛存储区 |

因此,需将堆垛存储区从整个仓库工作区中移至新建的夹具叉车工作区中。理货区可以仍保留在最初的工作区中,因为并不影响表1-5-11中的理货区至宽巷道和表1-5-12中的宽巷道至理货区的工作区域。

对于需考虑的附加例子，其中夹具叉车可以用于堆垛区货物单元上架与检索的全部活动。从图1-5-5中可以看出，需将布局图中的每个理货区拆分成两个对象。

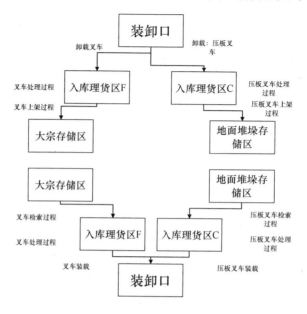

**图1-5-5 布局图**

与卸载任务相关联的工作区为入库理货区，所以入库理货区C将被添加到压板叉车工作区中。同样地，与装载任务相关联的工作区为出库理货区，所以出库理货区C将被添加到压板叉车工作区中。

与入库和出库处理环节相关联的工作区为理货区，所以现在它们已被分至正确的工作区域中，见表1-5-11~表1-5-15。

表1-5-11 入库的任务

| 任务 | | 描述 | 关联工作区 |
| --- | --- | --- | --- |
| 入库 | 卸载 | 将货物卸载至入库理货区 | 理货阶段1 |
| | 处理阶段1 | 入库理货区入库活动阶段1 | 理货阶段1 |
| | 阶段1至阶段2 | 将货物从阶段1移至阶段2理货区 | 理货阶段1 |
| | 处理阶段2 | 在阶段2入库理货区进行货物处理活动 | 理货阶段2 |
| | 阶段2至阶段3 | 将货物从阶段2移至阶段3理货区 | 理货阶段2 |
| | 处理阶段3 | 入库理货区入库活动阶段3 | 理货阶段3 |
| | 阶段3至阶段4 | 将货物从阶段3移至阶段4理货区 | 理货阶段3 |
| | 处理阶段4 | 在阶段4入库理货区进行货物处理活动 | 理货阶段4 |
| | 理货区至宽巷道 | 将货物从入库理货区移至宽式巷道存储区 | 目标存储区 |
| | 理货区至存取暂存区 | 将货物从入库理货区移至窄巷道的存取暂存区 | 目标存储区 |

表1-5-12 货物上架活动的任务

| | 任务 | 描述 | 关联工作区 |
|---|---|---|---|
| 货物上架活动 | 存取暂存区至窄巷道 | 将货物从窄巷道存取暂存区移至窄巷道存储区 | 目标存储区 |
| | 拆分存储 | 从入库理货区拆分存储至宽巷道存储区 | 目标存储区 |
| | 宽巷道至理货区 | 将货物从宽巷道存储区移至出库理货区域 | 源存储区 |
| | 窄巷道至存取暂存区 | 将货物从窄巷道存储区移至存取暂存区 | 源存储区 |
| | 存取暂存区至理货区 | 将货物从窄巷道的存取暂存区移至出库理货区 | 源存储区 |
| | 单品拣选 | 从存储区单品拣货或按路线拣选 | 源存储区 |
| | 单品拣选至存取暂存区 | 从窄巷道存储区以平均速率单品拣货，送至存取暂存区 | 源存储区 |

表1-5-13 补货的任务

| | 任务 | 描述 | 关联工作区 |
|---|---|---|---|
| 补货 | 宽巷道至宽巷道或存取暂存区 | 将货物从宽巷道存储区移至宽巷道拣选区或窄巷道存取暂存区 | 目标存储区 |
| | 窄巷道至存取暂存区 | 将货物从窄巷道存储区移至窄巷道存取暂存区 | 源存储区 |
| | 存取暂存区至宽巷道或存取暂存区 | 将货物从窄巷道存取暂存区移至宽巷道拣选区或窄巷道存取暂存区 | 目标存储区 |
| | 存取暂存区至窄巷道 | 将货物从窄巷道存取暂存区移至窄巷道存储区 | 目标存储区 |
| | 窄巷道至窄巷道 | 将货物从窄巷道存储区移至窄巷道拣货区 | 目标存储区 |

表 1-5-14 出库的任务

| | 任务 | 描述 | 关联工作区 |
|---|---|---|---|
| 出库 | 处理阶段 1 | 在出库理货阶段 1 活动区处理货物 | 理货区阶段 1 |
| | 阶段 1 移至阶段 2 | 将货物从出库理货阶段 1 移至出库理货阶段 2 | 理货区阶段 1 |
| | 处理阶段 2 | 在出库理货阶段 2 活动区处理货物 | 理货区阶段 2 |
| | 阶段 2 移至阶段 3 | 将货物从出库理货阶段 2 移至出库理货阶段 3 | 理货区阶段 2 |
| | 处理阶段 3 | 在出库理货阶段 3 活动区处理货物 | 理货区阶段 3 |
| | 阶段 3 移至阶段 4 | 将货物从出库理货阶段 3 移至出库理货阶段 4 | 理货区阶段 3 |
| | 处理阶段 4 | 在出库理货阶段 4 活动区处理货物 | 理货区阶段 4 |
| | 装载 | 将货物从出库理货区装载至车辆上 | 理货区阶段 1~4 |

表 1-5-15 货物上架活动的任务

| | 任务 | 描述 | 关联工作区 |
|---|---|---|---|
| 货物转移 | 宽巷道至宽巷道或存取暂存区 | 将货物从宽巷道存储区移至宽巷道存储区或窄巷道的存取暂存区 | 目标存储区 |
| | 窄巷道至存取暂存区 | 将货物从宽巷道存储区移至窄巷道的存取暂存区 | 源存储区 |
| | 存取暂存区至宽巷道或存取暂存区 | 将货物从窄巷道的存取暂存区移至宽巷道存储区或窄巷道的存取暂存区 | 目标存储区 |
| | 存取暂存区至窄巷道 | 将货物从窄巷道存取暂存区移至窄巷道存储区 | 目标存储区 |

# 第六章

# 单品拣选

本章包含的内容见表1-6-1。

表1-6-1 本章内容

| 案例 | 布局学习结果 | 仿真学习结果 |
| --- | --- | --- |
| 单品拣选 | 新的布局图,带有窄巷道的大宗存储区及一个宽巷道存储区;底层为货物拣选位,上层为货物保留区 | 添加一个带有详细单品拣选的检索路线。<br>同时添加一个任务来进行窄巷道操作 |

**1. 自定义拣选路线**

在前述的章节中,检索路线被模拟为整托盘存取。CLASS 同样也可以模拟自定义拣选路线,从而实现拣货员在一个存储区的不同巷道的多个存储位间行走的模拟。

注意,在巷道的每个拣选货位,所存储的货物在 CLASS 中并未详细模拟。CLASS 中使用货物存储分布来表示货位所存储货物(例如,一些巷道被访问次数会明显高于其他,或巷道某一端拣选频率更高)。

拣选路线可在检索路线标签的单品拣选标签中定义。

单品拣选既可以模拟按平均速率进行拣选,也可进行包括区域拥堵的详细模拟。

对于按平均速率进行的单品拣选:

①平均拣选速率80个单品/h。

②40个单品/托盘。

③每个托盘需花费30 min 来拣选(40/80 = 0.5(h))。

④平均速率拣选中未模拟巷道拥堵现象。

⑤拣选速率包括物料运输车的行走时间。

若将平均拣选速率设为0,则详细模拟将被激活。例子如下:

考虑一个订单:80段路线/订单。CLASS 系统会在存储区域中随机采样80个货位待访问。

接下来 CLASS 将计算需要多少次拣选行程可完成订单规定单品数。
①每个订单中平均有 120 个单品的需求量。
②整托盘可承载 50 个单品（或 50 个单品/滚柱罩）。
③拣选车一次可推动一个滚柱罩。
④一个订单包含 120 个单品，80 段路线将被分成 3 个拣货行程，如图 1-6-1 所示。

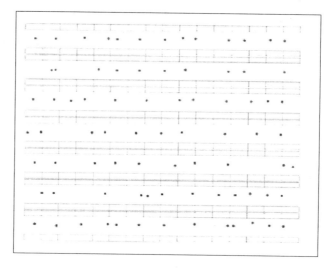

图 1-6-1　3 个拣货行程

⑤两次行程路线，每个可获取 50 个单品和 33 段访问路线。
⑥一次行程路线，获取剩余的 20 个单品和 14 段访问路线。
⑦总货位数 = 2 × 33 + 14 = 80。
⑧拣选货物总数 = 2 × 50 + 20 = 120（个）单品。

CLASS 将会产生 3 个拣选行程，当资源可用时，自动去执行该任务。
此 3 个路线在劳动工人及运输车数量全部充足时，将被同时并行执行。
拣选时间可根据单个单品或单个货位的拣选时间来计算：
①拣选时间：一个单品拣选需要 5 s，每段拣选的路线需要花费 10 s。
②花费在每个货位上的时间为：10 s + 5 s/(单品·货位) × (1 个或 2 个单品)。因此，120/80 = 1.5。

详细拣选模型允许每个行程可添加额外时间消耗（例如，活动开始收集拣选单，或者空托盘；活动结束后，为托盘贴标签）。运输车行走速度用来计算在存储区及理货区之间的行走时间。运输车降叉时间消耗在理货区中。

提升时间选项用于控制拣选活动是否只限制在底层，或者拣选是否可发生于上层货架，此时，运输车的提升时间用于计算到达目标层货架时的时间消耗。

任务完成率(单元数/(人·h))报告可用于比较仿真所得拣选速率与实际操作速率来验证假设。

巷道被拆分成指定长度的若干段。在任意一个路段中，仅限一个拣选车存在，此时若拣选车需等待，直至前一个拣选车撤出巷道，所以此时便发生了拥堵。在宽巷道中，拣选车可超车。这些参数在存储区域选项中均可更改。最终的结果报表会记录拣选所造成的拥堵。下列任务在单品拣选中有所涉及，如图 1-6-2 所示。

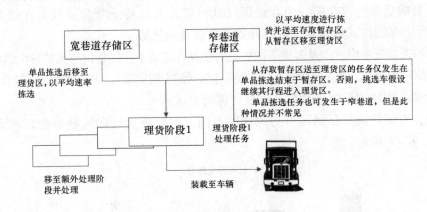

图 1-6-2 理货阶段的处理任务

## 2. 自定义巷道使用

默认设置是所有巷道被均匀访问，然而，这可以通过仓库配置数据表（在存储区域表格下）进行更改。

例如，若快速流通品均集中在特定巷道（注意，可能某天在特定巷道的工作量会有随机偏差，这可通过反映客观变化的随机采样来模拟），在一个巷道的货格位置由巷道行走距离分布来决定（默认为沿所有巷道均匀行走）。

巷道中行走方向同样可以自定义。例如，可令拣选车在某巷道中沿一方向行走，下一个巷道沿反方向行走。同样，巷道的访问顺序也可自定义（具体可见存储区域表、拣选位置数据、序列号及行走方向）。CLASS 默认拣货行走方式为 S 形。

## 3. 行走距离

在关键绩效指标列表中，可查看行程距离报告。此报告记录了拣选车行走的总距离及每次拣选行程所行走的平均距离。

这可以更清楚地了解更改拣选货位位置（包括快速流通品区域）对拣选车行程距离的影响。

## 4. 补货

补货机制标签用于定义货物移动来补充拣货区的货位库存水平或者用于对货源进行大批量的货物补充，如图 1-6-3 所示。

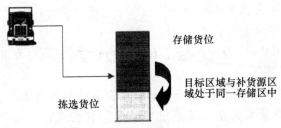

图 1-6-3 补货机制

补货：由于拣货区货物被拣选，货物补至拣选货位。

进货:由于补货,货物进货存至存储货位。

用于补货的货物可以在同一个存储区(此时需定义从拣选货位至托盘存储位的平均距离),或者大宗存储在其他位置,因此补货流来自其他区域。

在补货和进货任务中,涉及多种不同种类的任务,这基于存储货位与拣选货位的相对位置。

举个最简单的例子,进入的货物存储在同一个区域的上层货架上。拣选货位位于较低层货架上。

补货活动:货物流至拣选货位,这是由拣选造成的。

同样地,大量货物的存储区可与拣选区不同,此时补货目标区域与源区域为不同的区域,如图 1-6-4 所示。

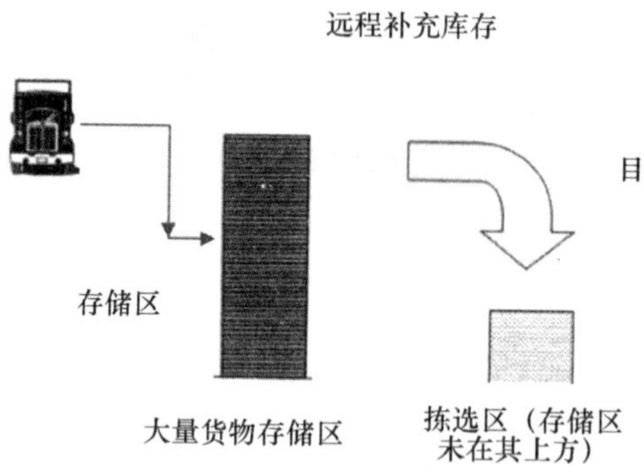

**图 1-6-4 远程补货机制**

上述例子中补货流从一个存储区移至另一个存储区。CLASS 中进货任务由多次补货任务造成(将库存从存储货位移至拣选货位)。

注意:产生的任务种类将根据货物是否由存取暂存区移动而有所区别。

## 案例 1  单品拣选布局

### 一、创建布局图

①将模型 "cleanwithtextures.zpj" 另存为 "expickbyorder"。

②按照第二章内容创建布局图(具体参数包含在第⑨项中)。

③网格尺寸设为 5 m。

④上述仓库需拥有以下能力:

a. 一个窄巷道存储区用于存储大宗货物,含有 3 360 个存储货位。

b. 宽巷道在底层货架上拥有 448 个拣货位,上方补货位为 1 792 个。

c. 5 个装卸口,可作为出入口。

⑤货物尺寸为 $W = 1.0$ m, $D = 1.2$ m, $H = 1.0$ m。托盘尺寸为 $W = 1.0$ m, $D = 1.2$ m, $H = 0.15$ m。

⑥需创建三种不同荷载来表示三种不同货位:窄巷道、拣选货位、补货货位。

⑦一旦创建完成一种荷载类型,可使用"复制"按钮来产生另外两种荷载类型:尺寸相同,更改其描述信息或填充图案/颜色。

⑧货架按如下尺寸进行设置。

| 标签属性 | | |
| --- | --- | --- |
| | 货架名称 | 拣货区域 |
| | 货架类型 | 静态货架 |
| | 存储区域 | 地面货架层拣货 |

| 选择需要的展示颜色 | | |
| --- | --- | --- |
| | 巷道绘图 | 起始于货架 |
| | 起始横向巷道 | 3.00 m |
| | 中央横向巷道 | 3.00 m |
| | 末端横向巷道 | 0.00 m |
| | 动线宽度 | 3.00 m |
| | 货架朝向 | 水平 |
| | 可延展性 | 是 |
| | 货架可否连通 | 无 |

| | |
| --- | --- |
| 货格背靠背间距 | 0.350 m |
| 货格配置 | 背靠背 |
| 货格深度 | 0.900 m |
| 货格宽度 | 2.700 m |
| 多深位间距 | 0.200 m |
| 深位 | 1 |
| 横梁宽度 | 0.100 m |
| 支柱深度 | 0.100 m |
| 支柱宽度 | 0.100 m |
| 每日成本 | ¥0.0 |

| | 层板范围名称 | 拣选货位 | 保留货位 |
| --- | --- | --- | --- |
| | 层板数 | 1 | 4 |
| | 货格净高 | 1.500 m | 1.500 m |
| | 横梁高度 | 0.100 m | 0.100 m |
| | 层板区域荷载 | pickingload | Replenload |
| | 旋转90° | 是 | 是 |
| | 配置 | | |
| | 宽度方向 | 2 | 2 |
| | 深度方向 | 1 | 1 |
| | 高度方向 | 1 | 1 |
| | 存取暂存区 | 无 | 无 |
| | 地面偏移高度 | 0.000 m | |
| | 运输车货物高度 | 0.000 m | |
| | 屋顶间距 | 3.000 m | |
| | 最低层板偏移 | 0.000 m | |
| | 支柱末端高度 | 0.500 m | |

|  |  |  |
|---|---|---|
|  | 起始暂存区 | 无 |
|  | 起始暂存区长度 | 0.000 m |
|  | 末端暂存区 | 无 |
|  | 末端暂存区长度 | 0.000 m |
| 边界 | 起始偏移量 | 0.250 m |
|  | 末端偏移量 | 0.250 m |

## 二、窄巷道存储区数据

| 标签属性 |  |  |
|---|---|---|
| 货架 | 名称 | 窄巷道 |
|  | 货架类型 | 静态 |
|  | 存储区域 | 窄巷道存储区 |
| 巷道绘图起始于 |  | 货架 |
| 起始横向巷道 |  | 0.000 m |
| 中央横向巷道 |  | 3.000 m |
| 末端横向巷道 |  | 3.000 m |
| 动线宽度 |  | 1.500 m |
| 货架朝向 |  | 竖直 |
| 可延展性 |  | 是 |
| 货架可否连通 |  | 无 |
| 货格背靠背间距 |  | 0.300 m |
| 货格配置 |  | 背靠背 |
| 货格深度 |  | 1.100 m |
| 货格宽度 |  | 2.300 m |
| 多深位间距 |  | 0.200 m |
| 深位 |  | 1 |
| 横梁宽度 |  | 0.100 m |
| 支柱深度 |  | 0.100 m |
| 支柱宽度 |  | 0.100 m |
| 每日成本 |  | ¥0.0 |

| | | |
|---|---|---|
| 层板范围名称 | | 全部层板 |
| 层板数 | | 5 |
| 货格净高 | | 1.500 m |

| | | |
|---|---|---|
| 横梁高度 | | 0.100 m |
| 层板区域荷载 | | Narrow Aisle Load |
| 旋转90° | | 否 |
| 配置宽度方向 | | 2 |
| 深度方向 | | 1 |
| 高度方向 | | 1 |
| 存取暂存区 | | 无 |
| 地面偏移高度 | | 0.000 m |
| 运输车货物高度 | | 0.000 m |
| 屋顶间距 | | 3.000 m |
| 最低层板偏移 | | 0.000 m |
| 支柱末端高度 | | 1.000 m |
| 起始暂存区 | | 无 |
| 起始暂存区长度 | | 0.000 m |
| 末端暂存区 | | 全部货架 |
| 末端暂存区长度 | | 1.200 m |

| | | |
|---|---|---|
| 边界 | 起始偏移量 | 0.250 m |
| | 末端偏移量 | 0.250 m |

观察货架的所有视图及仓库存储总结数据来确保存储货位的数值正确，可以承载创建的所有荷载货物。

单击"文件"→"保存"来保存模型。

## 案例2　　仿真流

### 一、仿真流

**1. 入库活动**

设置10辆车/天的货物通过存取暂存区存至窄巷道货架中，10辆车/天的货物存至宽巷道中。窄巷道车辆在上午9:00—10:30之间随机到达，宽巷道车辆在上午9:00—10:30之间均匀到达。两种类型车辆车载托盘均介于 15~25 个/车。货物在入库理货区存在处理过程：1 min/托盘。所有托盘均上架存储。车辆在全部卸载完成后的 15 min 后离开装卸口。车辆在装卸口至少停留 30 min。所有装卸口均可作为卸货口与装货口使用。

**2. 出库活动**

设置 20 辆车/天，目标发车时间为下午 15:00—18:00 之间随机分布，每辆车载托盘 30 个，拣选开始于上午 10:00。60%托盘拣选自窄巷道，剩余部分为单品，拣选自货架底层拣选货位区域。在此阶段先使用整托盘拣选，在后继仿真中将其转换为单品拣选。

出库单元在出库理货区经历一个处理过程：30 s/托盘。所有车辆将在装载完成后停留 15 min 后离开。车辆在装卸口至少停留 30 min。

**3. 分析仓库中的物料流**

完成布局图后，输入仿真数据前，仔细分析仓库中的活动与物料流向。
在图 1-6-5 中标记出物料流，同样标记出此任务由哪种运输车执行。

## 二、创建仿真流

按照上述描述数据来添加仿真流及所需要的路线标签，如图 1-6-5 所示。

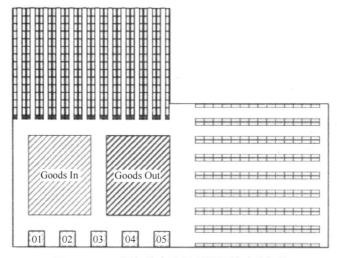

图 1-6-5　添加仿真流及所需要的路线标签

## 案例 3　劳动员工与物料运输车

存在三组工人，每一组工人操作三种运输车中的一种。表 1-6-2 具体描述了工人小组所使用的运输车类型及具体执行的任务。

表 1-6-2　运输车类型及具体执行的任务

| 班次 | 运输车类型 | 任务 |
| --- | --- | --- |
| 总体 | 普通叉车 | 卸载和装载，理货区任务，理货区域与存取暂存区之间的货物移动，补货 |
| 窄巷道 | 窄巷道运输车 | 存取暂存区与窄巷道货架之间的货物移动 |
| 拣选 | 拣选车 | 宽巷道拣选区中的拣选任务 |

## 一、工作区

回顾一下需要执行的任务、运输车类型及劳动员工的分配。需要多少个工作区?一个"Whole Warehouse"的工作区是否足够?

为了回答这个问题,完成表1-6-3,可使用已标注在表1-6-2上的信息。

**表1-6-3 需填写的表格**

| 任务 | 由普通叉车完成 | 由窄巷道运输车完成 | 由拣选车完成 |
|---|---|---|---|
| 卸载 | √ | | |
| 理货区处理过程 | √ | | |
| 上架至宽巷道 | √ | | |
| 理货区至存取暂存区 | | | |
| 存取暂存区至窄巷道 | | | |
| 窄巷道至存取暂存区 | | | |
| 存取暂存区至理货区 | | | |
| 自宽巷道货架拣选 | | | |
| 出库理货区 | | | |
| 装载 | | | |
| 补货 | | | |

## 二、设置运料车类型

如果模型是基于"the cleanwithtextures.zpjx"模板开始的,则你的模型中会有一些已定义好的运输车类型。

打开任务分配窗口,将上述表中定义的任务分配给不同种类的运输车。

## 三、设置劳动工人

设置你的劳动资源。新建使用不同种类运输车的工人班次。

将任务合理地分配给不同的人员班次,所以每种运输车类型都会有自己的驾驶员。

## 四、检查结果

使用工人和车辆上的数据提示来了解此刻模型的运行情况。验证对于每一项任务,其分配的运料车及工人数量均是正确的。

使用结果统计图表及表格来验证数据是按要求输入的。例如,出入库车辆数、出入库托盘、单品拣选数量、大宗货物移动数量。检查任务完成率、已完成任务数及工人使用历史。

## 案例 4　　单品拣选——详细模型

接下来将宽巷道存储区域中的整托盘拣选方式更改为使用详细模型的单品拣选方式。

在宽巷道拣选区域，每一个拣选的单品代表一个货物。单品拣选后放置在托盘上，具体数据分布按下列设置。

① 平均一个托盘上放置 80 个货物。
② 存储托盘上存储 120 个单品。
③ 订单平均由 240 个货物、60 段路线组成。假定货物与路段分别存在 25%、15% 上下的浮动。
④ 一个托盘上最多放置 100 个货物。
⑤ 拣选时间：5 s/单品，15 s/路段。
⑥ 在每个拣选路程开始与结束时刻，均会产生 1 min 的时间消耗。

## 案例 5　　补货

宽巷道区域中，单品拣选所造成的补货产生于平均 120 个单品拣选完成后。被补充的货物被移动至距其各自原存储位置 6 m 处的货位上，整合时间花费 1 min。

### 一、验证结果

确定所需要的工人数、所需要的车辆类型及理货区面积。宽巷道存储区中的拣货任务是否造成了区域拥堵？若有，具体时间为多少？（可查看存储区域拥堵表格）

① 与小组其他成员验证结果，讨论怎样可以达到最优运行结果，并解释为什么。（任务优先级是否可以保证窄巷道的整托盘取货与宽巷道的单品拣选活动之间达到良好平衡？）
② 查看 KPI 报告，当前有哪些任务已被完成？稍后可在任务列表中查看。
一旦仿真完成，保存模型，命名不变。

### 二、总结

上述案例中已涵盖了单品拣选的规则，接下来的模块将涵盖高级单品拣选建模技巧。
① 产品区域。
② 使用自定义拣选路线的巷道。
③ 批量拣选。

尽管培训模块中的案例均是针对小型仓库，但其所涉及的建模技巧是可以应用于解决大型复杂问题的。CLASS 软件中自带了一些展示模型，它们介绍了软件的不同应用方面及使用 CLASS 可以模拟的仓库复杂程度。

## 案例 6　　关于单品拣选案例注释

下列是关于如何分析仓库内部活动流的示例。

如图 1-6-6 所示，对于收货环节，可以看到存在两个独立的入库流，所以每一个入库流分别需要其各自的上架路线。

如图 1-6-7 所示，对于出库环节，可以看到只有一个出库流，包含了两个存储区的货物。因此，对于此出库流，需要添加一个分支检索路线。

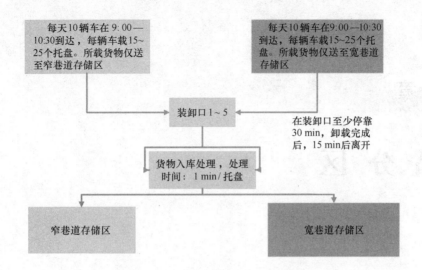

图1-6-6 收货环节的入库流

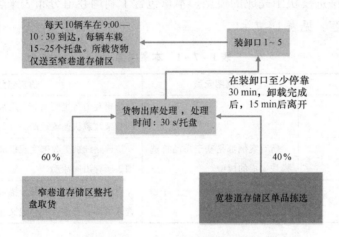

图1-6-7 出库环节的出库流

补货活动次数与单品拣货拣选出来的单元数相比,给出的数据如下:①平均每个托盘上承载80个单品;②每120个单品拣选完成后,产生一次补货活动。因此,补货活动次数将少于单品拣选次数:80×单品拣选的单品数/每次120个单品的补货活动。

此案例中只需要一个工作区:尽管有三种不同的运料车,以及各自小组的驾驶员,仍可以只根据任务类型来划分活动区域。

查看已完成的图表,可以看到每个任务只有一种运料车去执行。

# 第七章

# 产品分区

本章基于单品拣选模块中完成的模型。本章包含了利用巷道分布表来创建产品分区、自定义拣选路线等内容，见表 1-7-1。

表 1-7-1 本章内容

| 案例 | 布局图元素 | 仿真部分 |
| --- | --- | --- |
| 大宗货物移动区域 | 所有案例都是基于单品拣选模块完成的模型 | 编辑巷道行走距离分布表来实现与理货区最接近的货架装载快速流通商品（访问频率高） |
| 单品拣选产品分区 | | 拣选路线被更改来实现仅部分巷道用于拣货。适用于所有出库活动 |
| 自定义单品拣选路线 | | 更改出库流来实现部分拣货活动只访问宽巷道拣选区的部分巷道，并自定义巷道访问方向 |

不同产品存储在不同货位上可能会造成存储区域的一部分访问频率较高于其他部分。例如，若快速流通线集中在特定巷道中或巷道的末端。

产品分区设计的目的是减少行走距离，例如，将快速流通产品放置在距离出库理货区最近的巷道末端。

然而，在某部分过分集中的快速流通商品可能会导致区域过分拥堵，尤其是采取单品拣选方式进行出库，或者拆分上架。

默认情况下，CLASS 仿真系统会假定一个存储区域中的任一货位在上架存储或货物检索时被访问的频率（或概率）都是相等的。可以通过仓库配置数据集中的数据编辑器进行设置。

沿着一个巷道访问不同存储货位的概率是由巷道行走距离分布表（默认沿着所有巷道都是均等概率）来决定的。

同样地，沿着一个巷道的货架，每层被访问的概率是可以通过自定义水平架层分布表来更改的。

图 1-7-1 所示的表格展示了 CLASS 中为理货区中的某个托盘确定其上架存储位置。

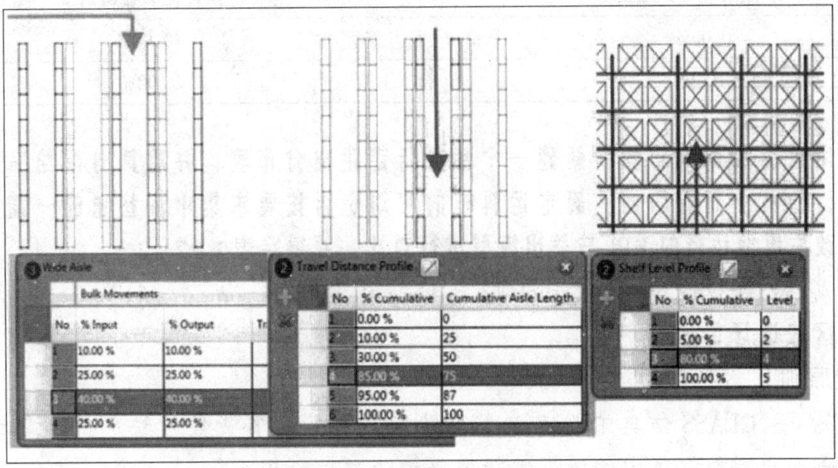

**图 1-7-1　理货区中的某个托盘确定其上架存储位置**

图 1-7-1 中的图表存储货位的选择基于：①巷道；②巷道行走距离；③货架层数分布表。

## 案例 1　　大宗货物移动分区

在此案例中，在窄巷道存储区中对整托盘货物移动应用产品分区。

**一、打开单品拣选中的模型，其中沿着巷道下的所有货位被访问的概率均相等**

根据模型运行完成后的 KPI 中的任务完成率、窄巷道存储区的行走距离来填写表 1-7-2，并检查 VNA 小组的工作总时间。

表 1-7-2　需填写的表格样式

| 方案 | 任务完成率 | | 平均行走距离 | | VNA 小组工作总时长 |
|---|---|---|---|---|---|
| | 暂存区至窄巷道存储区 | 窄巷道存储区至暂存区 | 暂存区至窄巷道存储区 | 窄巷道存储区至暂存区 | |
| 基础模型 | | | | | |
| 产品分区 | | | | | |

为查看平均行走距离，使用行走距离报告中的"切换报告"按钮。

**二、使用"模型另存为"保存当前模型，命名为"单品分区拣选.zpjx"**

在划分巷道前，理解巷道中的行走方向很有必要。查看数据编辑器仓库数据、存储区域表，来确定巷道的起始和终点的相对位置。

可以看出，含有圆圈的端点表示布局图中货架的起始点。

确定巷道中的运行方向来保证在分布中快速流通品位于在正确的端口。

**三、将此区域设置为前 30% 存储位构成了吞吐总量的 80%**

根据此信息正确填写表 1-7-3。

表 1-7-3 填写表格样式

| 累计概率%吞吐量 | 累计值%巷道长度 |
| --- | --- |
| 0.00% | 0.00% |
| 100% | 100% |

**四、使用仓库数据编辑器，新建一个巷道行走距离分布表，并将其分配给窄巷道存储区**

**五、运行仿真，观看动画，确定运料车的移动是否按要求集中在巷道的一端**

**六、更改后模型运行的 KPI 与举出模型进行对比，并填写表 1-7-2**

实验完成后，将模型另存为 "pick by order with product zoning. zpjx"。

**七、分区拣选订单**

**1. 关键原则**

默认情况下，CLASS 仿真中假定一个存储区域中的所有货位被访问的概率均相等，然而可以使用仓库配置数据集中的数据编辑器来编辑这些设置。

使用第六章大批商品分区移动中的相同原则。分布表可以设置各个巷道、巷道长度百分比、层数中拣选的比例（单品拣选或拆分存储）。

存储区域表格中拣选位置百分比数据可以自定义，以反映存储位置。例如，可将快速流通品作为一组放置在距离出库位置最近的巷道处，或者将流通较慢的货物存放在货架的较高层数上。

各个巷道补货比例也可以用分布表来表示。这意味着某些情形，如活动式存储区，货物均是从巷道前方拣选出的，补货在巷道的后面进行，这种情况都是可以模拟出来的。

存储区域数据表同样可以告诉 CLASS 系统在各个巷道中进行拣选时沿哪一个方向。系统创建的默认方式为 S 形拣选，按序列沿蛇形从一个巷道移动至相邻下一个巷道，并且每一个巷道均为同等概率访问。

因此，可以自定义一个区域中的多种可供选择路线。方向设置应该与仓库管理系统的具体操作保持一致。

**2. 宽巷道拣选区域的拣选路线和巷道中的行走方向（图 1-7-2）**

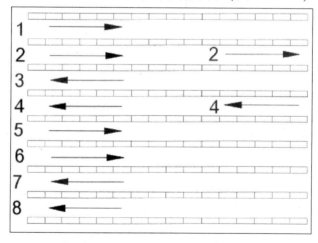

图 1-7-2 拣选路线和巷道中的行走方向

奇数号巷道用于补货，单品拣选发生在偶数号巷道内。各个巷道中的行走方向为图表中箭头所指示的方向。特定单品拣选仅发生在巷道2与巷道4中（这是通过使用拣选路线实现）。

## 案例2　　　　　　　　　　　单品分区拣选

单品拣选案例中使用了修改后的拣选位置分布表，从而实现仅部分巷道用于拣选。此例同样介绍了在拣选区域中如何设置S形拣货路线。

运行仿真，并根据模型的KPI报告数据填写表1-7-4。

表1-7-4　填写表格的样式

| 所使用巷道 | 拥堵总时间 | 平均拣选速率 | 平均行走路程 | 工作时间 |
| --- | --- | --- | --- | --- |
| A～H | | | | |
| B～G | | | | |
| D～G | | | | |
| F～G | | | | |

将模型另存为"PBO with Zoning.zpjx"。

CLASS中巷道是按照数字顺序来创建的，序号是按照布局图中货架的绘图方向依次增加的。

若布局图中没有产生巷道序号，则可使用巷道标签功能来为货架的巷道分配标签，如图1-7-3所示。

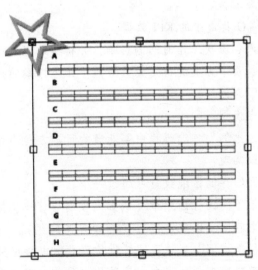

图1-7-3　使用巷道标签功能来为货架的巷道分配标签

修改用于拣货与补货巷道的拣选位置数据，保证只有6个巷道（B～G）被使用，并且每个巷道的访问比例均相等。

对于位置数据中的拣货、补货列来说：

①将第一行和最后一行数据设为0（即巷道A和巷道H）。

②使用"数据均分向导"中的设置,从而数据编辑器可以自动计算每个巷道的比例。
③用鼠标选择将要被填充的单元格,然后右击,从下拉列表菜单中选择均分数据。
得出图 1-7-4 所示各个巷道的货物出入数量分配表。

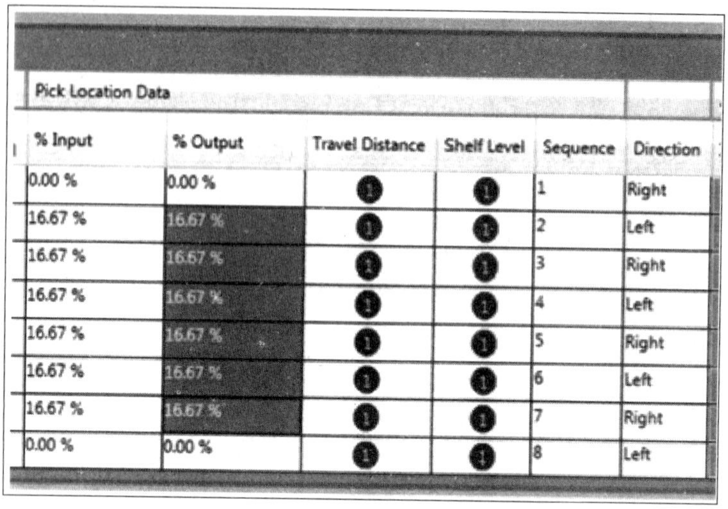

| % Input | % Output | Travel Distance | Shelf Level | Sequence | Direction |
|---|---|---|---|---|---|
| 0.00 % | 0.00 % | 1 | 1 | 1 | Right |
| 16.67 % | 16.67 % | 1 | 1 | 2 | Left |
| 16.67 % | 16.67 % | 2 | 1 | 3 | Right |
| 16.67 % | 16.67 % | 2 | 1 | 4 | Left |
| 16.67 % | 16.67 % | 1 | 1 | 5 | Right |
| 16.67 % | 16.67 % | 1 | 1 | 6 | Left |
| 16.67 % | 16.67 % | 1 | 1 | 7 | Right |
| 0.00 % | 0.00 % | 1 | 1 | 8 | Left |

**图 1-7-4 各个巷道的货物出入数量分配表**

第一个和最后一个巷道的比例为 0%,是指在这些巷道中既没有拣货活动,也没有补货活动。整托货物上架至拣选区域,则 8 个巷道中均有分布。

运行仿真,观察拣选车的运行动画。使用运料车和操作员工上的信息提示来检查在巷道 A 和巷道 H 中是否有拣选活动发生。

在上述表格中填写 B~G 巷道中的 KPI 数据。

观察对区域拥堵与工人各班次工作时间的影响,并将结果记录在表 1-7-4 中。

比较不同方案的结果。哪个方案的行走距离最短?哪个方案的拥堵最严重?哪个方案的拣选效率最高?请解释一下原因。

仿真运行结束后,保存模型。

拣选方向、巷道的拣选比例、拣选行程中某巷道的行走方向均可以通过使用拣选路线来自定义设置。拣选路线可以实现:

①一个拣选行程可访问的存储区域数量可超过一个。
②同一个存储区可用于不同的拣选分布(例如大型商店订单、便利店订单)。
③同一个路线上的某个巷道可以重复访问(例如 U 形路线)。
④设定特定的拣货路径来访问与存储区域拣货位置数据中所定义巷道不同的巷道。

拣选路径可通过数据编辑器来创建。在仓库数据文件中,可找到一个"附加拣选路线"命令,新建拣选路线可在此处添加。

拣选路线可通过添加一系列的巷道与存储区来创建,拣选路线巷道同样可以用于选择在此路线中所包含的存储区域,并可以自动创建巷道序列。

通过向导创建的路线可以由用户手动编辑。

## 案例3 自定义拣选行程

单品拣选案例中修改了出库流来实现一些检索路径只访问宽巷道拣货区域中的部分巷道，也可以自定义巷道中的行走方向。

打开基本单品拣选模型，并保存。

### 一、出库流

更改模型，使模型中存在两个出库流：

①每个出库流每日10辆车。

②发车时间在15:00—18:00之间随机分布。

③每辆车载30个货物单元。

与前述模型相同，出库货物中60%来自窄巷道拣选区域、40%来自宽巷道拣选区域。单品拣选分布数据保持不变。

其中一个出库流对应的检索路线所用的单品拣选使用了拣选区域中的所有巷道。

另外的出库流对应的订单将从拣选区域中的4~7巷道中通过拣选路线进行拣选。

首先，必须创建拣选路线：

在仓库数据编辑器中，鼠标向下拉至附加拣选路线表格（此时为空），单击"向导"按钮，将会弹出"拣选路线向导"界面。在向导列表中，选择宽巷道存储区域，使用箭头将其从左侧移至右侧，单击"确定"按钮，完成拣选路线的创建。从包含不需要的巷道1~3与第8巷道的路线中删除对应行数，使用"数据均分向导"填充修正后的数据：

①吞吐百分比；

②巷道被访问顺序数；

③巷道中行走方向，创建一个S形拣货路线。

下一步，添加一个"检索路线"标签来利用刚刚创建的拣货路线。

①复制已有的宽巷道检索标签。

②命名为"wide aisle picking using route"。

接下来，在新建的"检索路线"标签的"单品拣选"选项卡中：

①复制已有的拣选分布表，并编辑。

②指定一个有意义的名称。

③在"高等"标签的"拣选路线"选项中，选中前面已创建的路线。

④将新建的拣选分布分配给"检索路线"标签。

⑤最后将此检索路线分配给出库流模块。

运行仿真，观察动画中的拣货活动。

查看任务完成状态报告，观察拣选路线的任务完成情况并保存模型。

### 二、总结

以上建模案例涵盖了产品分区、自定义单品拣选路线等高等建模技巧。

# 模块二
# 物联网平台软件

# 第一章

# 课程简介

## 一、牛鞭效应实验

该实验为辅助物流相关课程的教学而设计,是一个体验性的实验,主要目的是通过实际操作加深学生对牛鞭效应现象的理解,辅助学生分析产生该现象的原因,配合以后关于物流与库存管理的课程。实验在物流实验室的网络实验平台上进行,该实验平台采用 B/S(客户机/服务器)的体系结构。

实验系统由联网的一台服务器和多台客户机组成,用来模拟单一产品、多级库存的供应链的运营管理。

背景:某种产品的供应链由原材料采购商、供应商、制造商、分销商、零售商等一系列环节组成。每个环节看作供应链的一个节点,每个节点有其基本属性参数,包括订货提前期、固定成本、持货成本、惩罚成本、进货价格和出货价格。供应链面对顾客的需求服从某种随机分布。供应链上各个节点间的信息相互封闭,每个节点只知道自己的库存、缺货、到货和相邻下游节点的需求。每一期实验中,每个节点需要决定向上游订货和向下游发货的数量。系统根据各节点的基本属性参数和每期库存、订货、发货数量计算相应的成本、收益、利润等统计信息。实验者做出决策的目标是使自己所在节点的总利润最大。

学生通过在每台客户机端操作,扮演一条供应链上的某个节点来参与实验。各个节点间不能直接沟通,他们需要的信息都从服务器端获得。

实验分为若干期,每一期开始时,系统会产生一个顾客需求(顾客需求服从某种形式的随机分布,在实验开始前预先设定),之后需要各个节点分两步做出决策。

第一步:订货决策,用户需要向其上游发出订货的订单。

第二步:发货决策,根据下游订单数量向下游提交发货数量。

在本实验中,由于信息不共享,每个实验者只能看到自己所在节点的库存信息,其余节点的信息是未知的。实验者每期要做出适当决策,决定自己的订货数量,尽量使自己节点的总利润最大。

通过这个实验，相信你会对多级库存系统中的牛鞭效应有进一步的理解，并通过该实验试着分析找出造成牛鞭效应的因素。

## 二、多级库存实验

该实验为配合物流相关课程的教学而设计，主要目的是通过实践帮助学生理解多级库存系统管理的原理，掌握库存控制的方法，考查学生运用理论知识解决实际的库存管理问题的能力。实验在物流实验室的网络实验平台上进行，该实验平台采用 B/S（客户机/服务器）的体系结构。

整个实验系统由一台服务器和多台客户机组成，用来模拟一条供应链上多个节点（仓储）的运作管理。

背景：某种产品的供应链由采购商、供应商、制造商、分销商、零售商 5 个环节组成。每个环节看作供应链的一个节点，每个节点有其基本属性，包括订货提前期（从发出订货订单到收到实货的时间）、订货成本、单位持货成本等。供应链的末端面对顾客的需求服从某种随机分布，每期会产生一个顾客需求数目。在整条供应链信息完全共享的情况下，每个节点每期需要决定向上游订货和向下游发货的数量。系统根据各节点的基本属性参数和每期库存、订货、发货数量计算相应的成本与收益。实验者决策的目标是使整条供应链所有期的总收益最大。

学生通过登录网络平台来参与实验，每期提交向上游的订货和向下游的发货决策，整条供应链各节点通过服务器实现信息共享，实验者与其他合作者一起模拟单一产品、多级库存的供应链运营管理。

实验分为若干期，每期开始时，系统会产生一个顾客需求（顾客需求服从某种随机分布），然后各个节点分两步做出决策。

第一步：订货决策。用户根据以往的需求记录、现有的库存水平和到货数量、属性参数等信息向上游发出订货的订单。

第二步：发货决策。每个节点此时可以看到在本期第一步来自下游节点的订单，根据这些信息和以往的各项信息，由用户决定向下游发出货物的数量。

与牛鞭效应不同，本次实验最终对实验结果进行评价的标准是整条供应链的绩效。绩效考查的内容包括分为三部分：①整条链的总净利润；②整条链的总运营成本；③各节点每期产生的订货需求。其中第①项整条链的总净利润是评估实验结果优劣的第一标准，第②项运营成本是辅助评估结果的参考信息，第③项考查每期每个节点的订货需求是为了观察牛鞭效应现象。

通过该实验了解信息共享是解决牛鞭效应的一种方法，同时了解到信息对于整条供应链的重要性。

## 三、物流网络博弈实验

本实验是为配合物流相关课程的教学而设计的，主要目的是通过实际操作，加深供应链中分销管理等知识和博弈现象的理解和掌握，以及考查学生运用所学理论知识解决实际问题的能力。该实验基于物流实验室的网络实验平台，以 B/S（客户机/服务器）方式进行。

实验系统由联网的一台服务器和多台客户机组成,系统包括一个供应商、多个零售商及每个零售商所对应的市场。其示意图如图 2-1-1 所示。

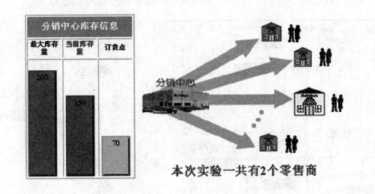

图 2-1-1　实验系统的示意图

其中零售商对应的市场由服务器来扮演,而零售商的角色则由实验者来扮演。整个实验分为若干期,在每期开始时,供应商根据自己当前的库存信息,按 $(s, S)$ 策略订货,同时,扮演零售商的实验者也开始根据自己所掌握的信息向供应商发送订单(其中能掌握的信息量是由该实验的信息透明度决定的,有三种信息透明度设置,分别为"完全不透明""半透明""完全透明")。订单发送完之后,零售商对应的市场会相应地产生一个顾客需求(每期的顾客需求是服从一定分布函数的,比如正态分布、均匀分布等),当所有零售商都提交完订单之后,供应商根据一定的分配策略向所有零售商发送货物(有三种分配策略,分别为"按比例分配""优先满足大订单用户""优先满足小订单用户")。实验者需要做出两种决策:

①根据自己的库存情况向分销中心提交订货数量的订单。
②根据市场需求及采购价格提交自己的售货价格。

最后以零售商的最终利润来作为评价实验的最终标准。实验结束后,考察各实验者的经营情况,并相应地给出各期的实验数据。基于这些数据,进行分析和实验总结,并提交实验报告。

通过该实验,思考解决如下问题:
①不同信息透明度的设置对系统中零售商的决策会有怎样的影响?
②供应商采用的分配策略会对零售商的决策产生什么样的影响?
③在不同的分配策略下,运用运筹学中的博弈理论分析一下零售商之间的竞争情况。

### 四、物流配送管理实验

本实验是为配合物流教学相关课程而设计的,主要考查学生对路径规划、车辆调度、运输成本等知识的理解和掌握程度。实验基于物流实验室的网络实验平台以 B2S 方式进行。

系统包括一个仓储中心和多个销售店,整个实验分为若干期,在每期开始时,系统随机产生运输配送任务,然后货物从仓储中心被运输配送到各个销售店。运输配送任务外包给第三方物流商完成。参加实验的各组学生扮演这个第三方物流商。

背景:如图 2-1-2 所示,某超市连锁公司 ABC 在北京市拥有一个仓储中心和若干家门店，仓储中心和门店两两之间的距离固定不变，仓储中心和门店两两之间的运输时间假设是确定的。为了更好地专注于其核心竞争力，ABC 公司打算将配送业务外包给第三方物流（3PL）来完成，需要第三方物流（3PL）提供最少成本的物流配送方案。

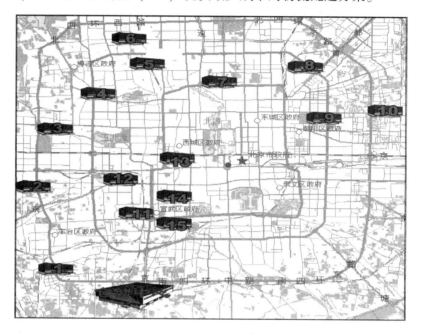

图 2-1-2　公司运营背景示意图

实验任务：你的小组代表一个 3PL。一开始，所有的小组都有同样的初始资金。你要基于距离和运输时间矩阵，根据每期各门店的需求，确定所需要的车次数，并且安排每辆车的配送路线、配送货物数量，使运行成本最小。注意缺货惩罚成本的权衡。该方案提交后，你会得到由系统计算出的成本结果。

通过该实验，分析数据，总结实验，提交实验报告。内容包括：对运输配送问题的理解；对自己所用算法的说明；对实验结果和过程的分析和总结。

总结思考如下问题：

①车辆调度和路径规划是运输配送物流中两个重要的问题，请总结你在实验中是如何应用相关知识来解决这两个问题的？

②配送环节存在很多随机因素，本实验中都予以忽略。你认为有哪些需要考虑的因素？请适当总结。

# 第二章

# 牛鞭效应实验

## 一、实验内容

在由多级节点组成的库存系统中，如果各节点以分散独立决策的方式进行运作，即每个节点决策的目标是使各自局部的利益达到最优，此时系统整体并不一定处在最优的运作状态。

供应链在这样的运作环境下，常会出现如下现象：当需求从终端向上游逐步传递时，需求的波动将逐级放大。设想有一条由四个节点组成的供应链，从下游到上游依次为零部件供应商、生产商、批发商、零售商。零售商面临的终端市场需求只有少许波动，批发商的需求是来自零售商的补货请求，需求的波动比终端市场需求的波动有了放大。生产商的需求是来自批发商的补货请求，需求的波动又有了放大。零部件供应商的需求是来自生产商的补货请求，需求的波动进一步放大。这种需求波动放大的现象如同一根甩起的牛鞭，将处于下游的节点比作根部、上游的节点比作梢部，一旦根部抖动，传递到末梢端就会出现很大的波动，因此被形象地称为牛鞭效应。

牛鞭效应是供应链系统中比较普遍存在的一种现象，数十年来，许多学者与实践者开展了大量的工作，旨在揭示和克服牛鞭效应。例如，早期的"啤酒游戏"就是在实验室里模拟啤酒的生产与销售过程中需求波动的放大现象，也有很多文献对牛鞭效应进行了深入的理论分析。

牛鞭效应产生的原因主要有以下几方面：需求预测的数据更新、批量补货、价格波动、限量供应和短缺博弈、补货提前期。

牛鞭效应对供应链整体来讲是一种不利的现象，它会增加企业的经营成本，尤其是处在上游的企业。针对牛鞭效应产生的原因，可以从若干方面采取措施来降低牛鞭效应的影响。

## 二、实验目的

无信息共享的多级库存管理实验（牛鞭效应实验）是为辅助物流概论课程的教学而设

计的一个验证型实验。我们通过网络平台为学生提供一个可以模拟供应链上各节点操作决策的环境，使学生通过亲身实践加深对牛鞭效应现象的理解，辅助学生分析产生该现象的原因，培养学生发现问题、分析问题和解决问题的能力，为今后关于库存管理课程的学习奠定基础。

学生在实验过程中，应着重：
① 理解库存管理的基本概念和知识，如提前期、库存水平、各种成本的概念。
② 体验牛鞭效应现象的产生，并分析其产生原因。
③ 练习控制库存的方法，如报童模型的订货策略。

### 三、实验环境

实验在物流实验室的网络实验平台上进行，该实验平台采用 B/S（客户机/服务器）的体系结构。实验系统由联网的一台服务器和多台客户机组成，用来模拟单一产品、多级库存的供应链的运营管理。

学生通过在每台客户机前端的操作来扮演一条供应链上的某个节点，进行各种决策。在牛鞭效应实验中，各个节点间不能共享信息，它们需要的信息都从服务器端获得（每台客户机把该节点信息发送到服务器，再从服务器获得所需的信息），显示在客户机端的实验网页中。每个节点每期都可获得关于节点自身的库存水平和缺货水平、上游到货数、下游需求数的信息。除此之外，每个节点都设有一些固定的属性参数，如提前期、订货启动成本（即固定成本，本实验设为0）、库存率、进货价格和出货价格等（提示：持货成本、缺货惩罚成本等参数可由此得出），固定参数在实验开始前设定。

### 四、实验步骤

#### 1. 实验任务简介

同学们分成若干个小组来模拟供应链的运营，每个小组控制一条供应链。每个小组的节点序号按自然数排列：1，2，3，4，5，…依次代表供应链中最接近需求市场的下游到接近原材料供应的上游。相邻的节点序号代表供应链上有直接供求关系的角色。同学们可通过登录网络平台参与实验。

实验分为若干期，每一期开始时，系统会产生一个顾客需求（顾客需求服从某种形式的随机分布，在实验开始前预先设定），之后需要各个节点分两步做出决策。

第一步：订货决策。用户需要向其上游发出订货的订单，系统提供的参考信息有：以往的需求记录、现有的库存水平和到货数量、属性参数等，用户做出订货决策可采用特定的订货策略。在该条链的所有节点都提交了订货订单以后，进入本期实验的第二步。

第二步：发货决策。每个节点此时可以看到在本期第一步从下游发来的订单（最下游的节点看到的就是由系统产生的该期顾客需求），根据这些信息和以往的各项信息，各节点决定向下游发出货物的数量。当所有用户都提交了发货决策后，该期操作结束，系统进入下一期。

同学们应根据每一期系统提供的各项数据信息决定所在节点每期订货和发货的数量，以使自己所在节点所有期的总成本最小,总利润最大。

每一期实验每个节点的各项基本数据(向上游发出的订单、从上游收到的货物、下游需求、向下游发出的货物、期末库存、期末缺货、本期收益、本期成本、本期利润)都会被记录进数据库。实验结束后,学生可根据实验数据观察牛鞭效应现象,并进行分析总结,加深对牛鞭效应现象的理解。

**2. 实验操作步骤**

1) 从管理员处获得供应链编号、用户序号和密码,登录进入自己相应的节点。
2) 浏览熟悉各个页面。
3) 进入操作界面,根据历史数据预测需求,并做出每期决策。
①提交向上游的订货订单。
②等待所有节点都提交,进入本期下一阶段。
③提交向下游的发货数。
④等待所有节点都提交,进入新一期。
⑤进入数据界面,查看自己每次的操作记录(步骤③、④反复进行,直到实验结束)。
⑥当实验结束,进入统计图表界面,查看统计图表和各项统计信息。
⑦分析实验数据,撰写实验报告。

**3. 实验结果评估**

最终对实验结果进行评估的标准是综合考察每个节点的绩效(成本和利润),以及整条供应链的总体绩效。同时可以考察整条链产生的牛鞭效应。

节点成本 = 进货价格 × 本期收到的货物 + 固定订货成本 + 单位持货成本 × 库存量

( + 单位缺货成本 × 缺货数:只在节点 1 处计算缺货成本)

节点收益 = 出货价格 × 出货量

节点利润 = 节点收益 − 节点成本

$$节点总利润 = \sum_{各期} 节点利润$$

实验结束后,整理各个节点各期的实验数据,对该多级库存管理系统的绩效及产生的牛鞭效应现象进行分析。

## 五、思考题

在本实验中,由于信息不共享,每个实验者只能看到自己所在节点的库存信息,其余节点的信息是未知的。实验者每期要做出适当决策,决定自己的订货数量,尽量使自己节点的总利润最大。

问题 1:始终保持一个恒定不变的订货量,是否是降低库存成本,抑制牛鞭效应的最优策略呢?

问题 2:你认为什么样的订货策略可以很有效地减少库存成本,抑制牛鞭效应呢?

问题 3:通过这个实验,相信你会对多级库存系统中的牛鞭效应有进一步的理解,请你试着分析和找出造成牛鞭效应的因素。

## 六、实验报告

**1. 实验预习**

对牛鞭效应和啤酒游戏有所了解。

对各种库存管理概念，如各种库存成本、提前期、库存策略有所理解和掌握。

考虑自己将在实验中使用的库存管理决策。

**2. 实验记录**

实验数据可从网络平台中下载 Excel 文件得到。

**3. 实验报告**

对牛鞭效应的理解；对供应链中库存管理各种策略的理解；对各种参数对库存管理策略影响的理解；对自己所用库存控制策略的说明；对实验结果的成败和过程的分析与总结。

## 七、附录

### 附录 1　实验参数使用说明

**1. 每个节点的属性参数（见表 2-2-1）**

表 2-2-1　每个节点的属性参数

| 主体 | 属性参数 | 说明 |
|---|---|---|
| 每个节点 | 节点序号 | 代表该节点在整条链中所处的位置，1 为最靠近市场的下游节点，5 为最靠近原材料的上游节点 |
| | 小组序号 | 节点所在的供应链为一个小组，以小组序号标识 |
| | 提前期 | 指从上游向该节点发货，到该节点收到货物的时间，以期为单位。如提前期为1，即本期订货，下期到货 |
| | 初始库存 | 实验开始，第一期期初的初始库存的数量 |
| | 初始订货量 | 实验开始，第一期期初的在途订货的数量 |
| | 固定成本 | 单次订货成本，当某节点订货数量不为0且其上游节点实际发货量大于0时，就会产生该项成本。在本实验中均为0 |
| | 库存持有率 | 用于计算持货成本的系数 |
| | 进货价格 | 从上游节点买入单位货物的价格 |
| | 出货价格 | 向下游节点卖出单位货物的价格 |

**2. 每条链的属性参数（表 2-2-2）**

表 2-2-2　每条链的属性参数

| 主体 | 属性参数 | 说明 |
|---|---|---|
| 每条链 | 总期数 | 实验进行的总期数 |
| | 需求分布类型 | 该条链面对的市场顾客需求服从的随机分布类型，如均匀分布、指数分布等 |
| | 需求分布精度 | 分布函数的精度（整数或精确到某几位的小数） |
| | 需求分布参数 | 包括均值、方差等 |

**3. 说明**

①每期系统为每个节点给出向下游的默认发货数：min ｛期初库存 + 本期到货，期初缺货 + 本期需求｝，总之，默认发货数就是以现有货物尽量地满足顾客需求，不能发出大于默认值的发货数量，但可以发出小于默认值的发货数，建议尽量使用默认发货数。

②期初库存：本期开始时所具有的库存。

③本期到货：本期开始时收到的货物，期初库存加上本期到货可用来满足本期下游的需求。

④期末缺货：缺货不会消失，即本期未被满足的下游需求而造成的缺货，累计到下一期，订单不丢失。

⑤如果发现某期的数据是库存与缺货数同时存在，不要奇怪，这种情况是可能发生的。如果手头上有货物，但是却发出小于默认发货数的数值，故意造成下游缺货，就会出现这种情况。

**4. 决策方法**

可以思考采用什么样的方法来优化你的决策方案。如报童模型策略、$(s, S)$ 策略等。

### 附录 2　实验平台使用说明

**1. 登录界面**

在浏览器地址栏中输入网址，就会打开登录界面。实验者需事先从管理员处获得链序号、用户序号和密码，输入后即可登录到用户实验界面。此外，还可单击左侧菜单的"关于我们"联系管理员。

**2. 用户操作界面**

这里可以决定向上游发出订单和向下游发出货物的数量。

"期初库存"和"上游到货"的总和就是本期可以支配的所有货物。

"期初缺货"和"下游需求"的总和则是目前需要满足的订单。

**3. 用户等待界面**

用户每完成一次操作，将进入等待页面，等待本期时间结束或者所有节点都已提交决策，便可进入下一期决策。

**4. 用户数据界面**

这里记录了提前期和各项成本等实验参数，还有库存操作的历史数据。

**5. 用户统计图表**

这里可以直观地看到需求和利润的变化趋势。

**6. 统计图表（全组数据，在管理员处可查看）**

最后，当实验结束，想退出时，选择"退出"菜单可以返回登录界面，也可以直接关掉浏览器。

# 第三章

# 多级库存（信息共享）管理实验

## 一、实验内容

在由多级节点组成的库存系统中，如果各节点以分散独立决策的方式进行运作，即每个节点决策的目标是使各自局部的利益达到最优，这时系统整体并不一定处在最优的运作状态。这种情况下，常会出现牛鞭效应现象。

针对牛鞭效应产生的原因，可以从以下几方面采取措施来降低牛鞭效应的影响。

**1. 避免所有节点都进行需求预测的更新**

如果供应链上的企业都独立地进行决策，那么必须对下游企业的需求进行预测。如前所述，需求预测要进行数据的更新，这就可能会造成需求波动的逐级放大。一个有效的办法是让上游企业直接获得终端市场的需求预测结果，这样就可避免各级独立进行预测而带来需求波动的逐级放大。从技术上是可以实现这一目的的，如可以通过电子数据交换（EDI）系统或因特网来使上游企业获得其下游企业的需求信息。还有的企业采取绕过下游企业来获得终端市场需求信息，例如戴尔计算机公司就绕过传统的分销渠道，实行全球网上订货，这样戴尔公司就可以直接了解其产品的终端市场需求情况。

**2. 缩小补货批量**

补货批量越大，就越有可能造成需求波动的放大，应鼓励企业调整补货策略，实行小批量、多频次的采购或供应模式。当然，这又带来另一个问题，就是缩小补货批量后，如何继续获得运作的规模效益。有一些切实可行的方法来解决这一问题，例如，许多实际的系统中，下游企业会从供应商处购进多种品目的物料，因此，货车一次就可从同一供应商处满载多品种的产品，而不是满载同一品种的产品。这样，对每一产品来说，其补货的频率增加了，但总体上的送货频率并没有改变，仍可获得运输的规模效益。例如，宝洁公司对愿意进行这种混合订购的顾客给予折扣优惠。还有，可以考虑使用第三方物流公司，也可使小批订购实现规模效益。

**3. 稳定价格**

前面已分析，促销等价格波动会导致牛鞭效应现象，可以设法控制提前购买，尽量减少价格折扣的频率和幅度。还可以通过精确计算库存、特殊处理和运输等成本，使企业实行天天低价的价格策略。

**4. 消除短缺情况下的博弈行为**

当供应商面临货源不足时，可以根据下游企业以前的销售记录进行限额供应，而不是根据当前的订购数量来按比例配货。例如，通用汽车、惠普等公司，就采取这种方式来处理货源不足时的配货问题。也可以与下游企业共享生产能力和库存状况的有关信息，来减轻下游企业的忧虑，从而降低它们参与博弈的主动性。此外，上游企业给下游企业的退货政策也会鼓励博弈行为，由于缺乏惩罚约束，下游企业会不断夸大它们的需求，在供给过剩的时候再退货或取消订单。因此，应合理制定退货约束机制。

**5. 缩短补货提前期**

最理想的状况是消除所有的补货提前期，这样可以使牛鞭效应现象得到抑制。但实际的供应链系统中，不可能做到所有的企业都无补货提前期，企业的目标是努力缩短补货提前期，将补货提前期内需求的不确定性限制在最小的范围，见表2-3-1。

表2-3-1 牛鞭效应产生因素及抑制方法一览

| 原因分类 | 产生因素 | 抑制方法 | 实例 |
|---|---|---|---|
| 需求信息处理 | 终端需求不可见 | 获得销售通道数据或网络电子售点数据 | 惠普、苹果、IBM 的销售通道数据合同 |
| | 多种预测方法 | 对定购供给由单一人员控制 | 宝洁和沃马特的 VMI |
| | 较长的提前期 | 缩短提前期 | 快速反应制造战略 |
| 批量订货 | 订货成本过高 | EDI 或 CAO | McKesson、Nabsico |
| | FTL 经济 | 混合整车折扣，交由第三方物流整合 | 第三方物流（在欧洲和美国的出现） |
| | 随机货相关的订货方式 | 制定有序的发货安排 | 宝洁 |
| 价格波动 | 高价-低价制定 | EDLP | 宝洁（被一些零售商抵制） |
| | 进货和发货不同步 | 制定特别购买合同 | 在研究中 |
| 短缺博弈 | 按比例分配的机制 | 按以往销售记录分配 | Saturn、惠普 |
| | 忽略供应链的实际条件 | 共享生产及库存信息 | 分享生产安排（惠普、摩托罗拉） |
| | 无约束的订货方式及无偿退货的方式 | 随时间给予部分柔性，能力预留 | 惠普、SUN、Seagate |

## 二、实验目的

信息共享的多级库存管理实验是为辅助物流概论课程的教学而设计的验证型实验，也是在牛鞭效应实验之后进行的对比实验。我们旨在通过网络平台提供给学生一个可以模拟供应链上各节点操作决策的环境，使学生通过实践，体会并掌握多级库存管理的概念和方法，加深对多级库存管理策略的意义和作用的理解。同时，可与之前的无信息共享的牛鞭效应实验进行对比，进一步辅助学生分析牛鞭效应现象的原因及抑制方法，培养学生发现问题、分析问题、解决问题的能力，为今后关于库存管理课程的学习奠定基础。

学生在实验过程中，应着重：

①理解并掌握库存管理的基本概念和原理。

②练习运用所学知识进行多级库存系统的管理。

③对比第二章牛鞭效应实验，体验多级库存管理方式对牛鞭效应的抑制作用，体验信息共享对供应链协调管理的重要作用。

### 三、实验环境

实验在物流实验室的网络实验平台上进行，该实验平台采用 B/S（客户机/服务器）的体系结构。实验系统由联网的一台服务器和多台客户机组成，用来模拟单一产品、多级库存的供应链的运营管理。

学生通过在每台客户机前端的操作来扮演一条供应链上的某个节点，进行各种决策。各个节点间信息共享，即每个节点都可以看到链上所有节点的各种信息。每个节点每期都可获得关于节点自身的库存水平和缺货水平、上游到货数、下游需求数的信息。除此之外，每个节点都设有一些固定的属性参数，如提前期、订货启动成本（即固定成本，本实验设为0）、库存率、进货价格和出货价格等（提示：持货成本、缺货惩罚成本等参数可由此得出），固定参数在实验开始前设定。学生通过登录网络平台来参与实验，每期提交向上游的订货和向下游的发货决策，与其他合作者一起模拟单一产品、多级库存系统的运作管理。

### 四、实验步骤

**1. 实验任务**

某种产品的供应链由原材料商、供应商、制造商、分销商、零售商5个环节组成。每个环节看作供应链的一个节点，每个节点有其基本属性，包括提前期（从发出订货订单到收到实货的时间）、订货成本、库存持有率、进货价格、出货价格等。供应链的末端面对顾客的需求服从某种随机分布，每期会产生一个顾客需求数目。在整条供应链信息完全共享的情况下，每个节点每期需要决定向上游订货和向下游发货的数量。系统根据各节点的基本属性参数和每期库存、订货、发货数量计算相应的成本和收益。实验者决策的目标是使整条供应链所有期的总收益最大。

同学们分成若干个小组来模拟供应链的运营，每个小组控制一条供应链。每个小组的节点序号按自然数排列：1，2，3，4，5，…依次代表供应链中最接近需求市场的下游到接近原材料供应的上游。相邻的节点序号代表供应链上有直接供求关系的角色。同学们可通过登录网络平台参与实验。

实验分为若干期，每期开始时，系统会产生一个顾客需求（顾客需求服从某种随机分布），然后各个节点分两步做出决策。

第一步：订货决策。用户根据以往的需求记录、现有的库存水平和到货数量、属性参数等信息发出向上游订货的订单。待供应链上所有节点都提交了订货订单以后，进入该期实验的第二步。

第二步：发货决策。每个节点此时可以看到在本期第一步来自下游节点的订单（最下游节点看到的就是由系统产生的该期顾客需求），根据这些信息和以往的各项信息，由用户决定向下游发出货物的数量。当所有用户都提交了发货决策后，该期操作结束，系统进入下一期。

每一期根据系统提供的各项数据信息决定所在节点每期订货和发货的数量，以使整条供应链所有期的总收益最大。实验结束后，学生可根据数据进行分析和总结，进一步理解多级库存系统的管理。

**2. 实验操作步骤**

① 从管理员处获得小组序号、用户序号和密码，登录进入自己相应的节点。
② 浏览并熟悉各个页面。
③ 进入操作界面，提交订单或者发货。
④ 进入数据界面中的每期数据，查看自己每次的操作记录。
⑤ 进入数据界面中的统计数据，查看一些按节点或周期进行了汇总的统计数据（步骤③、④、⑤反复进行，直到实验结束）。
⑥ 当实验结束后，从数据界面导出自己的历史数据，以便实验后进一步分析。

**3. 实验结果评估**

最终对实验结果进行评价的标准是整条供应链的绩效。绩效考查的内容包括分为三部分：

① 整条链的总净利润；
② 整条链的总运营成本；
③ 各节点每期产生的订货需求。

其中第①项整条链的总净利润是评估实验结果优劣的第一标准，第②项总运营成本是辅助评估结果的参考信息，第③项考查每期每个节点的订货需求，是为了观察牛鞭效应现象。

总运营成本和总净利润的计算方法是：

$$链总运营成本 = \sum_{期数}(每个节点的固定成本 + 单位持货成本 \times 本期库存 + 单位缺货成本 \times 缺货数)$$

（注：只在节点1处计算缺货成本）

$$链总净利润 = \sum_{期数}(最下游卖出货物数量 \times 出货价格 - 最上游进货数量 \times 进货价格 - 每期运营成本)$$

除了整条链总运营成本和总净利润这两个绩效指标外，根据系统提供的可供参考的数据还可以求出：

$$节点运营成本 = 节点单位持货成本 \times 本期库存 + 节点固定订货成本$$

$$节点净利润 = 节点出货价格 \times 节点发货数量 - 节点进货价格 \times 节点进货数量 - 节点运营成本$$

每期都会按节点统计以上指标，最终会按每个节点统计所有期数的总成本。

实验结束后，对比牛鞭效应实验，对多级库存管理策略对牛鞭效应的抑制现象进行分析。

## 五、思考题

与初次体验牛鞭效应的实验不同，在本实验中，不仅是自己的信息，实验者共享所有节点的信息。请你思考：

①信息共享和封闭的情况对库存管理的策略分别有何影响？分别应用何种库存控制的策略？

②多级库存管理是否对牛鞭效应产生了抑制作用？

③产生牛鞭效应的因素有哪些？

通过这个实验，相信你会对多级库存系统的管理有进一步的认识与体会，欢迎写在实验报告里。

## 六、实验报告

**1. 实验预习**

对牛鞭效应现象及多级库存管理有所了解。

对各种库存管理概念，如各种库存成本、提前期、库存策略有所理解和掌握。

考虑自己将在实验中使用的库存管理决策。

**2. 实验记录**

实验数据可从网络平台中下载 Excel 文件得到。

**3. 实验报告**

报告应该包括：对多级库存管理问题的理解；对自己所用库存控制策略的说明；对实验结果和过程的分析与总结。

## 七、附录

### 附录1  实验参数使用说明

**1. 每个节点的属性参数**（见表 2-3-2）

表 2-3-2  每个节点的属性参数

| 主体 | 属性参数 | 说明 |
|---|---|---|
| 每个节点 | 节点序号 | 代表该节点在整条链中所处的位置，1 为最靠近市场的下游节点，5 为最靠近原材料的上游节点 |
| | 小组序号 | 节点所在的供应链小组序号 |
| | 提前期 | 指从上游向该节点发货，到该节点收到货物的时间，以期为单位 |
| | 初始库存 | 实验开始时，第一期期初的库存数量 |
| | 初始订货发货量 | 实验开始时，第一期期初的在途订货的数量 |
| | 订货启动成本（固定成本） | 单次订货成本，当某节点订货数量不为 0 且其上游节点实际发货量大于 0 时，就会产生该项成本。本实验中固定成本为 0 |
| | 库存持有率 | 用于计算持货成本的系数 |
| | 进货价格 | 从上游节点买入单位货物的价格 |
| | 出货价格 | 向下游节点卖出单位货物的价格 |

## 2. 每条链的属性参数（见表 2-3-3）

表 2-3-3　每条链的属性参数

| 主体 | 属性参数 | 说明 |
|---|---|---|
| 每条链 | 总期数 | 实验进行的总期数 |
| | 需求分布类型 | 该条链面对的市场顾客需求服从的随机分布类型，如均匀分布、指数分布等 |
| | 需求分布精度 | 分布函数的精度（整数或精确到某几位的小数） |
| | 需求分布参数 | 包括均值、方差等 |

## 3. 说明

多级库存管理实现了信息共享，各个节点不仅能看到自己的信息，还可以看到全部节点的各项信息。

①每期系统为每个节点给出向下游的默认发货数：min{期初库存+本期到货，期初缺货+本期需求}，总之，默认发货数就是以现有货物尽量地满足顾客需求，不能发出大于默认值的发货数量，但可以发出小于默认值的发货数，建议尽量使用默认发货数。

②期初库存：用户操作界面看到的库存是期初库存，也就是上一期的期末库存；而在数据界面看到的表格里的库存是"期末库存"，也就是"期初库存+到货数-发货数"之后得到的本期期末的库存。两个是不一样的，请大家注意。

③本期到货：本期开始时所具有的库存。

④本期到货：本期开始时收到的货物，期初库存加上本期到货可用来满足本期下游的需求。

⑤期末缺货：缺货不会消失，即本期未被满足的下游需求而造成的缺货，累计到下一期，订单不丢失。

⑥如果发现某期的数据是库存与缺货数同时存在，不要奇怪，这种情况是可能发生的。如果手头上有货物，但是却发出小于默认发货数的数值，故意造成下游缺货，就会出现这种情况。

## 4. 决策方法

可以思考采用什么样的方法来优化你的决策方案。

### 附录 2　实验平台使用说明

## 1. 获得登录账号

在开始进行实验之前，需要事先向管理员询问你的供应链编号、用户序号和登录密码，单击网页左侧的"登录页面"，进入登录界面，选择供应链编号和用户序号，输入密码，即可登录到用户实验界面。

## 2. 操作界面

这里可以决定向下游发出货物和向上游发出订单的数量。

每一期各个节点都需要做出两步决策：①决定向上游发出订单的数量；②决定向下游发出货物的数量。在操作界面输入向上游发出订单的数量后，进入等待页面。等所有的节点都提交了第一阶段的订货决策之后，又进入操作界面，这时会看到来自下游节点提交的订货需求（最下游的节点就会看到由计算机产生的顾客需求），可以输入向下游发货的数量，再次进入等待页面。等所有的用户都提交了发货之后，本期操作结束并进入下一期，直到实验结束。

实验结束后，能查看历史数据。可以在此页面内提交向上游的订货和向下游的发货。当你提交了决策但其他用户还未提交时，进入等待页面。

**3. 用户数据界面及图表**

这里记录了供应链的固有属性、每个节点的固有属性、所在节点的每期库存记录，以及整个节点的记录。其中，在整个小组记录的旁边有一个"将数据导出为 Excel"的超链接。单击它可以将整个小组的记录导出为 Excel 文件，以方便大家获得数据。用户可自行查看数据界面及图表界面。

**4. 数据界面（管理员可查看的统计数据）**

这里记录的不是基本的操作记录，而是经过一些汇总计算的数据，比如按节点统计各期成本、收益，按每期统计整条链的成本、收益。

**5. 数据界面/统计图表**

为了让大家更好地体验牛鞭效应需求由下游至上游波动逐级放大的现象，这里给出了曲线图。首先选择要查看的节点序号，然后单击"查看"按钮，就可以看到对应的统计图表。三个曲线图的横坐标是周期，纵坐标分别代表所选节点的各期订货数量、所选节点各期的净利润及该期所有该条链的总净利润。每个用户可以查看该小组所有节点的统计图。

最后，当实验结束想退出时，选择"退出"菜单可以返回登录界面，也可以直接关掉浏览器。

# 第四章

# 物流网络博弈实验

## 一、实验内容

随着全球经济一体化步伐的加快，市场竞争越来越激烈，因此，企业必须不断增强竞争优势。大量的实例研究证明，分销系统中加强制造商与经销商之间的协调与配合，建立合作伙伴关系，在一定条件下能为各方带来收益，增强其竞争力。

本实验考虑的是一个两阶段供应链模型，由一个制造商与多个零售商（设为 $N$ 个，$N \geq 2$）组成，各个零售商每期面临的市场需求是一个服从一定分布的随机变量。因此，本实验在随机性需求下，研究一类包括单一制造商与多零售商的分销系统的协调问题，多零售商代理制造商的单一产品，制造商和多零售商以长期合作为目标，而各零售商要最大化自己每期的利润，彼此之间又会存在一个竞争问题。比如，有时候，所有零售商向供应商订货时，供应商并不能完全满足他们的需求，只能按照某一种分配策略来给各零售商发货，这时候，零售商就有可能得不到他所下订单的货物数，导致缺货，这种情况下，零售商彼此之间就存在一个博弈问题。当供应商的库存量下降到一定的程度后，需要适当地虚报订单量才能得到自己所需求的货物，而这个虚报尺度应该如何去掌握，这就是所提到的物流网络博弈。而如果考虑到整个分销系统收益的最大化，其信息透明度是需要考虑的一个主要因素，也就是分销系统中各个元素彼此合作，进行信息共享的程度。信息共享程度越高，各元素在决策时考虑到的整体因素就越多，对整个系统而言，就越有益。本实验的目的就是基于网络来实现这样的一个实验环境，使实验者能切身感受到物流网络博弈的实质。

## 二、实验目的

物流网络博弈实验是为辅助物流概论课程的教学而设计的体验型实验。我们旨在通过网络平台提供给学生一个可以模拟供应链分销系统的实验环境，使学生通过实践，加深对供应链分销系统中库存管理等知识和各种博弈现象的理解与掌握，以及考查学生运用所学理论知识解决实际问题的能力，培养学生发现问题、分析问题和解决问题的能力。

学生在实验过程中，应着重：

①理解供应链中分销管理及网络博弈的基本概念和知识。

②理解库存管理的基本概念和知识。
③练习使用运筹学知识来优化资源配置和决策分析。
④综合培养运营管理、市场风险、竞争博弈方面的意识和理念。

### 三、实验原理

实验在物流实验室的网络实验平台上进行，该实验平台采用 B/S（客户机/服务器）的体系结构。实验系统由联网的一台服务器和多台客户机组成，包括一个供应商、多个零售商及每个零售商所对应的终端市场。其示意图如图 2-4-1 所示。

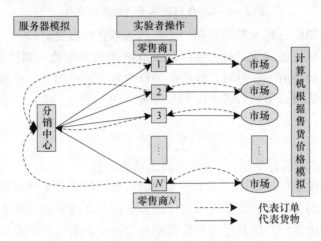

**图 2-4-1 实验系统示意**

其中分销中心的角色由服务器来扮演，零售商对应的终端市场由服务器用随机数来模拟，而零售商的角色则是由实验者来扮演。各零售商之间构成一种公平竞争的关系，各自独立管理自己的库存。实验分为若干期，每一期实验需要进行两次决策：向分销中心订货和确定本期的售货价格。实验的最终目的是实现利润的最大化。

供应商的参数包括订货提前期、初始售货价格（即为零售商的初始进货价格）、初始库存量、再订货点（$s$）、最大库存点（$S$）；零售商的参数包括初始售货价格、初始库存量、订货固定成本、持货成本、初始资金。为了保证零售商之间的公平竞争，所有零售商的属性参数设置都相同。

每期实验开始时，供应商根据自己当前的库存状态按（$s$，$S$）策略订货，其订货提前期为 $L$（即本期订货将于 $L$ 期后到货，$L$ 由管理员设置）。同时，供应商根据当前的库存位置，确定本期的售货价格（即零售商的进货价格），当库存量高于 $s$ 时，按默认的价格售货（该价格为零售商的初始进货价格，由管理员设置）；当库存量低于 $s$ 时，价格将随着库存量的下降变得越来越高，呈线性关系；当库存降为零时，价格为初始价格的 2 倍。供应商库存和售货价格的关系如图 2-4-2 所示。

同时，扮演零售商的实验者进入发送订单页面，开始根据自己所掌握的信息向供应商发送订单。其中能掌握的信息量是由该实验的信息透明度决定的，有三种信息透明度设置，分别为"完全不透明""半透明""完全透明"。完全不透明状态下，零售商只能看到自己的库存状态；半透明状态下，零售商还可以看到供应商的库存状态；完全透明状态下，不仅可以看到供应商库存状态，还可以看到其他所有零售商的库存状态。

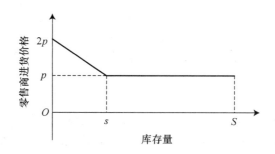

图2-4-2 库存量和进货价格的关系

零售商发送完订单后,转入等待页面,等待其他零售商提交订单。

待所有零售商订单发送完成之后,供应商采取按比例分配的原则给各零售商分配库存。当总订单量小于供应商当前库存量时,按实际的订单量发货;当总订单量超过供应商当前的库存量时,将按各零售商订单量所占的比例来发货,即

$$\frac{q_i}{\sum q_i} \times I$$

式中,$q_i$ 为第 $i$ 个零售商的订单量;$I$ 为供应商当前库存量。

零售商的订货提前期均设为零,即本期发送的订单,供应商发货后马上就能收到货物。

供应商完成订单的分配后,实验进入售价决策页面。在此页面,各实验者根据自己手头的库存量,确定本期的售价,所有零售商的售价将会决定下游市场的需求量。假设某期零售商 $i$ 的售价为 $p_i$,所有零售商的平均价格为 $\bar{p}$,则零售商 $i$ 该期的下游市场需求量为

$$Q_i = Q_0 \mathrm{e}^{\frac{p_0 \bar{p}}{p_i} - 1}$$

其中,$p_0$ 和 $Q_0$ 是参数,可以认为是初始的售货价格和初始的市场需求量。

市场需求量与零售商自己的售价及所有零售商的平均售价相关。在所有零售商售价一致的情况下,其市场需求量和价格的大致关系如图2-4-3所示。

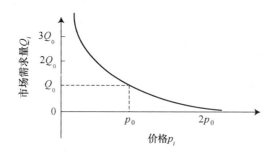

图2-4-3 市场需求量和价格的大致关系

待所有零售商确定完售货价格后,系统将按照各自的售货价格计算出各零售商的市场需求量,并根据当前库存量进行售货。本实验采用滞销模式,即缺货不会累计到下一周期。

最后核算该期的各项成本和收益,计算出本期的利润和累计总资产。这样,本期操作就算完成,进入下一期。

另外,为了保证实验的进度,除第一期外,以后的每一期都限制了操作时间,发送订单

和确定售价都只能在规定的时间内完成。实验过程中，会显示出该操作的剩余时间。如果有的没来得及在规定的时间内提交决策，系统将默认该零售商上期的决策进行提交。

实验结束后，考察各实验者的经营情况，并相应地提供各期的实验数据，基于这些数据，进行分析和实验总结，并提交实验报告。

## 四、实验步骤与实验结果评估

**1. 实验操作步骤**

①从管理员处获得实验组号、零售商序号和对应的密码，登录进入实验主页面。
②提交订单量。
③进入提交订单等待页面。
④确定售货价格。
⑤进入确定售价等待页面。
⑥转入下期实验。
⑦实验过程中可以进入"查看历史数据"页面，查看历史数据。
⑧实验结束后，可以查看到组内所有零售商的经营状况。从数据界面中导出所有的历史数据，以便实验后进一步分析。

**2. 实验结果评估**

对实验结果进行评价的标准是最终的总资产。其中每一期的成本和收益的计算公式如下：

固定成本：只有当本期到货量为零时，不计算固定成本。
进货成本：到货量×进货价。
售货收益：售货量×售货价格。
持货成本：期末库存量×单位持货成本。
缺货成本：不计。
总成本：持货成本＋缺货成本＋进货成本＋固定成本。
总收益：售货收益。
净收益：总收益－总成本。
本期末总资产：上期末总资产＋本期净收益。

## 五、思考题

①不同信息透明度的设置对系统中零售商的决策会有怎样的影响？
②运用运筹学中的博弈理论分析一下零售商之间的竞争情况。
③提出对物流网络博弈实验系统的一些改进建议。

## 六、实验报告

**1. 实验预习**

对供应链分销系统、博弈理论有所了解。
对各种库存管理概念，如各类库存成本、提前期、库存策略有所理解和掌握。
考虑自己将在实验中使用的库存管理策略。

**2. 实验记录**

实验数据可在实验完成后导出。

### 3. 实验报告

报告应该包括：对供应链中分销管理及网络博弈的理解；对自己所用库存管理策略或算法的说明；对实验结果和过程的分析和总结。

## 七、附录

### 附录1 信息透明度说明

实验有三种信息透明度设置，分别为"完全不透明""半透明""完全透明"。

完全不透明：是指参赛者只能看到自己的信息，对供应商及其他零售商的信息完全不了解。在这种情况下，只能依据自己的库存信息进行决策。实验界面如图2-4-4所示。

图2-4-4 信息完全不透明的实验界面

半透明是指除了自己的信息外，还可以看到供应商的库存信息。库存信息是以图形的形式显示出来的。实验界面如图2-4-5所示。

图2-4-5 信息半透明的实验界面

完全透明是指除了自己的信息外，还可以看到供应商和其他零售商的库存信息。实验界面如图2-4-6所示。

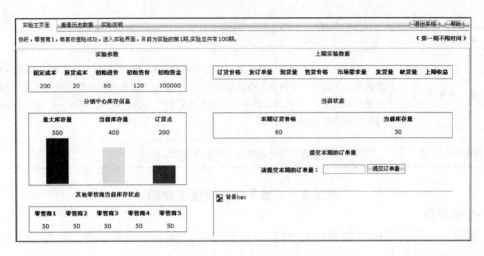

图 2-4-6 信息完全透明的实验界面

## 附录 2 系统中各参数的说明

系统中各参数的说明见表 2-4-1。

表 2-4-1 系统中各参数的说明

| 属性参数 | 说 明 |
| --- | --- |
| 提前期 | 指从发送订单到收到货物所要经历的时间，以期为单位。本实验供应商提前期大于1，零售商提前期均为零 |
| 初始库存 | 实验开始时的库存量 |
| 固定成本 | 单次订货成本，只要上游实际发货量大于0，就会产生该项成本 |
| 缺货成本 | 零售商未能满足顾客需求时产生的成本。每期的缺货成本计算公式为：本期缺货成本 = 本期缺货量×单位缺货成本<br>本实验不计缺货成本，即单位缺货成本为零 |
| 持货成本 | 维持库存时产生的成本。每期的库存成本计算公式为：本期库存成本 = 本期期初库存量×单位持货成本 |
| 供应商售货价格 | 供应商向零售商发货时的货物单价，即零售商的进货价格。该价格随供应商库存量变化而变化 |
| 零售商售货价格 | 零售商售货时的货物单价。该价格由零售商自己决定，系统会提供一个初始售货价格。售货价格将直接决定该期市场需求量 |
| 进货成本 | 本期的进货成本 = 到达货物数×进价 |
| 售货收益 | 本期的售货收益 = 向顾客售出货物量×售价 |
| 总成本 | 本期的总成本 = 本期固定成本 + 本期缺货成本 + 本期库存成本 + 本期进货成本 |
| 净收益 | 本期净收益 = 本期售货收益 − 本期总成本 |
| 累计资产 | 本期末累计资产 = 上期末累计资产 + 本期净收益<br>每位零售商将会有一定的初始资金。所以，第一期期末的累计资产即为初始资金 + 第一期的净收益 |
| 初始资金 | 实验开始时每个零售商将会有一定的初始资金 |

续表

| 属性参数 | 说　　明 |
|---|---|
| 分销中心库存 | 是指供应商处本期的库存信息。供应商是以（$s$，$S$）策略订货，实验时如果信息透明度设置为半透明或全透明，将会看到以图的形式显示出来的供应商的库存信息。"最大库存量"即为 $S$，"订货点"即为 $s$，"当前库存量"即为本期的库存量，也就是本期可用于分配给零售商的所有货物量 |
| 其他零售商信息 | 当实验透明度设置为全透明时，可以看到此信息 |

## 附录3　实验平台界面使用说明

**1. 登录页面**

注意输入密码为：相应的密码后加上所在节点号（例如，密码为0，所在节点号为1，则此处输入的密码为01）。

**2. 发送订单页面**（图2-4-7）

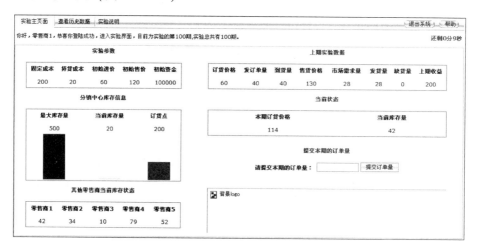

图2-4-7　发送订单页面

**3. 发送订单等待页面**（图2-4-8）

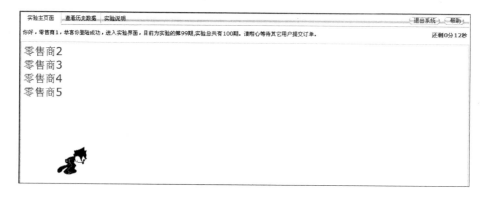

图2-4-8　发送订单等待页面

**4. 确定售货价格页面**（图2-4-9）

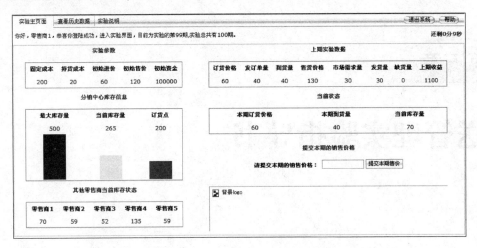

图2-4-9 确定售货价格页面

**5. 确定售货价格等待页面**
**6. 查看历史数据页面**
**7. 实验结束页面**

# 第五章

# 配送管理实验指导书

## 一、实验内容

在配送网络规划中，运输决策涉及运输路径规划、车辆调度、运输配载等方面，配送成本一般由运输成本和缺货成本两部分组成。

运输路径规划的目的是在完成运输任务的前提下，使运输时间或者运输距离最小化。运输路径是否合理将影响运输服务水平和运输成本。路径规划的算法很多，但一般都很难求得最优解，常用的启发式算法有扫描法（The Sweep Method）和节省法（The Saving Method）等。车辆调度问题主要是从实践要求、车辆数目等方面考虑，一方面是必须结合实际的路径规划问题；另一方面是为了提高车辆设备的利用率。对于该问题，同样没有最优的求解方法，但有一些启发式的算法，可以找到较好的调度方案。常用的工具有图表法等。货物配载主要考虑运输商品装车的搭配和顺序，从而提高车辆空间利用率，另外，也便于在配送点的装卸操作。

运输成本包含固定成本和变动成本。其中固定成本和具体的运输任务无关，包括车辆设备的购置费、维护费、管理费等；运输的变动成本和具体的运输任务有关，包括燃料费、装卸成本、司机出勤费等。一般来说，成本的计算要根据实际情况确定。

在进行配送运输方案决策时，有些外部因素是不断变化的，比如，新的法律法规、道路施工、市场需求变化、技术投入对成本因子的影响等；有些外部因素是随机的，在决策时，只能知道一个概率分布规律，而不知道具体的情况，比如天气变化、交通路况、事故意外等。这两方面的因素对配送成本都会产生影响。

## 二、实验目的

配送管理实验是为辅助物流概论课程的教学而设计的，通过网络平台为学生提供一个运输配送环境，加强运筹学、网络规划等知识的运用，培养学生运用所学知识解决实际问题的能力。

学生在实验过程中，应着重：
①理解运输与配送过程的基本概念和知识；

②了解和运用货物配载、车辆调度、路径规划等问题和基本算法；
③练习使用运筹学知识来优化资源配置；
④掌握运输与配送过程中的成本构成和计算方法。

## 三、实验环境

实验在物流实验室的网络实验平台上进行，该实验平台采用 B/S（客户机/服务器）的体系结构。实验系统由联网的一台服务器和多台客户机组成，用来模拟运输配送的路径规划。

学生通过在每台客户机前端的操作来扮演物流部门配送经理，对每期的配送任务进行路径规划。在配送管理实验中，实验环境有随机的因素，也有动态的因素。每期的配送任务由系统自动生成，配送任务包括 15 个需求销售店及其需求量。其中，有一个销售店向其他销售店配送的时间花费是与该销售点及其出发时刻相关的动态值，之后将称这个销售店为动态销售店，这个动态值称为放大系数。每期实验必须在限定的时间内提交方案，否则，系统将自动提交。限定的时间长度随实验进度而动态变化。

## 四、实验任务简介

### 1. 背景

某超市连锁公司 ABC 在北京市拥有一个仓储中心和若干个门店，仓储中心和门店两两之间的距离固定不变，车辆的行驶速度为确定的常数，但是因门店的地理位置特殊及交通等原因，车辆在从一个门店向其他门店配送所需的时间花费和理论值（距离除以速度）有一定偏差，计算成本时，需乘以放大系数来矫正偏差。该放大系数和销售点及出发时刻有关。每期，超市将收到来自各个门店的订单，订单上标明下周的需求量，公司需要按照上周日各店的需求量配送货物。车辆容量有限，但对可使用的车辆数量没有限制，每辆车仅负责配送一条回路，最后车辆需要回到仓储中心，配送时间为对每辆车的行驶时间累加，配送花费与配送的时间花费成正比，每个销售店只允许被配送一次，如果没有完成配送任务（即出现缺货），将产生缺货成本。为了降低公司仓储中心成本，提高公司利润，该公司物流部门的配送经理现需要规划出一条最优路经，来达到完成配送任务的花费最小。

### 2. 任务

配送经理由参与实验的每个组扮演，每期实验都将面对一项新的配送任务，配送经理需要为公司做出一个最优配送方案。本次实验一共 13 期，第 0 期为体验期，时间限制为 15 min，从第二期开始，时限逐渐变短，实验者需在一定的时间 $T(i)$ 内完成第 $i$ 期实验。实验流程和 $T(i)$ 函数图像分别如图 2-5-1 和图 2-5-2 所示。每期实验中，系统将给出 15 个销售店的距离矩阵、需求量及车容量、车速、费率等参数，实验小组需根据配送任务及实验参数输入最优路径，系统将根据费率及输入路径计算出每期实验成本。

### 3. 实验操作步骤

本次实验的流程描述如下：
①从管理员处获得用户名和密码，登录进入实验。
②读取实验介绍。
③单击"开始实验"按钮进入本次实验。

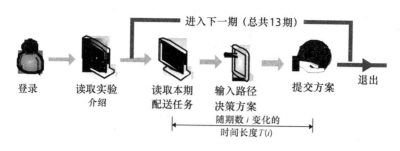

图 2-5-1 实验流程

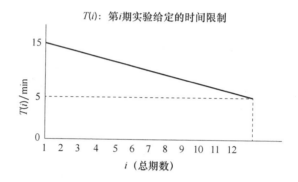

图 2-5-2 函数图像

④输入方案。

撤销,可取消上一步操作;

清空,可清空所有输入操作。

⑤提交方案。

如果在限制的时间内提交,需等待至所有小组都提交后才能进入下一期;如果在系统限制的时间内未完成提交,系统将按照当前的方案自动提交;系统将按照自动提交那一时刻开始对下一期实验计时。

⑥导出实验数据。

⑦分析实验数据,撰写实验报告。

**4. 实验结果评估**

最终对实验结果进行评估的标准是综合考察 13 期实验的总成本。总成本计算方法如图 2-5-3 所示。

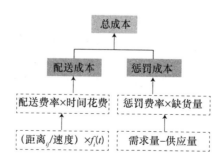

图 2-5-3 总成本的计算

其中，距离$_{ij}$表示路径中从销售店$i$到销售店$j$的距离；
$f_i(t)$是销售店$i$在$t$时刻的放大系数，每条路径出发的时刻计为0，$t$是配送到销售店$i$的时间点。放大系数值计算方法如图2-5-4和图2-5-5所示。

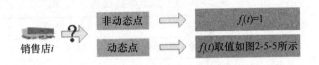

图2-5-4　放大系数计算方法

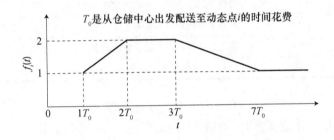

图2-5-5　放大系数与配送时间的关系

## 五、思考题

本次实验中涉及的路径规划是一个确定性问题，但配送过程中的花费存在一个放大系数，实验者需根据放大系数函数考虑配送方案，尽量使配送方案的总成本最小。

问题1：车辆调度和路径规划是运输配送物流中两个重要的问题，请说明你们小组是如何将课堂内容和实际经验运用于本次实验的配送方案决策中的。

问题2：在本次实验中，你是如何处理动态销售店的配送路径的？

问题3：配送环节存在很多随机因素，本实验中都忽略了。你认为有哪些需要考虑的因素？请适当总结。

## 六、实验报告

**1. 实验预习**
①了解运输与配送过程的基本概念和知识；
②了解货物配载、车辆调度、路径规划等问题和基本算法；
③考虑自己在实验中将使用的路径规划算法。

**2. 实验记录**
实验数据可从网络平台中导出。

**3. 实验报告**
分析数据，总结实验，提交实验报告（以小组为单位）。内容包括：对运输配送问题的理解；对自己所用算法的说明；对实验结果和过程的分析和总结。

## 七、附录

### 附录1 实验参数说明（见表2-5-1）

表2-5-1 实验参数说明

| 参数名称 | 参数值 | 参数说明 |
|---|---|---|
| 总期数 | 13 | 本次实验一共完成的期数，从第0期开始计 |
| 每期时间限制 | $T(i)$ | $T(i)$ 取值见图2-5-2 |
| 车容量 | 20 | 每辆车的装载容量有限 |
| 车速 | 50 | 每辆车的车速为一确定的常数 |
| 配送费率 | 2.5 | 配送的路径费率和时间花费成正比，比例因子为2.5 |
| 惩罚费率 | 10 | 配送的惩罚费用和缺货量成正比，比例因子为7 |
| 放大系数 | $f_i(t)$ | $f_i(t)$ 取值见图2-5-5 |

### 附录2 实验平台说明

登录之后，单击"开始实验"，将进入图2-5-6所示的实验窗口。

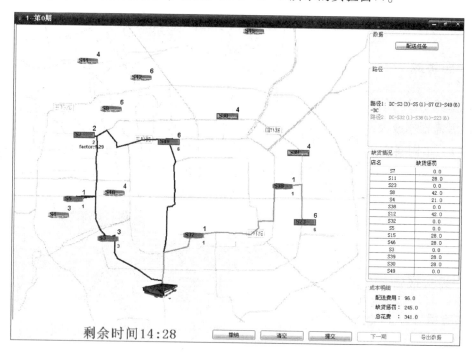

图2-5-6 实验窗口

单击"配送任务"，将得到本期实验的配送任务，图形窗口如图2-5-7所示。表格中显示销售店之间的距离和每个销售店的需求数量，下方显示实验参数（车速、车容量、配送费率及惩罚费率），单击"拷贝数据"，将表格内的数据复制，可以粘贴到指定的Excel表格中。

①显示输入的路径信息，显示的字体颜色和左侧的路径颜色一致；
②显示每个销售店缺货情况；

| Dist... | DC | S7 | S11 | S23 | S8 | S4 | S38 | S12 | S32 | S5 | S15 | S46 | S3 | S39 | S30 | S49 |
|---|---|---|---|---|---|---|---|---|---|---|---|---|---|---|---|---|
| DC | 0 | 469 | 612 | 442 | 492 | 415 | 489 | 571 | 182 | 361 | 730 | 290 | 231 | 588 | 507 | 366 |
| S7 | 0 | 0 | 237 | 649 | 126 | 316 | 558 | 234 | 443 | 218 | 559 | 199 | 268 | 526 | 348 | 236 |
| S11 | 0 | 0 | 0 | 768 | 134 | 492 | 649 | 167 | 574 | 395 | 465 | 347 | 445 | 599 | 421 | 325 |
| S23 | 0 | 0 | 0 | 0 | 648 | 673 | 146 | 632 | 306 | 575 | 586 | 484 | 511 | 183 | 363 | 464 |
| S8 | 0 | 0 | 0 | 0 | 0 | 382 | 529 | 139 | 454 | 284 | 475 | 236 | 334 | 479 | 301 | 205 |
| S4 | 0 | 0 | 0 | 0 | 0 | 0 | 613 | 490 | 403 | 114 | 815 | 209 | 210 | 705 | 598 | 439 |
| S38 | 0 | 0 | 0 | 0 | 0 | 0 | 0 | 519 | 324 | 515 | 494 | 424 | 529 | 133 | 271 | 344 |
| S12 | 0 | 0 | 0 | 0 | 0 | 0 | 0 | 0 | 510 | 392 | 378 | 332 | 442 | 463 | 285 | 229 |
| S32 | 0 | 0 | 0 | 0 | 0 | 0 | 0 | 0 | 0 | 349 | 665 | 271 | 219 | 423 | 442 | 301 |
| S5 | 0 | 0 | 0 | 0 | 0 | 0 | 0 | 0 | 0 | 0 | 717 | 111 | 156 | 607 | 500 | 341 |
| S15 | 0 | 0 | 0 | 0 | 0 | 0 | 0 | 0 | 0 | 0 | 0 | 640 | 750 | 417 | 239 | 402 |
| S46 | 0 | 0 | 0 | 0 | 0 | 0 | 0 | 0 | 0 | 0 | 0 | 0 | 135 | 516 | 417 | 258 |
| S3 | 0 | 0 | 0 | 0 | 0 | 0 | 0 | 0 | 0 | 0 | 0 | 0 | 0 | 622 | 527 | 373 |
| S39 | 0 | 0 | 0 | 0 | 0 | 0 | 0 | 0 | 0 | 0 | 0 | 0 | 0 | 0 | 194 | 327 |
| S30 | 0 | 0 | 0 | 0 | 0 | 0 | 0 | 0 | 0 | 0 | 0 | 0 | 0 | 0 | 0 | 179 |
| S49 | 0 | 0 | 0 | 0 | 0 | 0 | 0 | 0 | 0 | 0 | 0 | 0 | 0 | 0 | 0 | 0 |
| De... | | 2 | 4 | 6 | 6 | 3 | 1 | 6 | 1 | 1 | 4 | 4 | 3 | 4 | 4 | 6 |

车速：50.0　　　　容量：20.0
配送费率：2.5　　　缺货惩罚：7.0

图2-5-7　销售店之间的距离和每个销售店的需求数量

③显示输入的配送路径的成本信息。

④蓝色数字表示该销售店需求，红色数字表示配送数量。

撤销：能取消上一步路径；清空：能清除所有输入的路径；单击"提交"按钮，完成本期方案的提交。

⑤显示本期实验的剩余时间。

# 模块三
# Anylogic软件

# 第一章

# 模 型 构 建

## 第一节 巴斯扩散模型

假设一家公司在某个人口确定的地方开始销售某产品。该市场总人数为 10 000，不会随时间改变。消费者受广告效应及其他人言论的影响。这种产品生命周期无限长，无须替代品和重复购买。每个消费者只需要一种产品，且所有人的行为方式完全相同。

下面是一些其余的已知条件：

①市场的大小是 10 000 人；

②在每个时间单元，有 1.5% 的潜在消费者由于广告效应转化为消费者；

③在每个时间单元，每个消费者联系其他 100 个人；

④如果一个消费者联系了潜在消费者，他有 1.1% 的可能性购买本产品。

### 一、添加广告效果

广告在所有时间进行，每个时间单位，它将潜在采纳广告效果的消费者转化为消费者。广告效果 =0.015。

①创建新模型，命名为巴斯扩散。打开系统动力学面板，添加两个存量参数到主界面中，分别命名为 PotentialClients 和 Clients，如图 3 - 1 - 1 所示。

②从 PotentialClients 到 Clients 创建采纳流量，命名流量为 Sales，如图 3 - 1 - 2 所示。

③创建 AdEffectiveness 和 TotalPopulation 参数，初始值分别为 0.015 和 10 000，如图 3 - 1 - 3 所示。

④指定 PotentialClients 的初始值，如图 3 - 1 - 4 所示。

⑤绘制一个链接，定义 TotalPopulation 和 PotentialClients 的因果依赖关系（更为方便的方式是：直接删除括号及其中间的内容，在下拉框中选择相关链接），如图 3 - 1 - 5 所示。

⑥添加辅助变量 SalesFromAd，如图 3 - 1 - 6 所示。

⑦从 SalesFromAd 到 Sales 绘制链接（参照上面步骤⑤）。为 Sales 指定公式，如图 3 - 1 - 7 所示。

图3-1-1 添加两个存量参数

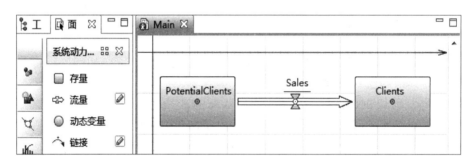

图3-1-2 创建采纳流量

图3-1-3 创建两个参数并设置初始值

第一章 模型构建

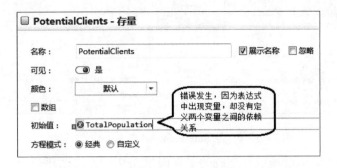

图 3 – 1 – 4 指定 PotentialClients 的初始值

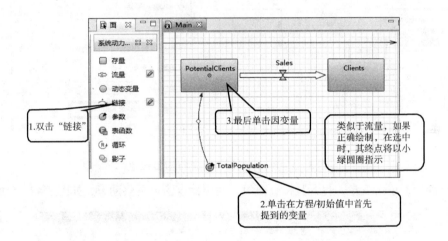

图 3 – 1 – 5 绘制链接，定义存量与参数之间的关系

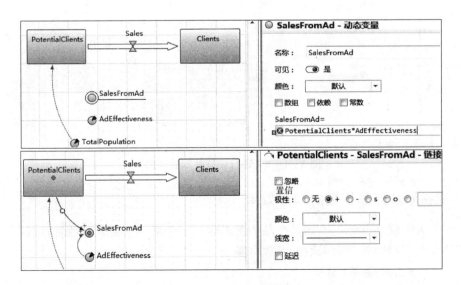

图 3 – 1 – 6 添加辅助变量

图 3-1-7　从 SalesFromAd 到 Sales 绘制链接

⑧添加循环来表示由市场饱和造成的平衡因果循环，设置循环分析、类型，指定一个简短的描述，如图 3-1-8 所示。

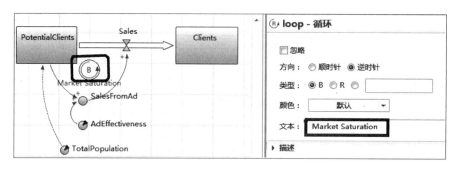

图 3-1-8　添加循环并进行参数设置

⑨运行模型，单击变量，打开其检查窗口，使用检查窗口观察动态，如图 3-1-9 所示。

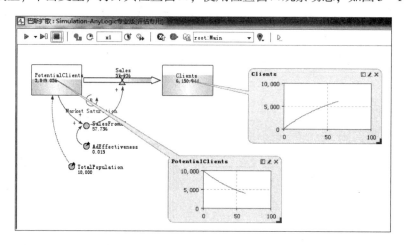

图 3-1-9　运行模型并观察动态

## 二、现在添加产品扩散的口碑效果

假设每个人都联系其他人，如果产品消费者联系一个潜在消费者，后者将以概率采纳比例采纳产品，由于口碑效果而采纳的人数将是

SalesFromWOM =

Clients * ContactRate * SalesFraction * PotentialClients/TotalPopulation

参数值：ContactRate = 100，SalesFraction = 0.011

①添加 ContactRate 和 SalesFraction 参数，默认值分别为 100 和 0.011。添加辅助变量 SalesFromWOM，绘制依赖项链接，如图 3-1-10 所示。

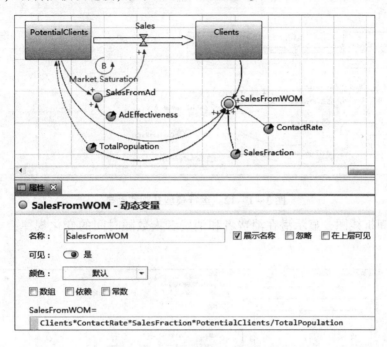

图 3-1-10　添加参数及辅助变量

②绘制从 SalesFromWOM 到 Sales 的链接，修改 Sales 的公式。再添加一个循环标识符，如图 3-1-11 所示。

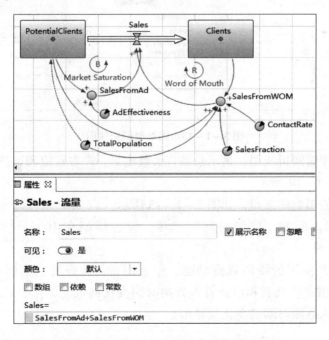

图 3-1-11　绘制链接并添加循环标识符

③运行模型，使用检查窗口观察动态，如图3-1-12所示。

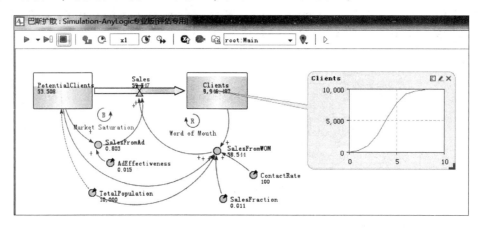

图3-1-12 运行模型并观察动态

④添加时间折线图，显示潜在消费者和消费者人数随时间的变化规律，如图3-1-13所示。

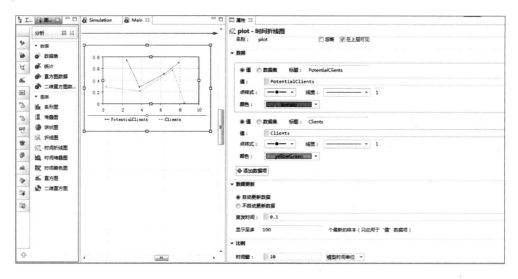

图3-1-13 添加时间折线图

⑤再添加另一个时间折线图，显示总销售人数流量、广告效应和口碑影响人数随时间的变化规律，如图3-1-14所示。

⑥添加关闭广告影响的按钮，如图3-1-15所示。

⑦单击仿真项，单击"模型时间"选项，设置模型在10个时间单位后停止，如图3-1-16所示。

⑧运行模型，并使用折线图观察动态。停止广告，并查看它如何影响采纳过程，如图3-1-17所示。潜在消费者和消费者人数随时间变化曲线是S形，总销售人数流量、广告效应和口碑影响人数随时间的变化呈钟形。

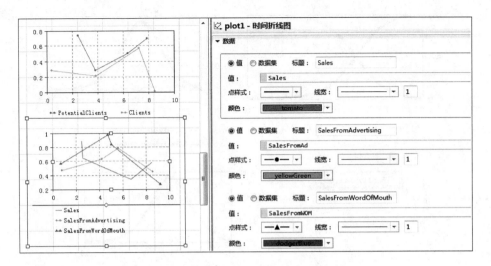

图 3-1-14　添加另一个时间折线图

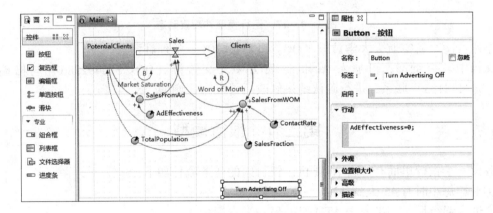

图 3-1-15　添加关闭广告影响的按钮

图 3-1-16　设置模型停止时间

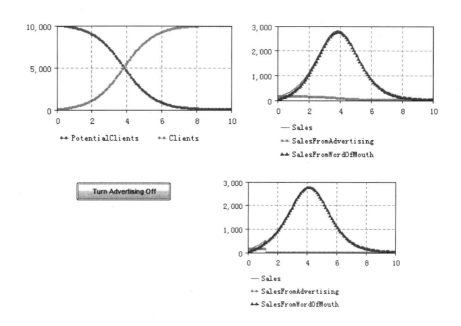

**图 3 – 1 – 17　运行模型并观察动态**

感谢：南京航空航天大学黄玉（QQ：1175406301）整理翻译。

文档中若有纰漏，可加入 Anylogic 官方中文交流群（QQ：332492286）与格瑞纳丛（QQ：383438135）联系，进行确认统一修改后再发布，谢谢。

## 第二节　银行模型

假设一个银行里面有一台 ATM 机，银行内的业务流程如下：
①平均每小时有 45 人到达银行；
②进入银行后，一半人去 ATM 机，另一半去柜台；
③ATM 机的业务办理时间最短 1 min，最长 4 min，最常见 2 min；
④柜台业务办理时间最短 3 min，最长 20 min，最常见 5 min；
⑤有 30% 的人用完 ATM 机后，继续往柜台办理业务，其余的离开；
⑥银行柜台共有 4 名员工，所有等待办理业务的人共用一条队列。
柜台业务办理结束后，离开银行。我们需要得到：
①员工的利用率；
②ATM 机前面的平均排队长度；
③顾客在银行里花费的时间分布。

### 一、创建一个简单的模型

首先创建一个 ATM 机前面的排队、服务过程的简单逻辑模型。已知条件如下：顾客到达率为 0.75 人/min，ATM 机的业务办理时间服从 triangular(1,2,4) min。

①创建新模型，命名为 Bank。打开流程建模库，顺序添加 source、queue、delay、sink，如图 3 – 1 – 18 所示。

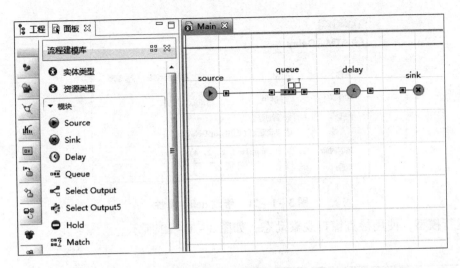

图 3-1-18 创建新模型

②单击打开 source 的属性,定义到达速率为 0.75(此处默认模型单位仿真时钟为分钟,可在模型属性中查看修改),如图 3-1-19 所示。

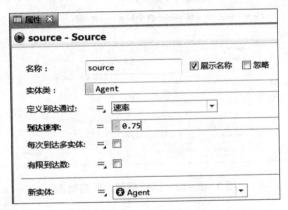

图 3-1-19 修改 source 属性

③打开 queue 的属性,定义 queue 的容量为 15,即队列最多容纳 15 人,如图 3-1-20 所示。

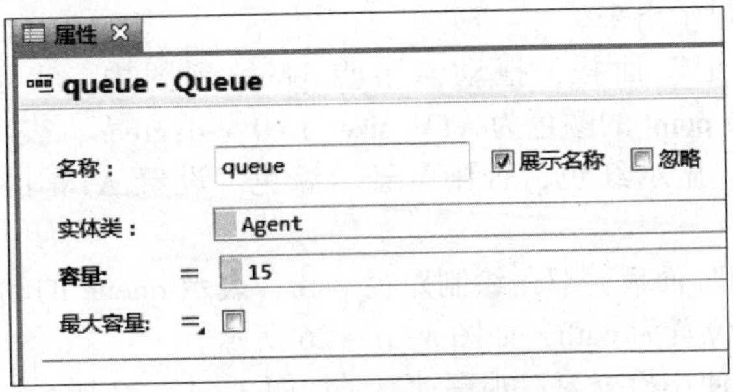

图 3-1-20 定义 queue 容量

④打开 delay 的属性,修改名称为 ATM,延迟时间为 triangular(1,2,4)min,系统默认的时间单位为 min,保持容量值不变,因为只有 1 台 ATM 机,如图 3-1-21 所示。

图 3-1-21　修改 delay 属性

⑤运行模型，使用检查窗口观察动态，如图 3-1-22 所示。

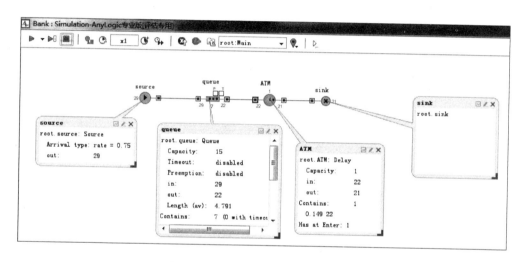

图 3-1-22　运行模型，观察动态

## 二、建立模型动画

前面已经定义了流程图，但是想清晰地看到银行里实际的业务流程，需要定义动画。我们将在图上绘制 ATM 和队列的动画，然后指定排队的顾客和使用 ATM 机顾客的动画，还会把 ATM 的实时状态显示出来。

①打开"空间标记"面板，拖动点节点 point 到图中，表示 ATM 机的动画，如图 3-1-23 所示。定义 point 的颜色为 ATM.size()>0?red:green，表示 ATM 机正在服务的人数，当人数大于 0 时，显示红色，否则，显示绿色。设置 ATM 的实体位置为 point，如图 3-1-24 所示。

②打开"空间标记"面板，双击绘制路径 path，表示 queue 的动画，如图 3-1-25 所示。设置 queue 的实体位置为 path，如图 3-1-26 所示。

③再次运行模型，使用检查窗口观察动态，如图 3-1-27 所示。

④已经创建了 ATM 机和 queue 的动画，它们可以在二维和三维显示，单击动画的"属性"菜单里的"高级"选项，可以进行设置。现在开始添加三维效果。加入三维窗口，运行模型，如图 3-1-28 所示。

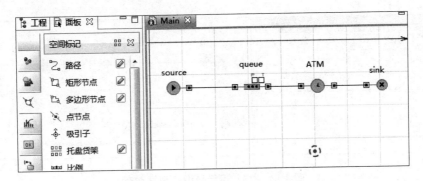

图 3 – 1 – 23　添加点节点 point

图 3 – 1 – 24　设置点节点 point 的属性

图 3 – 1 – 25　绘制路径 path

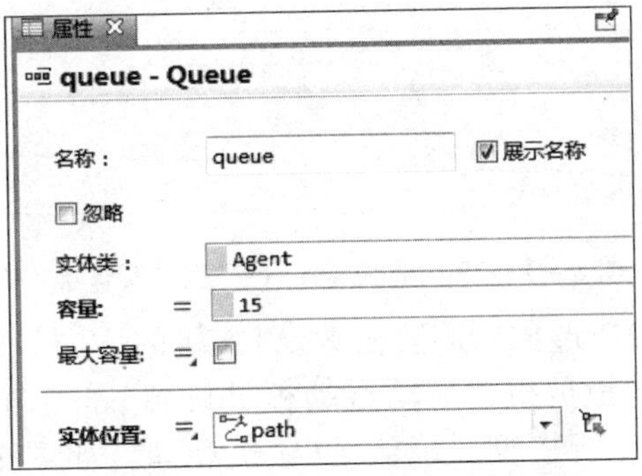

图 3 – 1 – 26　设置 queue 的实体位置

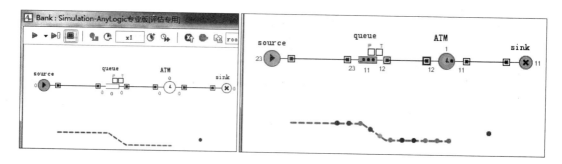

图 3-1-27 运行模型,观察动态

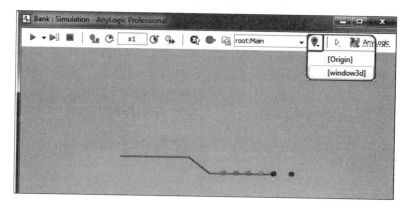

图 3-1-28 添加三维窗口

⑤现在需要加入 3D 的顾客动画,建立新的实体类型可以自由定义形象。打开流程建模库,拖动实体类型控件到图中,命名实体为 Customer。修改 source 产生的实体类型为 Customer,如图 3-1-29 所示。运行模型,发现顾客出现了 3D 形象,如图 3-1-30 所示。

图 3-1-29 修改 source 产生的实体类型

⑥现在为 ATM 机设置 3D 形象,需要修改 ATM 机的方向为面向顾客。打开三维物体,找到"超市"选项里的自动柜员机,拖动自动柜员机到 point 节点上,修改动画的 $Z$ 轴角度,如图 3-1-31 所示。运行模型,确认 ATM 机朝向,如图 3-1-32 所示,可以看到 ATM 机是朝向顾客的。

图 3-1-30 运行模型的结果

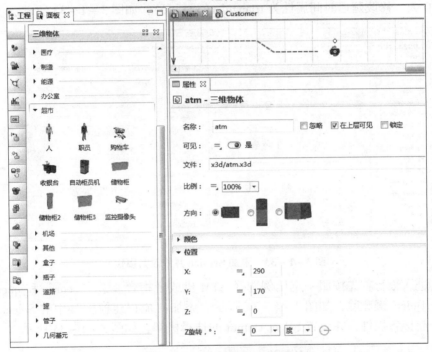

图 3-1-31 添加自动柜员机

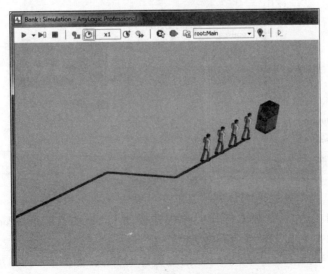

图 3-1-32 运行模型,检查柜员机朝向

## 三、加入柜台员工资源

现在需要加入银行内部柜台的业务流程，包括柜台员工资源。从 ATM 机完成业务的顾客以一定比例去往柜台继续办理业务，其余离开。已知条件如下：顾客进入银行后，50% 去 ATM 机，50% 去柜台；柜台业务办理时间服从 triangular(3,5,20) min；在 ATM 机办理完业务的顾客，30% 去柜台继续办理其他业务，其余离开银行；共有 4 名柜台员工。

①打开"流程建模库"，拖到 Service 到图中位置，修改 Service 的队列容量为 20，队列最多容纳 20 人，修改延迟时间属性为 triangular(3,5,20)，如图 3-1-33 所示。

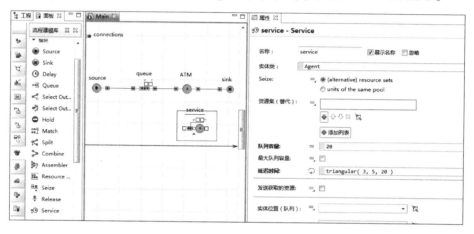

图 3-1-33　添加 Service 并修改其属性

②顾客进入银行首先按照一定比例选择 ATM 机或者柜台。选中 source 和 queue 之间的连接线，按 Delete 键删除，如图 3-1-34 所示。添加"流程建模库"中的 Select Output 到图中，重新连接各控件，并设置 Select Output 的选择概率，如图 3-1-35 所示。

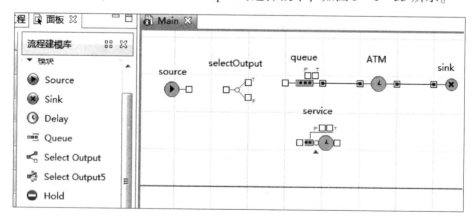

图 3-1-34　删除 source 和 queue 之间的连接线

③为柜台添加 4 个员工资源。打开"流程建模库"，拖动 ResourcePool 到图中，修改名称为 tellers，容量为 4，如图 3-1-36 所示。

④选中流程图中的 service，为 service 指定资源 tellers，如图 3-1-37 所示。

图 3-1-35 设置 SelectOutput 的选择概率

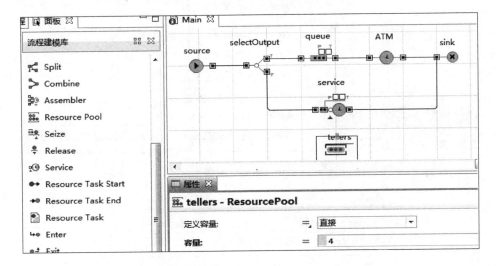

图 3-1-36 柜台添加员工资源

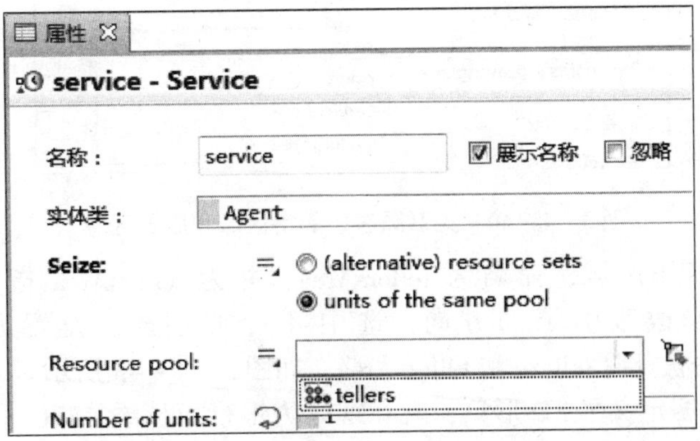

图 3-1-37 为 service 指定资源

⑤为顾客指定等待办理柜台业务的区域，命名为 waitingArea，如图 3-1-38 所示；绘制顾客服务时所在区域，命名为 serviceArea，为 serviceArea 指定 4 个吸引子，如图 3-1-39 所示；单击流程图中的 service，定义实体位置（队列）为 waitingArea，实体位置（延迟）为 serviceArea，关联 service 和 waitingArea、serviceArea，如图 3-1-40 所示。

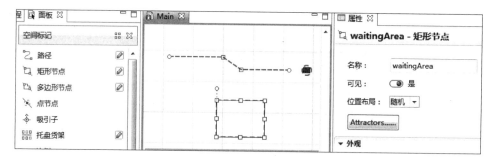

图 3-1-38 添加顾客等待办理柜台业务的区域

图 3-1-39 添加顾客服务区域

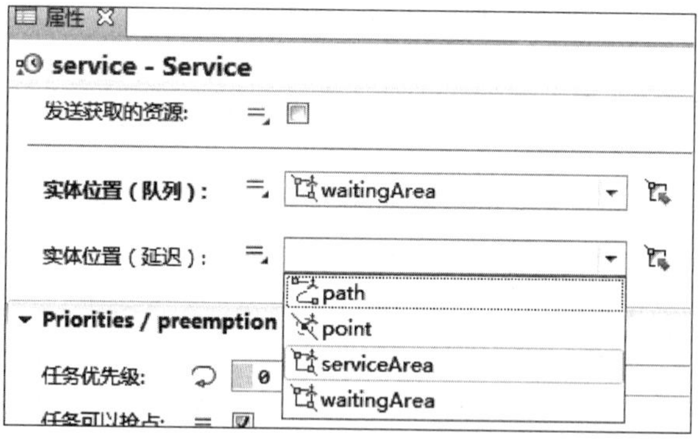

图 3-1-40 关联顾客、等待区域和服务区域

⑥绘制员工的工作区域,命名为 tellersArea,并为 tellersArea 指定 4 个吸引子,如图 3-1-41 所示;修改吸引子的方向,选中 4 个吸引子,设置方向旋转 180°,如图 3-1-42 所示;关联资源 tellers 和 tellersArea,如图 3-1-43 所示。

⑦前面已经为顾客定义了 3D 形象,现在继续为银行柜员添加 3D 形象。打开"流程建模库",添加资源类型,如图 3-1-44 所示,将资源类型命名为 Teller。关联 tellers 和 Teller 类型,修改资源池 tellers 的资源单元为 Teller,如图 3-1-45 所示。

⑧打开三维物体面板,拖动 4 个桌子到图中的 4 个 attractors 处,全选 4 个桌子,旋转 90°方向,旋转桌子的方式和上述旋转吸引子的方法一样,如图 3-1-46 所示;再次运行模型,观察状态,现在出现了柜员和柜台的新动画,方向也是正确的,如图 3-1-47 所示。

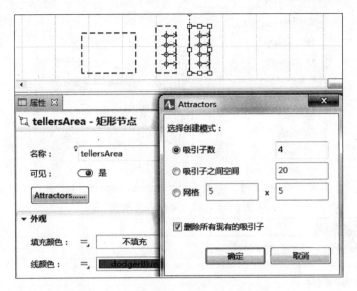

图 3-1-41 绘制员工的工作区域并指定吸引子

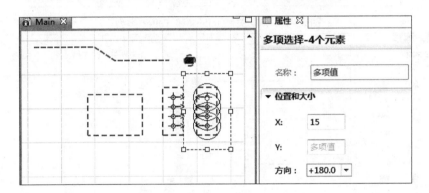

图 3-1-42 修改吸引子方向

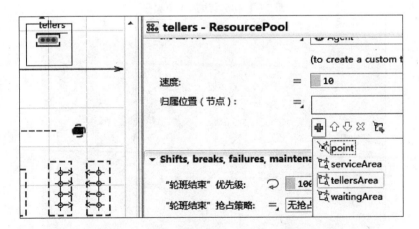

图 3-1-43 关联资源 tellers 和 tellersArea

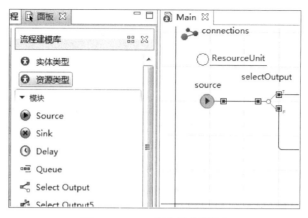

图 3-1-44 添加资源类型

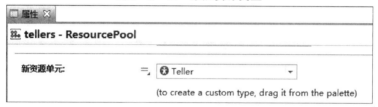

图 3-1-45 关联 tellers 和 Teller 类型

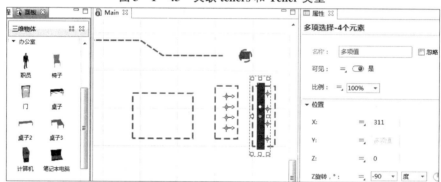

图 3-1-46 添加 4 个桌子

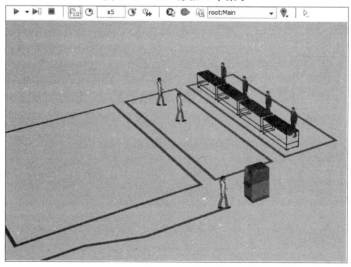

图 3-1-47 运行模型

## 四、修改从 ATM 机出来的顾客流程

①删除 ATM 和 sink 之间的连接线,在 ATM 后面增加新的 selectOutput,重新连接,如图 3-1-48 所示。

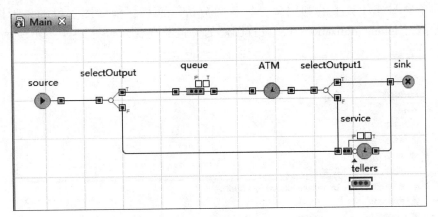

图 3-1-48 增加新的 selectOutput

②有 70% 的顾客从 ATM 机直接离开,30% 往柜台继续办理其他业务,设置选择概率为 0.7,如图 3-1-49 所示。

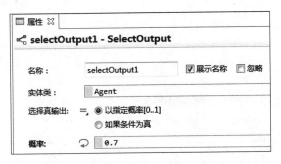

图 3-1-49 设置 selectOutput 的选择概率

③运行模型,查看状态,运行时可以发现,从 ATM 机出来的顾客有部分直接离开,还有的去柜台,如图 3-1-50 所示。

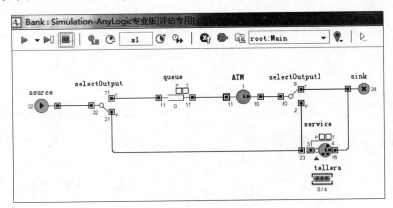

图 3-1-50 运行模型,查看状态

### 五、增加数据统计

利用条形图统计员工的利用率、ATM 机前的队平均长度；利用直方图数据统计顾客在银行里花费的时间。

①利用条形图统计员工的利用率。打开"分析"面板，拖动图表里的条形图到图中，设置数据的值为 tellers.utilization( )，设置图例的位置及宽度，如图 3 – 1 – 51 所示。

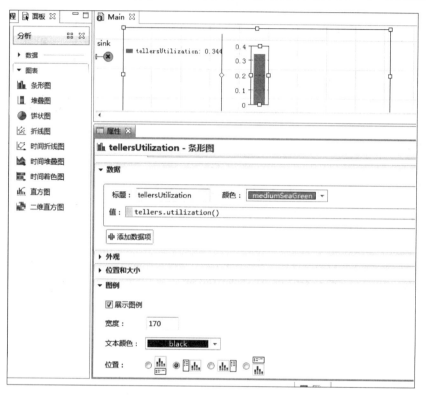

图 3 – 1 – 51　添加条形图统计员工的利用率

②利用条形图统计 ATM 机前的队平均长度。打开"分析"面板，拖动图表里的条形图到图中，设置数据的值为 queue.statsSize.mean( )，设置柱条方向为朝右，设置图例的位置，如图 3 – 1 – 52 和图 3 – 1 – 53 所示。

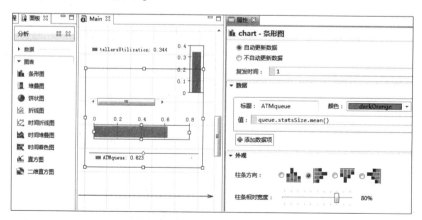

图 3 – 1 – 52　添加条形图统计 ATM 机前的队平均长度

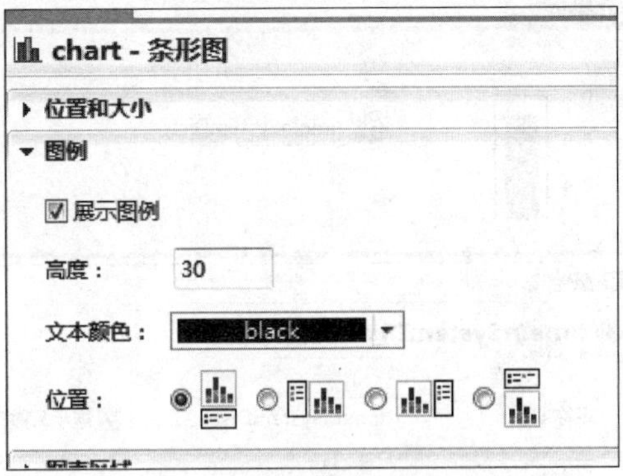

图 3-1-53 调整图例的位置

③利用直方图数据统计顾客在银行里花费的时间。这个时间是顾客本身携带的信息，需要往 Customer 智能体里增加时间信息。

打开 Customer 智能体，打开"常规"面板，拖动参数到 Customer 中，命名参数为 enteredSystem，如图 3-1-54 所示。打开 Main 流程图中的 source 属性，编辑实体类为 Customer。在离开 source 时，把当前时间赋值给 entity.enteredSystem，如图 3-1-55 所示；加入直方图数据 timeInSystemDistr，存储顾客在银行里的时长，如图 3-1-56 所示；在进入 sink 时，计算旅客在系统里的时间，存储到 timeInSystemDistr 直方图数据中，设置如图 3-1-57 所示。

运行模型，查看状态，可以看到加入的统计，如图 3-1-58 所示。

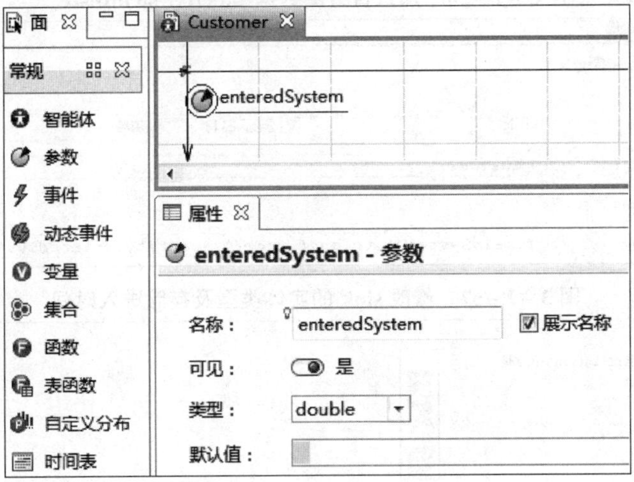

图 3-1-54 添加参数并命名

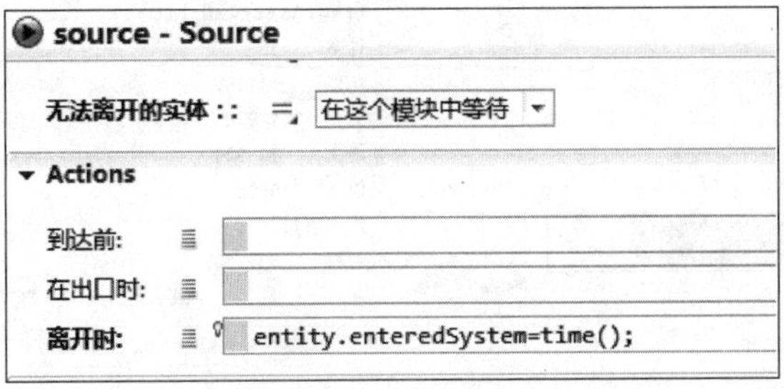

图 3-1-55 修改 source 的离开时间

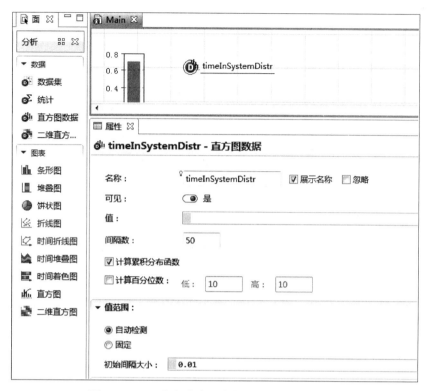

图 3-1-56 加入直方图数据 timeInSystemDistr

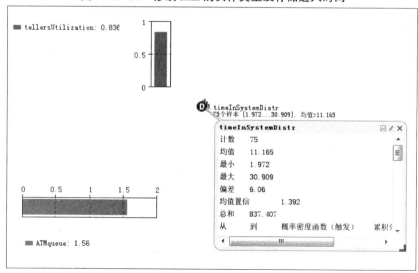

图 3-2-57 修改 sink 的实体类型及存储进入时间

图 3-1-58 运行模型，查看状态

④利用直方图直观表示旅客在银行内逗留的时间分布。打开"分析"面板，拖动图表中的直方图到图中，修改直方图的数据项中的标题和直方图选项，如图3－1－59所示。运行模型，查看状态，运行模型时可以看到直方图，如图3－1－60所示。

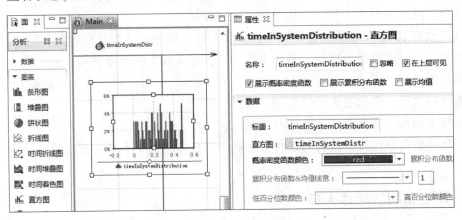

图3－1－59 修改直方图属性

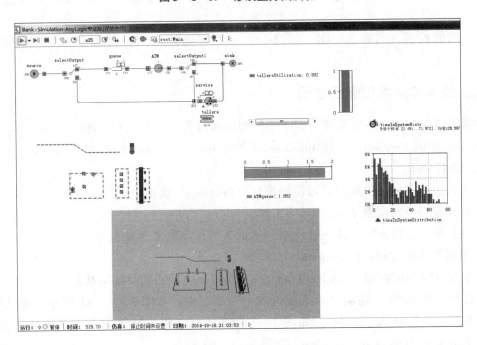

图3－1－60 运行模型，查看状态

感谢：南京航空航天大学黄玉（QQ：1175406301）整理翻译。

文档中若有纰漏，可加入 Anylogic 官方中文交流群（QQ：332492286）与格瑞纳丛（QQ：383438135）联系，进行确认统一修改后再发布，谢谢。

## 第三节 传染病扩散模型

在这个传染病模型里，每个人有4种状态：易感染、暴露、患病、免疫。刚开始处于易感染期，一旦接触了患病的人，就进入暴露期，紧接着就表现出病征，最后对这种疾病产生抗体,持续一段时间后又进入易感染状态。在模型里,疾病只通过接触消息"Infection"传播。模型里的 1 min 可以用来模拟 1 天。

①假设某个地方有 10 000 人口,均匀分散地住在一个 10 km × 10 km 的范围内;
②这个区域里的每个人只认识住在他 1 km 以内的人;
③刚开始有 10 个人患了这种传染病,其余人处于易感染状态(没有免疫);
④如果一个易感染的人接触了有传染病的人,他有 0.1 的概率被传染;
⑤被传染以后,不会立刻就表现出症状,有 3~6 天的潜伏期,这个时期称为暴露期;
⑥潜伏期之后,患病期会持续 3~15 天;
⑦期间平均每人每天会接触 5 个认识的人;
⑧当患病的人痊愈后,就会对这种传染病产生抗体,但是不会一直免疫,免疫期只会持续 30~70 天。

### 一、建立新的智能体人口

建立一个有 10 000 个智能体的智能体人口,不需要对智能体设置动画,只关注传染病传播。

建立新的模型,名称为 SIR。创建一个新的智能体人口:类为 Person,10 000 个智能体。

### 二、绘制传染病传播状态图

在智能体类 Person 中定义带有状态图的智能体行为。一个人有 4 种可能的状态:易感染 Susceptible、暴露 Exposed、患病 Infectious、免疫 Immune。各状态之间有一定的变迁方式。

已知条件如下:
a. 在模型里,设定疾病只通过接触消息"Infection"传播。
b. 暴露期持续时间服从 uniform(3,6)。
c. 在患病期,每人每天接触 5 人,接触的人被传染概率为 0.1。
d. 患病期持续时间服从 uniform(7,15)。
e. 免疫期持续时间服从 uniform(30,70),结束免疫期回到易感染状态。

①打开"状态图",拖动"状态图进入点"到图中,如图 3-1-61 所示。拖动第一个状态到图中,命名为 Susceptible,如图 3-1-62 所示。依次拖动剩余的 3 个状态到图中,命名为 Exposed、Infectious、Immune,如图 3-1-63 所示。

图 3-1-61 添加"状态图进入点"

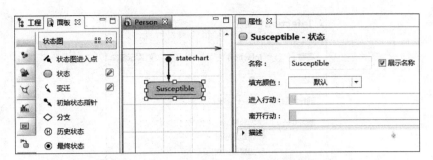

图 3-1-62　添加第一个状态并命名

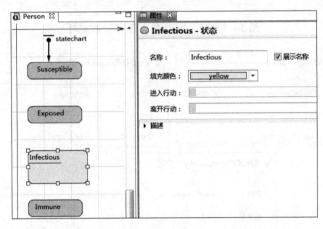

图 3-1-63　依次添加状态栏并命名

②绘制 4 个状态之间的变迁线，设置变迁触发方式。从"状态图"面板拖动"变迁"到需要连接的状态之间，绘制 Immune 和 Susceptible 之间的变迁线时，双击激活绘图，先单击 Immune，单击需要拐弯的地方，最后单击 Susceptible，如图 3-1-64 和图 3-1-65 所示。重命名变迁，单击选中第一个变迁，展示名称，命名为 Infection，触发于消息"Infection"，如图 3-1-66 所示。修改变迁的触发方式，如图 3-1-67 所示。

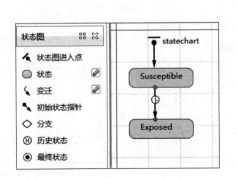

图 3-1-64　添加变迁线来连接状态 Susceptible 和 Exposed

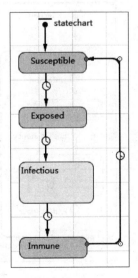

图 3-1-65　添加变迁来连接其余状态

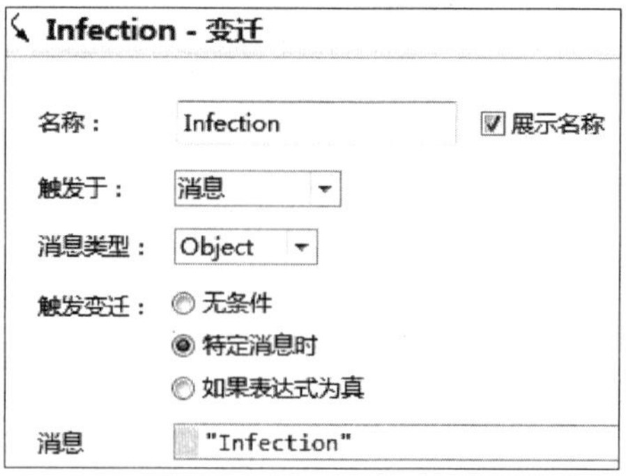

图 3-1-66 重命名变迁并修改属性

图 3-1-67 修改变迁的触发方式

③增加患传染病的病人向接触的人传染病毒的变迁，从"状态图"面板中拖动变迁到 Infectious 状态中，变迁线的起点和终点都在 Infection 状态图中，命名为 Contact，展示名称，修改触发方式，指定行动，如图 3-1-68 所示。

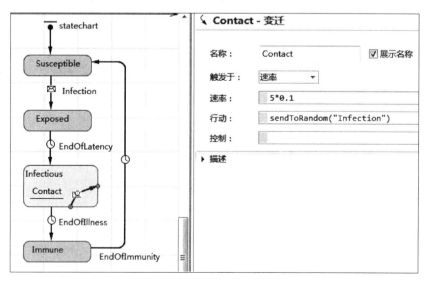

图 3-1-68 增加一个变迁并修改其属性

## 三、在模型开始时，随机选择 10 个患病的人

单击打开 Main 智能体，在"启动时"中，通过循环语句向 10 个随机的 person 发送"Infection"消息，如图 3-1-69 所示。

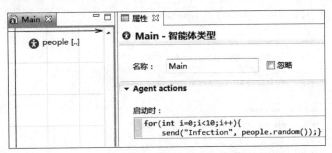

图 3-1-69　设置 Main 智能体启动时的属性

## 四、添加统计图

想要查看 Susceptible、Exposed、Infectious、Immune 人数随时间变化的对比图，首先定义 4 个函数来记录 Susceptible、Exposed、Infectious、Immune 人口的数量，然后设置数据集分别存储这 4 个数据，最后用时间折线图显示出来。

①进入 people 智能体群的统计属性页面，单击"添加统计"按钮，可以在所有的智能体中添加收集统计数据的函数。类的技术统计比较准确，它可以循环访问人口并记录满足给定条件的智能体数。

指定 item. statechart. isStateActive(Person. Infectious) 为类的统计函数条件。这里 item 表示当前智能体，statechart 为状态图名称，isStateActive() 是状态图的一个标准方法，Infectious 是在智能体内定义的状态名称，这就是需要 Person 前缀的原因。

打开 Main 中的 people 智能体群的属性页，如图 3-1-70 所示，单击"统计"中的"添加统计"。依次增加 Infectious、Exposed、Susceptible、Immune 人数的统计函数，如图 3-1-71 所示。

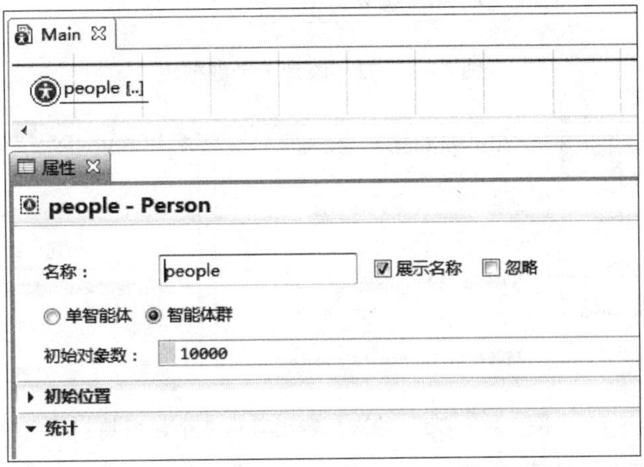

图 3-1-70　打开 main 属性页，单击"添加统计"

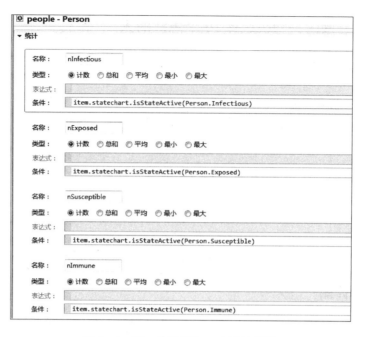

图 3-1-71 依次添加 4 个统计函数

②打开"分析"面板中的数据集，拖动 1 个到图中，如图 3-1-72 所示。命名为 InfectiousDS，设置垂直轴值为 people.nInfectious()，最多保留 300 个最新样本，自动更新数据，复发时间为 1 min。按住 Ctrl 键并拖拽，复制出 3 个其他的数据集，修改名称和垂直轴值，如图 3-1-73 所示。

图 3-1-72 添加 1 个数据集

图 3-1-73 依次复制出其他 3 个数据集

③添加时间折线图来显示 Infectious、Exposed、Susceptible、Immune 的人数随时间变化的数据。打开"分析"面板，拖动时间折线图到图中，如图 3-1-74 所示。编辑时间折线

图属性，添加 4 个数据集为数据项，修改时间窗口，如图 3-1-75 和图 3-1-76 所示。横向拉长时间折线图，如图 3-1-77 所示。设置仿真实验的停止时间为 300，如图 3-1-78 所示。运行模型，查看折线图，如图 3-1-79 所示。

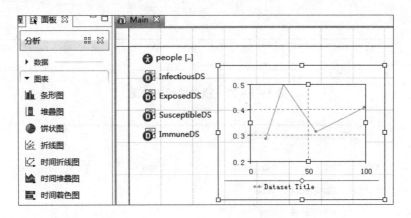

图 3-1-74　添加时间折线图

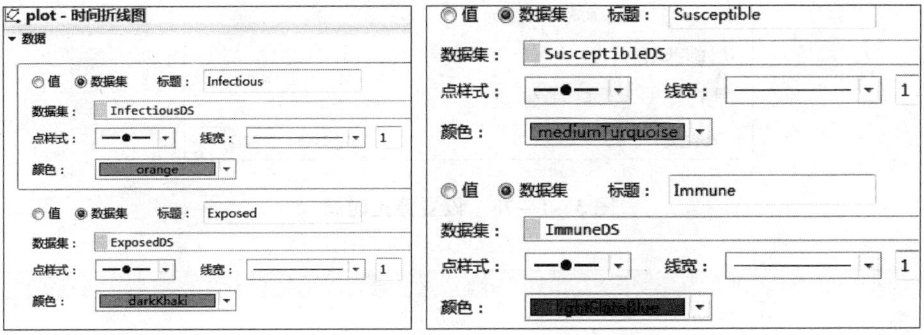

图 3-1-75　依次添加 4 个数据集数据项并修改标题

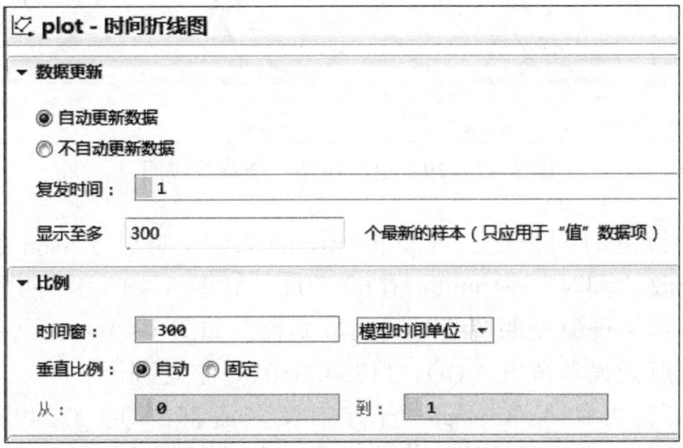

图 3-1-76　修改折线图时间窗

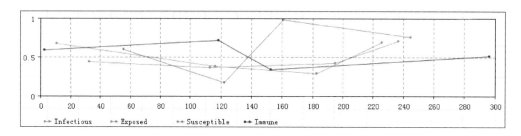

图 3 - 1 - 77　横向拉长折线图

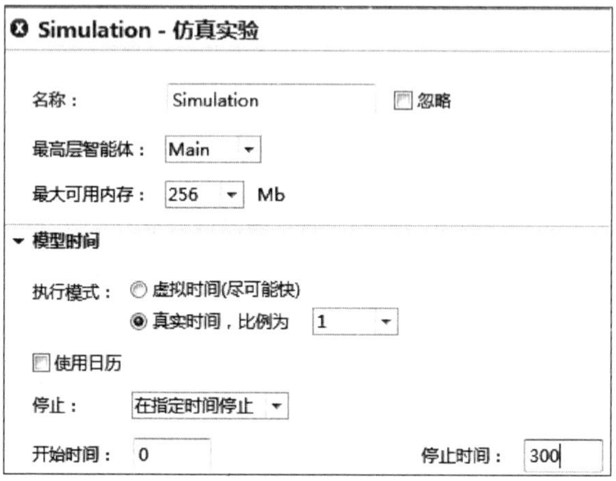

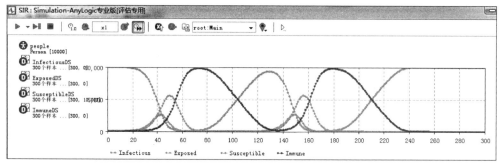

图 3 - 1 - 78　设置停止时间

图 3 - 1 - 79　运行模型，查看折线图

④改变免疫期持续的时间长度，观察折线图的变化。打开 Person 智能体，选中 End-OfImmunity 变迁，修改"到时"为 uniform(60,70)，如图 3 - 1 - 80 所示。重新运行模型，对比时间折线图，对比发现免疫期持续时间明显变长，如图 3 - 1 - 81 所示。

感谢：南京航空航天大学黄玉（QQ：1175406301）整理翻译。

文档中若有纰漏，可加入 Anylogic 官方中文交流群（QQ 332492286）与格瑞纳丛（QQ：383438135）联系，进行确认统一修改后再发布，谢谢。

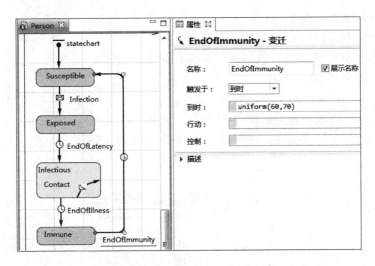

图 3-1-80　修改 EndOfImmunity 变迁的到时属性

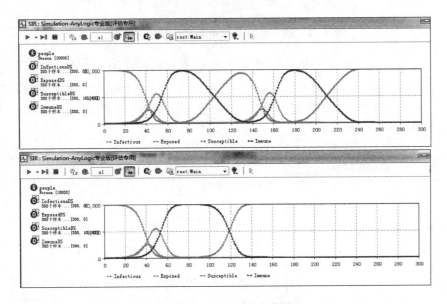

图 3-1-81　对比折线图

## 第四节　谢林隔离模型

在这个基于离散空间/离散时间的智能体模型里,空间代表一个城市,网格代表一个住所,智能体是有两种颜色的人:黄色和红色。刚开始,人口随机分散在城市空间里。人口小于房屋的数量,所以人们很有可能更换住处。智能体的行为很简单:如果一个人周围和他颜色相同的邻居的百分比小于标准,他就会感到不悦,继而随机搬至其他地方居住;否则,不会搬走。

### 一、建立新的智能体人口

已知条件如下:

a. 智能体群名字为 people;
b. 共有 8 000 个居民;
c. 每个人都有 50% 的可能性是红色，50% 的可能性是黄色;
d. 假设空间大小是 500×500;
e. 房屋数量是 100×100。

①打开"常规"面板，拖动智能体到图中，选择"Population of agents"；命名智能体群为 people，每个智能体为 Person；选择 2D 为智能体的动画图形，单击"完成"按钮，如图 3-1-82 所示。

图 3-1-82　添加 Person 智能体到操作界面

②双击打开 Person 智能体，拖动"常规"面板中的参数到图中，命名为 color，类型为 Color，默认值为 randomTrue(0.5)?red:yellow，如图 3-1-83 所示。拖动"演示"面板中的矩形到图中，修改大小和位置，线颜色为无色，填充颜色由参数 color 决定，如图 3-1-84 和图 3-1-85 所示。

图 3-1-83　添加 Person 智能体的 color 参数

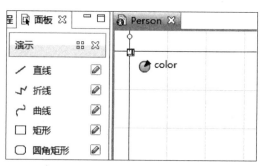

图 3-1-84　添加演示面板中的矩形到 Person 智能体操作界面

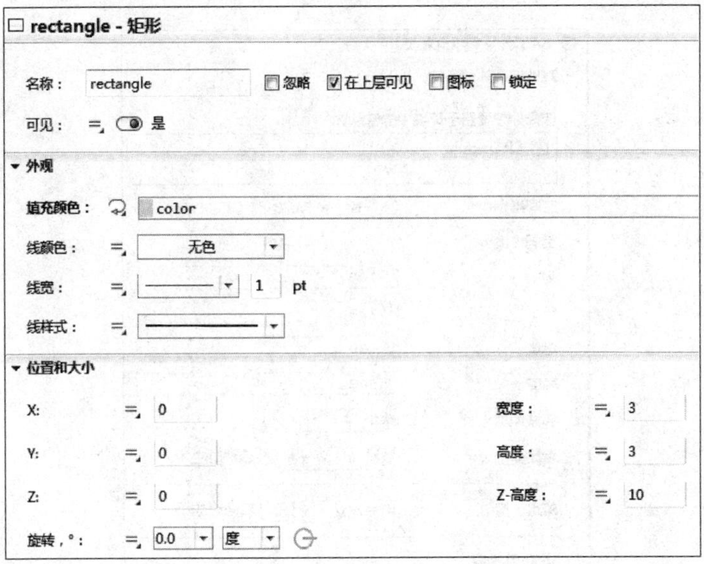

图 3 – 1 – 85　设置矩形的属性

③单击"Main"中的"people",设置初始对象数为 8 000,并在"高级"选项里选择"Show presentation",如图 3 – 1 – 86 所示。

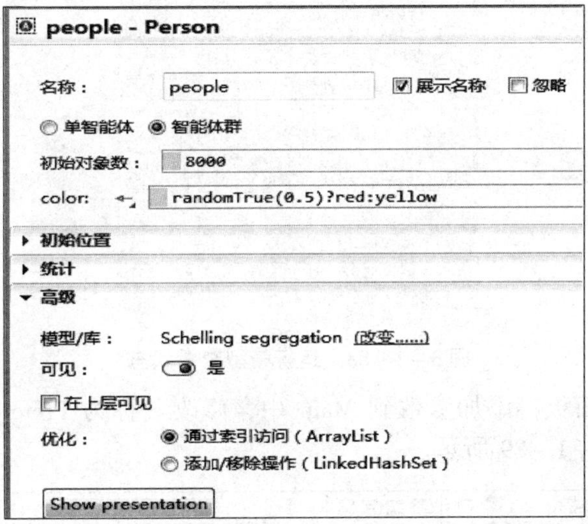

图 3 – 1 – 86　设置 Main 界面中 people 属性

## 二、设置智能体的空间环境

这个模型中,智能体是在离散空间中的,空间是 500×500,网格是 100×100,对应的是宽度、高度、列、行。单击"Main",按图示编辑"其他智能体的环境"选项,勾选"启用分步",运行模型,查看状态,可以看到人口随机分布,如图 3 – 1 – 87 和图 3 – 1 – 88 所示。

## 三、增加居民颜色满意度的参数

先假设居民如果周围至少 60% 的人和他的颜色一样,就保持原有住所;否则搬家。

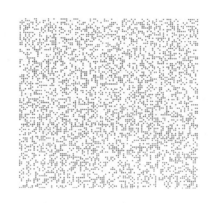

图 3-1-87 编辑"其他智能体的环境"的属性

图 3-1-88 运行模型查看状态

①打开"常规"面板,添加参数到 Main 中,修改名称为 Preference,类型为 double,默认值为 0.6,如图 3-1-89 所示。

图 3-1-89 添加 Preference 参数到 Main 中

②向 Person 中增加一个布尔 happy 变量,用以判断居民是否开心,如图 3-1-90 所示。

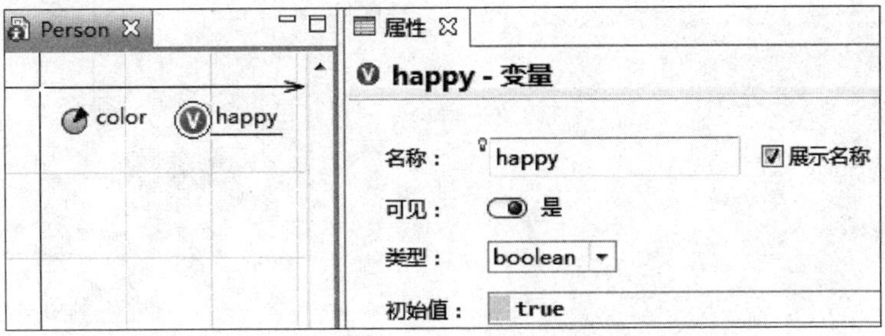

图 3-1-90 向 Person 中增加一个布尔 happy 变量

③打开 Person 的"Agent actions"选项卡，在"每步前"中输入：
```
Agent[]neighbors = getNeighbors();
if(neighbors = = null){
    happy = true;
}else{
int nsamecolor = 0;
for(Agent a:neighbors)
    if(((Person)a).color.equals(color))
        nsamecolor + +;
happy = nsamecolor > = neighbors.length * get_Main().Preference;}
```
在"每步时"中输入：
```
if(! happy) jumpToRandomEmptyCell();
```
如图 3-1-91 所示。

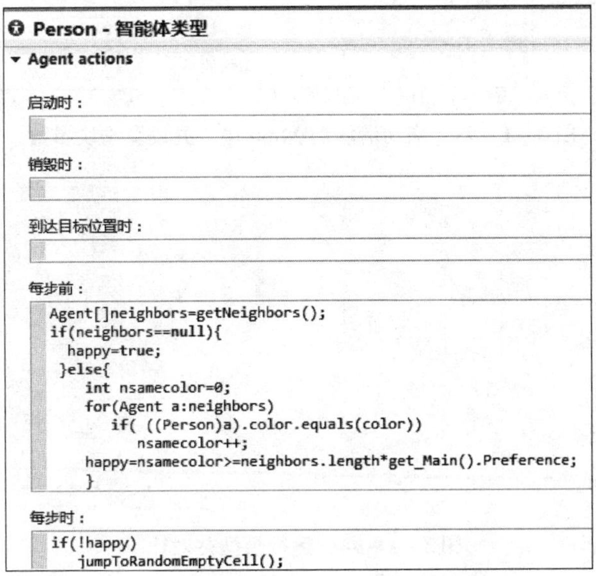

图 3-1-91 设置 Person 中 Agent actions 的属性

④再次运行模型，对比人口居住图前后的变化，人口由随机分布变成了相同颜色聚集在一起，如图 3-1-92 所示。

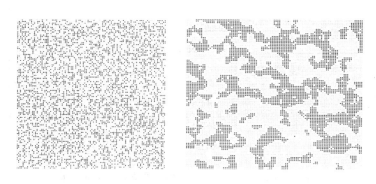

图 3-1-92　运行模型的对比图

### 四、改变居民颜色满意度的参数

打开"控件"面板，拖动滑块到 Main 中，设置滑块链接到参数 Preference，最小值为 0，最大值为 1；单击"添加"标签，滑块会显示出最大值、最小值、当前参数值，如图 3-1-93 所示。重新运行模型，滑动滑块，使 Preference = 0.7，如图 3-1-94 所示，当居民对颜色相同要求有些微提高时，颜色聚集程度大大提高。

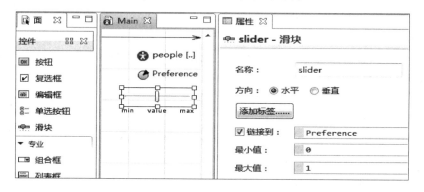

图 3-1-93　拖动滑块到 Main 中，并设置滑块参数

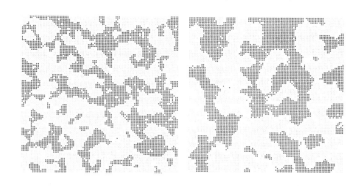

图 3-1-94　运行模型并对比

感谢：南京航空航天大学黄玉（QQ：1175406301）整理翻译。

文档中若有纰漏，可加入 Anylogic 官方中文交流群（QQ：332492286）与格瑞纳丛（QQ：383438135）联系，进行确认统一修改后再发布，谢谢。

## 第五节 生命游戏模型

生命游戏模型是一个二维的正交网络细胞模型,每一个细胞只有两种状态:活着或者死亡。每个细胞和它相邻的 8 个细胞相互影响,在每一步智能体移动时:

①如果 1 个活着的细胞周围少于 2 个邻居,则因为孤单死亡;
②如果 1 个活着的细胞周围有 2~3 个邻居,则存活到下一轮迭代;
③如果 1 个活着的细胞周围多于 3 个邻居,则因为拥挤死亡;
④任意 1 个死去的细胞周围正好有 3 个活着的细胞时,则会复活。

### 一、建立新的智能体人口

已知条件如下:

a. 智能体群名字为 cells,每个智能体名字为 Cell;
b. 共有 10 000 个细胞;
c. 初始状态有 20% 的细胞是活着的。

①打开"常规"面板,拖动智能体到图中,选择"Population of agents",命名智能体群为 cells,每个智能体为 Cell,选择 2D 为智能体的动画图形,设置智能体数量为 10 000,选择离散的空间类型,空间为 500×500,Cells 为 100×100,单击"完成"按钮。

②打开 Cell 智能体,从"常规"面板拖动一个变量到图中,指定变量名称为 alive,类型为 boolean,初始值为 randomTrue(0.2),如图 3-1-95 所示。从"演示"面板拖动一个矩形到图中,按图示设置矩形的填充颜色为 alive?mediumBlue:lavender,位置在原点,大小为 4×4,图 3-1-96 所示。

图 3-1-95 设置 alive 变量属性

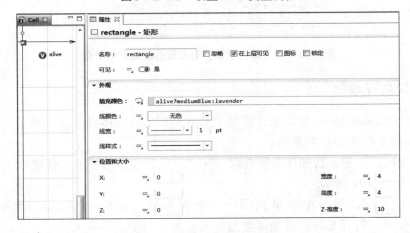

图 3-1-96 设置矩形的属性

③回到 Main，打开 cells 的属性，在"高级"选项卡中，选择"Show presentation"，选择这个选项才能看到智能体展示，如图 3－1－97 所示。

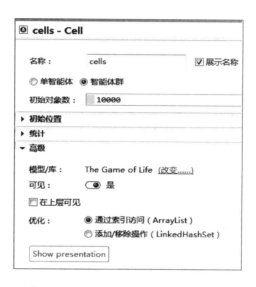

图 3－1－97　修改 Main 中 cells 的属性

④运行模型，查看智能体 Cell 的初始存活状态，如图 3－1－98 所示。

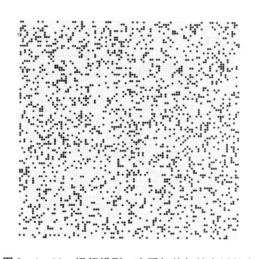

图 3－1－98　运行模型，查看智能初始存活状态

## 二、添加生存规则

添加一个 naliveneighbors 变量来计算每个 Cell 周围的智能体数，通过邻居的数量来判断是否存活，间接改变该 Cell 的颜色。

①单击"Main"，进入智能体类型界面，在"其他智能体的环境"选项中，勾选"启用分步"，如图 3－1－99 所示。

②打开 Cell，拖动另一个变量到图中，更改名称为 naliveneighbors，类型为 int，如图 3－1－100所示。打开 Cell 的智能体类型界面，在"每步前"键入：

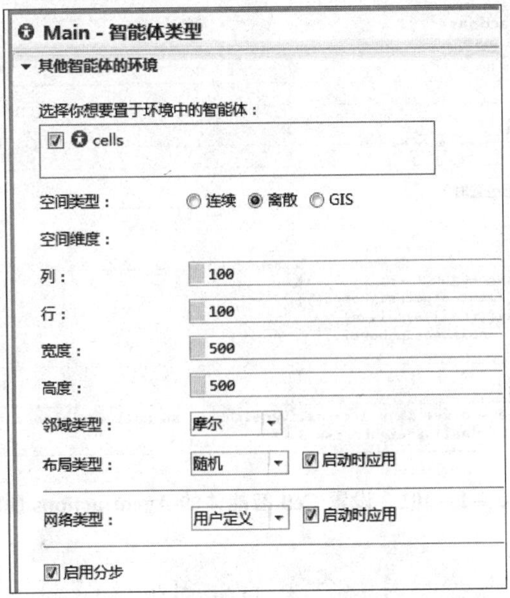

图 3-1-99　设置 Main 中"其他智能体的环境"属性

图 3-1-100　在 Cell 中添加 naliveneighbors 变量

```
naliveneighbors = 0;
for(Agent a:getNeighbors())
    if(((Cell)a).alive)
        naliveneighbors ++;
```

在"每步时"键入：

```
alive = alive && (2 < = naliveneighbors && naliveneighbors < =3) ||
    naliveneighbors = =3;
```

如图 3-1-101 所示。

③运行模型，查看 Cell 的生存过程，如图 3-1-102 所示，随着时间变化，有的细胞死亡，也有的复活。

## 三、加入鼠标操作

在这个模型里，细胞随着时间自己消亡或者存活。我们还可以加入人的操作，增加趣味性。当鼠标单击细胞图形时，可以让它死亡。

```
Cell - 智能体类型
Agent actions
启动时:

销毁时:

到达目标位置时:

每步前:
naliveneighbors=0;
for(Agent a:getNeighbors())
    if(((Cell)a).alive)
        naliveneighbors++;

每步时:
alive = alive && ( 2 <= naliveneighbors && naliveneighbors <= 3 ) ||
        naliveneighbors== 3;
```

图 3 – 1 – 101　设置 Cell 智能体的 Agent actions 属性

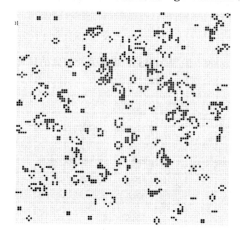

图 3 – 1 – 102　运行模型，查看 Cell 的生存过程

打开"Cell"，单击矩形，在"高级"选项卡中，在"点击时"中输入"alive =！alive；"，再次运行模型，你会发现，鼠标单击的细胞会消失！如图 3 – 1 – 103 所示。

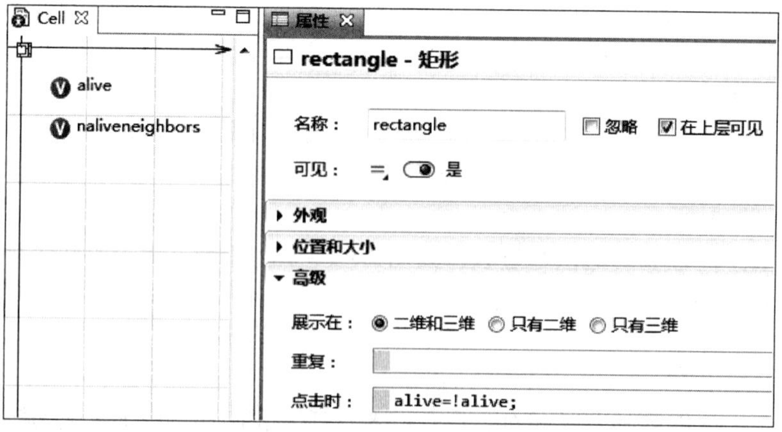

图 3 – 1 – 103　设置 Cell 中的矩阵的高级属性

感谢：南京航空航天大学黄玉（QQ：1175406301）整理翻译。

文档中若有纰漏，可加入 Anylogic 官方中文交流群（QQ：332492286）与格瑞纳丛（QQ：383438135）联系，进行确认统一修改后再发布，谢谢。

## 第六节　野火蔓延模型

野火蔓延模型中，植被被构建为网状栅格单元——离散空间中的智能体。一个单元的燃烧时间是与其单元内的可燃物数量成比例的。可燃物数量在模型开始时会被随机生成。

当一个单元燃烧的时候，该单元会点燃邻近的单元。可以通过单击一个单元来引燃最初的火源。当然，火源也可以由飞机投下的炸弹点燃——该飞机飞行于与离散空间重叠的二维连续空间。该模型的作用是展示两种不同类型的空间如何联结的。该模型计算速度非常快，因为其没有时间步长，飞机和植被的行为是通过状态图的形式构建的。

①新建模型并打开主操作界面。创建智能体：单击左边选项卡中的"面板"→"智能体"，将其拖拽到"Main"编辑界面，这时会弹出对话框。单击"population of agents"（智能体群）；设置智能体类型：不使用模板，智能体类名为 GridCell，智能体对象名默认为 gridCells；智能体形象选择"none"；单击"下一步"按钮；设定智能体数量为 40 000；选择空间类型为"离散"。完成设定，如图 3 - 1 - 104 所示。

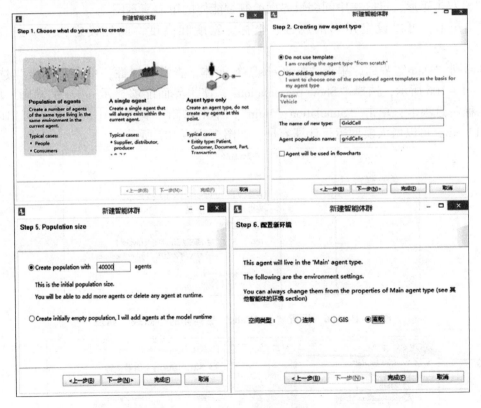

图 3 - 1 - 104　创建新智能体

②回到"Main"的编辑页面，单击空白处，右边出现"Main"的"属性"选项卡，下拉滚动条，在智能体环境中设定环境变量：列 200，行 200，宽度 600，高度 600，布局类型为"排列"，如图 3 - 1 - 105 所示。

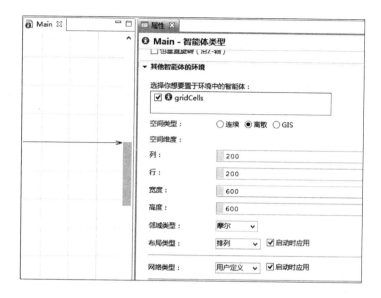

图 3-1-105　设置 Main 的属性

单击"gridCells"智能体，可以切换到"gridCells"的编辑界面，单击左侧面板中的"演示"，双击矩形，可以在中间编辑界面绘制智能体的矩形演示图。

单击矩形，可以设定矩形的属性、坐标、宽度和高度，此处设定为宽：3，高：3，$X: -2$，$Y: -2$。

③回到"Main"界面，单击"gridCells"智能体，查看其属性，单击"高级"选项卡，如图 3-1-106 所示，选择"Show presentation"，使主界面能够显示 agent 的动画。单击左侧"工程"选项卡，单击"Simulation：Main"，单击右侧"属性"中的"最大可用内存"，选择 512 Mb，可以增大模型运行计算容量，如图 3-1-107 所示。

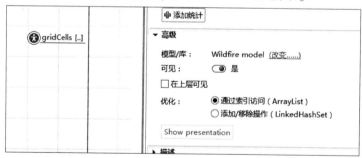

图 3-1-106　设置"gridCells"智能体的"高级"属性

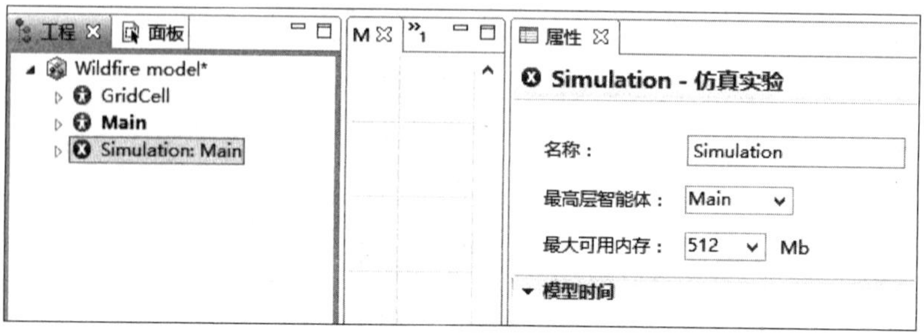

图 3-1-107　修改仿真实验的"最大可用内存"

进入"GridCell"的编辑界面,单击"面板",拖拽参数到编辑界面,修改名称为Fuel,如图3-1-108所示。

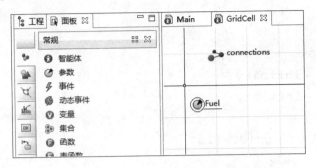

图3-1-108 在"GrideCell"中添加Fuel参数

回到"Main"的编辑界面,单击"面板",拖拽"函数"到编辑界面,修改名称为make UpInitialFuel,如图3-1-109所示,并在函数体部分添加函数,函数内容如下:

图3-1-109 在"Main"中添加并设置makeUpInitialFuel函数属性

```
int N = spaceColumns();
//generate forest "seeds"
for(int n = 0; n < 200; n ++) { //200 seeds
int x = uniform_discr(0, N - 1);
int y = uniform_discr(0, N - 1);
for(int k = 0; k < 1000; k ++) {
inti = (x + (int)triangular( -50,0,50) +N) % N;
int j = (y + (int)triangular( -50,0,50) +N) % N;
((GridCell)(getAgentAtCell(i,j))).Fuel + = 0.25; }
}
//smooth
for(int n = 0; n < 10; n ++) {
for(GridCell gc : gridCells) {
double sum = gc.Fuel;
for(Agent ad : gc.getNeighbors())
```

```
       sum + =((GridCell)ad).Fuel;
       gc.Fuel = sum /(gc.getNeighbors().length +1);
       }
   }
   //find min/max
   double min = + infinity;
   double max = - infinity;

   for(GridCell gc : gridCells){
   double f = gc.Fuel;
   if(f > max) max = f;
   if(f < min) min = f;
   }
   //normalize into [ -0.2,1.3]
   for(GridCell gc : gridCells){
   gc.Fuel  - = min; //to [0..max - min]
   gc.Fuel * =1.5 /(max - min); //to [0..1.5]
   gc.Fuel - =0.2; //to [ -0.2..1.3]
   }
   //update cells
   for(GridCell gc : gridcells)
   gc.rectangle.setFillColor(lerpColor(gc.Fuel, paleGoldenRod, new Color(65,100,0)));
```

在"Main"的属性中,在"启动时"填入 makeUpInitialFuel(),运行场景,如图 3 – 1 – 110 所示。

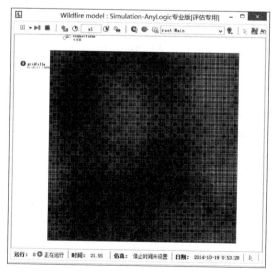

图 3 – 1 – 110  模型运行场景

④接下来设定火的扩散行为。

a. 首先，绘制状态图。拖动"状态图进入点""状态""变迁"及"最终状态"到编辑界面，如图3–1–111所示。

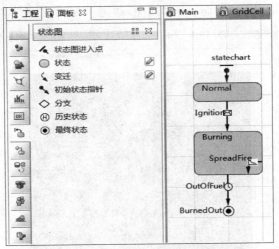

图3–1–111　绘制状态图

b. "Ignition"由"消息"触发，属性设置如图3–1–112所示。"Burning"的属性如图3–1–113所示。"SpreadFire"由"速率"触发，如图3–1–114所示。

图3–1–112　设置"Ignition"属性

图3–1–113　设置"Burning"属性

图3–1–114　设置"SpreadFire"属性

c. 同理：

"OutOfFuel"由"到时"触发。

"BurnedOut"的"行动"为 rectangle. setFillColor( lerpColor( Fuel, feldspar, darkGray))。

⑤进入"GridCell"的编辑界面，单击矩形动画，在"高级"属性的"单击时"中键入：statechart. receiveMessage("Ignition");，运行后的效果如图3-1-115所示。

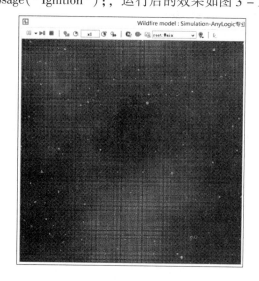

图3-1-115 运行效果

⑥接下来创建飞机智能体。由于飞机智能体并非是在离散空间，而是2D连续空间，所以不能直接拖动智能体到编辑界面。

在工程文件上右击，选择"创建新智能体"。重命名为Aircraft，选择动画为2D图片，创建之后进入其编辑界面，确认其为连续空间，并可根据需要缩放动画大小。同时，从"工程"选项中将"Aircraft"智能体拖拽到"Main"编辑界面中，这时"Main"界面出现飞机的图像。在"Main"界面拖拽飞机的图像，运行时飞机将从该点进行仿真，如图3-1-116所示。

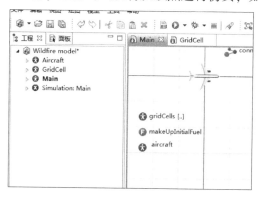

图3-1-116 创建飞机智能体

⑦单击飞机智能体，在属性的"启动时"中输入如图3-1-117所示代码，设定飞机的初始位置和移动方向。回到飞机的编辑界面，从"常规"面板中拖拽"事件"选项到飞机的编辑界面，并命名为"bomb"，在"行动"处输入如图3-1-118所示代码，并设定模式为"循环"，首次发生时间为0，复发时间为5。注意，"Main"界面属性中的"其他智能

体的环境"不要勾选"aircraft"。

图 3-1-117　设置飞机智能体属性

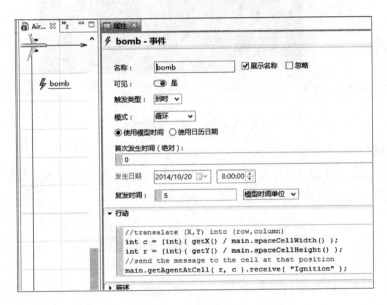

图 3-1-118　设置"bomb"的属性

回到"Aircraft"智能体的属性页面,在"到达目标位置时"中输入如图 3-1-119 所示代码,表示飞机停止投弹。最终运行情况如图 3-1-120 所示。

图 3-1-119　继续设置"Aircraft"智能体属性

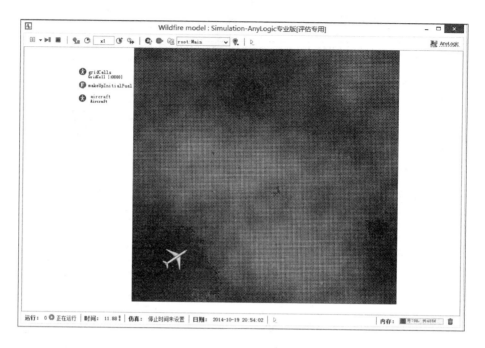

图 3-1-120  模型运行情况

感谢：北京航空航天大学田艺枫（QQ：542277804）整理翻译。

文档中若有纰漏，可加 Anylogic 官方中文交流群（QQ：332492286）与格瑞纳丛（QQ：383438135）联系，进行确认统一修改后再发布，谢谢。

# 第七节　空中防御系统模型

在该空中防御系统模型中，所有种类的智能体（轰炸机、雷达、导弹、炸弹及建筑物）均是在 3D 连续空间中构建与交互的。其中涉及较多种类的空间移动和感应程序。

在该程序中，轰炸机需要轰炸位于特定地区的地面设施，每一架轰炸机均有一个目标。为了完成任务，轰炸机必须在最多 2 km 的空中至距目标的地面距离 500 m 以内扔下炸弹。完成任务后，飞机将以一个更高的高度返回。轰炸机的速度为 600 km/h。

目标被地面防御系统保护，包括两部装有地对空导弹的雷达，一部雷达可以同时引导两枚导弹。雷达的防御半径为 6.5 km，导弹速度为 900 km/h。导弹在距离飞机 300 m 处爆炸。如果导弹在打到飞机之前飞出了雷达的探测距离，则将销毁。

①新建模型，并打开主界面。单击左边"面板"选项卡中的"演示"工具条，单击矩形，拖拽到"Main"编辑界面，并将矩形左上角顶点置于（0,0）坐标，如图 3-1-121 所示。打开矩形"属性"面板，设置宽度 800，高度 600，Z 为 -1，Z-高度为 1，在"填充颜色"下拉菜单中选择纹理-地面（earth），"线颜色"选择无色，创建仿真的地面。同时，勾选名称右边的"锁定"，使其不可被选中，如图 3-1-122 所示。

②在"面板"选项卡中单击三维窗口，拖拽到 Main 界面，并设置其位置为（0,850），宽度为 800，高度为 550，位于 2D 界面的下方，如图 3-1-123 所示。

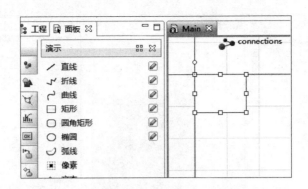

图3-1-121 在"Main"中添加矩形

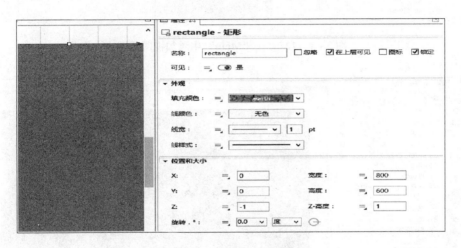

图3-1-122 设置矩形的属性

图3-1-123 在"Main"中添加三维窗口

③在"面板"选项卡中单击"视图"区域,拖拽到"Main"界面,并设置其位置为(0,800),其名称为view3D,标题为3D,如图3-1-124所示。同样,再拖拽一个视图区域到(0,0)坐标,修改名称为view2D,标题为2D。

④在"面板"选项卡中双击折线,启动绘制模式,在矩形地面中绘制一个封闭区域,确定目标的边界,并命名为protectedArea,如图3-1-125所示。

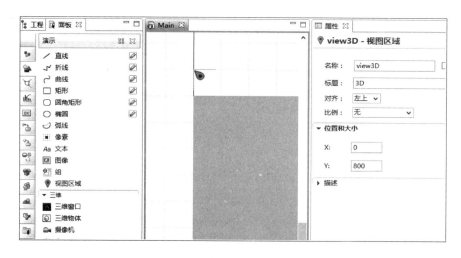

图 3-1-124　在"Main"中添加视图区域

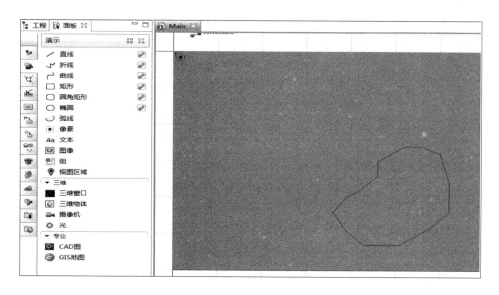

图 3-1-125　在"Main"中绘制一个封闭区域

⑤在"面板"选项卡的"常规"工具条中，拖拽一个智能体到"Main"界面，启动智能体生成向导，此处只需要选择智能体群，不选择模板，名称为 Building，智能体数量为10，空间类型为连续，其他的可以直接单击"下一步"按钮跳过，然后单击"完成"按钮。

⑥在"面板"选项卡中，选择三维物体工具条，将三维模型房子拖到"Building"的编辑界面（0, 0）坐标，并修改其比例为 25%，如图 3-1-126 所示。

⑦打开"Building"智能体的属性，在"启动时"中输入代码，设定其初始位置在之前所画的保护区域内。代码如图 3-1-127 所示。

⑧在"Main"界面中，创建轰炸机的智能体群，创建方法和创建地面设施智能体群的方法相同，其名称为 Bomber，初始数量为 0，如图 3-1-128 所示。

打开"Bomber"编辑界面，在"面板"选项卡中，选择三维物体工具条，拖拽"Bomber"到（0, 0）点，并在其属性中修改比例为 50%。

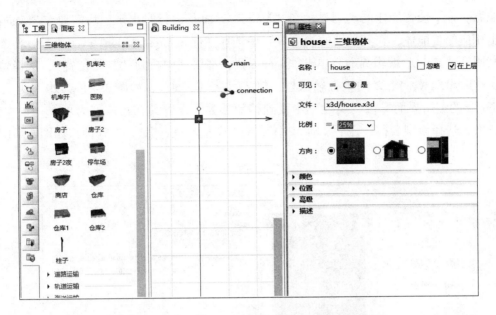

图3－1－126　在"Building"中添加三维模型房子

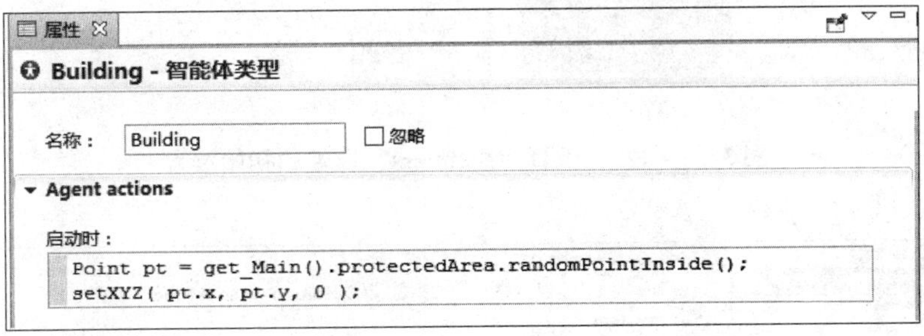

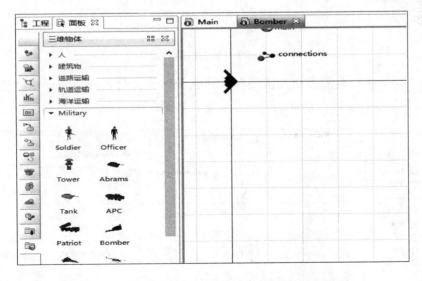

图3－1－127　设置"Building"智能体"启动时"的属性

图3－1－128　在"Main"中创建轰炸机智能体群

注意：为了使智能体的动画显示在"Main"界面及运行时出现，均需要在"Main"界面单击相应的智能体，在其属性的"高级"中选择"show presentation"。

⑨回到"Main"编辑界面，单击"bombers"，在属性中找到"初始位置"，选择特定点选项，这时出现 X、Y、Z 的坐标输入框，输入（0，0，50），如图 3-1-129 所示。回到"Bomber"的编辑界面，在"属性"中找到移动参数，设置其初始速度为 100。在"工程"工具条中，选择模型名称，在"属性"中设置"模型时间单位"为分钟，如图 3-1-130 所示。

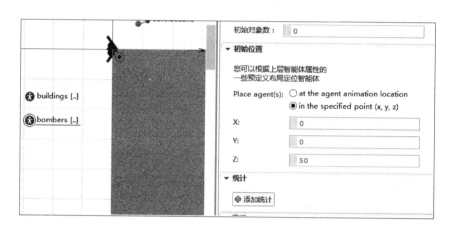

图 3-1-129　设置"Bombers"属性的初始位置

图 3-1-130　设置模型时间单位

⑩回到"Bomber"编辑界面，拖拽参数到编辑界面，命名为 target，类型为 Building，如图 3-1-131 所示。编辑"Bomber"的状态图，如图 3-1-132 所示。

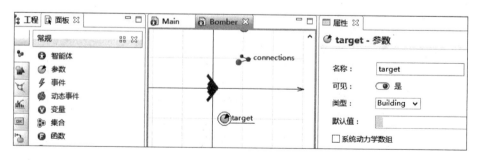

图 3-1-131　在"Bomber"中添加 target 参数

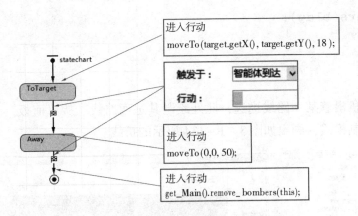

进入行动
moveTo(target.getX(), target.getY(), 18);

进入行动
moveTo(0,0, 50);

进入行动
get_Main().remove_bombers(this);

图 3 – 1 – 132　编辑 "Bomber" 的状态图

⑪回到"Main"编辑界面，拖拽事件到编辑界面，命名为 assignMission。其设置及代码如图 3 – 1 – 133 所示。触发类型为"到时"，模式为"循环"。行动代码含义为：检索是否每一个目标都被一架轰炸机锁定，如果未锁定，就添加一架轰炸机。

图 3 – 1 – 133　设置 assignMission 的属性

```
//find asset with no mission assigned
for(Building bldg: buildings){
//look up if a bomber is handling it already
booleanassigned = false;
for(Bomber bomber: bombers){
if(bomber.target == bldg){
assigned = true;
break;
}
}
//if not - send a bomber
if(! assigned){
```

```
    add_bombers(bldg);
    return;
    }
}
```

⑫希望轰炸机沿着某一路线逃逸，此处绘制其逃逸路线。从"面板"→"演示"中双击折线，启动绘制模式，画出如图 3-1-134 所示的折线。

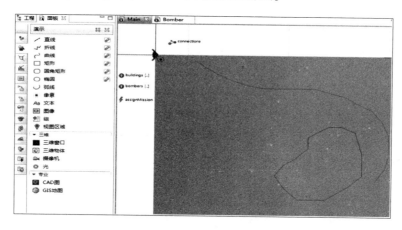

图 3-1-134 在"Main"中绘制折线

折线命名为 escapeRoute，颜色为 royalblue，线宽为 2，Z 的坐标为 20，Z 的高度为 2，20 即轰炸机逃逸的起始高度，2 为比例放大后的高度，也是轰炸机的攻击高度，如图 3-1-135 所示。

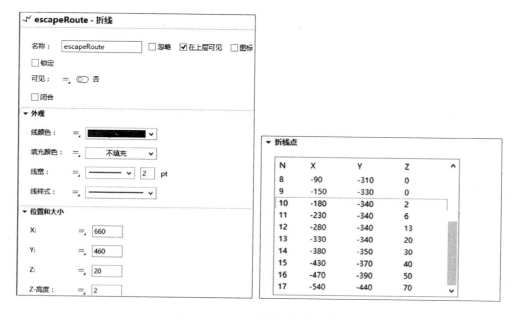

图 3-1-135 设置折线的属性

注意折线的属性中折线点一栏，后面一些点的 Z 值需要逐渐增大到相对坐标 70，结合轰炸机的起始高度为 20，则飞机的最终高度为 20+70=90。

⑬回到"Bomber"编辑界面,单击"Away",修改"进入行动"的代码,如图 3-1-136 所示,并在里边最后一项添加逃逸路线。代码:moveTo(0,0,90,get_Main( ).escapeRoute );。

接下来创建炸弹的智能体,此处炸弹可以不从属于 Bomber,而是独立进行创建。命名为 Bomb,初始数量为 0。

接着进入"Bomb"的编辑界面,从"面板"→"演示"中选择椭圆,拖拽到界面的 (0,0) 点,设置其半径和 Z 高度,如图 3-1-137 所示。

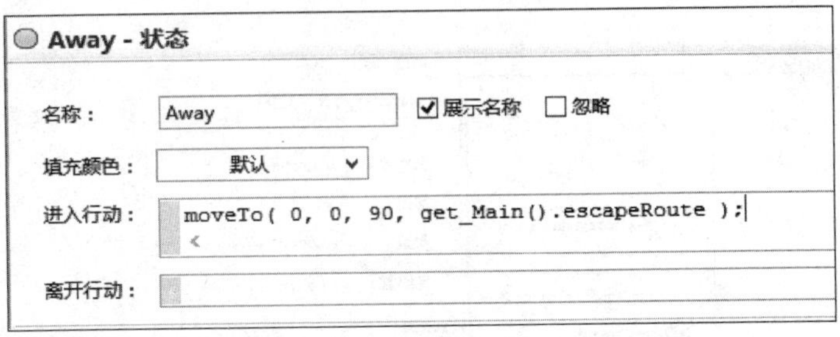

图 3-1-136 修改"Away"的"进入行动"的属性

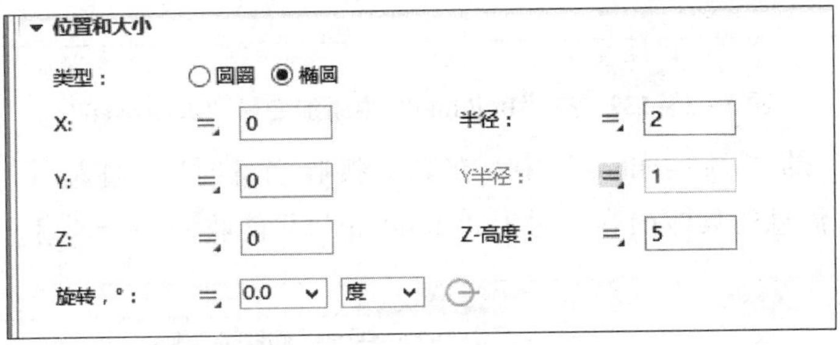

图 3-1-137 设置"Bomb"中椭圆的属性

⑭为了建立炸弹和建筑之间的交互,在"Bomb"的编辑界面中,拖入两个参数:一个命名为 bomber,类型为 Bomber;另一个命名为 target,类型为 Building。同时,设定"Bomb"的状态图、名称及代码,如图 3-1-138 所示。当"Bomb"到达"target"时,会发信息给地面目标。

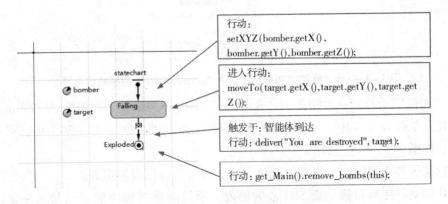

图 3-1-138 设定"Bomb"的状态

代码:

行动: setXYZ(bomber.getX(), bomber.getY(), bomber.getZ());

进入行动: moveTo(target.getX(), target.getY(), target.getZ());

触发于: 智能体到达, 行动: deliver("You are destroyed", target);

行动: get_Main().remove_bombs(this);

⑮在"Building"的编辑界面中，拖拽一个变量并命名为destroyed，类型为Boolean，初始值为false，如图3-1-139所示。

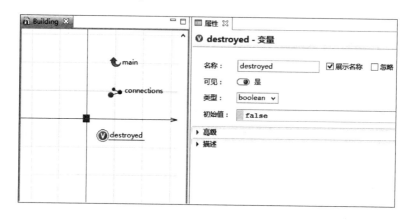

图3-1-139　在"Building"中添加变量"destroyed"

在"Building"的"connections"中，在其"接收消息时"，输入图3-1-140中的代码。此处不用分辨消息的具体内容，因为"Building"只能收到一个消息。

图3-1-140　修改"Building"中"connections"的接收消息属性

⑯从"面板"中拖拽一个矩形到"Building"界面，并设置"可见"为destroyed，颜色为红色，位置坐标为（-10，-10），宽度、高度、Z高度分别为20、20、10，覆盖房子的空间范围，如图3-1-141所示。

当目标被炸弹击毁时，会出现该红色方块，表示目标已经被击毁。

由于炸弹是在距离目标地面500 m时触发，所以应该对模型的步长给出一定限制。在

"Main"界面的属性中,单击"启用分步",将默认的模型步长改为 second( ),如图 3 – 1 – 142 所示。

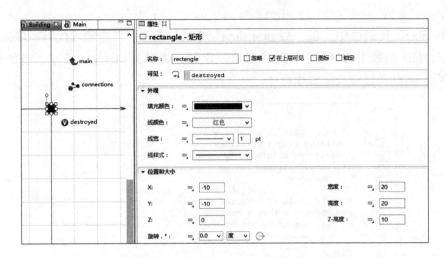

图 3 – 1 – 141　在"Building"中添加矩形并设置属性

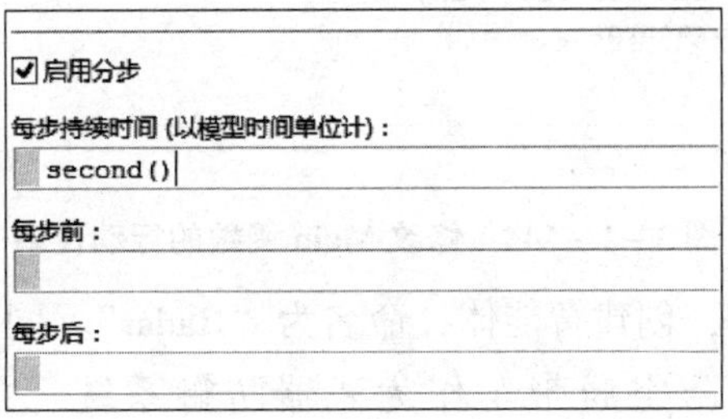

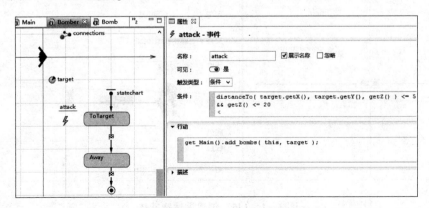

图 3 – 1 – 142　设置模型的步长

⑰在"Bomber"中添加一个事件,命名为"attack",由"条件"触发。当距离目标地面距离 500 m,高度小于 2 000 m 时,添加导弹智能体,将轰炸机自身和目标作为变量传递给炸弹,如图 3 – 1 – 143 所示。

图 3 – 1 – 143　在"Bomb"中添加事件"attack"

条件:distanceTo(target.getX(), target.getY(), getZ()) <=5&& getZ() <=20

行动：get_Main().add_bombs(this,target);

在"Bomber"的属性中，在"Agent actions"中的"每步时"中输入代码 onChange()。

⑱进入 Main 函数中的事件，修改"行动"代码，如图 3－1－144 所示，目的是当目标被摧毁之后，不再向目标设定轰炸命令。

```
//find asset with no mission assigned
for( Building bldg : buildings ) {
    //destroyed buldings are ignored
    if( bldg.destroyed )
        continue;
    //look up if a bomber is handling it already
    boolean assigned = false;
    for( Bomber bomber : bombers ) {
        if( bomber.target == bldg ) {
            assigned = true;
            break;
        }
    }
    //if not - send a bomber
    if( ! assigned ) {
        add_bombers( bldg );
        return;
    }
}
```

图 3－1－144　修改 Main 函数的行动代码

⑲在工程模型名上右击，创建智能体，命名为"Radar"。同时选择一个 3D 模型作为其动画，此处可以选择一个防空履带车作为武器防御系统，并缩减其尺寸为 25%，如图 3－1－145所示。

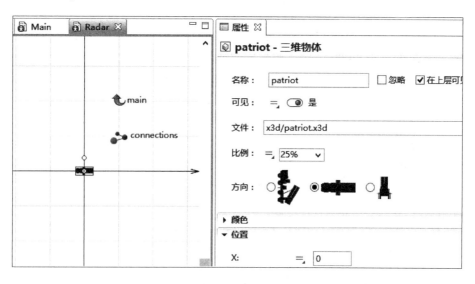

图 3－1－145　创建雷达智能体

⑳回到"Main"界面，分别从工程中拖拽"Radar"到"Main"界面中，并命名为 radar1、radar2,坐标分别设为(300,350),(350,200),如图 3-1-146 所示。

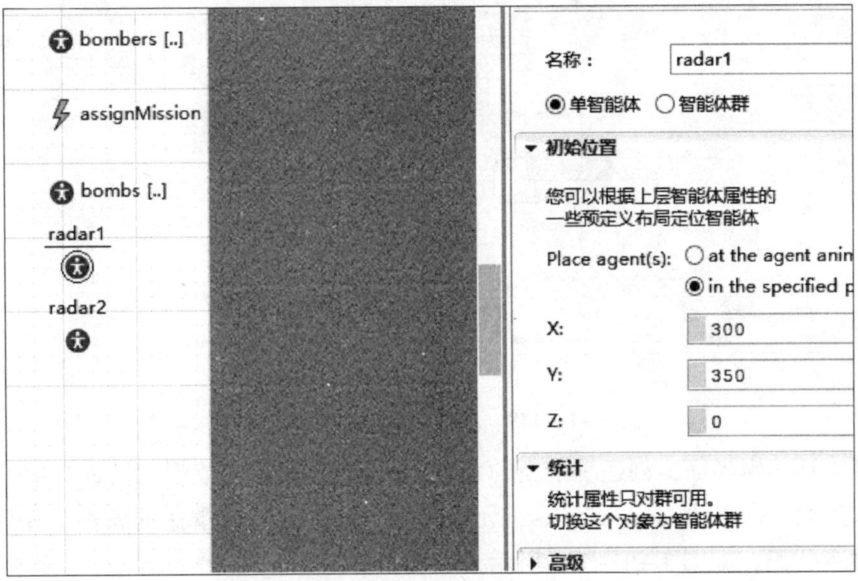

图 3-1-146  从工程中添加雷达智能体到"Main"中

㉑创建导弹智能体。使用"Agent"创建向导,名称为 Missile,初始数量为 0。打开 Missile 的编辑界面,设定其动画。选择"面板"→"演示"中的椭圆,拖拽到编辑界面,其设置如图 3-1-147 所示。

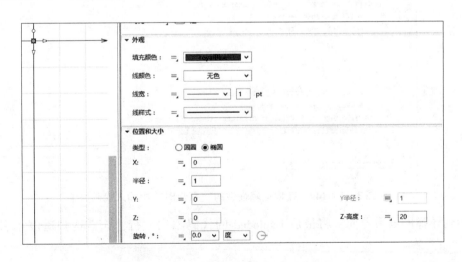

图 3-1-147  在导弹智能体界面添加椭圆

㉒为导弹创建一个组,从"面板"→"演示"中选择组,拖拽到导弹的编辑界面,右击刚创建的导弹,单击"分组"→"添加"→"group",设置其 Y 旋转弧度为 PI/2。在导弹的属性中,修改其初始移动速度为 150,使其换算过后的速度为 900 km/h。为导弹创建两个参数,类型分别为 radar 和 bomber,命名为 radar 和 target。

㉓画出状态图，并设置其状态和迁移中的代码，如图 3 – 1 – 148 所示。

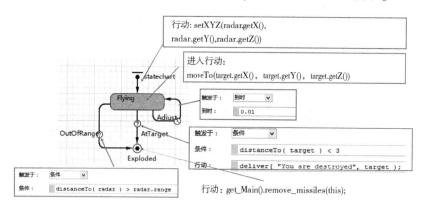

图 3 – 1 – 148　设置状态和迁移中的代码

㉔回到雷达编辑界面，创建一个新的参数 range，表示雷达范围。设置其值为 65。拖拽一个集合到界面，命名为 guidemissiles，元素类为 missile。打开雷达的属性，在里边的"每步时"中输入代码，如图 3 – 1 – 149 所示，用来引导导弹。

```
每步时:
for( Bomber b : get_Main().bombers ) { //for all bombers in the air
    if( guidedmissiles.size() >= 2 ) //if can't have more engagements, do nothing
        break;
    if( distanceTo( b ) < range ) { //if within engagement range
        //already engaged by another missile?
        boolean engaged = false;
        for( Missile m : get_Main().missiles ) {
            if( m.target == b ) {
                engaged = true;
                break;
            }
        }
        if( engaged )
            continue; //proceed to the next bomber
        //engage (create a new missile)
        Missile m = get_Main().add_missiles( this, b );
        guidedmissiles.add( m ); //register guided missile
    }
}
```

图 3 – 1 – 149　在雷达属性中的"每步时"中输入代码

㉕回到导弹的编辑界面，将最后 Exploded 的代码添加一行，让雷达知道停止引导该枚导弹。

回到"Bomber"的编辑界面，修改状态图，如图 3 – 1 – 150 所示。将正常运行状态画在一个更大的 state 中，如果被击中，就被摧毁，如图 3 – 1 – 151 所示。

㉖最终运行情况如图 3 – 1 – 152 所示。

感谢：北京航空航天大学田艺枫（QQ：542277804）整理翻译。

文档中若有纰漏，可加 Anylogic 官方中文交流群（QQ：332492286）与格瑞纳丛（QQ：383438135）联系，进行确认统一修改后再发布，谢谢。

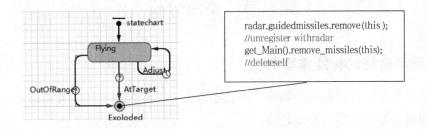

图 3-1-150　在"Bomber"界面修改状态图

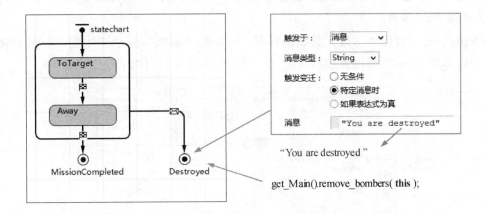

图 3-1-151　将正常运行状态画在一个更大的 state 中

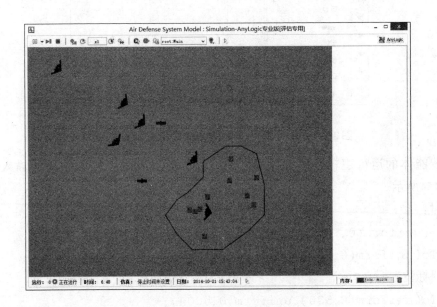

图 3-1-152　最终运行情况

## 第八节 案例分析

### 一、带移动轨迹的智能体案例

智能体往往代表着可以移动的物体,并且通常会希望看到智能体的移动轨迹,此处通过案例来讲述如何添加智能体的移动轨迹。

①单击"文件"→"新建",命名为 Agent leaving a movement trail,界面上出现一个新的工程,以及主界面 Main。拖拽"常规"选项卡中的智能体到 Main 编辑界面,弹出"智能体生成向导",智能体不使用模板,创建智能体名字为 car,智能体数量为3,环境为"连续",大小为 500×500。

②双击"car"智能体,进入其编辑界面,从左侧"面板"选项卡中的"三维物体"选项中拖拽轿车到"car"编辑界面的 (0, 0) 处,如图 3-1-153 所示。

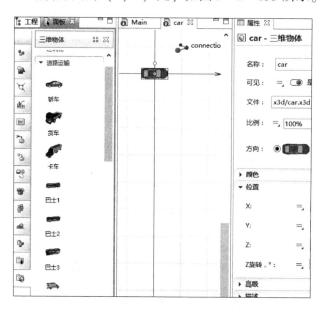

图 3-1-153 在"car"智能体界面添加三维物体

创建智能体的运行逻辑,单击智能体的属性,在智能体"行为"一栏输入代码,如图 3-1-154所示。

启动时:

setXY(uniform(0,500),uniform(0,500));
moveTo(uniform(0,500),uniform(0,500));

到达目标位置时:

moveTo(uniform(0,500),uniform(0,500));

代码的含义为:智能体出现在随机点,选择一个随机点作为目的点,到达后选择另一个随机点作为目标。

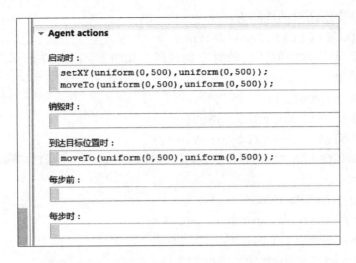

图 3-1-154 修改 car 智能体的行为属性

③在"car"的界面中,选择"面板"→"演示",拖拽折线到界面(0,0)处,并打开其属性面板,将其命名为 trail,如图 3-1-155 所示。

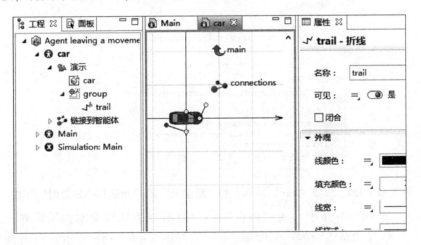

图 3-1-155 在"car"智能体界面添加折线

在"trail"的"位置和大小"一栏中,设定 $X$ 为 -getX(),$Y$ 为 -getY()。右击"trail",选择"创建组",设置其名称为 group。在其属性中,设定旋转的代码为:-getRotation(),如图 3-1-156 所示。

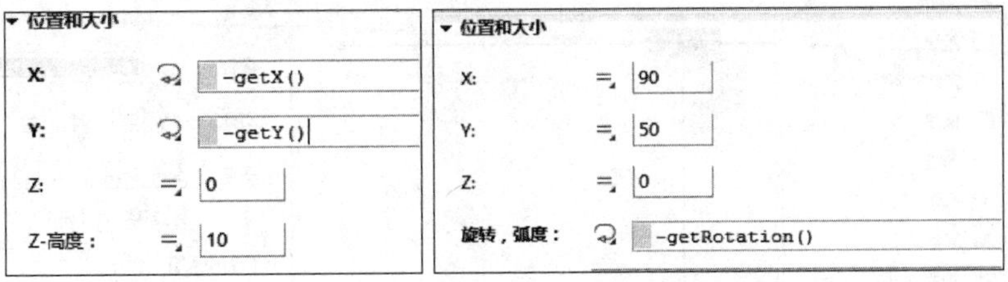

图 3-1-156 设置"trail"属性

设置高级属性中绘图时的代码为:
```
trail.setPoint(trail.getNPoints()-1,getX(),getY());
```
④修改"car"的属性中的"启动时"的代码,如图3-1-157所示,只保留两个点,在位置初始时刻获取。
```
trail.setNPoints(2);
trail.setPoint(0, getX(), getY());
trail.setPoint(1, getX(), getY());
```
修改"car"的属性中的"到达目标位置时"的代码,如图3-1-157所示,表示到达一个新位置就增加一个点。
```
int n = trail.getNPoints();
trail.setPoint(n-1, getX(), getY());
trail.setNPoints(n+1);
trail.setPoint(n, getX(), getY());
```

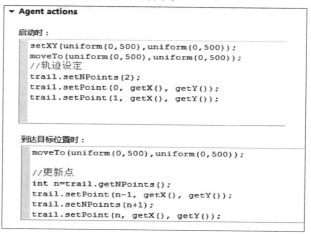

图3-1-157 修改"car"属性中的"启动时"及"到达目标位置时"属性

⑤在"car"的编辑界面中,从"面板"→"演示"中拖拽文本到编辑界面,并在文本的属性文本处,修改动态代码为:trail.length(),如图3-1-158所示。右击该文本,添加组,添加到现有组,选择"group"。运行该模型,如图3-1-159所示。

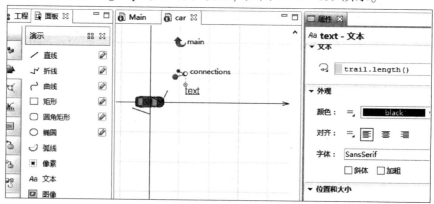

图3-1-158 添加文本到"car"的编辑界面

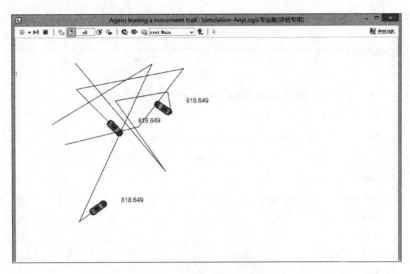

图 3-1-159 运行模型

感谢：北京航空航天大学田艺枫（QQ：542277804）整理翻译。

文档中若有纰漏，可加 Anylogic 官方中文交流群（QQ：332492286）与格瑞纳丛（QQ：383438135）联系，进行确认统一修改后再发布，谢谢。

## 二、稳定网络的周期修复案例

案例在 2D 连续空间创建一系列智能体，并根据距离关系将其链接。在案例中，智能体将死亡、出现、移动并实现网络的一个周期性修复。此案例是为了验证如何实现智能体之间的连接。

①新建一个模型，命名为 Periodic repair of a standard network。选择"面板"中的"常规"选项卡，拖拽智能体到"Main"的编辑界面，出现"智能体生成向导"。选择智能体群，不使用模板，默认命名，选择动画，选择默认的数量 100，设定仿真界面为 500×400，设定网络类型为"基于距离"，连接范围默认为 50。

②双击"Person"智能体，进入其编辑界面，选择"面板"→"演示"→"直线"，并拖拽到"Person"界面的原点，如图 3-1-160 所示。

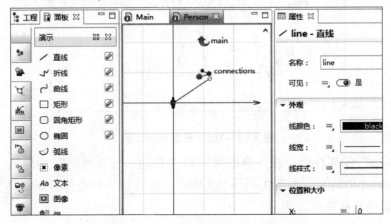

图 3-1-160 在"Person"界面添加直线

设定"line"的属性如图 3-1-161 所示。

图 3-1-161 设置"line"的属性

dX:getConnectedAgent(index).getX()-getX()
dY:getConnectedAgent(index).getY()-getY()
旋转,弧度:-getRotation()
重复:getConnectionsNumber()
运行结果如图 3-1-162 所示。

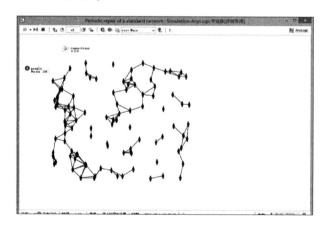

图 3-1-162 模型运行结果

③在"Person"的属性中,在"启动时"和"到达目标位置时"均输入:moveTo(uniform(500),uniform(400));,如图 3-1-163 所示。运行后,智能体开始运动,到达指定地点之后会选择新的目标重新运动。

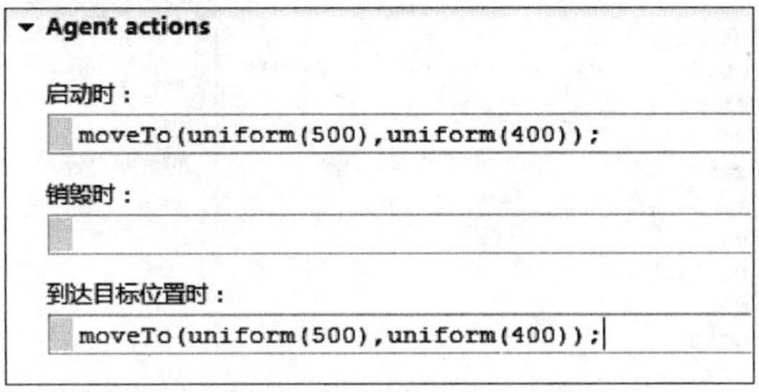

图 3 – 1 – 163　修改 Person 属性

在"Person"编辑界面中，选择"面板"，单击"常规"→"事件"并拖拽到编辑界面，命名为 death，触发类型：到时，模式：用户控制，到时：uniform（60,100），行动：get_Main（）.remove_people（this）；，以此来控制智能体的死亡，如图 3 – 1 – 164 所示。

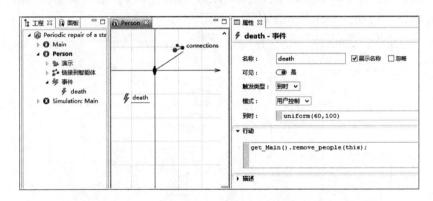

图 3 – 1 – 164　在"Person"中添加 death 事件并设置属性

④在"Person"的属性中，在"启动时"添加一行新代码：death.restart（）；，如图 3 – 1 – 165 所示。运行程序可以看到，到了 60~100 之间的某一数值，该智能体会死去，直到所有的智能体都死去。

返回"Main"界面，添加一个新的事件，命名为 birth，如图 3 – 1 – 166 所示，用来生成智能体。触发类型：速率，速率：1，行动：add_people（）；。

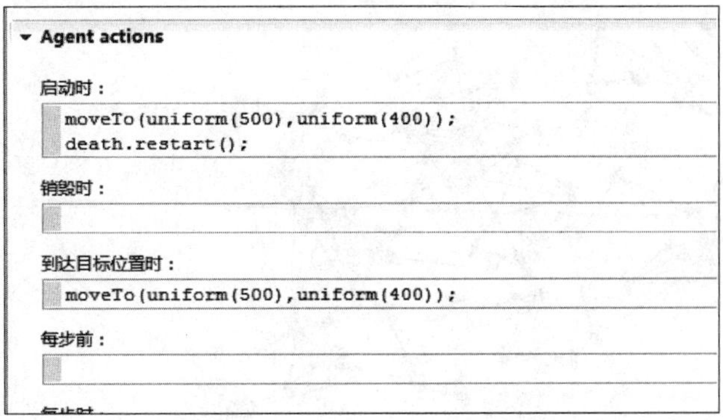

图 3 – 1 – 165　修改"Person"的"启动时"的属性

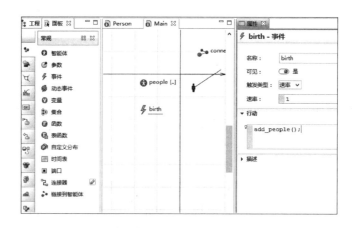

图 3-1-166　在"Main"界面添加事件 birth

⑤在"Main"中创建一个新的事件，命名为 repairNetwork，触发类型：到时，模式：循环，复发时间：5，行动：applyNetwork();，如图 3-1-167 所示。

图 3-1-167　在"Main"中创建事件 repairNetwork

⑥运行模型，可以看到，智能体会出现和死亡，智能体之间的网络会不断地断裂和重新生成，如图 3-1-168 所示。

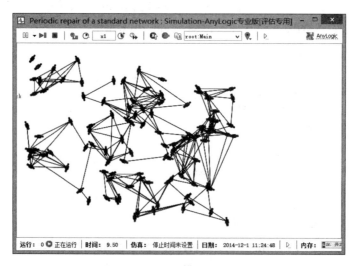

图 3-1-168　模型运行情况

感谢：北京航空航天大学田艺枫（QQ：542277804）整理翻译。

文档中若有纰漏，可加 Anylogic 官方中文交流群（QQ：332492286）与格瑞纳丛（QQ：383438135）联系，进行确认统一修改后再发布，谢谢。

### 三、利用标准连接自定义网络的案例

本案例首先创建了一个有 20 个智能体的连接成一个环形的标准网络，然后添加了 60 个智能体，使每个智能体连接 3 个新的智能体，将运用一个弹簧布局来实现该网络。

①创建一个新的模型，命名为 Custom Network Built Using Standard Connection。在该模型的"面板"选项中，拖拽智能体到"Main"的编辑界面，弹出"智能体向导"，选择智能体群；不使用模板，命名为 person；选择 2D 动画，人；初始数量为 20；网络类型为环状格子；在"Main"的"属性"→"环境"中，设定布局类型为环。

②双击 Person 智能体，进入其编辑界面，选择"面板"→"演示"→"直线"，并拖拽到"Person"界面的原点，如图 3-1-169 所示。设定"line"的属性如图 3-1-170 所示。

图 3-1-169 在"Person"界面原点处添加直线

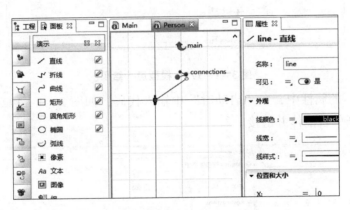

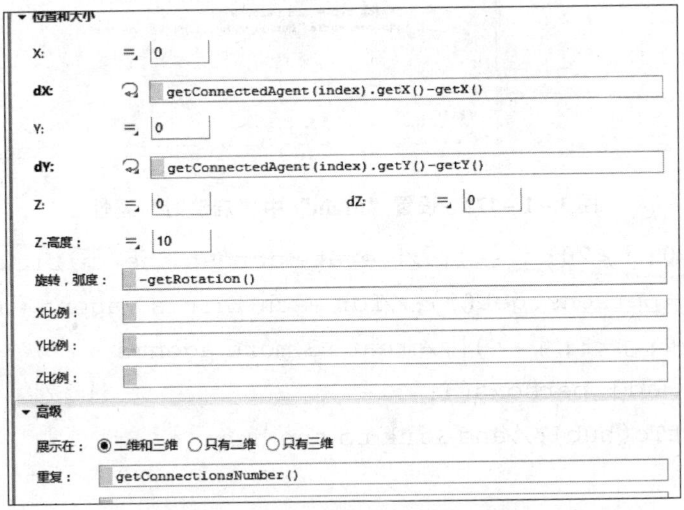

图 3-1-170 设置"line"的属性

dX：getConnectedAgent(index).getX()-getX()
dY：getConnectedAgent(index).getY()-getY()
旋转：-getRotation()
重复：getConnectionsNumber()

运行结果如图3－1－171所示。

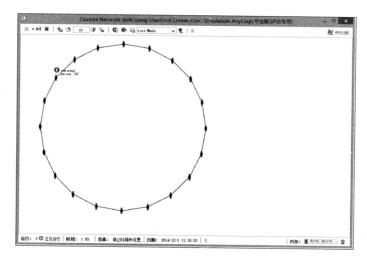

图3－1－171　模型运行结果

③在"Main"的属性中，在"启动时"中输入代码，如图3－1－172所示。给每一个智能体添加3个新的智能体并链接。

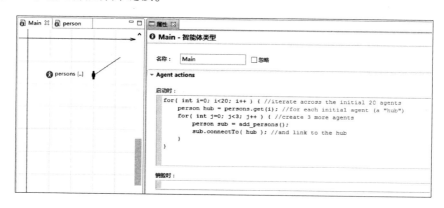

图3－1－172　设置"Main"中"启动时"属性

```
for(int i =0; i <20; i ++){//iterate across the initial 20 agents
person hub =persons.get(i);//for each initial agent (a "hub")
for(int j =0; j <3; j ++){//create 3 more agents
person sub =add_persons();
sub.connectTo(hub);//and link to the hub
}
}
```

④运行模型，如图3-1-173所示，与所希望的不同，故需要进行进一步的设定。

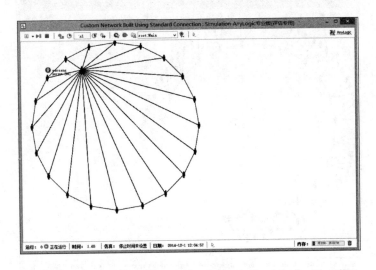

图3-1-173 运行模型

在"Main"的"启动时"中再添加两行代码，如图3-1-174所示。

```
//change the layout type
setLayoutType(Agent.LAYOUT_SPRING_MASS);
//and apply the new layout
applyLayout();
```

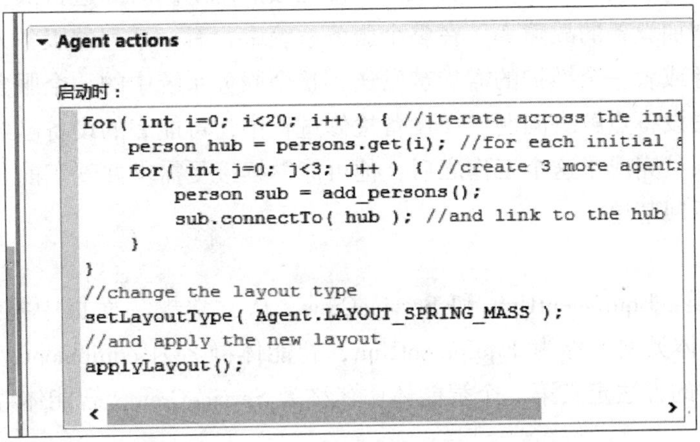

图3-1-174 在"Main"的"启动时"属性中添加代码

⑤运行模型，如图3-1-175所示，创建了自定义的网络连接。

感谢：北京航空航天大学田艺枫（QQ：542277804）整理翻译。

文档中若有纰漏，可加 Anylogic 官方中文交流群（QQ：332492286）与格瑞纳丛（QQ：383438135）联系，进行确认统一修改后再发布，谢谢。

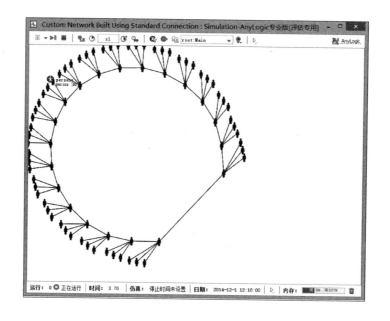

图 3-1-175　模型运行结果

### 四、建立智能体模型——风车维护的案例

一些风车分布在一个规定的区域之中，每个风车会在工作的时候产生收益。当然，有些时候设备会损坏，这就需要维修或者替换。维修是按照规定的时间进行的，维修之后，随着设备的老化，会增加设备的故障率。在整个服务系统中，有一系列的服务人员在为这个系统服务。当一个服务或者一个维护的需求被发送，整个服务系统中的一个服务人员会响应这个需求，之后驾车去设备点解决问题。在设备检修过程中，可能有的设备已经不能维修，只能替换了。当服务人员完成了这个工作之后，他可能继续接受需求并驾车前往设备地点，直到没有了需求，再返回基地。

**1. 建立模型**

①定义两个类：EquipmentUnit 和 ServiceCrew。从"常规"面板中拖入 2 个智能体到"Main"中，智能体类型名称为 EquipmentUnit，智能体群名为 equipment，创建初始对象数量为 100。用同样的方法定义第二个智能体，名称为 ServiceCrew，智能体群名为 service，初始对象为 3。

②修改 Main 函数的空间和网络为 600×500，布局类型改为"随机"，网络类型为"用户定义"，如图 3-1-176 所示。

③创建一个集合为 serviceRequests，增加 3 个方法，分别为 requestService、thereAreRequest、getRequest。具体设置方案如下。

　　a. serviceRequests 集合：集合类为 LinkedList，元素类为 EquipmentUnit。

　　b. 在 requestService 函数中修改参数属性，添加名称 unit，类型为 EquipmentUnit。

　　c. thereAreRequest 函数类型为 boolean，在函数体中输入：

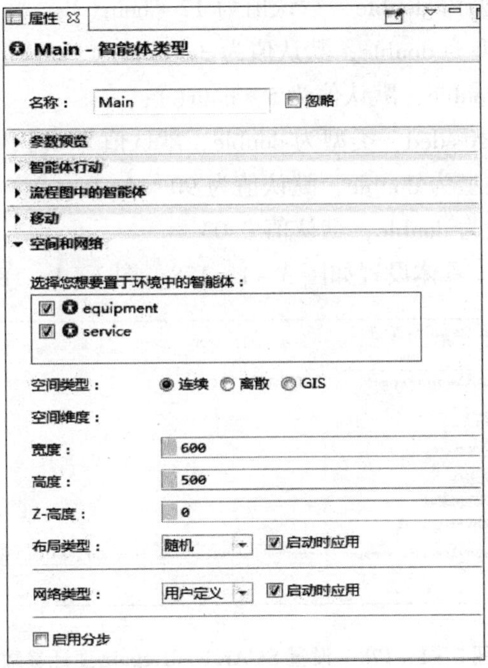

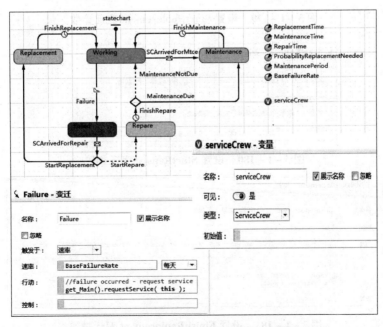

图3-1-176 修改"Main"中的空间和网络属性

```
return! serviceRequests.isEpmty();
```

d. getRequest 函数类型为 EquipmentUnit,在函数体中输入:

```
return serviceRequests.removeFirst();
```

④在"EquipmentUnit"的智能体中加入状态图、参数和集合（serviceCrew），如图3-1-177所示。设置参数值如下。

图3-1-177 在智能体中加入状态图、参数和集合

ReplacementTime，类型为 double，默认值为 12 * hour( )；
MaintenanceTime，类型为 double，默认值为 3 * hour( )；
RepairTime，类型为 double，默认值为 5 * hour( )；
ProbabilityReplacementNeeded，类型为 double，默认值为 0.1；
MaintenancePeriod，类型为 double，默认值为 90 * day( )；
BaseFailureRate，类型为 double，默认值 0.03。

设置各个变迁的参数，具体设置如图 3 – 1 – 178 ~ 图 3 – 1 – 186 所示。

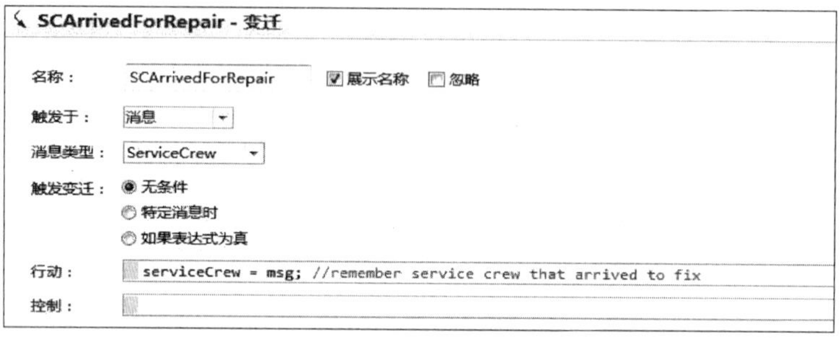

**图 3 – 1 – 178　设置 SCArrivedRepair 变迁参数**

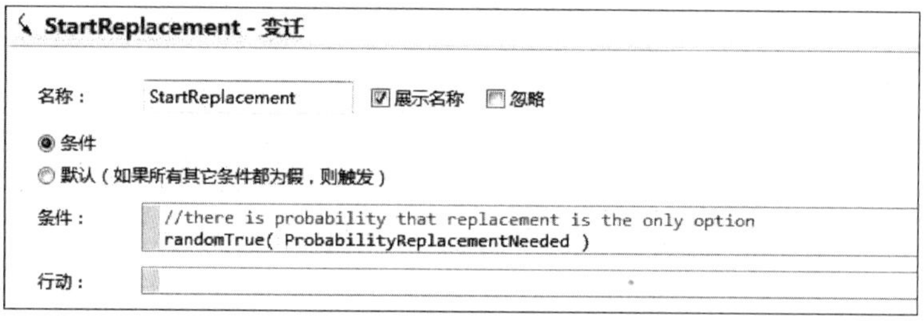

**图 3 – 1 – 179　设置 StartReplacement 变迁参数**

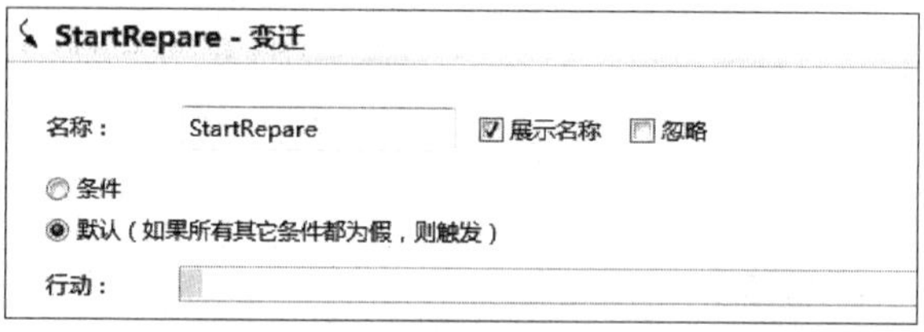

**图 3 – 1 – 180　设置 StartRepare 变迁参数**

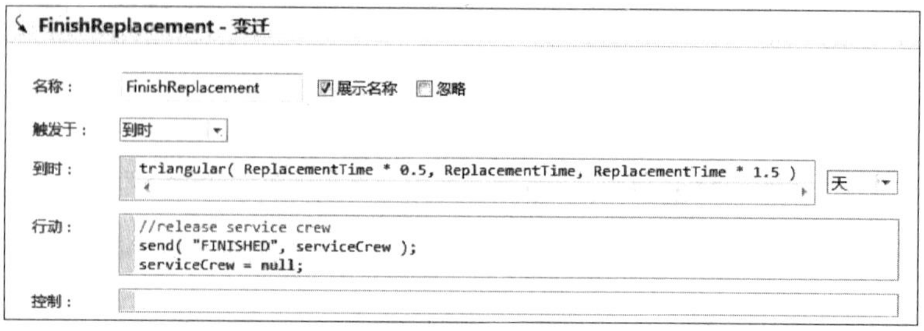

**图 3 – 1 – 181　设置 FinishReplacement 变迁参数**

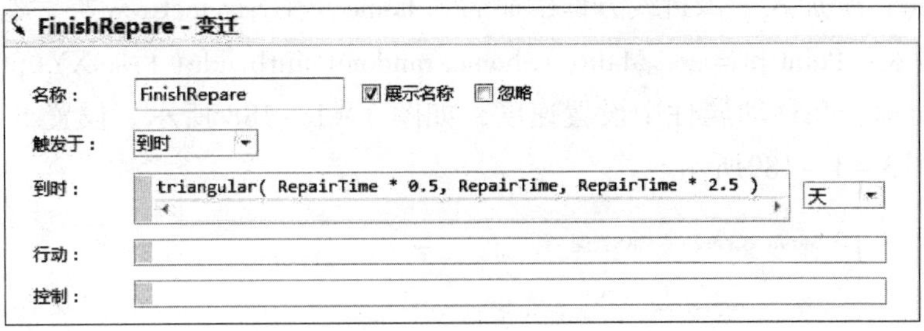

图 3 – 1 – 182　设置 FinishRepare 变迁参数

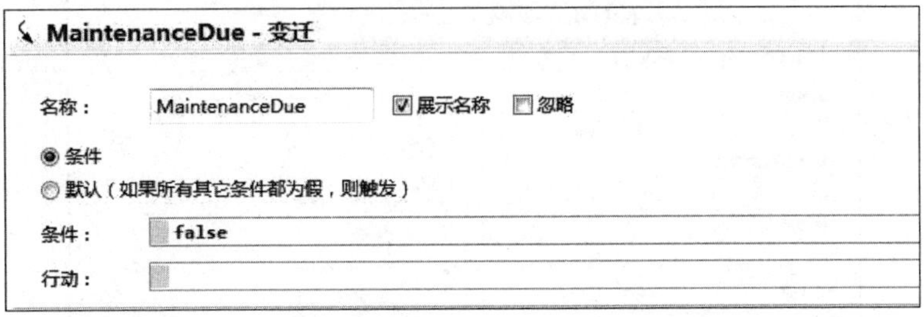

图 3 – 1 – 183　设置 MaintenanceDue 变迁参数

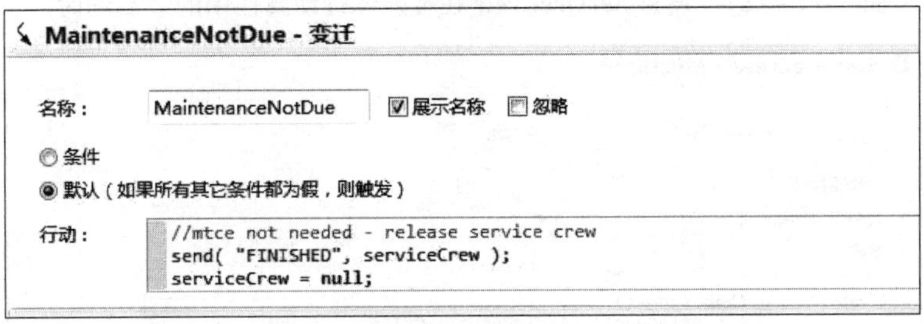

图 3 – 1 – 184　设置 MaintenanceNotDue 变迁参数

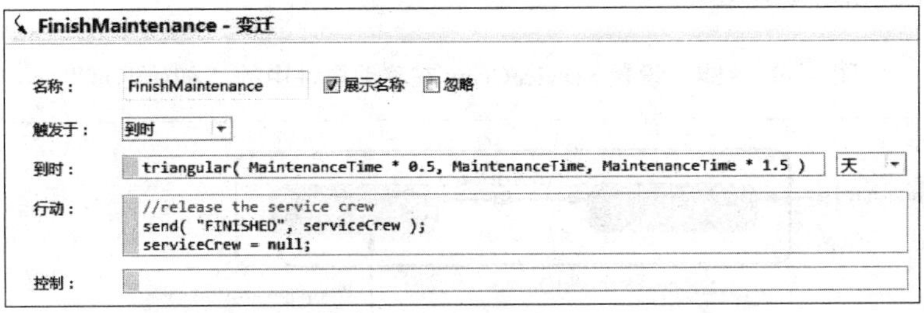

图 3 – 1 – 185　设置 FinishMaintenance 变迁参数

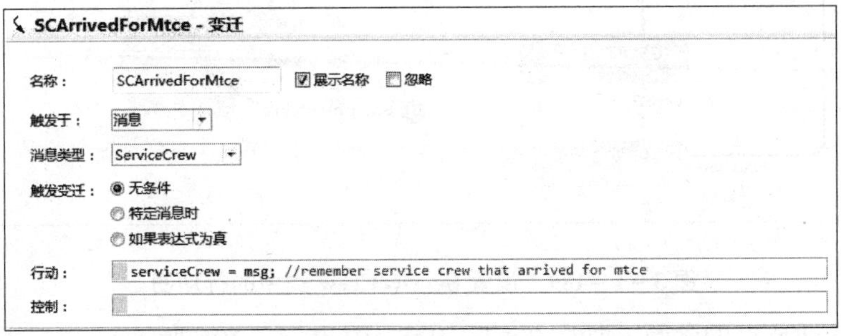

图 3 – 1 – 186　设置 SCArrivedForMtce 变迁参数

⑤在"Main"中加入一个折线方框，命名为home。在ServiceCrew类"智能体行动"的"启动时"中写入：Point pt = get_Main( ). home. randomPointInside( ); setXY( pt. x, pt. y );，如图3－1－187所示。在移动属性中设置速度，如图3－1－188所示。设置ServiceCrew类中的行动图，如图3－1－189所示。

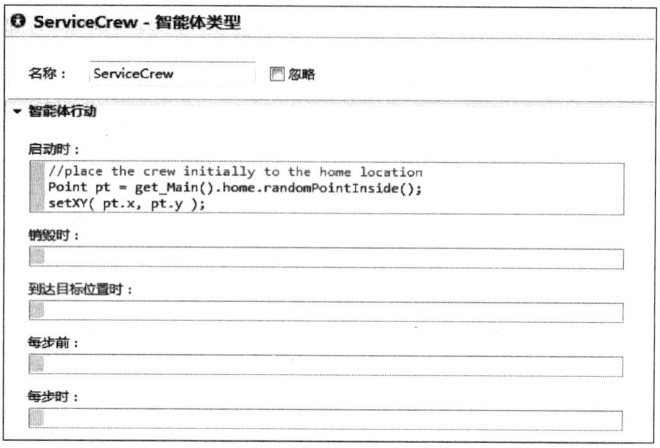

图3－1－187　设置ServiceCrew在智能体行动属性中的"启动时"

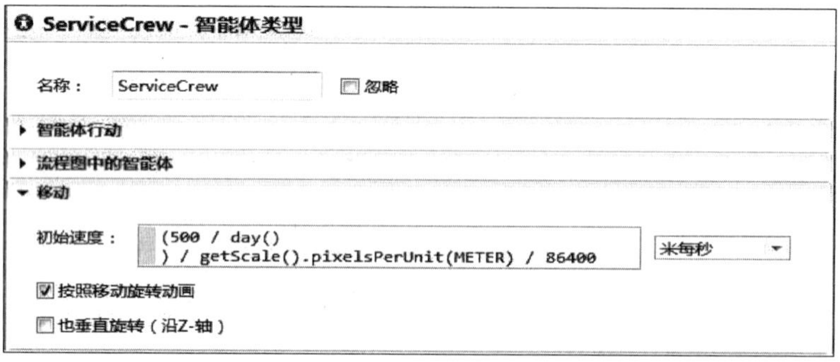

图3－1－188　设置ServiceCrew在移动属性中的"初始速度"

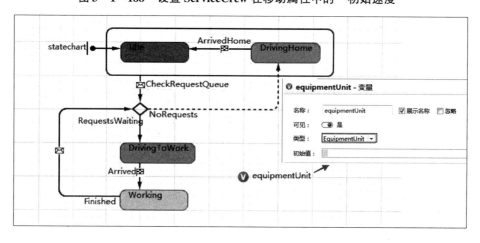

图3－1－189　设置ServiceCrew类中的行动图

设置各个变迁节点的参数，如图3－1－190~图3－1－195所示。

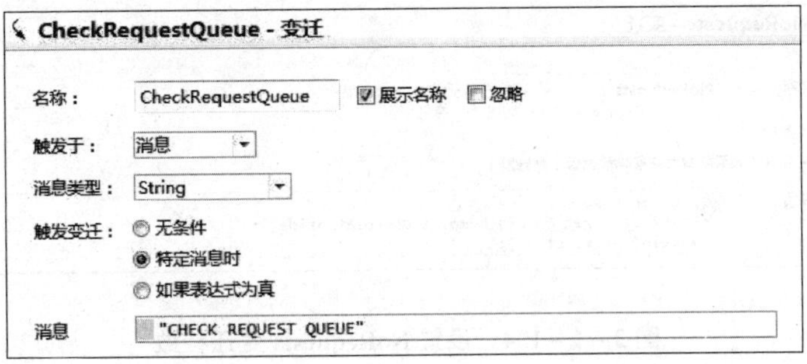

图 3 – 1 – 190  设置 CheckRequestQueue 变迁参数

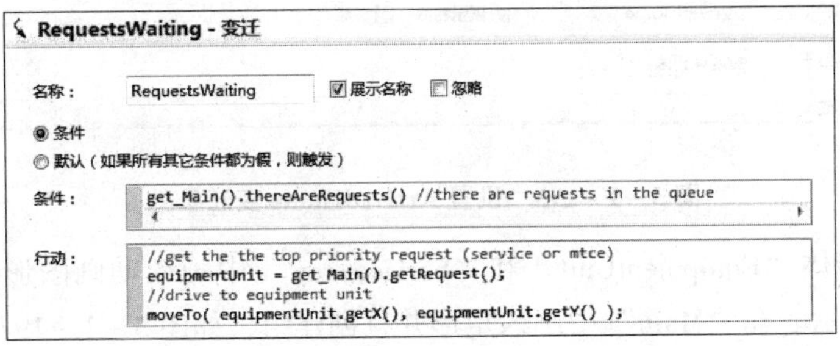

图 3 – 1 – 191  设置 RequestsWaiting 变迁参数

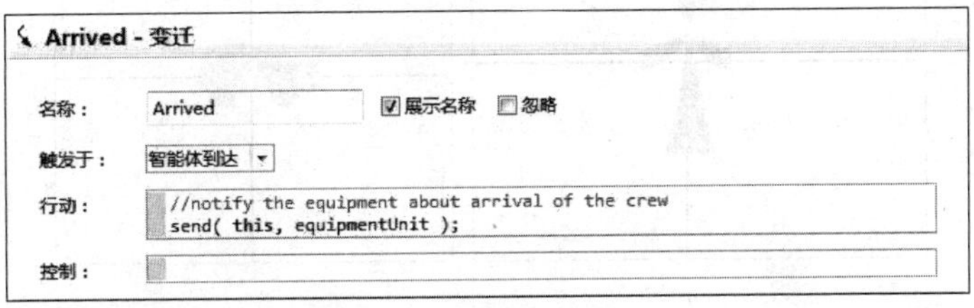

图 3 – 1 – 192  设置 Arrived 变迁参数

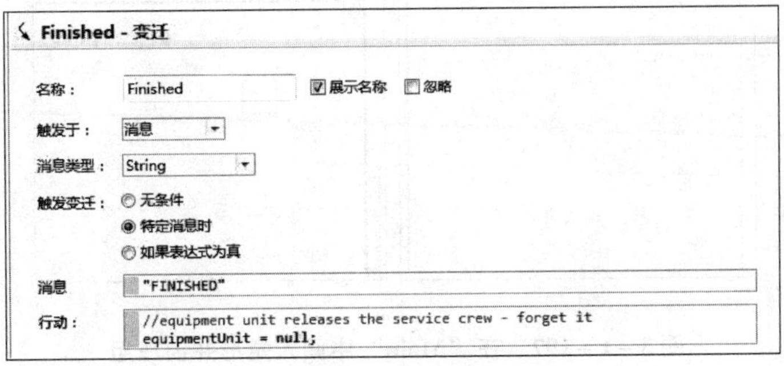

图 3 – 1 – 193  设置 Finished 变迁参数

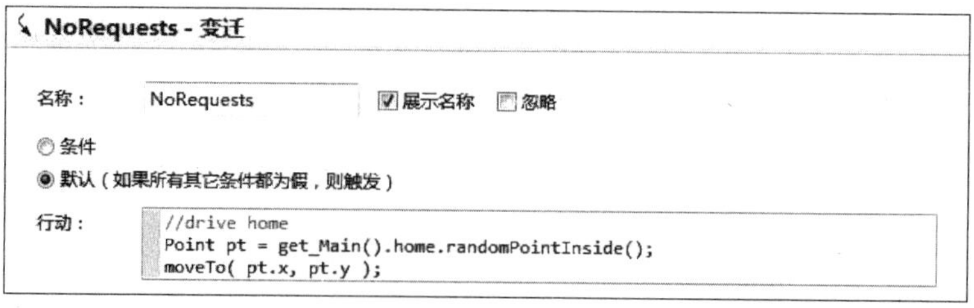

图 3-1-194　设置 NoRequests 变迁参数

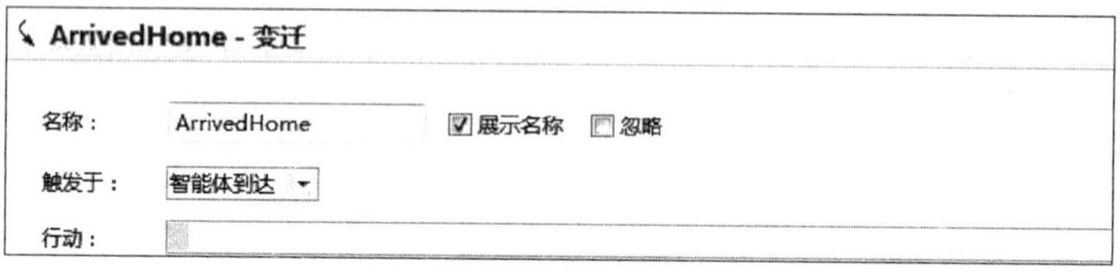

图 3-1-195　设置 ArrivedHome 变迁参数

⑥分别在智能体"EquipmentUnit"和"ServiceCrew"中画入动画图形——风车和卡车，如图 3-1-196 所示。在"Main"中画入矩形并且创建组，如图 3-1-197 所示。

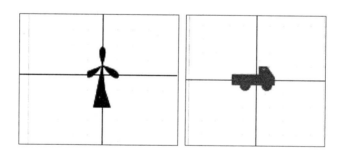

图 3-1-196　在智能体中画入动画图形

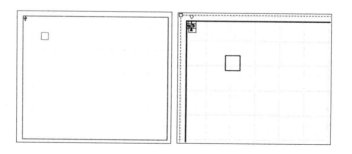

图 3-1-197　在"Main"中画入矩形并创建组

⑦运行模型，如图 3-1-198 所示。

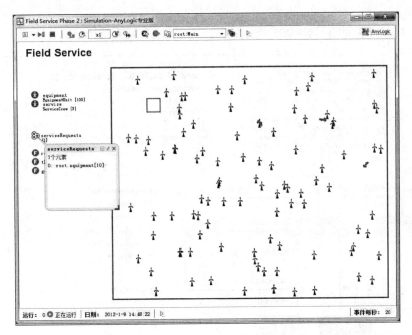

图 3-1-198　模型运行结果

**2. 完善模型**

第一阶段主要是检查模型正常工作的情况，模型的主要部分都被放进了模型，然而，还有很多问题需要解决。比如，还没有收集模型中的任何统计数据，需要知道设备的使用率、服务的效率等；经济的考虑还没有加入模型中；还有好多方法没有被测试，例如，设备的维护和设备故障率的相关问题；还没有开展关于服务人员的数量和替代规则的计划；视觉上的改变，改变模型中的动画。在接下来的几个阶段将逐渐完善。

①在 EquipmentUnit 中加入两个变量：TimeLastMaintenance 和 TimeLastReplacement。

TimeLastMaintenance 初始值为 uniform(-MaintenancePeriod, 0);

TimeLastReplacement 初始值为 uniform(-3 * MaintenancePeriod,0)。

a. 增加 age() 和 timeSinceMaintenance() 这两个方法。

age() 的函数体为 return time() - TimeLastReplacement;

timeSinceMaintenance() 的函数体值为 returntime() - TimeLastMaintenance。

b. 增加一个失误率的方法 failureRate()，并且写下代码：

doublemtceoverduefactor = max(1,timeSinceMaintenance()/MaintenancePeriod);double agefactor = max(1,age()/(3 * MaintenancePeriod));

return BaseFailureRate * mtceoverduefactor * agefactor;

c. 添加一个事件 MaintenanceTimer，这个事件将在每一次 MaintenancePeriod 的时候出发，并且在 EquipmentUnit 类的启动项中输入：

MaintenanceTimer.restart ( MaintenancePeriod - timeSinceMaintenance());

d. 在 Main 中增加一个新的方法和集合 requestMaintenance 和 maintenanceRequests。

e. 在两个方法 requestService 和 requestMaintenance 中的参数选项加入一个 unit，类型为 EquipmentUnit。

如图 3-1-199~图 3-1-201 所示。

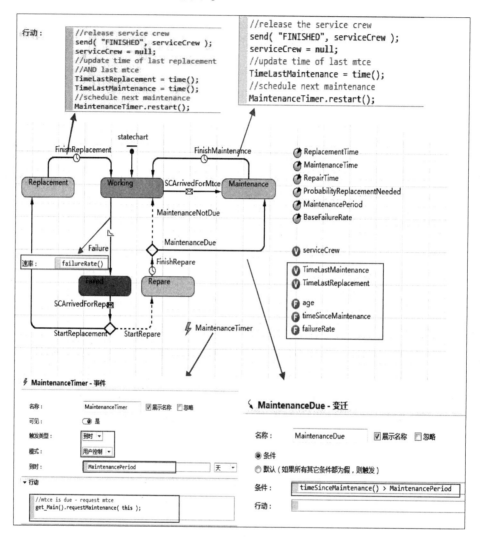

图 3-1-199 设置变迁参数

图 3-1-200 在"EquipmentUnit"的"启动时"里面加入代码

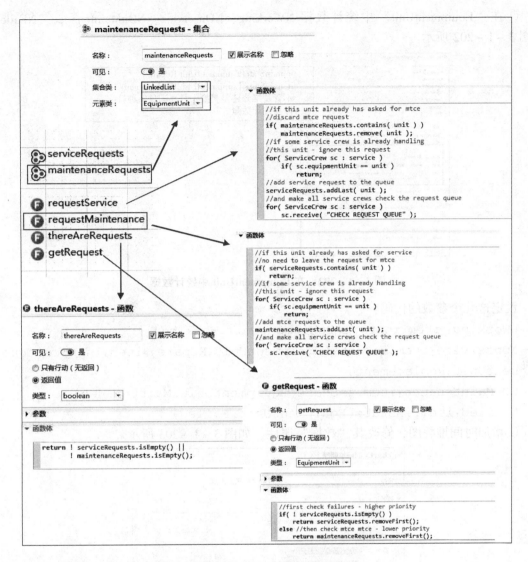

图 3-1-201　设置函数属性

②设备将通过"Main"中的 requestMaintenance() 来调用需求。目前为止，只有一个需求队列和方法——requestService()，所以才决定加入一个维护需求的方法。如果决定这样去做，要区别对待两种方法。比如，按照优先级去执行，也就是说，如果设备坏了和维护同时发生，要先执行哪一个？假设设备优先级高的是 serviceRequests（坏的），因为坏了，将停止收益。这样，被维护的请求只能发生在设备正常的情况下。另外，还要考虑两个需求平行的问题。例如，设备已经发出了维护或者更换的需求，正在等待人来修，或者维护的事件正在继续，但有的设备又坏了，对于这种情况，需要特殊对待，因为不希望两个维护人员跑到同一个地点。因此，在增加一个队列的需求之前，将检查这个设备里面是否有别的需求。

**3. 关注模型的输出结果**

到目前为止，动画是这个模型唯一的输出，在第三阶段中，要增加整个模型在收益和成本方面的计算，并且收集可视化的数据，包括设备的利用率、人员的效率、设备服务系统的成本和收益。

①在"EquipmentUnit"中统计数据 NWorking、NOnservice、NOnMaintenance、NFailed，如图 3-1-202 所示。

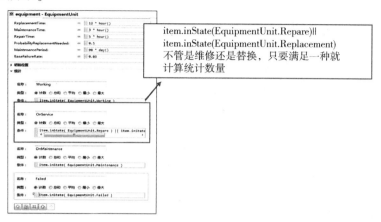

图 3-1-202  在 EquipmentUnit 中统计数据

设定这几个参数的代码：
NWorking:item.inState(EquipmentUnit.Working)
NOnservice:item.inState(EquipmentUnit.Repare)‖item.inState(EquipmentUnit.Replacement)
NOnMaintenance:item.inState(EquipmentUnit.Maintenance)
NFailed:item.inState(EquipmentUnit.Failed)

②增加时间堆叠图，修改其"数据"属性，如图 3-1-203 所示。

图 3-1-203  增加时间堆叠图，修改"数据"属性

③改变模型的统计和视觉情况。

每一个小时获取一次数据的状态，计算一年中设备的平均时间，时间窗口达到50年。

在"Main"中增加一个时间onJan1，每年一月份开始重新计算，如图3-1-204所示。在"Main"中增加统计statsEqWorking、statsEqOnService、statsEqFiled、statsEqOnMtce，如图3-1-205~图3-1-208所示。

图3-1-204 在"Main"中增加一个时间onJan1

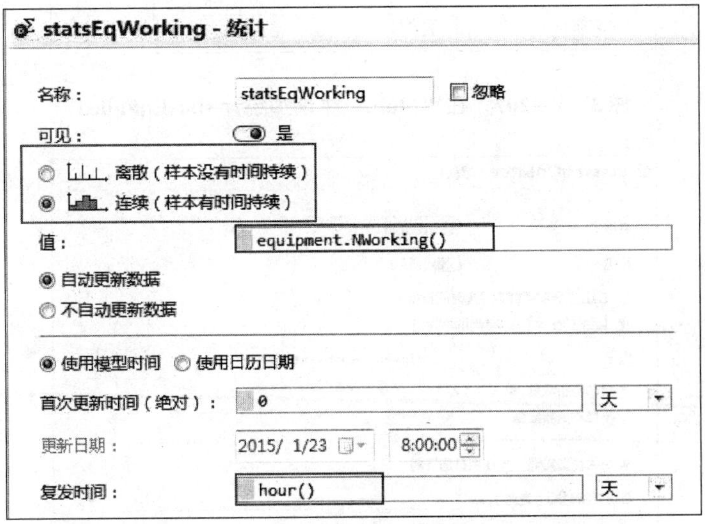

图3-1-205 在"Main"中增加统计statsEqWorking

图 3-1-206　在"Main"中增加统计 statsEqOnService

图 3-1-207　在"Main"中增加统计 statsEqFailed

图 3-1-208　在"Main"中增加统计 statsEqOnMtce

④修改"chart"图标状态属性,如图 3-1-209 所示。

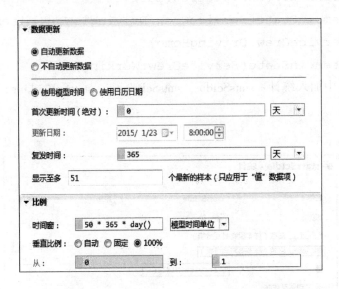

图 3-1-209　修改"chart"图标状态属性

⑤增加"service"中的统计,与"equipment"中的一致,如图 3-1-210 所示。

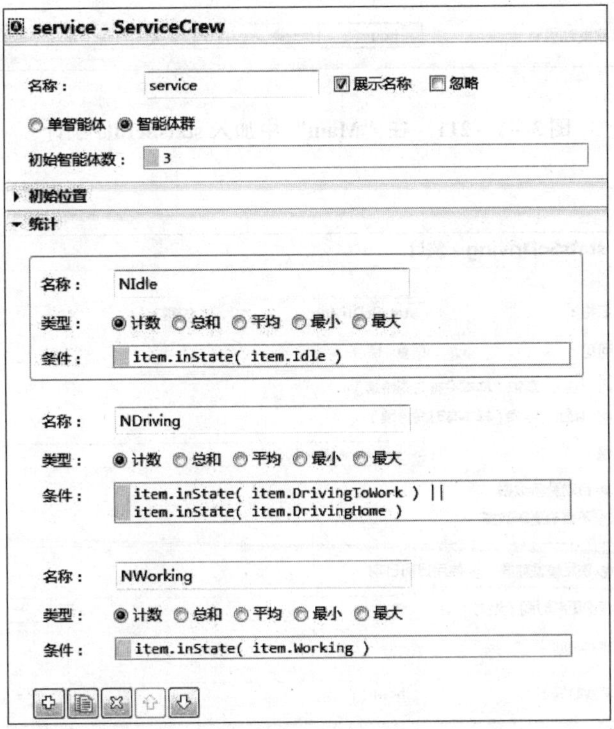

图 3-1-210　增加"service"中的统计

在"service"中加入统计计数:

NIdle:item.inState(ServiceCrew.Idle)

NDrivin:item.inState(ServiceCrew.DrivingToWork)||item.inState
(ServiceCrew.DrivingHome)

NWorking:item.inState(ServiceCrew.Working)

⑥在"Main"中加入统计:statsScIdle、statsScDriving、statsScWorking,如图 3-1-211~图 3-1-213 所示。

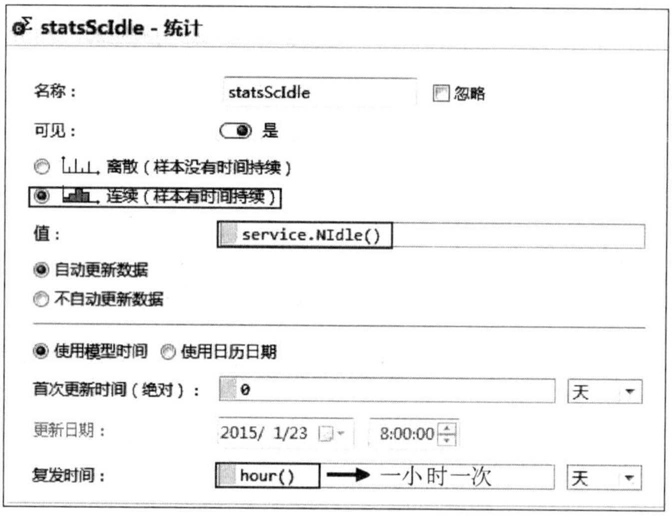

图 3-1-211 在"Main"中加入 statsScIdle 统计

图 3-1-212 在"Main"中加入 statsScDriving 统计

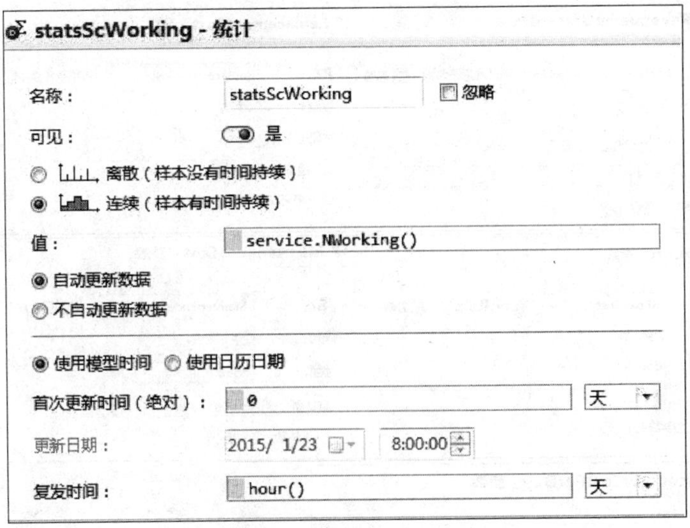

图 3-1-213　在"Main"中加入 statsScWorking 统计

⑦在"Main"中加入时间堆叠图并填入相关参数，此处设置与"equipment"的时间图一致，都是要统计 50 年的每一年的平均数据。

⑧在"onJan1"的"行动"中加入 reset 统计，如图 3-1-214 所示。

图 3-1-214　在"onJan1"的"行动"中加入 reset 统计

⑨在"Main"中加入收益和成本的参数：DailyRevenuePerUnit、ReplacementCost、RepairCost、MaintenanceCost、ServiceCrewCostPerDay，如图 3-1-215 所示。

⑩在主菜单加入 statsScSize 统计和 WorkCost 变量（用于计算成本），如图 3-1-216 和图 3-1-217 所示。在事件"onJan1"的行动中加入 WorkCost =0，如图 3-1-218 所示。

图 3-1-215　在"Main"中加入收益和成本参数

图 3-1-216　在主菜单中加入 statsScSize 统计

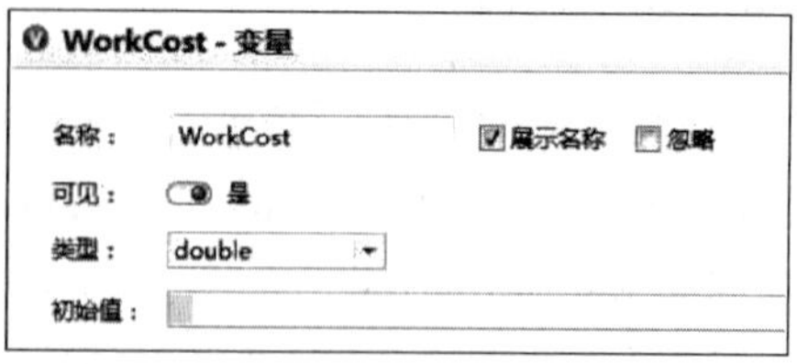

图 3-1-217　在主菜单中加入 WorkCost 变量

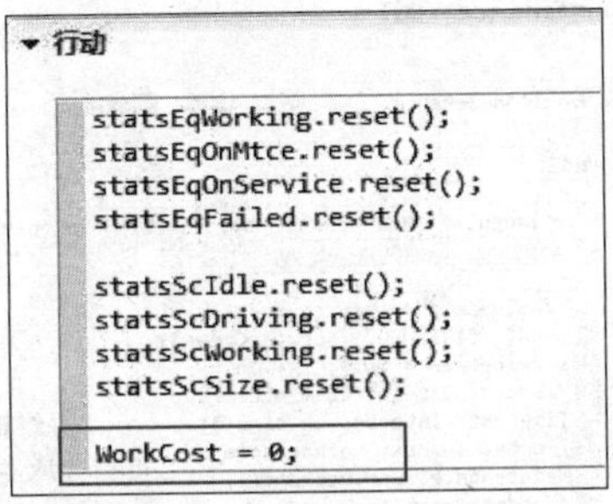

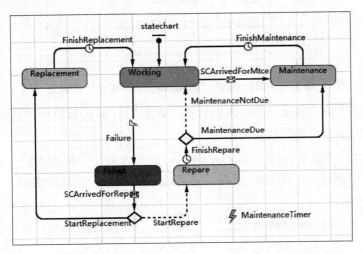

图 3 – 1 – 218　修改事件"onJan1"的行动属性

⑪在智能体"EquipmentUnit"的变迁中加入 WorkCost。具体的操作如图 3 – 1 – 219 ~ 图 3 – 1 – 222 所示。

图 3 – 1 – 219　在智能体"EquipmentUnit"的变迁中加入 WorkCost

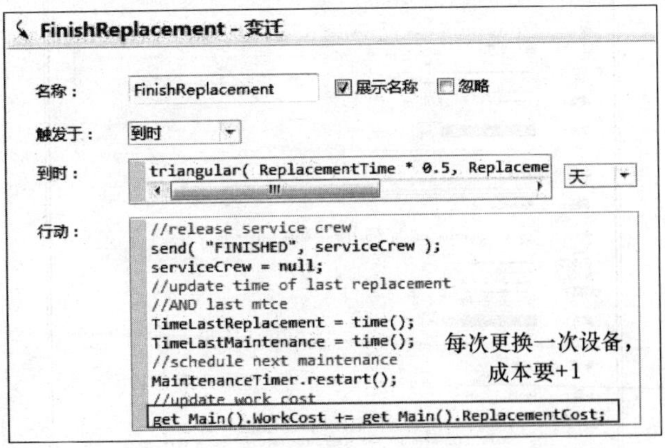

图 3 – 1 – 220　修改"FinishReplacement – 变迁"的属性

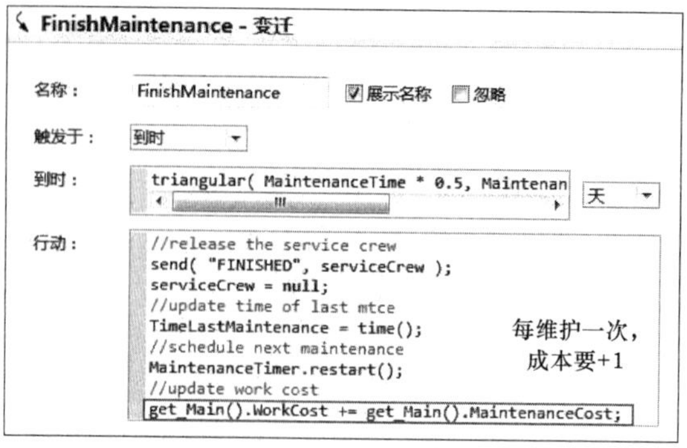

图 3-1-221　修改"FinishMaintenance-变迁"的属性

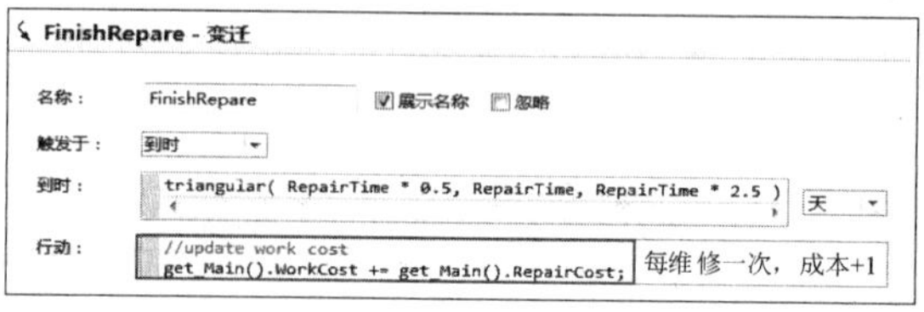

图 3-1-222　修改"FinishRepare-变迁"的属性

⑫接下来需要考虑的就是增加收入的计算。收益的计算比较简单，只要设备正常运转，就能带来收益。因此，每年的收益为：

statsEqWorking.mean() * DailyRevenuePerUnit * 365

在"Main"中创建一个时间折线图，增加成本、收益、利润的参数，如图 3-1-223 和图 3-1-224 所示。

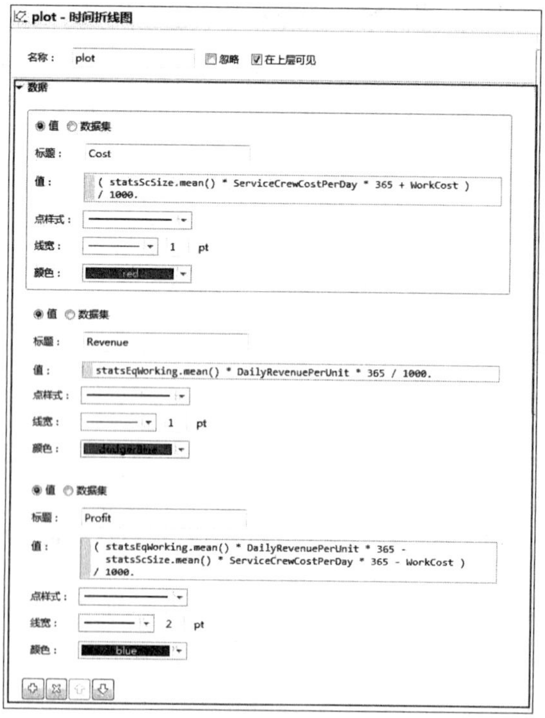

图 3-1-223　在"Main"中创建时间折线图并设置属性

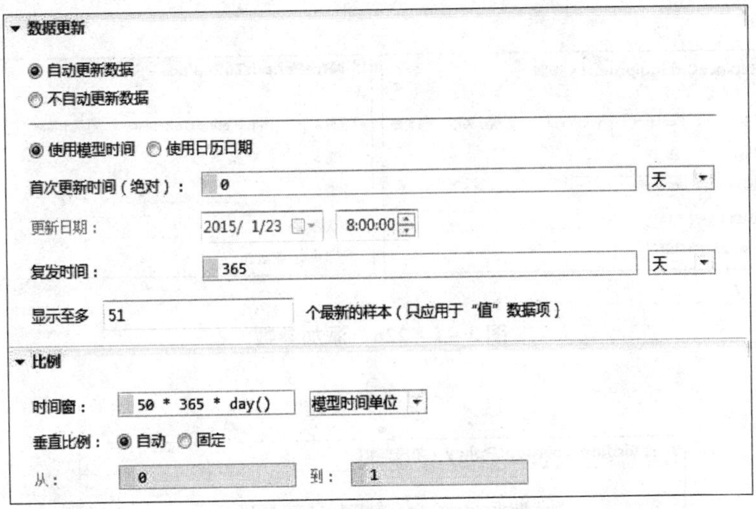

图 3 – 1 – 224  时间折线图的数据更新属性设置

**4. 要加入控制面板**

加入控制面板需要考虑两件事情：服务人员的数量和更换设备的政策（只替换不能工作的设备，以及仍然还可以工作但是维护了好几次的设备）。

从面板中拖入 2 个单选按钮到 Main 函数中，分别为 radioReplacementPolicy 和 radio。增加 3 个参数到 Main 中，分别为 ServiceCapacity、ReplaceOldEquipment、MtcePeriodsToReplace，如图 3 – 1 – 225 ~ 图 3 – 1 – 229 所示。

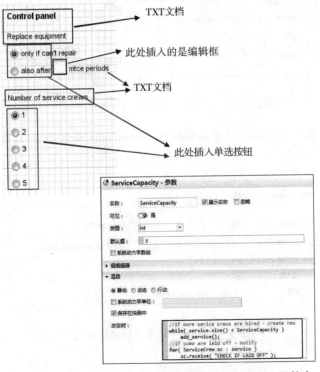

图 3 – 1 – 225  从面板中拖入 2 个单选按钮到 Main 函数中

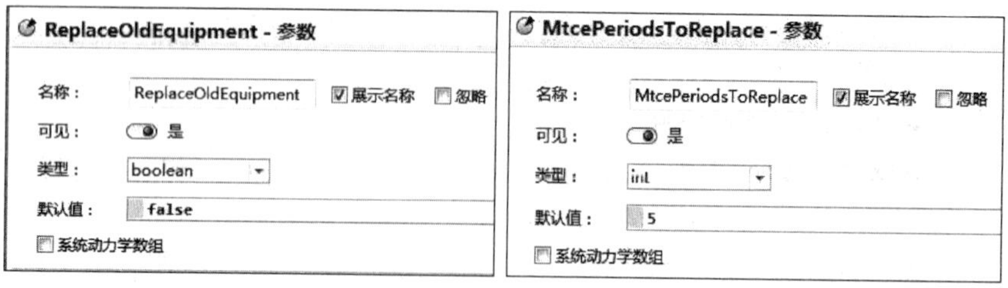

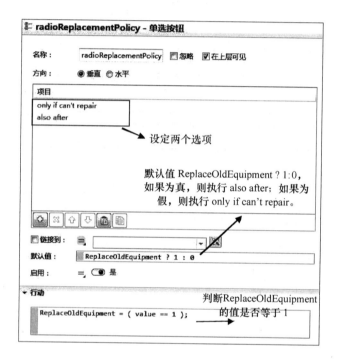

图 3-1-226　添加参数

图 3-1-227　设置 radioReplacementPolicy 单选按钮的属性

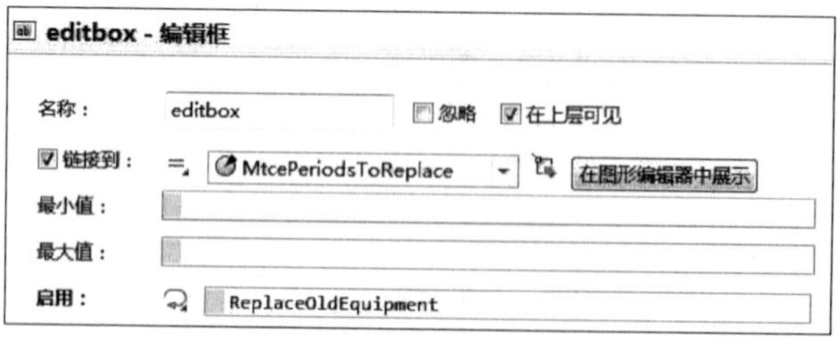

图 3-1-228　设置编辑框的属性

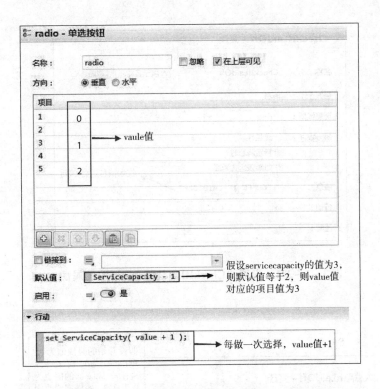

图 3-1-229 设置"radio-单选按钮"的属性

①在"ServiceCrew"中加入 2 个新的变迁（CheckIfLaidOff 和 IAmLaidOff）和一个最终状态（LaidOff），如图 3-1-230~图 3-1-233 所示。

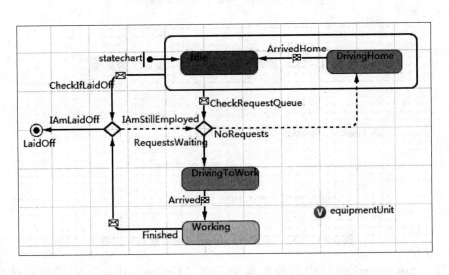

图 3-1-230 在"ServiceCrew"中加入 2 个新的变迁

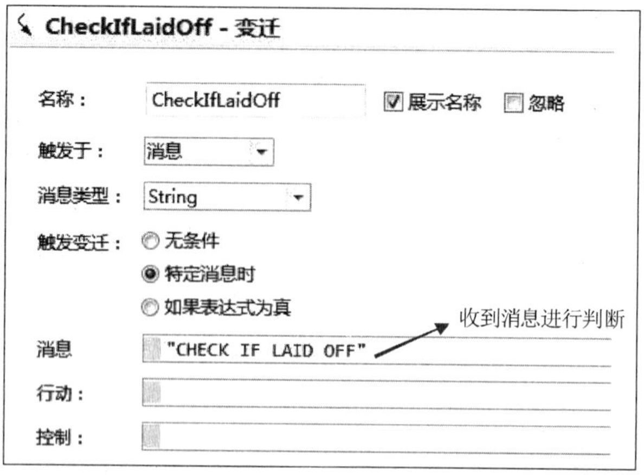

图 3–1–231　设置"CheckIfLaidOff–变迁"的属性

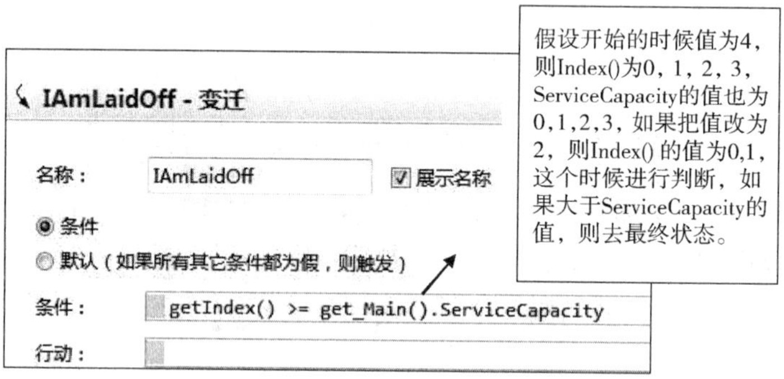

图 3–1–232　设置"IAmLaidOff–变迁"的属性

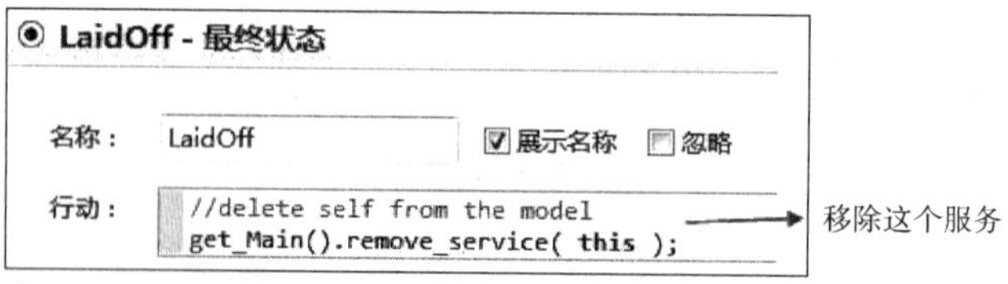

图 3–1–233　设置"LaidOff–最终状态"属性

②设置"EquipmentUnit"中的替换策略。在"EquipmentUnit"中增加新的变迁，如图 3–1–234～图 3–1–237 所示。

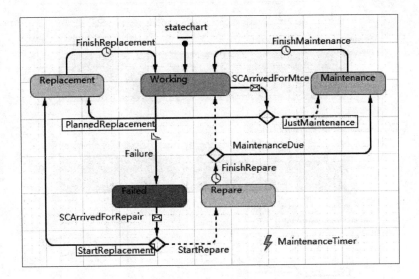

图 3-1-234 在"EquipmentUnit"增加新的变迁

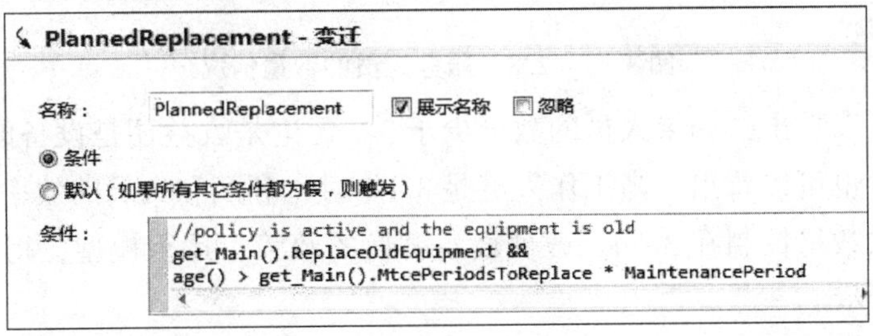

图 3-1-235 设置"PlannedReplacement-变迁"的属性

图 3-1-236 设置"JustMaintenance-变迁"的属性

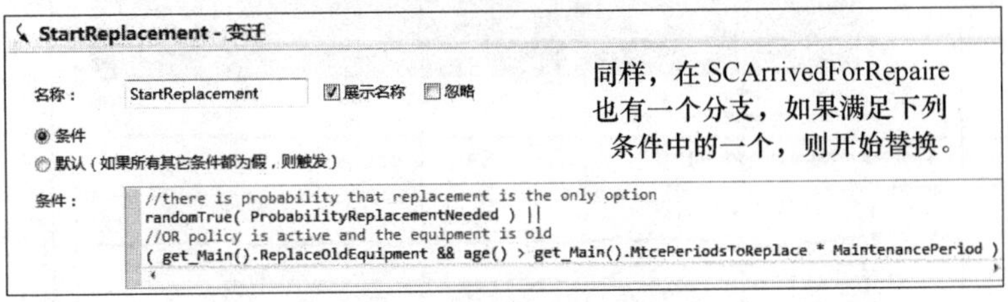

图 3-1-237 设置"StartReplacement-变迁"的属性

③现在可以运行模型了。首先选择服务人员的数量来观察图表,如图 3-1-238 所示。

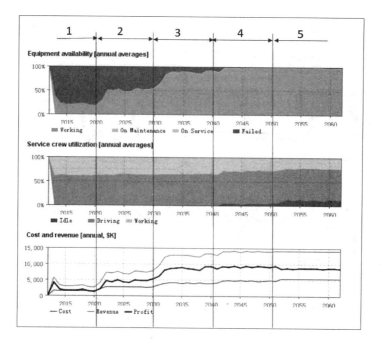

图 3-1-238　服务人员的数量情况

从这个图表可以看出，如果人员的数量少于 3，无论是收益还是设备的工作情况，都是不理想的。另外，也可以看出，当工作人员是 3~4 时，利润和人员的效率是比较理想的。

将工作人员的数量控制在 3~4，改变设备替换的政策，运行模型，得到统计数据图表，如图 3-1-239 所示。

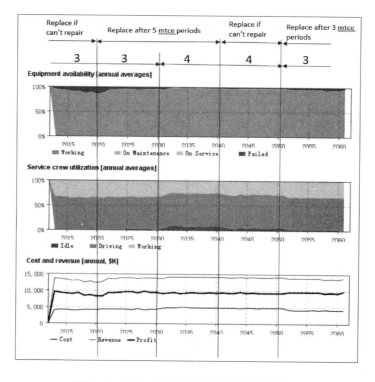

图 3-1-239　修改服务数量后的运行结果

④增加一个实验功能。在实验中,我们不关注动画和视觉效果,因此,首先要删除:所有图标;除了 statsEqWorking 之外的所有统计,因为 statsEqWorking 需要计算收益;事件 on-Jan1 中每年重置的所有统计。增加一个新的方法 profit( ),每次仿真运行结束的时候触发一次并计算利润。整个界面只留下图 3-1-240 所示的参数。

图 3-1-240 删除后的剩余参数

⑤设定优化实验相关参数,如图 3-1-241 和图 3-1-242 所示。

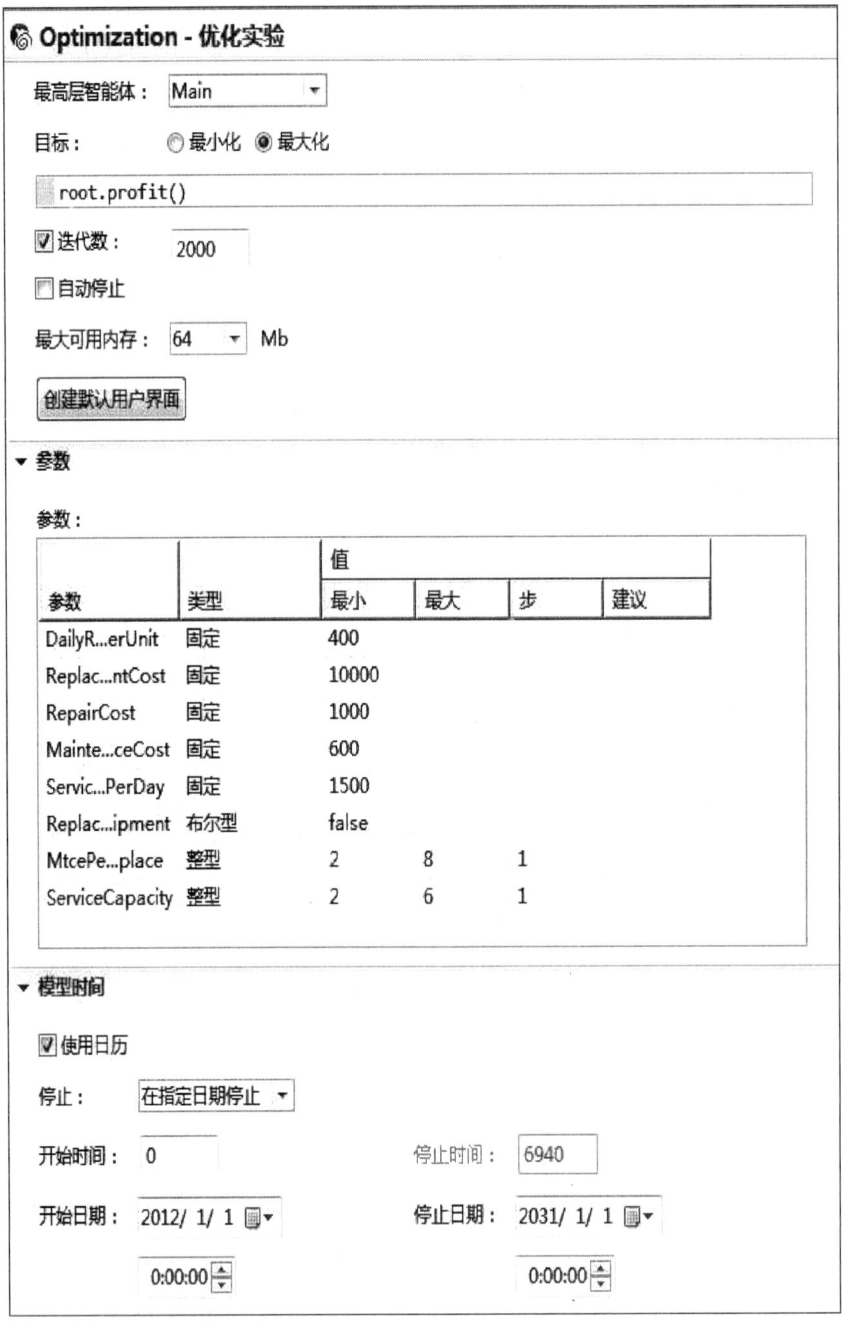


图 3－1－241　设定优化实验相关参数（1）

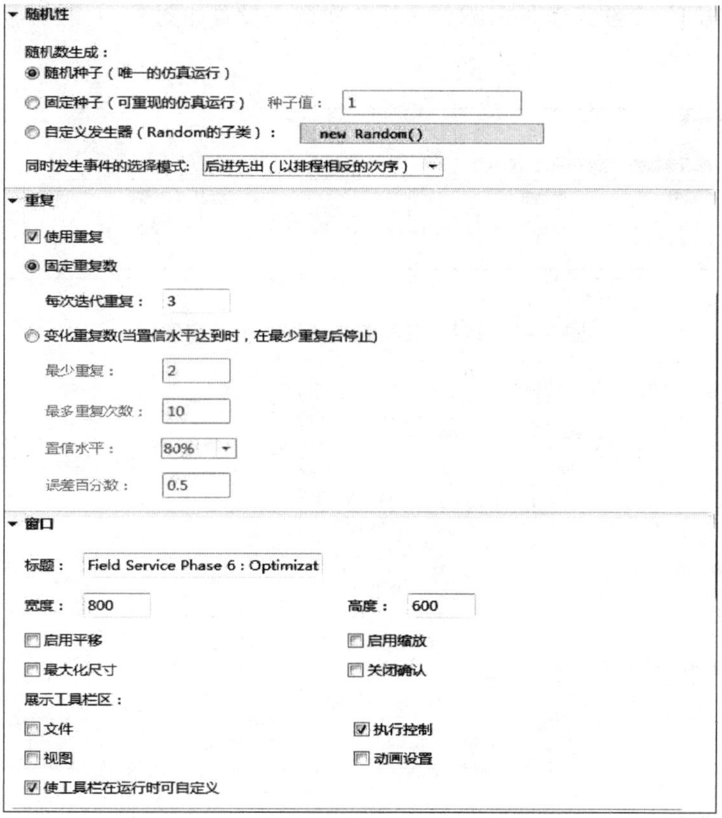

图 3-1-242　设定优化实验相关参数（2）

⑥运行优化实验，观察仿真结果，如图 3-1-243 所示。

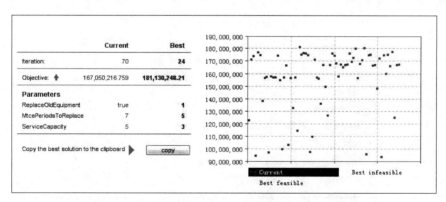

图 3-1-243　运行优化实验的仿真结果

通过实验得到图 3-1-243，右边的折线图显示了整个优化的过程，图形中的每一个点代表完成一次迭代（每一次迭代要完成 3 次）。在实验得到的最优解条件下评估 20 年里面的利润，为 \$181 130 248.21。另外，还需要注意的一点是，把迭代次数设置为 2 000，可是模型只运行了 70 次，这是因为设定的 ReplaceOldEquipment、MtcePeriodsToReplace、ServiceCapacity 三个参数的数值范围分别为 [true，false]、[2-8]、[2-6]，Mtce PeriodsToReplace、ServiceCapacity 又均为整型参数，即[true,false]＊[2－8]＊[2－6]＝70。

⑦在实验中增加一个约束条件来减少迭代的次数，设置如图3－1－244所示，运行结果如图3－1－245所示。

图3－1－244　在实验中增加一个约束条件

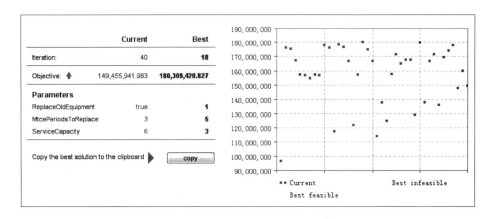

图3－1－245　增加约束条件后运行的仿真结果

⑧增加3D动画设置。在"面板"中的"演示"选项中拖入三维显示窗口并加入视图区域，设置如图3－1－246所示。

图3－1－246　设置三维窗口的位置和大小

⑨在"ServiceCrew"中加入一个三维物体卡车,在"EquipmentUnit"中加入一个动画的三维风车设备,风车的动画制作需要创建组,设置如图 3-1-247~图 3-1-250 所示。

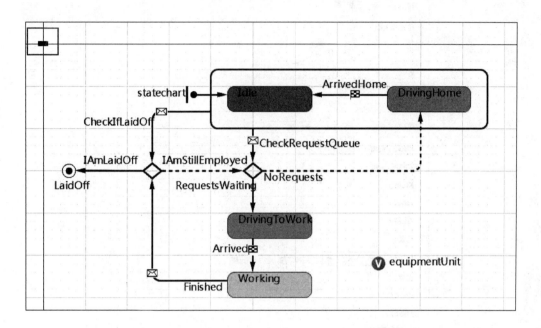

图 3-1-247 在"ServiceCrew"中加入一个三维物体卡车

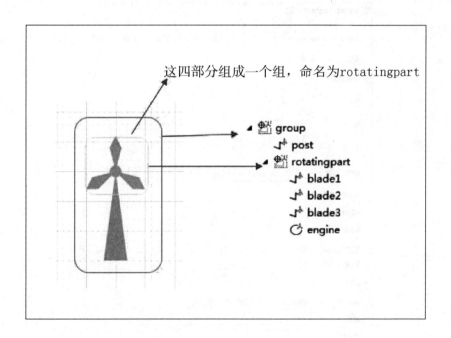

图 3-1-248 风车动画制作创建组

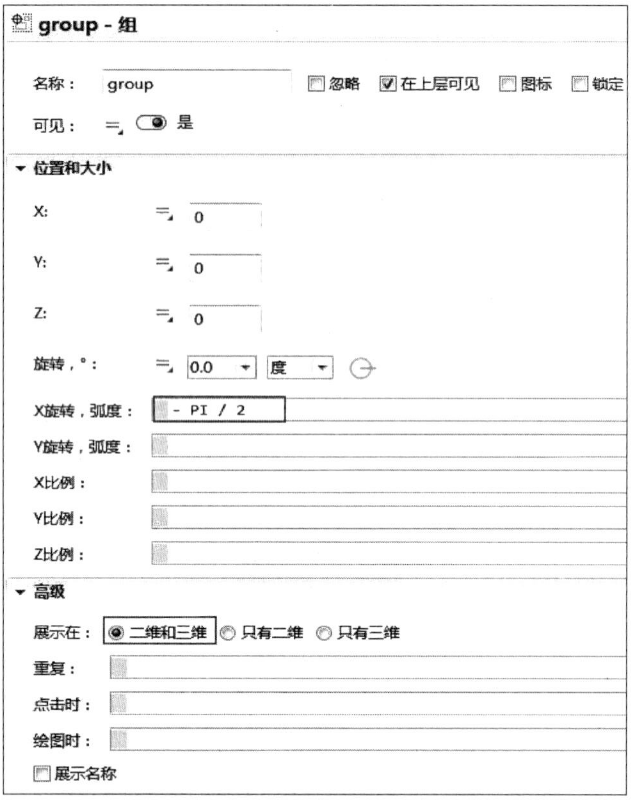


图 3-1-249　设置"group-组"属性

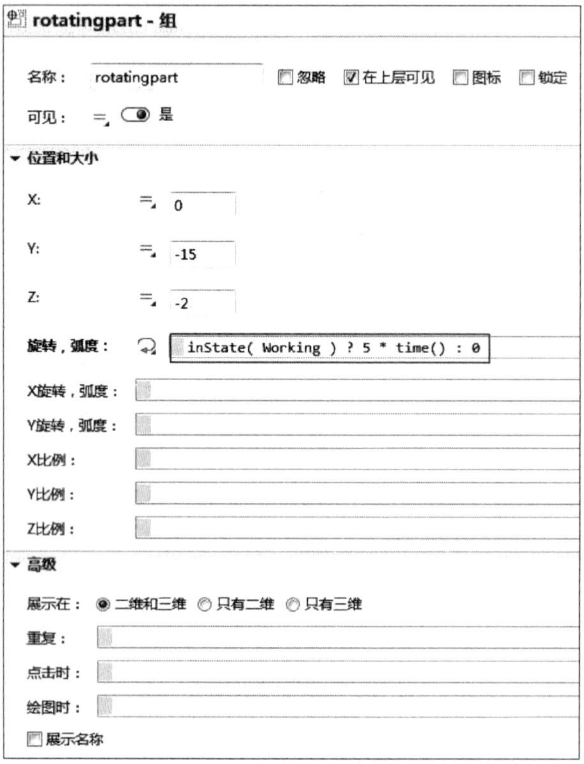


图 3-1-250　设置"rotatingpart-组"组的属性

⑩在"EquipmentUnit"中加入一个方法 color( ),如图 3 – 1 – 251 所示。风车的车身需要进行的设置如图 3 – 1 – 252 所示。

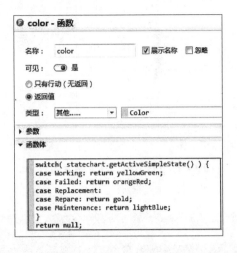

图 3 – 1 – 251  设置"color – 函数"的属性

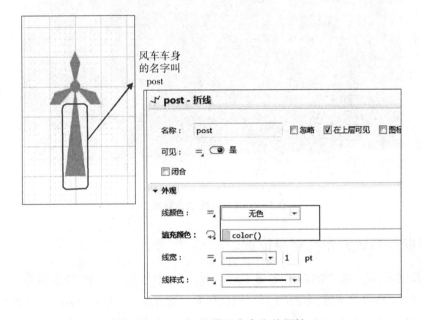

图 3 – 1 – 252  设置风车车身的属性

⑪为了保障在二维和三维显示中都看见风车,需要再创建一个风车,使其只在二维显示,这是因为虽然设置了风车可以在二维和三维中显示,但是因为它的旋转设置成 – PI/2,所以在二维动画中只能看到一个点。整个设置完成的界面如图 3 – 1 – 253 所示。

⑫运行模型,结果如图 3 – 1 – 254 所示。

感谢:丁一鸣(QQ:376929421)整理翻译。

文档中若有纰漏,可加入 Anylogic 官方中文交流群(QQ:332492286)与格瑞纳丛(QQ:383438135)联系,进行确认统一修改后再发布,谢谢。

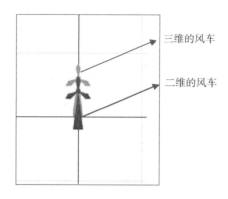

图 3-1-253 风车设置完成的界面

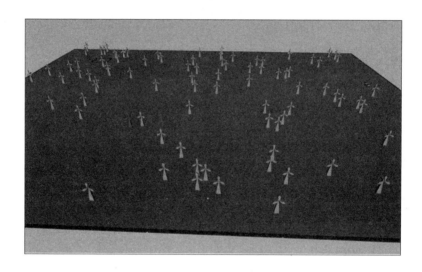

图 3-1-254 模型运行结果

## 五、智能体随机分布在有限位置

①创建新的模型。从"面板"选项卡的"常规"中拖拽智能体到编辑界面,出现"智能体生成向导",选择"智能体群";不使用模板,智能体类名为 Person,智能体对象名为 people;智能体的动画选择 2D 的人;初始人数为 25;其他设置为默认。"Main"的属性中,环境中显示布局类型为用户自定义。单击 people 的动画,确认勾选了"画智能体到这个位置有偏移"。

②双击演示中的折线,在编辑界面绘制一条折线。同时,确认折线中的点不少于 30 个。双击鼠标左键结束绘制。折线如图 3-1-255 所示。

③在"Main"的"属性"中的"启动时"中输入如下代码,该代码实现空余节点统计及智能体在节点上的随机排布。

```
intn = polyline.getNPoints ( ); //total number of locations = number ofpoints
```

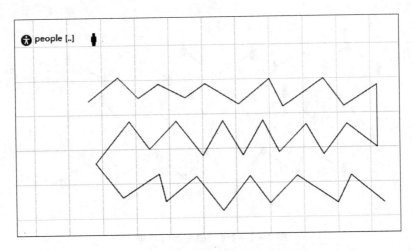

图3-1-255 在编辑界面绘制折线图

```
boolean[] occupied = new boolean[n]; //remember which are occupied
int freeplaces = n; //number of free locations
for(Person p : people) { //for each agent
int freeindex = uniform_discr(freeplaces - 1); //random free loca-
tion int ptindex = 0; //we will look for index of the polyline point,
start at 0 while(true){
if(ptindex >= n)
error("All points are occupied. Cannot find a place for the agent");
if(!occupied[ptindex]) //if location is free
if(freeindex == 0) { //if this is the index we are looking for
//place the agent there
double x = polyline.getX() + polyline.getPointDx(ptindex) - 140;
double y = polyline.getY() + polyline.getPointDy(ptindex) - 40;
p.setXY(x, y);
occupied[ptindex] = true; //mark location as occupied freeplaces
--; //decrement the number of free locations break; //exit the while l-
oop
} else {
freeindex --; //not yet at the desired free location - decrement index
}
ptindex ++; //will look at the next point of the polyline
}
}
```

④运行模型,如图3-1-256所示,可以看到所有的智能体将随机分布在折线的节点上。

感谢:北京航空航天大学田艺枫(QQ:542277804)整理翻译。

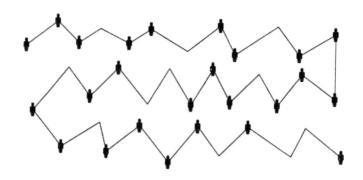

图 3-1-256　模型运行结果

文档中若有纰漏，可加 Anylogic 官方中文交流群（QQ：332492286）与格瑞纳丛（QQ：383438135）联系，进行确认统一修改后再发布，谢谢。

## 六、股票价格波动系统动力学模型

①创建新的模型，在"面板"选项卡中的"常规"一栏中，拖拽一个事件到编辑界面中，并命名为 everyDay。单击"事件"，在其属性中设置"模式"为"循环"，设置"复发时间"为"day( )"，如图 3-1-257 所示。

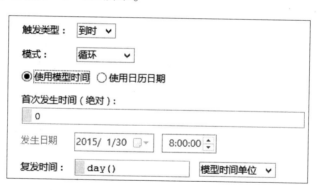

图 3-1-257　设置 everyDay 事件的复发时间

②打开"系统动力学"选项卡，拖拽动态变量到编辑界面，并命名为"StockPrice"。在"StockPrice"的属性中勾选"常数"选项框，同时设置默认值为 100。

③打开"everyDay"的属性，在其"行动"中输入如下代码：StockPrice += uniform(-2,2);，如图 3-1-258 所示。

④运行模型，单击"StockPrice"可以看到股票价格的波动情况，如图 3-1-259 所示。

感谢：北京航空航天大学田艺枫（QQ：542277804）整理翻译。

文档中若有纰漏，可加 Anylogic 官方中文交流群（QQ：332492286）与格瑞纳丛（QQ：383438135）联系，进行确认统一修改后再发布，谢谢。

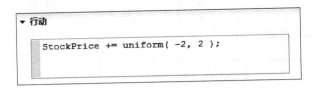

图 3-1-258　设置 everyDay 行动属性

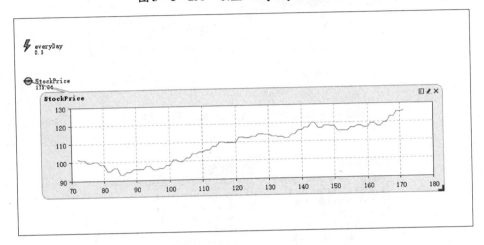

图 3-1-259　模型运行结果

## 七、随机过程模型的重复实验

①创建新的模型。创建一个简单的过程模型，如图 3-1-260 所示。其中在"sink"的属性中，在"进入时"处输入代码：traceln(time());，该代码将在实体退出过程模型时将当前时间传递给模型日志。

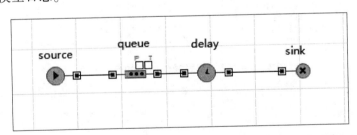

图 3-1-260　创建一个简单的过程模型

②在工程文件树中选择"simulation"，在其属性中的"模型时间"处进行设置，如图 3-1-261 所示。

③运行模型，查看控制台窗口的日志记录，应该可以查看到接近 20 个记录。在"运行模型"处按"停止"按钮，之后再次启动模型，日志中将出现新 20 个记录，并且这些记录与之前是不同的。关掉模型运行窗口，之后再次运行模型，控制台再次输出记录，并且与之前不同，如图 3-1-262 所示。

④在工程树中选择"simulation"，在其属性"随机性"项中选择"固定种子"，并设置其为默认值，如图 3-1-263 所示。

图 3-1-261　设置"simulation"的模型时间

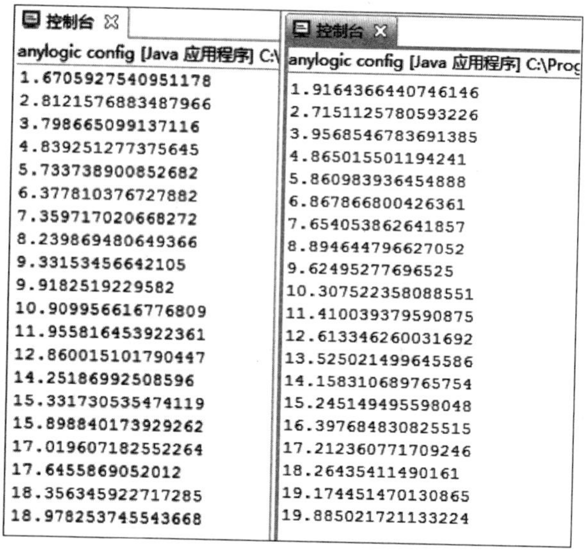

图 3-1-262　不同操作模型的运行结果

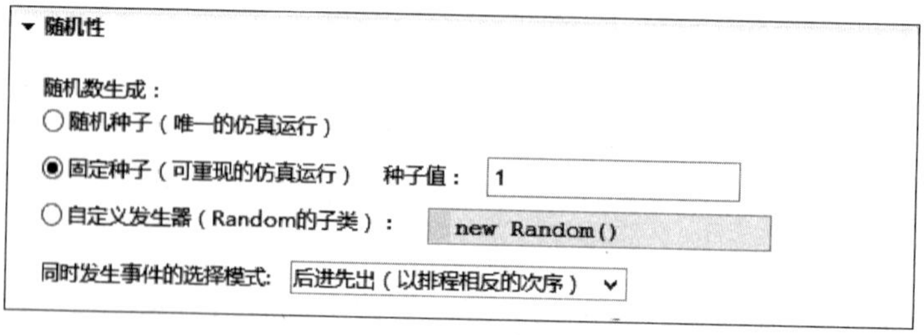

图 3-1-263　设置"simulation"的随机性属性

⑤再次重复运行模型，比较输出记录，如图 3-1-264 所示，可以发现，输出结果每次都完全相同，实现随机过程模型的重复实验。

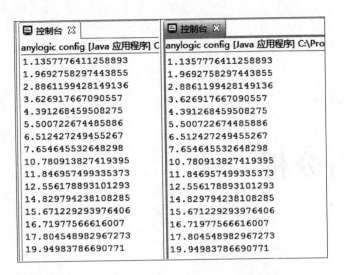

图 3-1-264　比较模型运行的结果

感谢：北京航空航天大学田艺枫（QQ：542277804）整理翻译。

文档中若有纰漏，可加 Anylogic 官方中文交流群（QQ：332492286）与格瑞纳丛（QQ：383438135）联系，进行确认统一修改后再发布，谢谢。

# 第二章

# 模型运行分析

## 第一节 巴斯扩散 – 比较运行

这个案例中,会在简单巴斯扩散模型基础上进一步开发,研究在不同的 ContactRate 下的 Clients 和 Sales 随着时间的变化规律。

①创建主要变量的数据集。首先将建立两个数据集,分别存储 Clients 和 Sales 的取值。打开前面建立的巴斯扩散模型,右击"Clients 存量",在下拉菜单中选择"创建数据集",修改数据集的属性,自动更新数据,复发时间为 0.1。用同样的方法为 Sales 创建数据集。

②创建对比实验。右击模型的工程树的顶端,从下拉菜单中选择"新建"→"实验",如图 3 – 2 – 1 所示。在第一页选择实验类型为"比较运行",单击"下一步"按钮。在属性页选择"ContactRate",作为比较实验的参数,进入下一页。在"图表"页,如图 3 – 2 – 2 所示,建立两个主要的输出图表:Sales rate 和 Clients base,单击"完成"按钮。为实验的运行窗口"启用缩放",勾选"视图"选项,就可以在运行时改变视图大小了,如图 3 – 2 – 3 所示。

图 3 – 2 – 1 新建实验

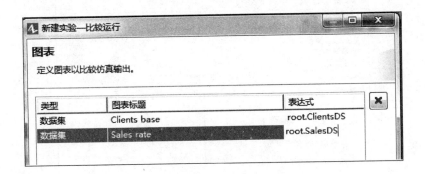

图 3-2-2　建立两个主要的输出图表

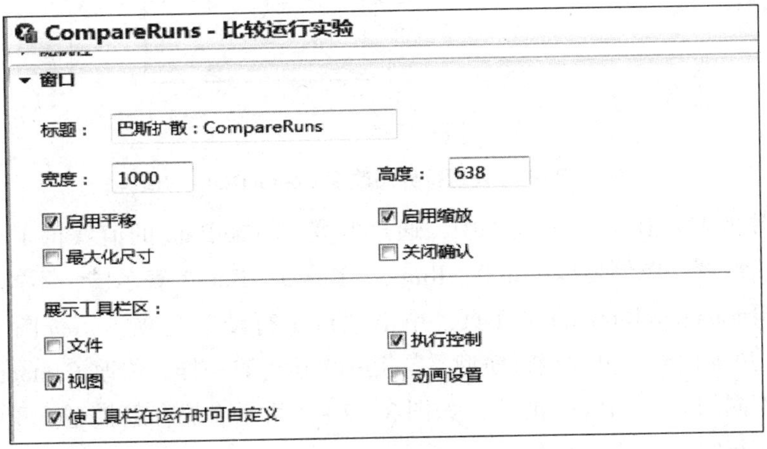

图 3-2-3　为实验的运行窗口"启用缩放"

③运行对比实验。从工具栏的"运行"下拉菜单中选择"CompareRuns",在运行界面单击"＋"或"－"可以改变页面的大小。运行界面改变 ContactRate 的值,输入 100.00、20.0、60.0、150.0,单击"Run"按钮,得到不同的折线图,如图 3-2-4 和图 3-2-5 所示。

图 3-2-4　从"运行"的下拉菜单中选择"CompareRuns"

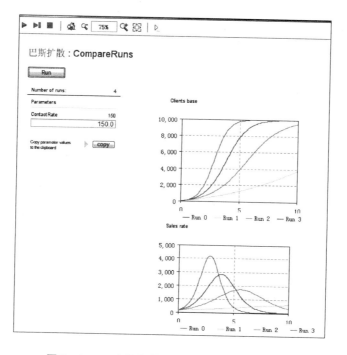

**图 3-2-5　在运行界面改变 ContactRate 的值**

④完善对比实验。在上一个阶段中，通过改变 ContactRate 的值获得了 Clients base 和 Sales rate 两个折线图。图例是以 Run 0、Run 1、Run 2、Run 3 表示的，不能直接看到对应的参数值。打开 CompareRuns 的属性页，单击"Java 行动"选项卡，按图 3-2-6 修改"仿真运行后"里的代码。再次运行模型，与上一次运行时一样，修改 ContactRate 的值，此时图例变成了不同的 ContactRate 的值，如图 3-2-7 所示。保存新模型，重新命名为"巴斯扩散 – 比较运行"。

**图 3-2-6　修改 CompareRuns 中仿真运行后的代码**

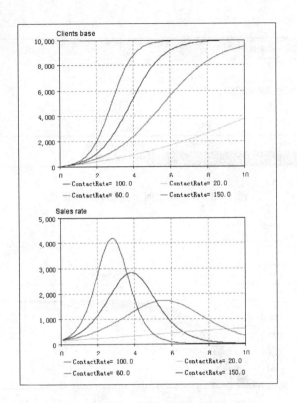

图 3-2-7　前后模型结果的对比

感谢：南京航空航天大学黄玉（QQ：1175406301）整理翻译。

文档中若有纰漏，可加入 Anylogic 官方中文交流群（QQ：332492286）与格瑞纳丛（QQ：383438135）联系，进行确认统一修改后再发布，谢谢。

## 第二节　巴斯扩散-敏感度分析

本节会在第一节的模型基础上进一步开发，研究系统对于 advertising effectiveness 的敏感程度。

①创建敏感度分析实验。右击模型的工程树的顶端，从下拉菜单中选择"新建"→"实验"。在第一页选择实验类型为"敏感度分析"，单击"下一步"按钮。在参数页选择"Ad Effectiveness"作为改变的参数，变化范围为 0~0.2，步长为 0.01，单击"下一步"按钮。在"图表"页建立两个主要的输出图表：Sales 和 Client base，如图 3-2-8 所示，单击"完成"按钮。

②运行模型。从工具栏的"运行"下拉菜单中选择"SensitivityAnalysis"。单击运行界面的"Run"按钮，观察图表，此时图例就是 AdEffectiveness 的取值，单击某一个图例就可以看到对应的折线，如图 3-2-9 所示。

③保存模型。这个模型是在巴斯扩散-比较运行的基础上做的，可以删除掉不必要的 CompareRuns 实验。回到工程树界面，单击"CompareRuns"，按 Delete 键删除 CompareRuns 比较实验。右击工程树顶端，另存为新模型"巴斯扩散-敏感度分析"，如图 3-2-10 所示。

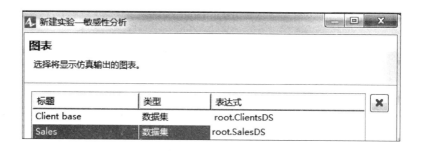

图 3-2-8　建立两个主要的输出图表

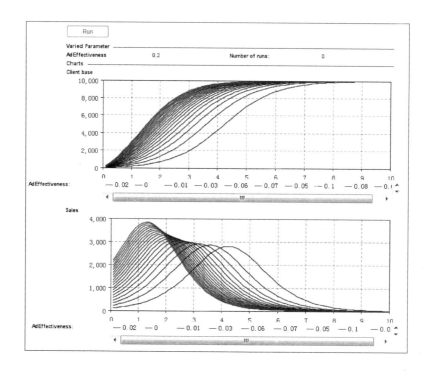

图 3-2-9　运行模型的结果

图 3-2-10　保存模型

感谢：南京航空航天大学黄玉（QQ：1175406301）整理翻译。

文档中若有纰漏，可加入 Anylogic 官方中文交流群（QQ：332492286）与格瑞纳丛（QQ：383438135）联系，进行确认统一修改后再发布，谢谢。

## 第三节 传染病-校准

本节将用系统动力学建立一个简单的 SIR 模型。这个模型中，每个人都是可以被感染的，并且一旦被感染，还会通过接触传染给其他人。这种疾病会持续一段时间，当患者康复以后，就会产生免疫。主要研究两个参数：

sInfectivity：当一个患者接触一个易感染者时，传染病传播的概率。

sAverageIllnessDuration：传染病持续的时间。

与 TotalPulation 和 ContactRate 不同，这两个参数在实际中并不容易获得，可以运用历史数据来校准模型，获得参数的值。

### 一、建立简单的 SIR 模型

模型中初始有一个感染者，通过接触传播疾病给其他人，疾病持续一段时间后，患者进入免疫期。已知条件如下：总人口有 1 000 人；每人每天接触 5 人；刚开始只有 1 名患者；没有人对该传染病有免疫。

①由于 Infectivity 和 AverageIllnessDuration 的值未知，可以先任意指定值。建立新的模型，命名为"传染病-校准"。打开系统动力学面板，建立如图 3-2-11 所示的 SIR 模型。假设 Infectivity = 0.08，AverageIllnessDuration = 12。Susceptible 的初始值是 TotalPopulation，Infectious 的初始值是 1，Recoverd 的初始值是 0，ContactRate 的值为 5。

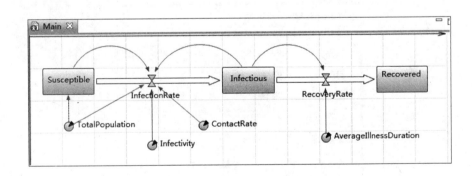

图 3-2-11 建立新的模型

InfectionRate = Infectious * ContactRate * Susceptible * Infectivity / TotalPopulation。

RecoveryRate = Infectious / AverageIllnessDuration。

②设置仿真实验在指定的 100 停止。运行模型，Infectious 的输出曲线呈钟形，如图 3-2-12 所示。

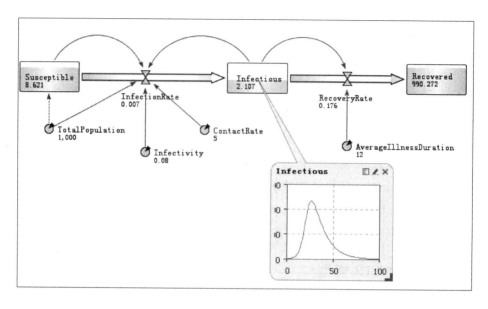

图 3-2-12 运行模型的结果

## 二、为 Infectious 建立数据库

在做校正实验之前,需要创建一个数据集来存储 Infectious 的输出结果。右击"存量 Infectious",从下拉菜单中选择"创建数据集"。设置数据集属性,自动更新数据,如图 3-2-13 所示。

图 3-2-13 设置数据集属性

## 三、创建校准实验

在本实验中,通过给定 Infectivity 和 AverageIllnessDuration 的取值范围,校正输出的 Infectious 曲线,使它和历史的数据曲线最接近。

①右击模型的工程树的顶端,从下拉菜单中选择"新建"→"实验"。在实验页面,选择"校准",单击"下一步"按钮。在下一个页面的参数表中,先把要校准的参数 Infectivity 和 AverageIllnessDuration 的类型改为"连续",设置范围分别为 0~0.1 和 3~30,其他参数不变。把校准表中各栏按图 3-2-14 所示修改,单击"完成"按钮。

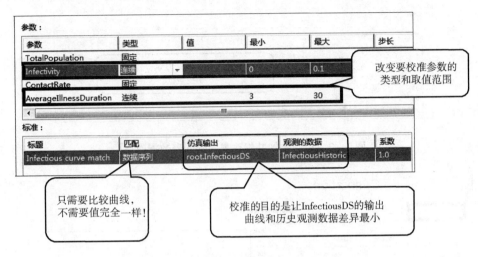

图 3-2-14 校准表中各栏属性修改

②构建①的模型,出现如图 3-2-15 所示的错误,这是因为还没有创建 InfectiousHistoric 表函数。

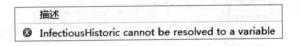

图 3-2-15 构建模型的错误提示

③打开历史数据 HistoricData.txt 文件(这是用户自己用来校准的历史数据),如图 3-2-16 所示,复制里面的数据到剪贴板。打开"系统动力学"面板,拖动一个表函数到"校准实验"页面中,命名表函数为"InfectiousHistoric"。在"表数据"选项中,用户可以先把用于校准的历史数据输入到文档中,同一行的数据之间用空格隔开,全选数据,复制到剪贴板。从剪贴板粘贴历史数据到表中,其他选项不变,如图 3-2-17 所示。

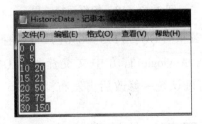

图 3-2-16 历史数据

④从工具栏的"运行"下拉菜单选择"Calibration"。单击"Run"按钮,观察校准实验结果,如图 3-2-18 所示。

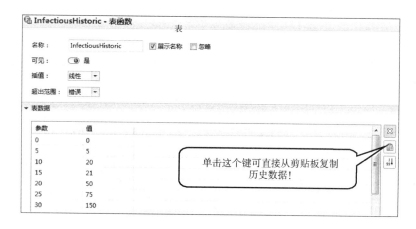

图 3 – 2 – 17　添加并修改表函数的表数据属性

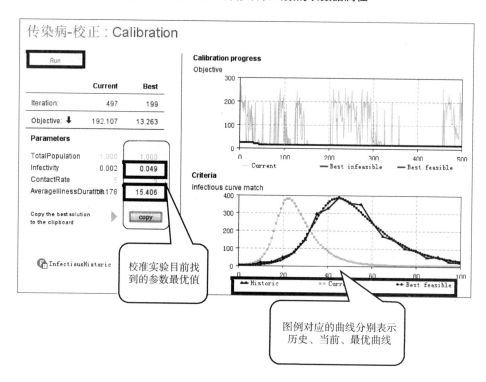

图 3 – 2 – 18　模型运行结果

感谢：南京航空航天大学黄玉（QQ：1175406301）整理翻译。

文档中若有纰漏，可加入 Anylogic 官方中文交流群（QQ：332492286）与格瑞纳丛（QQ：383438135）联系，进行确认统一修改后再发布，谢谢。

## 第四节　传染病 – 实时图表

本节将以滑块的形式改变 Infectivity、AverageIllnessDuration、ContactRate 这 3 个参数的值，希望立即看到 Susceptible、Infectious、Recovered 人数的变化。

## 一、模型准备

打开传染病模型,进入"Main"界面,为Susceptible、Infectious、Recovered存量分别建立对应的数据集,如图3-2-19所示,修改数据集的属性为"自动更新数据"。

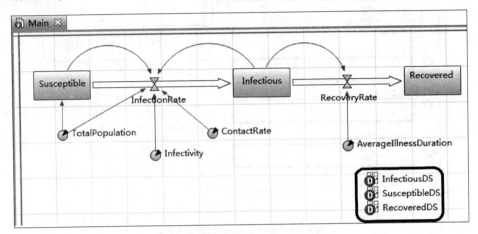

图3-2-19 为存量建立数据集

## 二、创建比较运行实验

已知条件如下,Infectivity变化范围为0.01~0.2,AverageIllnessDuration变化范围为3~30,ContactRate变化范围为1~20。

①右击模型的工程树的顶端,从下拉菜单中选择"新建"→"实验"。在第一页选择实验类型为"比较运行",修改实验名称为"InstantCharts",单击"下一步"按钮。在属性页选择"ContactRate""Infectivity""AverageIllnessDuration"作为对比实验的参数,单击"完成"按钮。

②进入"InstantCharts"界面,删除一些不必要的显示,如图3-2-20所示。从"面板"→"控件"中拖入3个滑块到图中位置,把3个滑块分别链接到3个要改变的参数,添加标签,定义最大值和最小值,如图3-2-21和图3-2-22所示。

③打开"面板"→"分析"→"数据",拖入3个数据集到对比实验界面中,分别命名3个数据集为"InfectiousDS""SusceptibleDS""RecoveredDS",如图3-2-23所示。取消勾选"使用运行数作为横轴值"。从"分析"→"图表"中拖入1个折线图,添加3个数据集为数据项,如图3-2-24所示。

④依次单击3个滑块,在属性中,"行动"写入代码"run();",回到"InstantCharts"界面,在"Java行动"→"仿真运行后:"输入如图3-2-25所示代码。

⑤单击工具栏中的"运行",选择"InstantCharts",在实验界面改变参数值,观察图表的变化,如图3-2-26所示。

感谢:南京航空航天大学黄玉(QQ:1175406301)整理翻译。

文档中若有纰漏,可加入Anylogic官方中文交流群(QQ:332492286)与格瑞纳丛(QQ:383438135)联系,进行确认统一修改后再发布,谢谢。

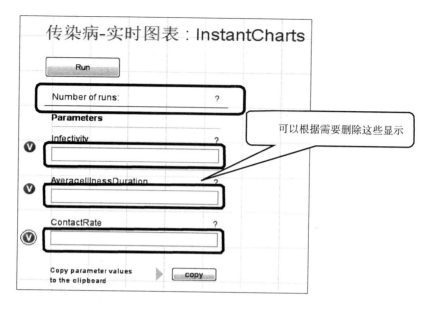

图 3-2-20 删除不必要的显示

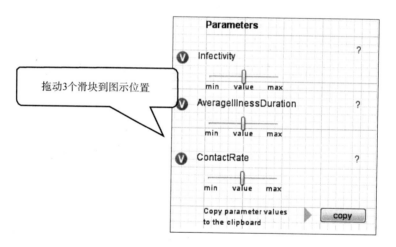

图 3-2-21 拖动 3 个滑块到图示位置

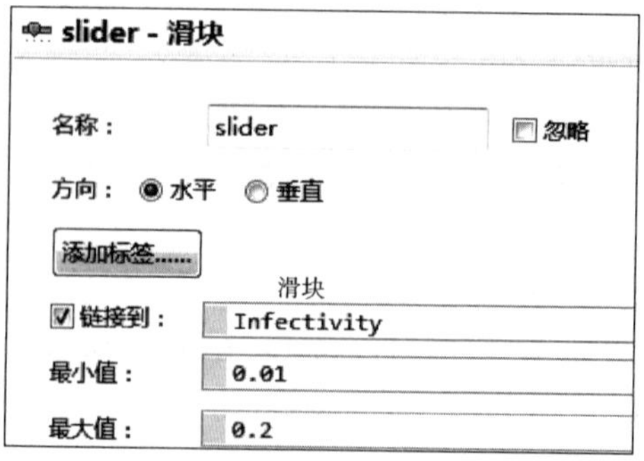

图 3-2-22 定义滑块的最大值和最小值

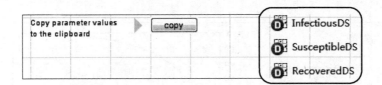

图 3-2-23 拖入三个数据集到对比实验界面中

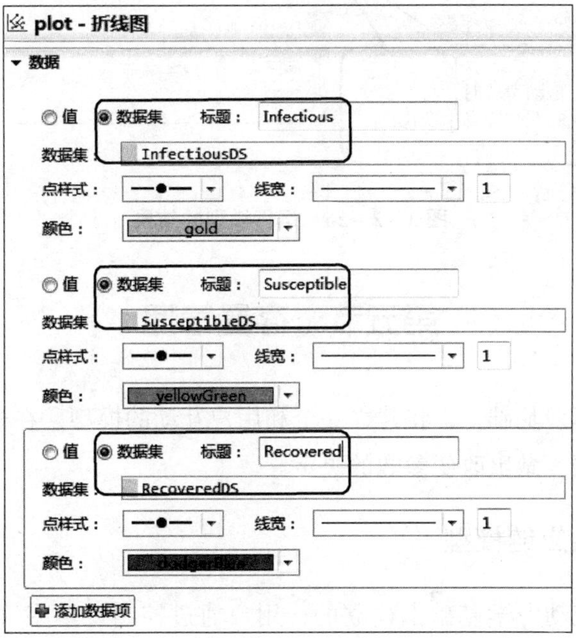

图 3-2-24 添加折线图并修改数据集

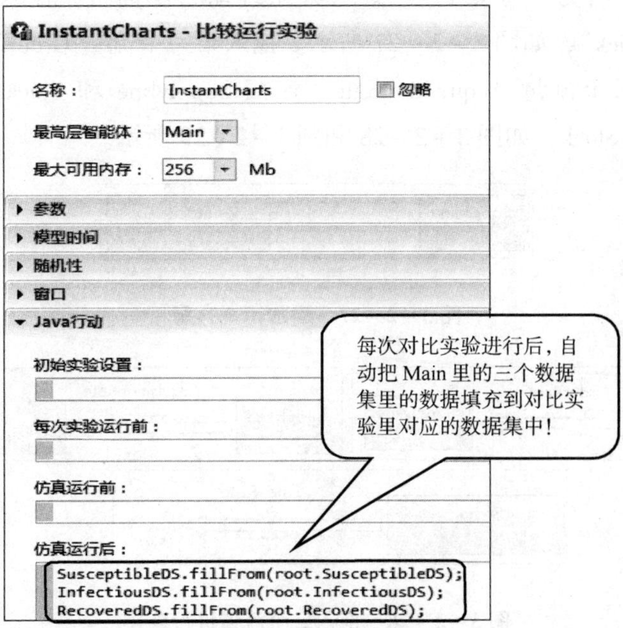

图 3-2-25 修改 InstantCharts 的 Java 行动属性

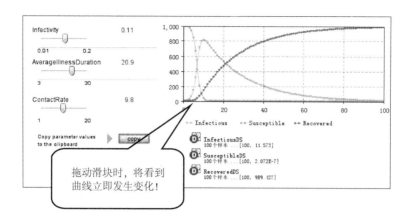

图 3-2-26 运行模型的结果

## 第五节 存量管理

在简单的供应链模型基础上,将建立一个和用户互动的模型。在模型运行过程中,用户可以及时看到输出数据,做出改变参数的决定。

### 一、建立简单供应链模型

这个模型是在系统动力学基础上建立的,用户通过控制订单率(OrderRate)来管理库存(Stock)。销售率(SalesRate)是由外界因素决定的,在系统中是随机改变的。

①新建模型,命名为"存量管理"。打开系统动力学面板,拖入两个存量,命名为"Supplyline"和"Stock",如图 3-2-27 所示。拖入第一个流量 OrderRate,后续连接存量 Supplyline。拖入第二个流量 AcquisitionRate,连接 Supplyline 和 Stock。拖入第三个流量 SalesRate,前续连接 Stock,如图 3-2-28 和图 3-2-29 所示。

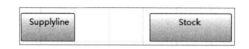

图 3-2-27 添加两个存量

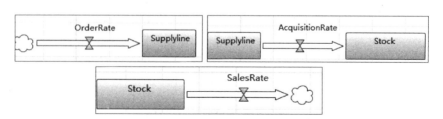

图 3-2-28 拖入三个流量进行连接

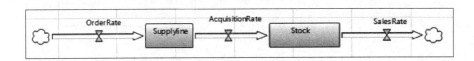

图 3-2-29 简单供应链

②从"系统动力学"面板拖入一个参数,命名为"AcquisitionLag",设默认值为7。继续添加一个动态变量"Demand",类型设为常数10。定义流量 OrderRate 为常数10。定义流量 AcquisitionRate = Supplyline/AcquisitionLag,定义流量 SalesRate = Stock > 0?Demand:0,如图 3-2-30所示。

图 3-2-30 分别定义两个流量

③从"常规"面板拖入一个事件,命名为"ExogenousDemandChange",用来随机改变 Demand 的值。修改事件属性:到时"触发类型",循环"模式",在"行动"中输入: Demand = max(0, Demand + uniform(-1,1)),如图 3-2-31 所示。最终所形成的基本供应链模型如图 3-2-32所示。

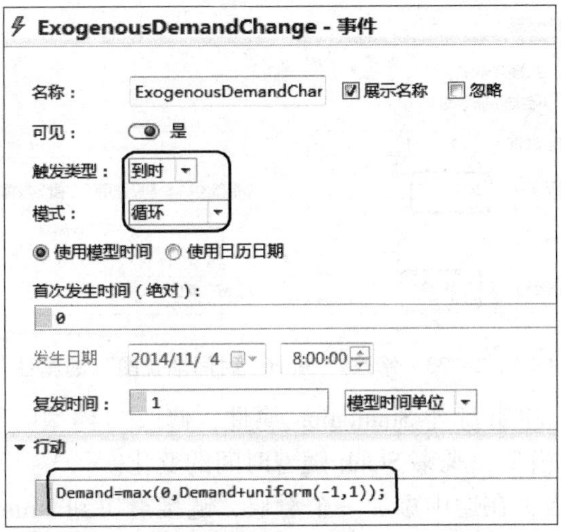

图 3-2-31 添加并修改事件的属性

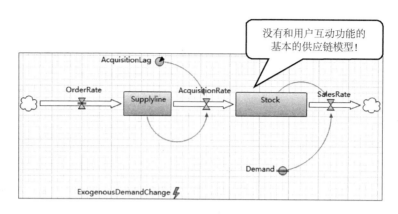

图 3-2-32 基本的供应链模型

## 二、加入用户交互功能

用户通过观察模型输出的存量 Stock 的折线图，及时调整供应量 OrderRate，把存量 Stock 控制在一定范围内。

①打开"分析"面板，拖一个时间堆积图到 Main 中，只增加一个数据项 max(0, Stock)，修改标题为"Stock"，数据更新：显示至多 1 000 个最新的样本，时间窗：1 000，如图 3-2-33 所示。

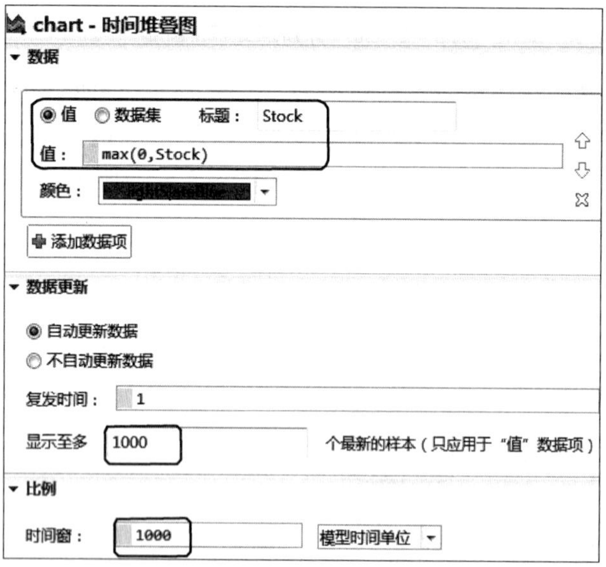

图 3-2-33 修改"chart-时间堆叠图"的属性

②回到工程树界面，单击打开 Simulation 属性，修改"模型时间"→"执行模式"→"真实时间 50 倍"，运行模型，观察 Stock 随着时间的变化。

③打开"控件"面板，在途中添加一个滑块，链接滑块到 OrderRate，设置滑块最小值为 0，最大值为 50，如图 3-2-34 所示。运行模型，通过滑动滑块，控制 Stock 在 100 ~ 500，如图 3-2-35所示。

图 3-2-34 添加并设置滑块属性

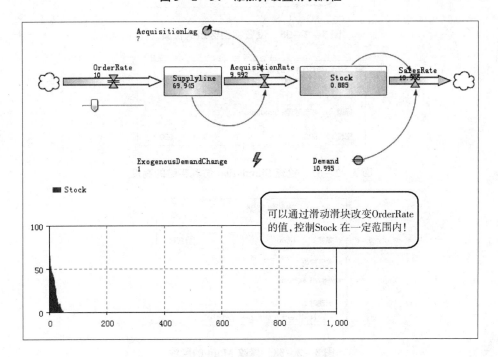

图 3-2-35 运行模型结果

### 三、用视图区域创建独立的交互界面

用户在控制 Stock 时,只需要看到输出的 Stock 时间堆积图,然后通过滑块控制 OrderRate 的值即可。这就需要单独为用户建一个视图区域。

①从"演示"面板拖动一个视图区域,命名为"viewUserScreen",标题为"UserScreen",设置位置为(0,600)。为避免用户界面和模型界面交叉,打开 Simulation 的窗口,检查高度是否为 600,如图 3-2-36 和图 3-2-37 所示。

②把 Stock 图表和滑块移动到用户视图中,保证时间堆积图和滑块的 X 轴坐标大于 600。打开滑块的属性,单击"添加标签"按钮。回到 Main 属性界面,在"Agent actions"→"启动时"中输入代码"viewUserScreen. navigateTo( );",如图 3-2-38 所示。打开 Simulation 的窗口,去除"启用平移""启用缩放"的勾选,可以保证模型运行时用户无法随意移动和

缩放窗口。此时运行模型，只能看到图表和滑块，如图3-2-39所示。

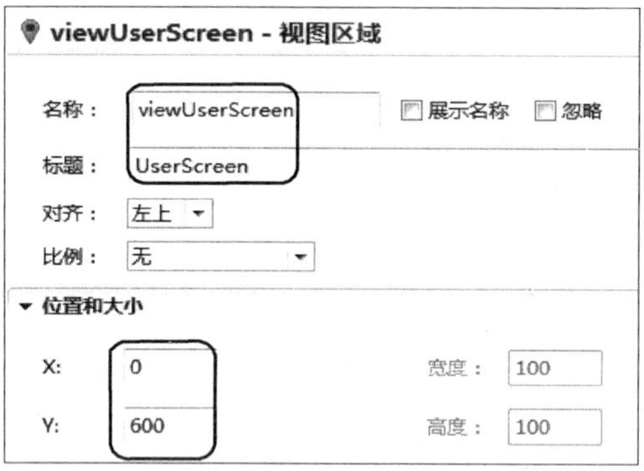

图3-2-36　设置视图区域的位置

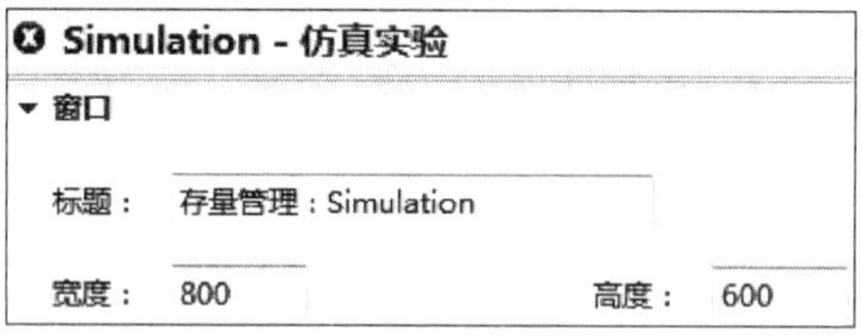

图3-2-37　检查Simulation仿真实验的高度

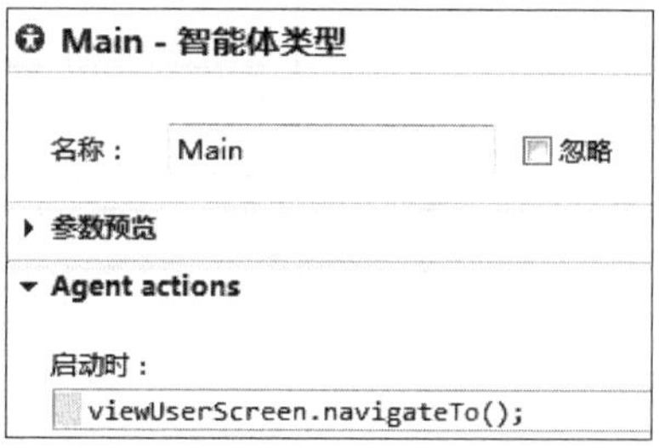

图3-2-38　修改Main的属性

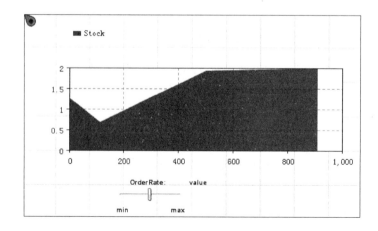

图3-2-39　模型运行结果

### 四、为模型加入阶段性暂停

加入循环事件，控制模型每隔 50 个时间单位暂停。允许用户根据需要，滑动滑块来改变 OrderRate 的值，然后再让模型恢复运行。

①打开"控件"面板，拖动一个按钮到用户视图中，修改按钮的"标签"为"Done"，在"启用"中输入"getEngine().getState()==Engine.PAUSED"，在"行动"中输入"runSimulation();"，如图 3-2-40 所示。复制按钮"启用"中的代码到滑块的"启用"中，如图 3-2-41所示。

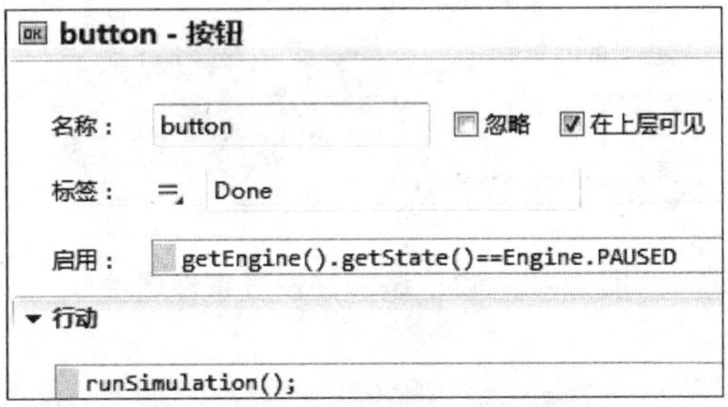

图 3-2-40　添加并修改按钮的属性

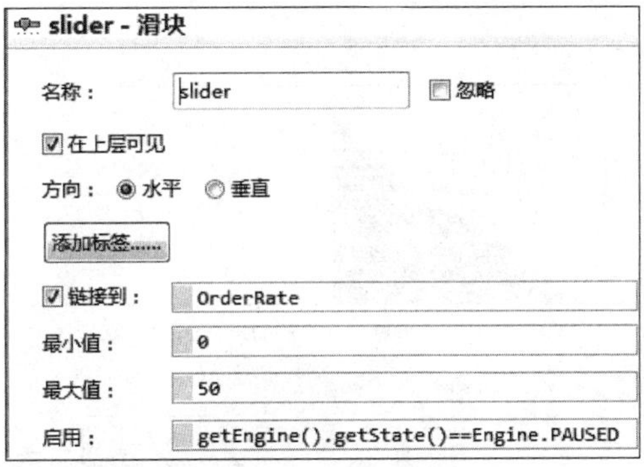

图 3-2-41　复制按钮"启用"中的代码到滑块的"启用"中

②从"常规"面板中拖动一个事件到用户视图中，设置事件的名称为"pauseEvent"，"触发类型"为"到时"，"模式"为"循环"，首次发生时间为"50"，复发时间为"50"，在行动框中输入"pauseSimulation();"，如图 3-2-42 所示。

③打开 Simulation 属性，编辑模型时间为尽可能快的虚拟时间，运行模型，如图 3-2-43所示。每隔 50 个模型单位，模型将暂停运行，用户根据 Stock 的值滑动滑块来改变 OrderRate 的值，单击"Done"按钮，模型将恢复运行。

感谢：南京航空航天大学黄玉（QQ：1175406301）整理翻译。

文档中若有纰漏，可加入 Anylogic 官方中文交流群（QQ：332492286）与格瑞纳丛（QQ：383438135）联系，进行确认统一修改后再发布，谢谢。

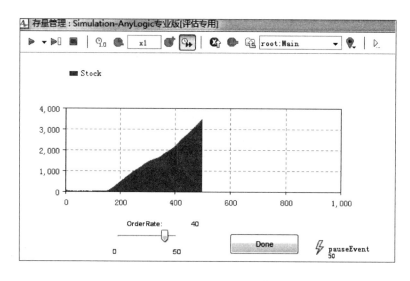

图 3-2-42　添加并设置事件属性

图 3-2-43　运行模型的结果

## 第六节　传染病和诊所

本节将建立一个基于智能体的简单传染病模型,并把它链接到一个简单的离散事件诊所模型。当患者发现症状时,他会去诊所寻求治疗,但是诊所的容量是有限的。将研究诊所的容量如何影响疾病的扩散过程。

### 一、建立智能体人口

建立一个 2 000 人口的智能体群。如果两个智能体之间距离小于 30 m,就会自动链接,形成网络。

①新建模型，命名为"传染病和诊所"。从"常规"面板拖动一个智能体到"Main"中，选择"Population of agents"，设置"name of new type"为"Patient"，修改"Agent population name"为"patients"，单击"下一步"按钮，智能体个数为 2 000。

②打开"Main"的属性页，"其他智能体的环境"中，设置空间类型为"连续"，空间大小为宽650×高200，布局类型为"随机"，网络类型为"基于距离"，连接范围为"30"，如图 3-2-44 所示。在智能体群"Patients"的"高级"选项中，勾选"Show presentation"。

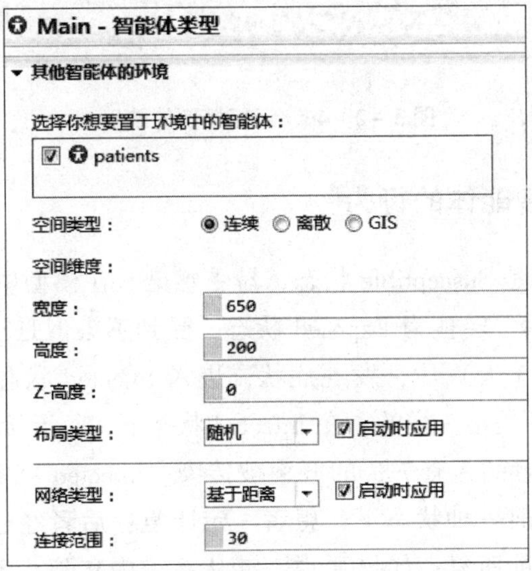

图 3-2-44　设置 Main 的属性

③打开智能体"Patient"，从"演示"面板拖入一个椭圆，设置半径为2，位置为（0，0），如图 3-2-45 所示。运行模型，观察初始人口布局，通过布局图可见在初始状态下人口是随机布局的，如图 3-2-46 所示。

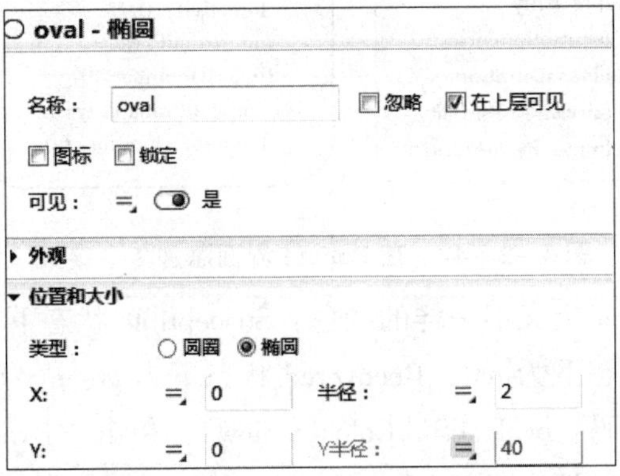

图 3-2-45　在智能体 Patient 中添加椭圆并设置位置和大小属性

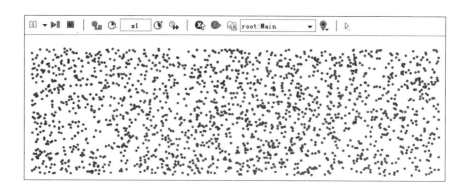

图 3-2-46 运行模型的结果

## 二、定义 Patient 智能体的行为

每一个 Patient 初始都是 Susceptible 状态，易受感染。在模型中，疾病通过消息"Infection"传播。接收到消息后，转换为 Exposed 状态，受到感染但是没有表现出症状。经过特定时段 Incubation period（3 天）后，发现症状，进入 Infected 状态。人们在 Infected 和 Exposed 状态和别人的接触率是不一样的：在 Infected 状态下，每天接触 1 人；而 Exposed 状态下，每天接触 5 人。被接触的人有 7% 的概率被传染。Infected 状态下，患者可能去诊所寻求治疗，或者自然恢复。前一种状态下，患者一定康复；后者经过一定时段 IllnessDuration（20 天）后，也有 90% 可能康复；如果死亡，就从系统中移除。患者康复后，会有一定时段的免疫期（60 天），免疫期结束后，继续循环到 Infectious 状态下。

①打开 Patient 界面，拖入 7 个参数，如图 3-2-47 所示。打开"状态图"面板，建立如图 3-2-48 所示的状态图，定义每一次变迁的触发方式，如图 3-2-49～图 3-2-54 所示。

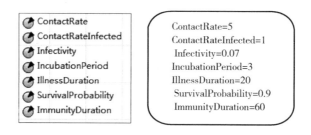

图 3-2-47 在 Patient 界面添加 7 个参数

②为每种状态的 Patient 定义不一样的颜色：Susceptible 状态下为 yellow，Exposed 状态下为 darkOrange，Infected 状态下为 red，Recovered 状态下为 green。单击"Susceptible"状态，在"进入行动"中输入代码：oval.setFillColor(yellow)；单击"Exposed"状态，在"进入行动"中输入代码：oval.setFillColor(darkOrange)；单击"Infected"状态，在"进入行动"中输入代码：oval.setFillColor(red)；单击"Recovered"状态，在"进入行动"输入代码：oval.setFillColor(green)。

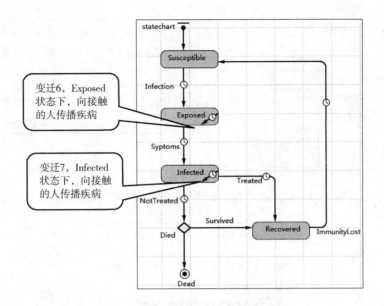

图 3-2-48 建立状态图

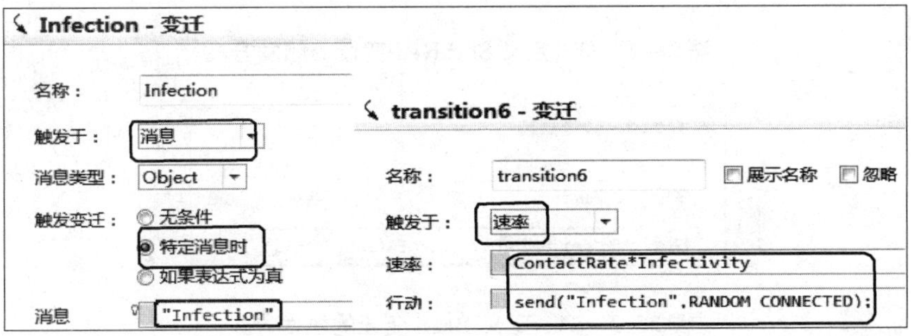

图 3-2-49 定义 Infection 和 transition6 变迁的触发方式

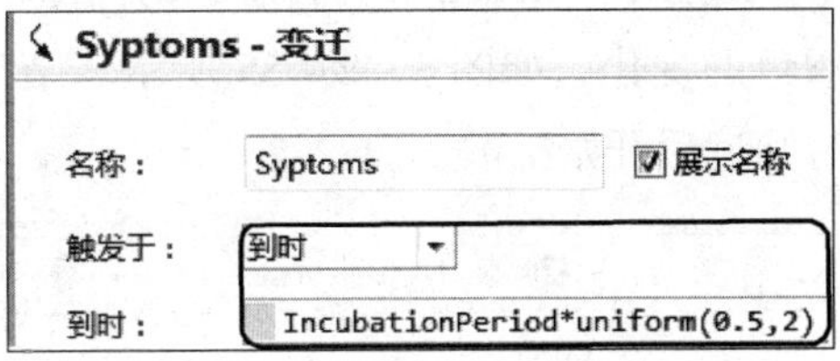

图 3-2-50 定义 Syptoms 变迁的触发方式

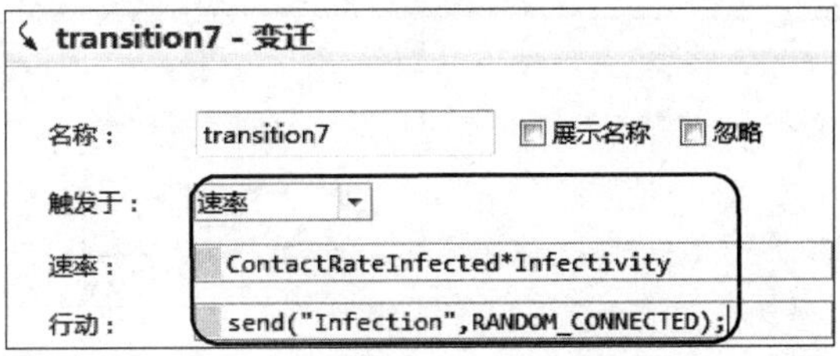

图 3-2-51 定义 transition7 变迁的触发方式

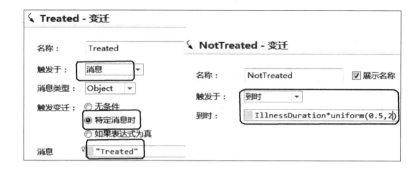

图 3 – 2 – 52　定义 Treated 和 NotTreated 变迁的触发方式

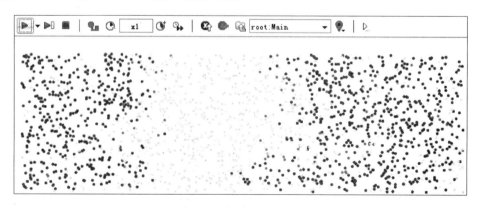

图 3 – 2 – 53　定义 Survived 变迁的触发方式

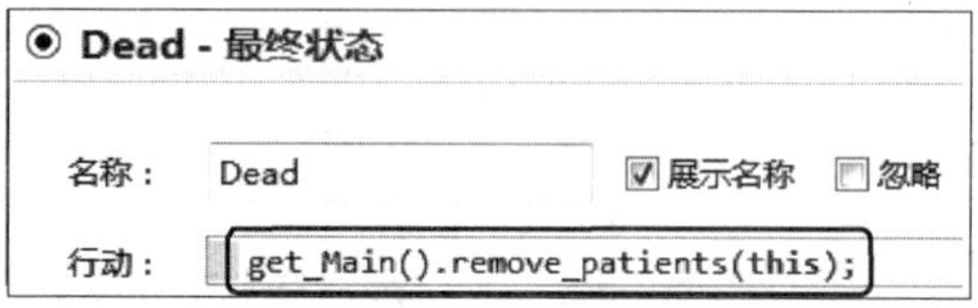

图 3 – 2 – 54　定义 Dead 变迁的触发方式

③打开"Main"的属性页，在"Agent actions"→"启动"中输入如下代码：for( int i = 0;i < 5;i ++ )patients. random( ). receive("Infection");,意思为向随机的 5 个智能体发送 Infection 消息。运行模型，观察人口颜色的变化，如图 3 – 2 – 55 所示。结果显示，在初始状态下，只有 5 名感染者呈红色，一段时间过后开始扩散。

图 3 – 2 – 55　运行模型结果

④打开"Patients"的属性页,在"统计"中添加 Susceptible、Exposed、Infected 和 Recovered 4 种状态人数的统计值,如图 3-2-56 所示。从"分析"→"图表"中拖入一个时间堆叠图,添加 4 个数据项 patients.NInfected( )、patients.NExposed( )、patients.NSusceptible( )、patients.NRecovered( )。设置时间堆叠图的时间窗为 500,自动更新数据,最多显示 500 个最新样本,垂直的坐标轴为固定的 0~2 000,如图 3-2-57 所示。注意设置时间堆叠图的位置,Y 轴需大于 200,因为智能体环境中空间高度是 200,这样才能避免和智能体空间的重叠。回到工程树界面,打开 Simulation 属性页,设置时间执行模式为真实时间的 25 倍。运行模型,如图 3-2-58 所示,观察时间堆叠图,空白部分就是死亡的人数。

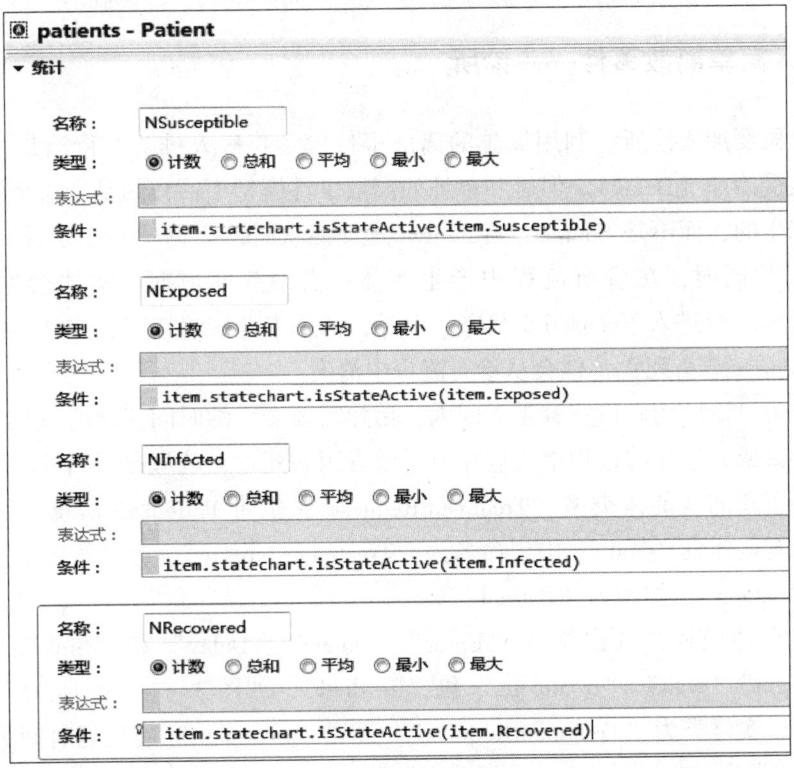

图 3-2-56 在 patients 属性页添加 4 个统计参数

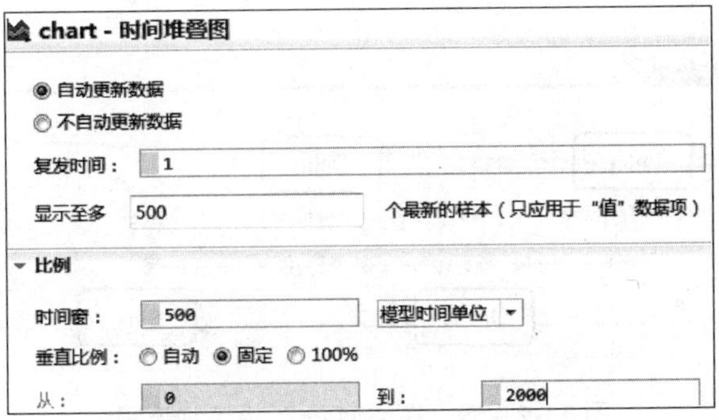

图 3-2-57 添加并设置堆叠图属性

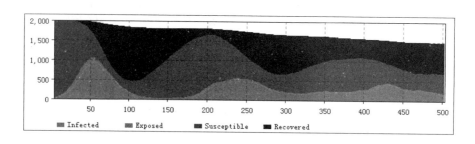

图 3-2-58 运行模型结果

## 三、加入简单离散事件——诊所

这一个阶段要加入诊所。利用简单的离散事件模型：病人排队等待治疗（Queue），延迟一段时间接受治疗（Delay）。但是和单纯的离散事件模型不一样的是，这个流程中的实体是由智能体产生的，而不是 Source。当 Patient 发现症状时，会创建一个实体（称为"treatment request"），同时，在诊所流程中产生实体；当治疗完成时，实体会向 Patient 发送"Treated"，Patient 会进入 Recovered 状态。但是，如果患者在治疗完成前已经痊愈了（经过了 IllnessDuration）或者死亡，他会从诊所流程中消失。

已知条件为：诊所的候诊室容量无限大；治疗需要 7 天的时间；诊所里只有 20 张床位；如果患者在候诊或者治疗的过程中疾病痊愈了或者因病死亡，就从诊所离开。

①创建一个新的智能体类型"TreatmentRequest"，携带 Patient 的信息。从"常规"面板中拖入一个智能体到"Main"中，命名为"TreatmentRequest"。打开智能体，拖动一个参数，命名为"patient"，类型为"Patient"。

②打开流程建模库，依次拖入"Enter""Queue""Delay"和"Sink"，分别命名为"requestTreatment""wait""treatment"和"finished"，如图 3-2-59 所示。设置"wait"的容量无限大，实体类为"TreatmentRequest"。设置"treatment"的延迟时间为"7"，容量为"20"，实体类为"TreatmentRequest"。设置"finished"的实体类为"TreatmentRequest"，在进入时给 patient 发送"Treated"消息，如图 3-2-60 所示。

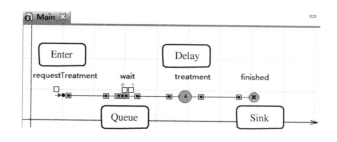

图 3-2-59 在"Main"中添加流程

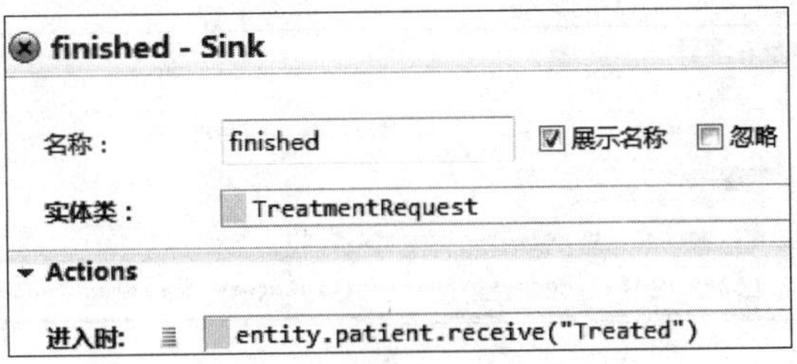

图 3-2-60 设置 "finished" 的 "Actions" 进入属性

③完善诊所流程图,加入一个函数 "cancelTreatmentRequest",patient 参数由状态图发送,如图 3-2-61 所示。在等待治疗 wait 过程中或者治疗 treatment 过程中,如果 patient 自己痊愈或者死亡,就从流程中移除他,代码如图 3-2-62 所示。

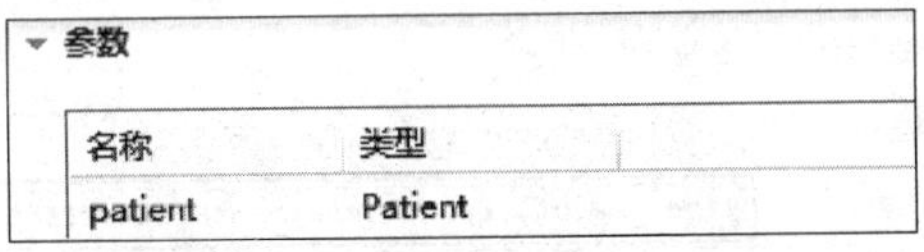

图 3-2-61 添加函数并设置 "参数" 属性

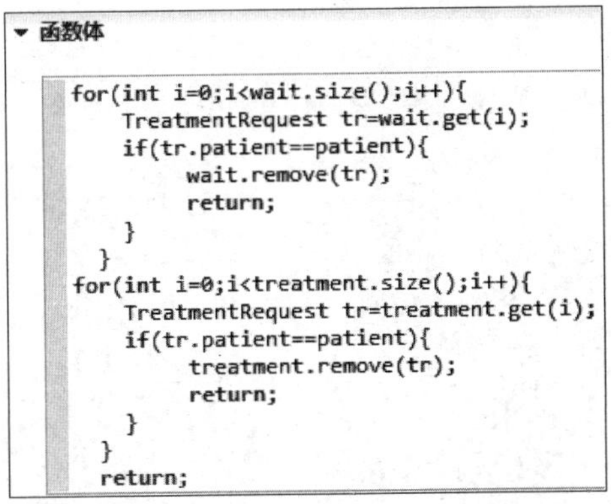

图 3-2-62 设置函数的 "函数体" 属性

④在状态图变迁的过程中,给诊所模型 "Enter" 发送实体,给 "cancelTreatmentRequest" 函数里的参数 "patient" 赋值。

打开 "Patient" 界面,打开 "Syptoms-变迁" 属性,在行动中输入代码:get_Main().requestTreatment.take(new TreatmentRequest(this));,打开 "NotTreated-变迁" 属性,在行动中输入代码:get_Main().cancelTreatmentRequest(this);,如图 3-2-63 和图 3-2-64 所示。重新运行模型,观察加入诊所后的图表变化,如图 3-2-65 所示。

感谢:南京航空航天大学黄玉(QQ:1175406301)整理翻译。

文档中若有纰漏,可加入 Anylogic 官方中文交流群(QQ:332492286)与格瑞纳丛(QQ:383438135)联系,进行确认统一修改后再发布,谢谢。

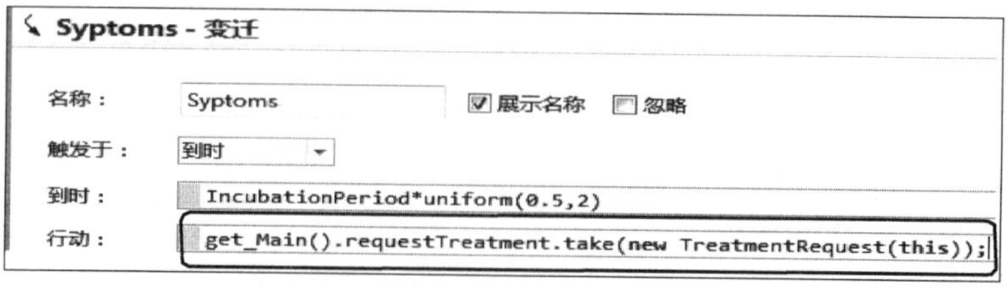

图 3-2-63 设置"Syptoms-变迁"的"行动"属性

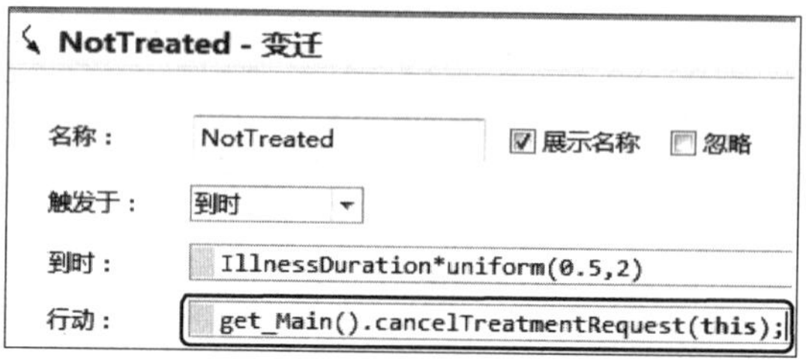

图 3-2-64 设置"NotTreated-变迁"的"行动"属性

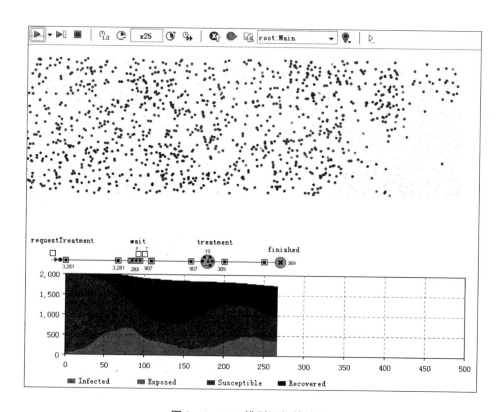

图 3-2-65 模型运行的结果

# 第七节 消费者市场和供应链

本节首先将建立供应链模型和市场销售模型，之后通过 Sales 函数把两个模型联系起来。供应链模型中包括把未加工产品输送到工厂去生产产品和存储成品，将用到 QR 管理方法。市场中的消费者本来不知道该种商品，广告和口碑效应会驱动消费者的购买决定。并且产品有有限的生命周期，100% 的消费者会愿意购买新产品替代老产品。

已知条件如下：①每次工厂的订货量为 400；②一次只能运送 200 件未加工产品到车间；③每次只能同时生产 100 件产品；④在总的库存量低于 100 时，会再订购一批原材料；⑤生产完的产品在收到市场的需求订单之后流通到市场上；⑥市场上初始有 10 000 个潜在消费者；⑦广告效应为 0.5%；⑧每个消费者每个时间单位接触 10 人，被接触的人决定购买的概率为 0.3%；⑨产品的生命周期为 600。

## 一、建立供应链模型

①新建模型，命名为"消费者市场和供应链"。打开流程建模库，依次拖入"Source""Queue""Delay""Queue""Delay""Sink"到"Main"中。命名 Source 为 Supply, 定义到达通过"手动（调用 inject( )方法）"，如图 3-2-66 所示。命名第一个 Queue 为 SupplierStock, 容量最大化。命名第一个 Delay 为 Delivery, 容量设为 200。命名第二个 Queue 为 RawMaterialStock, 容量最大化。命名第二个 Delay 为 Production, 容量为 100。命名第三个 Queue 为 ProductStock, 容量最大化。如图 3-2-67 所示。

图 3-2-66 设置 Source 的属性

②从"常规"面板拖入一个参数，命名为 OrderQuantity, 类型为 int, 默认值为 400。打开"Main"的属性页，在"启动时"输入"Supply.inject(OrderQuantity);"。运行模型，观察产品的生产过程，如图 3-2-68 所示。

## 二、建立市场模型

①打开"系统动力学"面板，依次拖入三个存量，命名为 PotentialUsers、Demand、Users。用流量连接 PotentialUsers 和 Demand，以及 Users 和 Demand，命名流量为 PurchaseDecisions 和 Discards, 如图 3-2-69 所示。

②从"系统动力学"面板继续拖入 5 个参数：AdEffect = 0.005, TotalMarket = 10000, ContactRate = 10, ContactEffect = 0.03, ProductLifetime = 600, 拖入两个动态变量：Sales

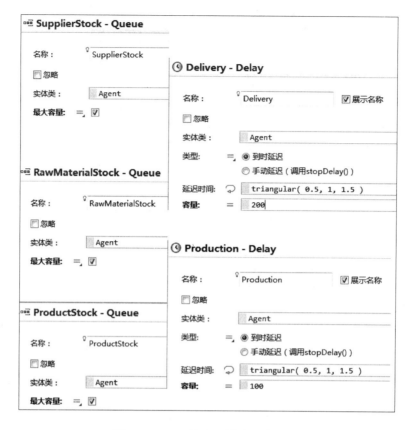

图3-2-67 依次设置流程的属性

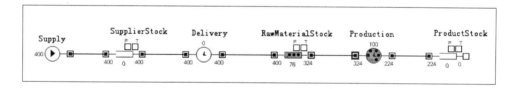

图3-2-68 模型运行结果

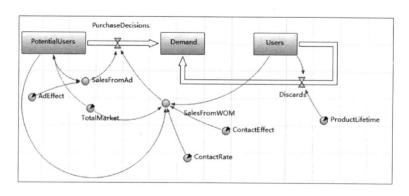

图3-2-69 在系统动力学面板添加三个存量

FromAd = PotentialUsers * AdEffect，SalesFromWOM = Users * ContactRate * PotentialUsers/Total-

Market * ContactEffect，如图 3-2-70 和图 3-2-71 所示。

图 3-2-70　设置动态变量 **SalesFromAd** 的属性

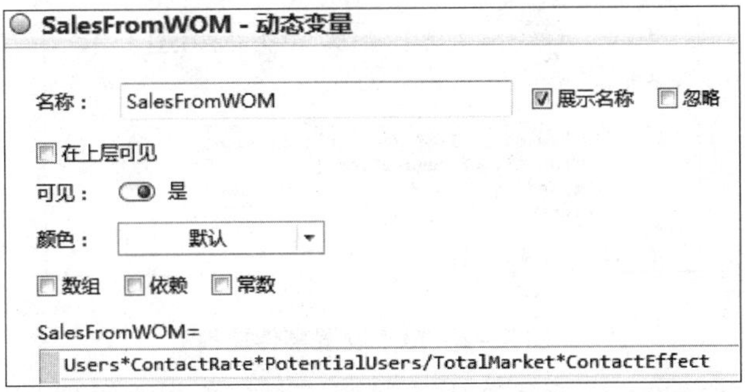

图 3-2-71　设置动态变量 **SalesFromWOM** 的属性

③设置 PotentialUsers 的初始值为 TotalMarket，Demand 初始值为 0，Users 初始值为 0。

④设置流量 PurchaseDecisions = SalesFromWOM + SalesFromAd，流量 Discards = Users/ProductLifetime，如图 3-2-72 所示。

图 3-2-72　设置流量 **PurchaseDecisions** 和 **Discards** 的属性

### 三、链接供应链和市场模型

①从"常规"面板拖动一个事件到图中，把它放在 Demand 和 Users 存量之间，这样可以直观看到 Demand 到 Users 之间的转变过程。修改时间名称为 Sales，"触发类型"为条件：Demand >=1&&ProductStock.size()>=1，如图 3-2-73 所示。在"行动"中输入以下代码：

```
while(Demand >= && ProductStock.size() >=1){
ProductStock.removeFirst();
Demand--;
Users++;
}
Sales.restart();
```

图 3-2-73 设置事件属性

②前面做的模型没有考虑到重复订货的问题。实际上，当工厂的库存量（包括正在运送的、加工的、存储的）低于一定的值时，就要重复订货。已知条件是最低库存量 ReorderPoint = 100。

从"常规"面板拖动一个参数 ReorderPoint 到图中，默认值为 100。再次打开"Sales"事件的属性，在"行动"中增加如下代码，如图 3-2-74 所示。

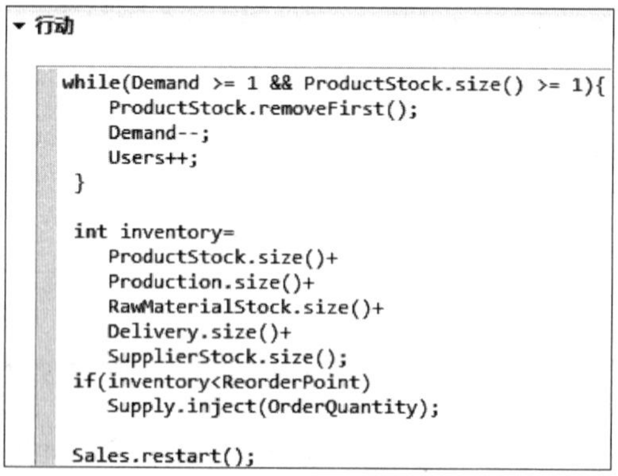

图 3-2-74 修改 Sales 事件的行动属性

```
int inventory = ProductStock.size() + Production.size() + RawMaterialStock.size() +
Delivery.size() + SupplierStock.size();
if(inventory < ReorderPoint) Supply.inject(OrderQuantity);
```

### 四、加入分析图表

①从"分析"面板拖入一个时间堆叠图,添加数据项 SupplierStock. size( )、Delivery. size( )、Production. size( )、ProductStock. size( ),分别用来分析供应链 SupplierStock、Delivery、Production、ProductStock 中实体的个数,并修改数据标题,如图 3-2-75 所示。设置时间窗为 200,自动更新数据,至多显示 200 个最新数据。

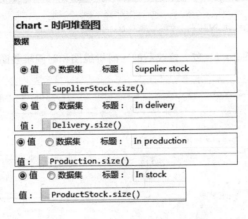

图 3-2-75  在时间堆叠图中添加数据项

②从"分析"面板拖入一个时间折线图,添加数据项 PotentialUsers、Demand、Users,用来分析市场模型中的 PotentialUsers、Demand、Users 的值随时间的变化规律,并修改数据标题,如图 3-2-76 所示。设置时间窗为 200,自动更新数据,至多显示 200 个最新数据。

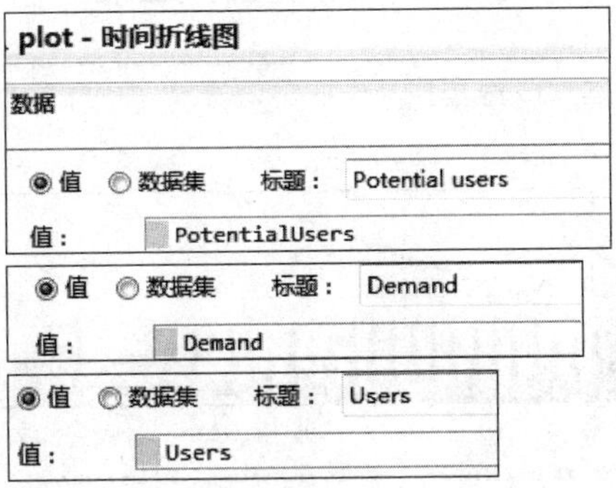

图 3-2-76  在时间折线图中添加数据项

③单击时间折线图和时间堆叠图,设置属性中的"位置和大小"位置都为 (680, 20),宽度和高度都为 610×210。设置折线图的垂直轴标签靠右,堆叠图的靠左。设置折线图的图例在上方,堆叠图的在下方。设置折线图和堆叠图的"图表区域"背景颜色为不填充。经过位置、图例、坐标轴标签的调整之后,两张图可以重叠在一起,如图 3-2-77 所示。

④运行模型,观察图表和市场供应链过程,如图 3-2-78 和图 3-2-79 所示。观察图表可知,刚开始工厂的生产量大于 Demand 的值;后来由于需求量的快速增加,工厂的生产量赶不上需求量;当市场需求饱和之后,Demand 在一个周期内几乎为 0。

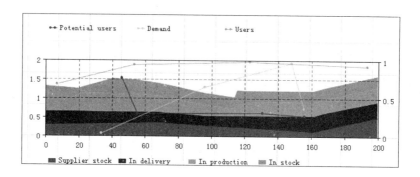

图 3-2-77 修改后的时间折线图和时间堆叠图

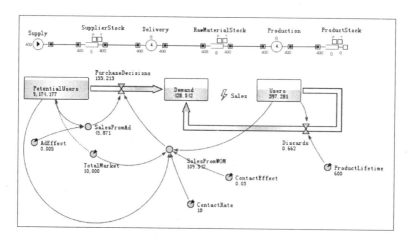

图 3-2-78 模型运行结果

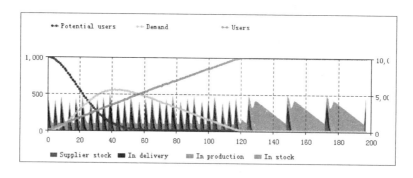

图 3-2-79 模型运行时间折线图及堆叠图结果

感谢：南京航空航天大学黄玉（QQ：1175406301）整理翻译。

文档中若有纰漏，可加入 Anylogic 官方中文交流群（QQ：332492286）与格瑞纳丛（QQ：383438135）联系，进行确认统一修改后再发布，谢谢。

## 第八节 产品组合和投资政策

一家公司开发出了有相同生命周期的产品，并把它们销售出去。当产品上市时，它的收入先增加然后减少。为了盈利,公司必须持续不断地研发新产品。新产品上市时,公司要投入一定的广告费用。要研究的是投资策略对公司商业的影响。案例中做了一些假设:

**1. 产品的生命周期**

①产品的研发周期随机均匀分布在1.5~6年之间,在这个周期,每个产品会分配到一个随机分布在0~1之间的SuccessFactor。在研发阶段结束时,SuccessFactor小于0.5的产品将被淘汰,其他产品进入生产阶段。

②产品的生产周期随机均匀分布在1~6年之间,在此期间,SuccessFactor会加上一个随机均匀分布在-0.3~0.3之间的数。同样地,在这个阶段结束时,SuccessFactor小于0.5的产品将被淘汰,其他产品上市。

③当产品上市之后,SuccessFactor再一次被修改,加上一个随机均匀分布在-0.3~0.3之间的数,之后就保持不变。

**2. 收入和成本**

①每个产品有相同的基础收入曲线,实际的收入等于基础收入乘以SuccessFactor。

②在市场上最开始的两年是产品的推广期,在此之后任何时候,收入如果低于$5 000 000,产品就退出市场。

③每个产品的研发成本是$0.5 000 000/年,生产成本是$0.5 000 000/年。上市后推广成本是$10 000 000,均摊在2年内。此外,启动一个新产品研发项目需要一次性投入$0.5 000 000。

**3. 投资政策**

①公司的一部分收入会投放到投资资金中,所有的项目投资费用都会由投资资金提供。

②公司最多可以同时进行100个投资项目。

③如果(正在进行的项目数+1)×平均每个项目成本>投资资金,新项目就会被批准。

④如果拟投资项目总数×平均投资费用>累计投资资本,20%的收入将投入到投资资金中;其余部分将作为主要资产,可用于产品推广费用支出。

## 一、建立产品智能体和组合群

①新建模型,命名为"产品组合和投资政策"。从"常规"面板拖入一个智能体人口到Main中,智能体类型名称为Product,智能体群名称为portfolio,单击"完成"按钮。打开Main中的portfolio属性页,设置初始对象数为100,在"高级"中勾选"Show presentation",勾选后才能看到Product的动画展示。回到Main的属性页,"其他智能体环境"中去掉portfolio的勾选。去掉勾选后,portfolio将不使用环境。

②打开Product页面,从演示面板拖入一个oval,命名为bubble。编辑bubble的$X$坐标为uniform(600),$Y$坐标为uniform(-60),如图3-2-80所示,此时bubble会随机分布在指定的空间内。返回Product,打开属性页,在"移动参数"中设置初始速度为100。回到Main界面,设置portfolio的位置为(200,350),如图3-2-81所示,给bubble提供自由移动的空间。

图 3-2-80　设置椭圆的位置和大小

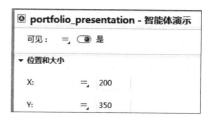

图 3-2-81　设置 protfolio 的位置和大小

## 二、产品生命周期状态图

①打开 Product 界面，从"常规"面板中拖入 8 个参数，分别命名为 ResearchTime、DevelopmentTime、IntroductionTime、AnnualResearchCost、AnnualDevelopmentCost、AnnualIntroductionCost、MinExpectedSuccess、DiscontinueThreshold，如图 3-2-82 所示，默认值分别为 3、2、2、0.5、1、5、0.5、5。继续拖入两个变量 SuccessFactor、TimeLaunched。拖入一个表函数 BaseRevenueCurve，在表数据里输入以下数据序列，插值选择样条线，超出范围的参数选择外推，如图 3-2-83 所示。

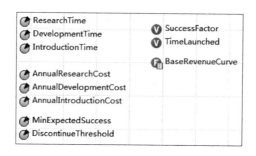

图 3-2-82　在 Product 界面添加参数、变量及表函数

数列：(0,0)、(1,4)、(2,12)、(2.5,16)、(3,22)、(4,24)、(5.5,20)、(6,16)、(7.5,8)、(8,6)、(9,4)、(10,3)、(11,2)、(12,1)、(14,0)。

②打开 Product 界面，打开"状态图"面板，拖动控件，建立图 3-2-84 所示产品生命周期状态图，编辑每次变迁的触发条件及分支条件，如图 3-2-85~图 3-2-88 所示。

③单击状态 Research、Development、InMarket，在进入或者离开时改变 bubble 的颜色和 SuccessFactor 的值，如图 3-2-89~图 3-2-91 所示。单击最终状态 Killed 和 Discontinued，在行动中输入代码：get_Main().remove_portfolio(this);，如图 3-2-92 所示。

## 三、加入产品收入和成本计算函数

①打开 Product 界面，从"常规"面板中拖入三个函数：AnnualRnDCost、AnnualMarketCost、AnnualRevenue，编辑函数体，如图 3-2-93~图 3-2-95 所示。

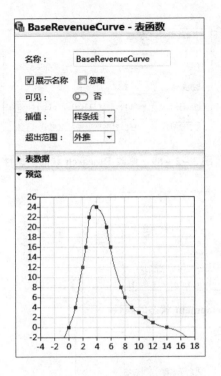

图 3-2-83　设置表函数属性 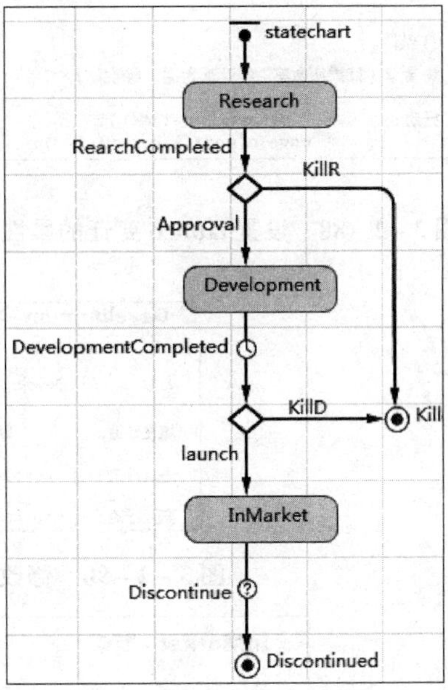　　图 3-2-84　建立产品生命周期状态图

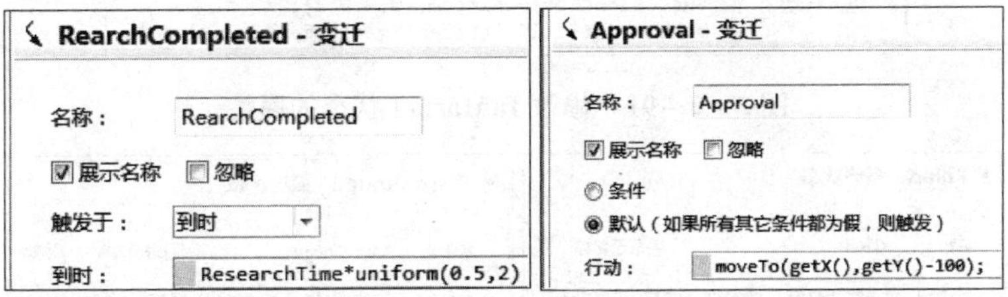

图 3-2-85　设置 RearchCompleted 和 Approval 变迁的属性

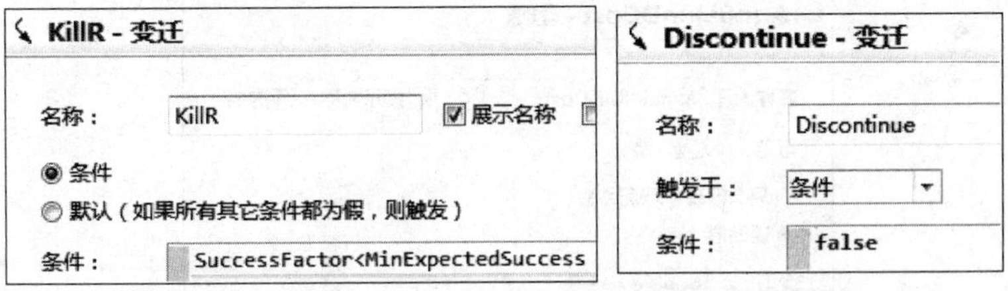

图 3-2-86　设置 KillR 和 Discontinue 变迁的属性

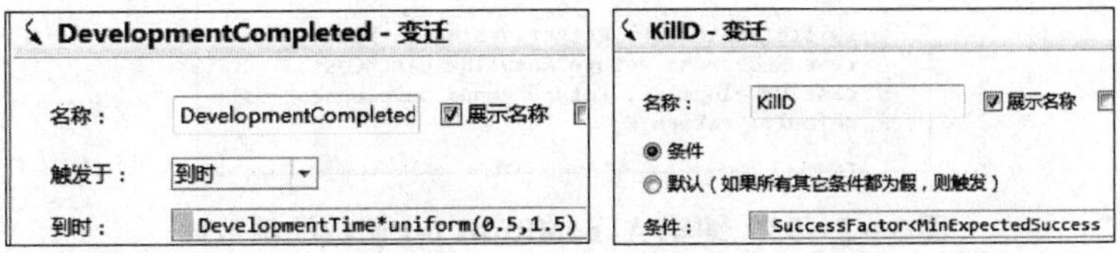

图 3-2-87　设置 DevelopmentCompleted 和 KillD 变迁的属性

图 3－2－88　设置 launch 变迁的属性

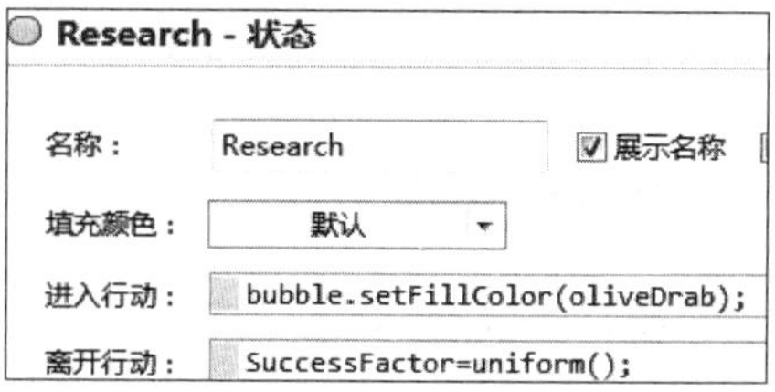

图 3－2－89　修改 Research 状态的属性

图 3－2－90　修改 Development 状态的属性

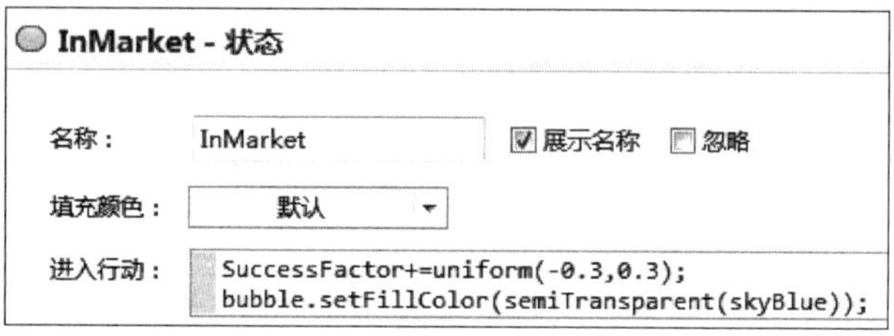

图 3－2－91　修改 InMarket 状态的属性

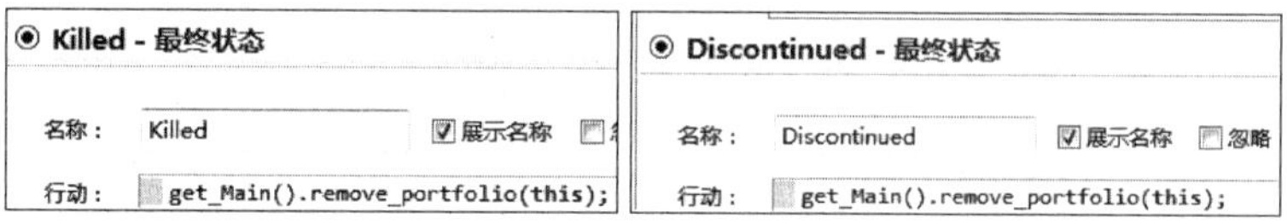

图 3－2－92　修改 Killed 和 Discontinued 最终状态的行动属性

图 3－2－93　编辑 AnnualRnDCost 函数的函数体

图 3-2-94 编辑 AnnualMarketCost 函数的函数体

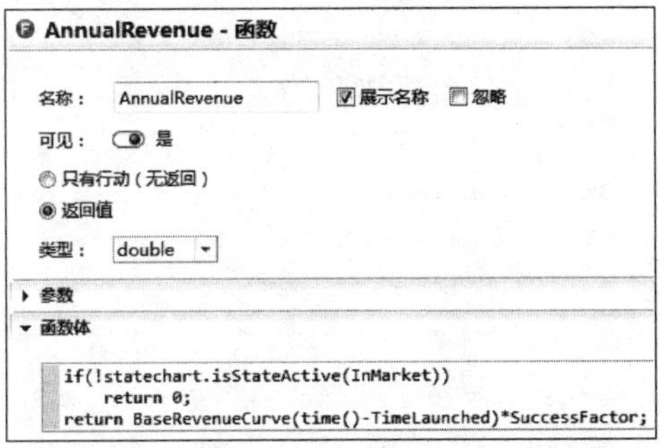

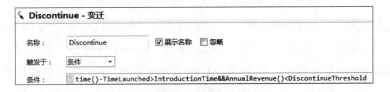

图 3-2-95 编辑 AnnualRevenue 函数的函数体

②回到"Product"界面，重新编辑 Discontinue 变迁的触发条件，如图 3-2-96 所示。

图 3-2-96 编辑 Discontinue 变迁的触发条件

③单击打开"bubble"的属性页，图形类型改为椭圆，编辑 $X$ 和 $Y$ 半径，如图 3-2-97 所示。

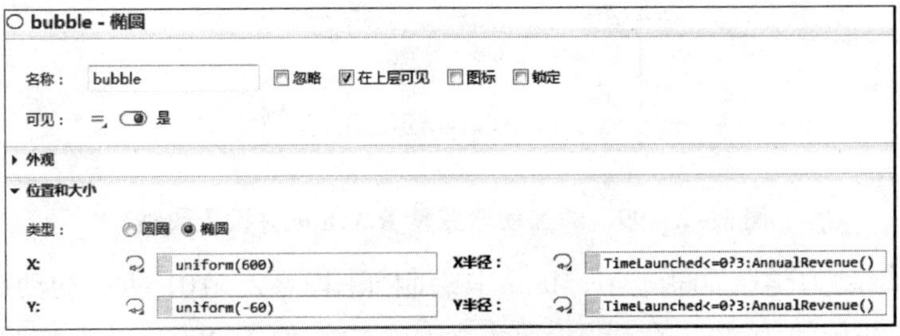

图 3-2-97 编辑 bubble 椭圆的属性

## 四、加入数据分析

①回到"Main"界面,单击打开"portfolio"的属性页面,增加三个"总和"统计:AnnualRevenue(汇总所有产品的收入)、AnnualRnDCost(汇总所有产品的研发成本)、AnnualMarketCost(汇总所有产品的市场推广成本),再增加一个"计数"统计:NinRnD(计算所有还未上市的产品总数),如图 3-2-98 所示。

**图 3-2-98 在 portfolio 的属性页面增加统计**

②从"系统动力学"面板中拖入一个动态变量到 Main 中,命名为 Revenue,在公式栏输入:portfolio.AnnualRevenue(),如图 3-2-99 所示。运行模型,如图 3-2-100 所示,观察 Revenue 随时间的变化规律,发现前 20 个时间单位内,Revenue 呈钟形变化。

**图 3-2-99 添加动态变量 Revenue 并设置属性**

③打开"系统动力学"面板,在 Main 中绘制如图 3-2-101 所示的动力学图。存量 InvestmentCapital 的初始值为 70,存量 MainCapital 的初始值为 200,动态变量 FractionInvested 值为 0.3。各流量的公式如图 3-2-102 和图 3-2-103 所示。再次运行模型,如

图 3-2-104 所示。当 R&D 项目太多时，InvestmentCapital 呈现出最小值；MainCapital 的极小值是由产品的市场推广费用导致的。

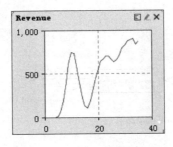

图 3-2-100　模型运行结果

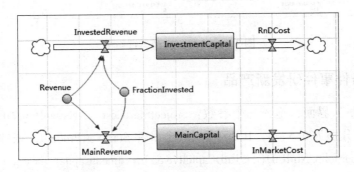

图 3-2-101　绘制动力学图

图 3-2-102　设置 InvestedRevenue 和 RnDCost 流量的公式

图 3-2-103　设置 MainRevenue 和 InMarketCost 流量的公式

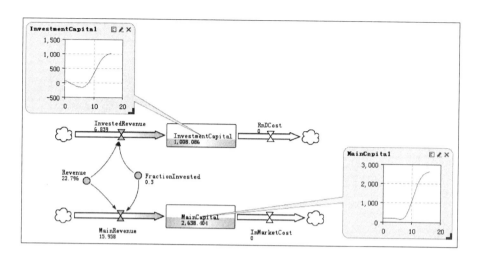

图 3-2-104 模型运行结果

## 五、增加条件事件研发新产品

①回到"Main"界面,拖入三个参数:projectStartCost、AverageProjectCost、RnDCapicity(int 型),默认值分别为 0.5、3、100。拖入一个事件 StartNewProduct,条件触发,在事件的"条件"中输入:portfolio. NinRnD( )< RnDCapicity&& InvestmentCapital >=( portfolio. NinRnD( ) + 1) * AverageProjectCost。在事件的"行动"中输入:InvestmentCapital -= projectStartCost; add_portfolio( ); StartNewProduct. restart( );,如图 3-2-105 所示。

图 3-2-105 设置事件的条件及行动属性

②单击"portfolio",把初始对象数改为 0,表明系统中刚开始没有投资的项目,由 StartNewProduct 事件触发。运行模型,如图 3-2-106 所示。

③新加入一个参数 MaxFraction,默认值为 0.2。修改动态变量 FractionInvested 的公式如图 3-2-107 所示。

```
InvestmentCapital >RnDCapicity *AverageProjectCost? 0:MaxFraction
```

再次运行模型,如图 3-2-108 所示。

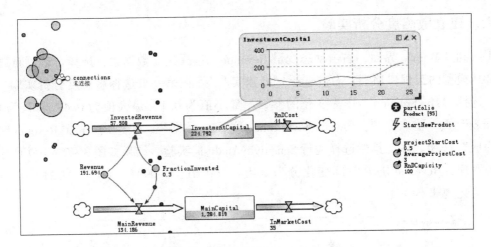

图 3-2-106　模型运行结果

图 3-2-107　修改动态变量 FractionInvested

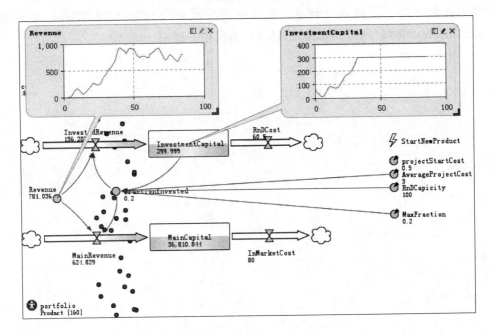

图 3-2-108　模型运行结果

### 六、建立敏感度分析实验

①回到"Main"界面,右击动态变量 Revenue,选择建立数据集,选择自动更新数据。

②从模型的工程树顶端,右击选择"新建实验"。在第一页选择敏感度分析实验。在参数页,选择"MaxFraction"作为变化的参数,最小值为 0.1,最大值为 0.4,步长为 0.01。在"图表"页,输入标题:Revenue over time,类型:数据集,表达式:root.RevenueDS,单击"完成"按钮。在工具栏选择运行 SensitivityAnalysis 实验,结果如图 3-2-109 所示,观察结果发现,Revenue 随着时间变化分为三组:(0.01,0.09)、(0.1,0.21)、(0.22,0.4),变化规律不一样。

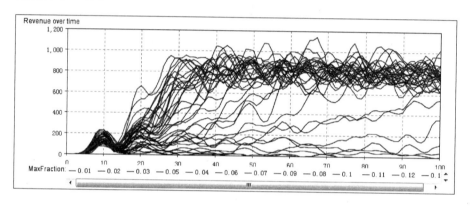

图 3-2-109 实验结果

感谢:南京航空航天大学黄玉(QQ:1175406301)整理翻译。

文档中若有纰漏,可加入 Anylogic 官方中文交流群(QQ:332492286)与格瑞纳丛(QQ:383438135)联系,进行确认统一修改后再发布,谢谢。

# 第三章

# 模型运行常用属性设置

## 第一节 将单位时间的事件写入模型日志

将创建一个最简单的排队模型,运用循环到时事件将系统状态写入模型日志。这个系统包含一个事件源、一个队列和一个服务者。

①创建新模型。打开流程建模库面板,在图中添加 source、queue、delay、sink 四个模块,按图中顺序连接,如图 3-3-1 所示。运行模型,确保正常运行,如图 3-3-2 所示。

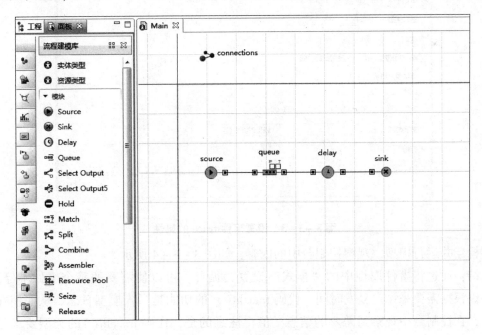

图 3-3-1 创建新模型

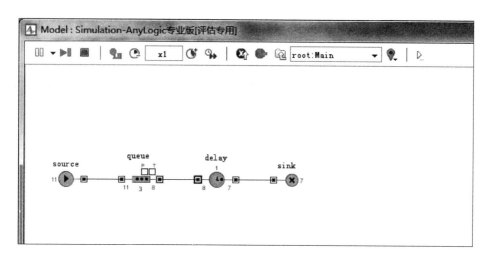

图 3-3-2　模型运行结果

②打开"常规"面板，拖拽一个事件到图中并命名为 trace。单击 trace 图标做属性修改，将模式改为循环，复发时间设为 1，在行动中输入代码：traceln(time()+":In queue"+ queue.size()+"In service:"+delay.size());，如图 3-3-3 所示。

图 3-3-3　设置事件 trace 的属性

③构建并运行模型，观察控制台中的内容，如图 3-3-4 所示。

总结：通过将事件属性中的"模式"设置为循环，可以使需要的某个事件不停复发，并且可以根据需要来设定复发时间。代码 traceln() 的功能是写入模型日志，从而使在模型运行时，在控制台中观察到需要的信息。值得注意的是，代码 traceln() 的类型要求是字符串（string），在这个例子中，由字符串常量（例如"In service:"）、时间数据（由代码 time() 返回）及一些流程事件中的数据（由代码 queue.size() 等返回）构成。

```
控制台
anylogic config [Java 应用程序] E:\AnyLogic 7 Professional\jre\bin\javaw.exe ( 2014-11-3 下
0.0 :In queue 0 In service: 0
1.0 :In queue 1 In service: 1
2.0 :In queue 0 In service: 1
3.0 :In queue 0 In service: 1
4.0 :In queue 0 In service: 1
5.0 :In queue 0 In service: 1
6.0 :In queue 0 In service: 1
7.0 :In queue 0 In service: 1
8.0 :In queue 1 In service: 1
9.0 :In queue 0 In service: 1
10.0 :In queue 2 In service: 1
```

图 3-3-4　运行模型

在事件属性中，复发时间可以用其他表达来设置，不一定必须是常量。在每次复发结束后，系统都会动态地检验输入的表达。因此，首次发生时间可以任意设置，甚至可以通过概率分布函数将其变成随机量。

感谢：山东大学扬天润（QQ：317591924）整理翻译。

文档中若有纰漏，可加入 Anylogic 官方中文交流群（QQ：332492286）与格瑞纳丛（QQ：383438135）联系，进行确认统一修改后再发布，谢谢。

## 第二节　利用事件产生新智能体

本节将演示通过事件产生新智能体，平均每单位时间产生一个智能体。将新建一个智能体类型，但是设置其初始数量为零。

①创建新模型。打开"常规"面板，添加一个智能体到图中，选择"Population of agents"选项。命名每个智能体为 Person，智能体群为 people，单击"下一步"按钮。选择 2D 为智能体的动画图形，选择小黑人，单击"下一步"按钮。将智能体初始数量设为空，单击"下一步"按钮。将空间类型设置为离散，单击"完成"按钮。构建并运行模型，确保环境中没有智能体，如图 3-3-5 所示。

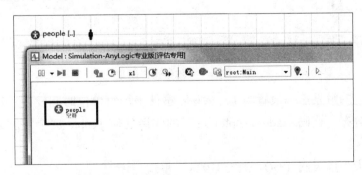

图 3-3-5　模型运行结果

②打开"常规"面板，添加一个事件到图中，并命名为 newAgent。单击"newAgent"图标，在属性中将触发类型改为速率，将速率设为1，在行动中输入代码 add_people();，如图 3-3-6 所示。

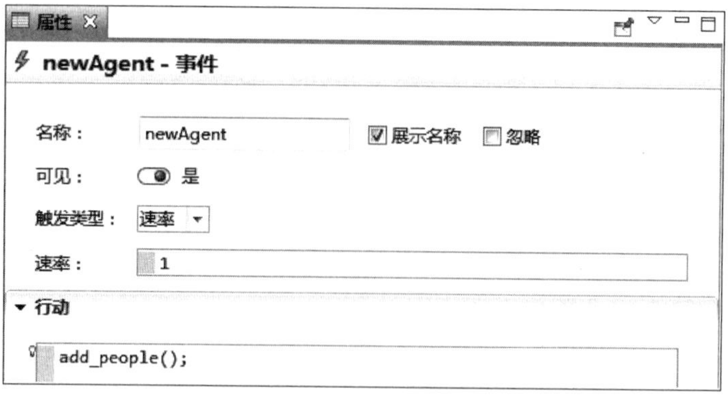

图 3 – 3 – 6  添加事件 newAgent 并设置事件属性

③为了使运行过程中不出现图像重叠现象，单击图上小黑人图标，在"高级"中勾选"画智能体到这个位置有偏移"这个选项。构建并运行模型，如图 3 – 3 – 7 所示，可以看到智能体随着每次事件发生而产生。

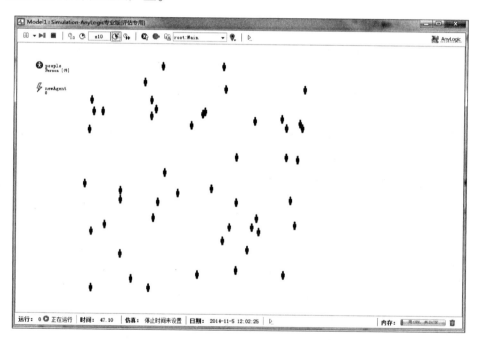

图 3 – 3 – 7  模型运行结果

总结：将事件的触发速率设置为 1，意味着事件平均每单位时间发生一次，两次事件的时间间隔呈指数分布。代码"add_people( );"的作用是使 people 这个智能体群自动产生新个体。

感谢：山东大学扬天润（QQ：317591924）整理翻译。

文档中若有纰漏，可加入 Anylogic 官方中文交流群（QQ：332492286）与格瑞纳丛（QQ：383438135）联系，进行确认统一修改后再发布，谢谢。

## 第三节　当存量达到一定值时触发事件

本节将建立一个简单的系统动力学结构：以固定流量流入一个存量。当条件"存量达到100"成立时，事件"关闭流动通道"就会被触发。这个例子展示了一种可以用来连接系统动力学模型和离散模型的方法。

①创建新模型。打开"系统动力学"面板，拖拽一个流量和一个存量到图中并相互连接，如图3-3-8所示。单击"流量"图标，在属性中勾选"常数"选项，在"flow ="一栏中填入10。

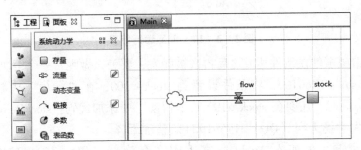

图3-3-8　创建新模型

②打开"常规"面板，拖拽一个事件到图中并命名为stockAt100。单击"事件"图标，在属性中将"触发类型"设为"条件"，在"条件"一栏中输入代码：stock >= 100，在行动中输入代码：flow = 0;，如图3-3-9所示。

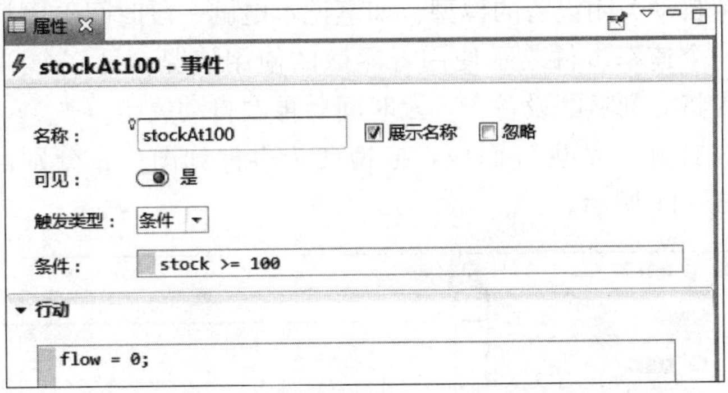

图3-3-9　添加并设置事件stockAt100的属性

③构建并运行程序，观察到存量在达到100以后不再发生变化，流量变为0，如图3-3-10所示。

总结：当想要控制流量的时候，需要将其设定为常数，这就相当于告诉软件流量不会被当作一个公式进行持续检验。另一个要注意的事情是，事件条件要设为stock >= 100，而不能设置为stock == 100，因为存量是以很小的离散的步伐在增长的，因此有可能永远达不到100这个整数，stock == 100这个条件有可能永远不能成立。

当事件被触发后，会停止对条件的监控，这个默认的行为使这个条件在事件发生后依然成立的模型得以成功运行。如果对条件进行持续监控，那么事件就会被无限地触发，从而形成回路，使模拟无法继续进行。

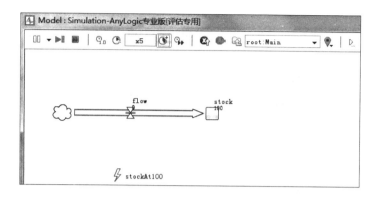

图3-3-10 模型运行结果

那么，如果希望事件在条件达成之后再次被触发，要怎么做呢？一个解决方法是创建一个新事件并命名为 stockBelow100，将条件设置为 stock<100，在"行为"中输入代码：stockAt100. restart( );，同时，还要在 stockAt100 的"行动"中添加代码：stockBelow100. restart( );。

感谢：山东大学扬天润（QQ：317591924）整理翻译。

文档中若有纰漏，可加入 Anylogic 官方中文交流群（QQ：332492286）与格瑞纳丛（QQ：383438135）联系，进行确认统一修改后再发布，谢谢。

## 第四节 自动关闭长时间不用的设备

本节将建立一个自动关闭设备的模型，如笔记本电脑一段时间不用，就将其关闭。将用两个事件来完成：一个速率事件表示使用者零散的使用情况，另一个到时事件用于关闭设备。每次使用者行为将立刻唤醒设备，一段时间后再次自动关闭。

①创建新模型。打开"常规"面板，拖拽两个事件到图中，分别命名为 userAction 和 shutdown，如图3-3-11所示。

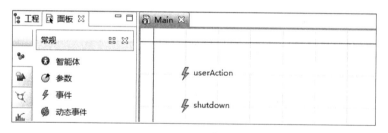

图3-3-11 添加两个事件

②单击"userAction"图标，在属性中将"触发类型"改为"速率"，在"速率"一栏中输入代码：0.1/minute( )，在行动中输入代码：shutdown. restart( );，如图3-3-12所示。

③单击"shutdown"图标，在属性中将"模式"改为"用户控制"，在"到时"一栏中输入代码：10 * minute( )，如图3-3-13所示。

④打开"演示"面板，拖拽一个椭圆到图中。单击椭圆图标，在外观中将"填充颜色"改为动态，并输入代码：shutdown. isActive( )? limeGreen:gold，将"线颜色"改为"无色"，如图3-3-14所示。

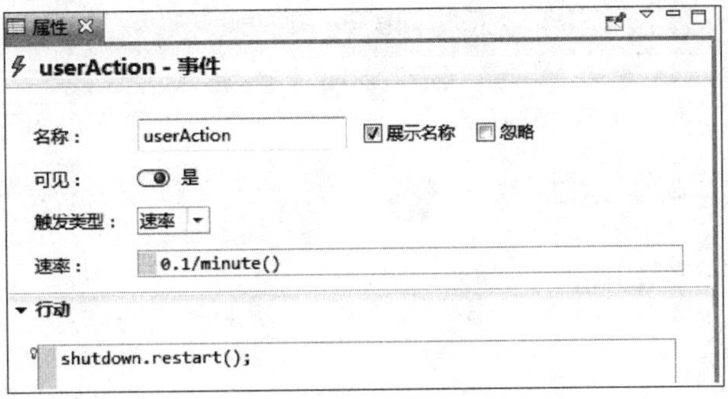

图 3 – 3 – 12  设置 userAction 事件的属性

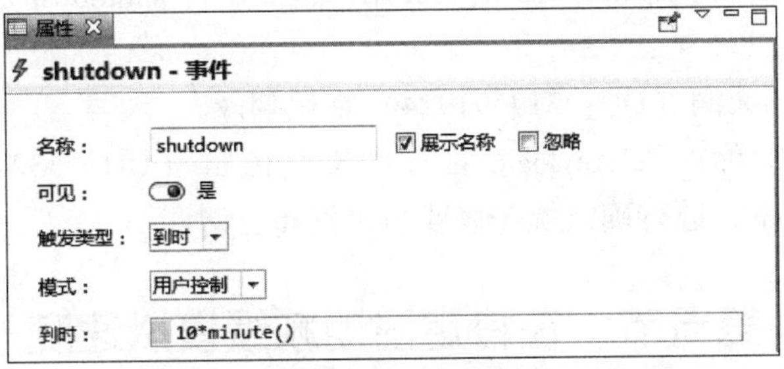

图 3 – 3 – 13  设置 shutdown 事件的属性

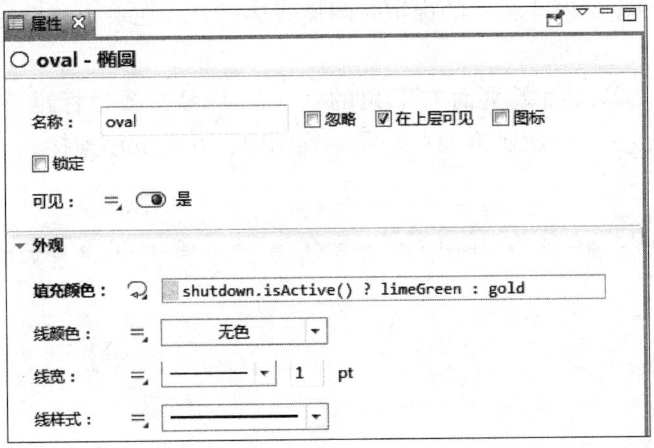

图 3 – 3 – 14  添加并设置椭圆的属性

⑤运行模型，观察事件的倒计时及椭圆颜色变化，如图 3 – 3 – 15 所示。

总结：模型中的速率事件 userAction 以平均每 10 min 一次的频率随机发生。shutdown 是用来做用户控制的 10 min 到时的事件，这意味着它必须被 restart( ) 后才能再次被触发。每次事件 userAction 发生后，到时事件 shutdown 都会被激活。如果它在前一个到时事件结束前发生，那么前一个到时事件就会被取消，而一个新的到时事件会重新开始。因此，当接连两次用户控制时间间隔超过 10 min 时，事件 shutdown 只能发生一次。

代码 minute( )、hour( )、day( ) 等被用来脱离实验时间单位的限制。

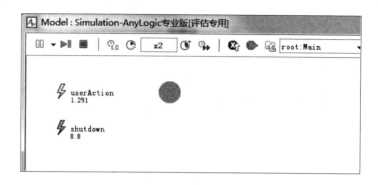

图 3-3-15　模型运行结果

代码 shutdown.isActive()？limeGreen:gold 用来检查事件 shutdown 是否被激活，并将椭圆填充成相应的颜色。

感谢：山东大学扬天润（QQ：317591924）整理翻译。

文档中若有纰漏，可加入 Anylogic 官方中文交流群（QQ：332492286）与格瑞纳丛（QQ：383438135）联系，进行确认统一修改后再发布，谢谢。

## 第五节　在特定日期减缓模拟速度

有时模型会存在初始化或预热这样一些希望在演示中快速略过的部分，可以用事件建立一个演示方案，以使模型以非常快的虚拟时间模式运行，并在一个特定的日期恢复到真实的时间模式。

①创建新模型。单击面板页面左下角的"＋"符号，选择标准库（老）。在标准库（老）面板中按图 3-3-16 所示拖拽一些图标到图中，并按顺序连接。

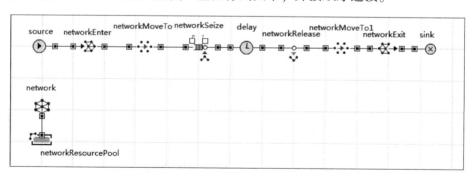

图 3-3-16　拖拽一些图标到图中

②打开"演示"面板，用矩形和折线在图上绘制出图 3-3-17 中的图案。

③全选新画出的图案，右键单击全选框中的任意位置，在弹出的对话框中选择"分组"中的"创建组"，如图 3-3-18 所示。

④打开"图片"面板，添加 3 个小人到图中，分别命名为 groupEntity、groupBusy、groupIdle。分别双击后两个小黑人，在"外观"中将填充颜色改为红色和绿色，如图 3-3-19 所示。

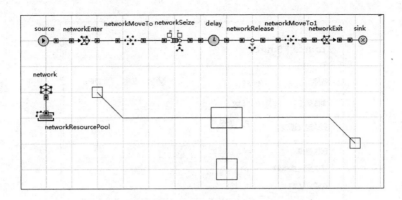

图 3-3-17　用矩形和折线在图上绘制图案

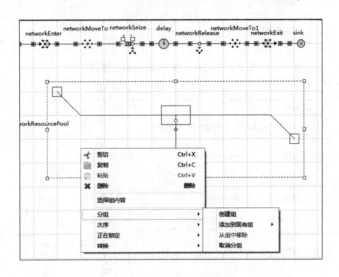

图 3-3-18　选中绘制的图案创建组

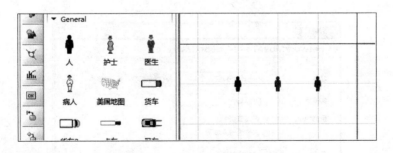

图 3-3-19　在图中添加 3 个小人

⑤单击"source"图标,在"属性"中将"到达速率"改为 0.2,在实体动画图形中选择 groupEntity,如图 3-3-20 所示。

⑥单击"networkEnter"图标,在"属性"中将"网络"设置为"network",将"入口节点"设置为"rectangle",将"速度"设置为"20",如图 3-3-21 所示。

⑦单击"networkMoveTo"图标,在"属性"中将"节点"设置为"rectangle2",如图 3-3-22 所示。

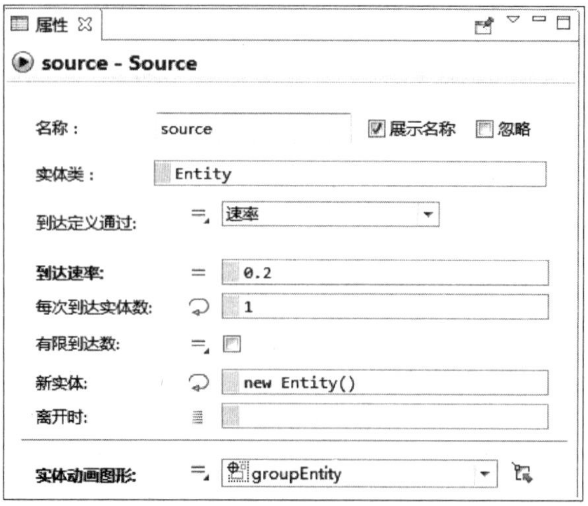

图 3-3-20 设置 source 的属性

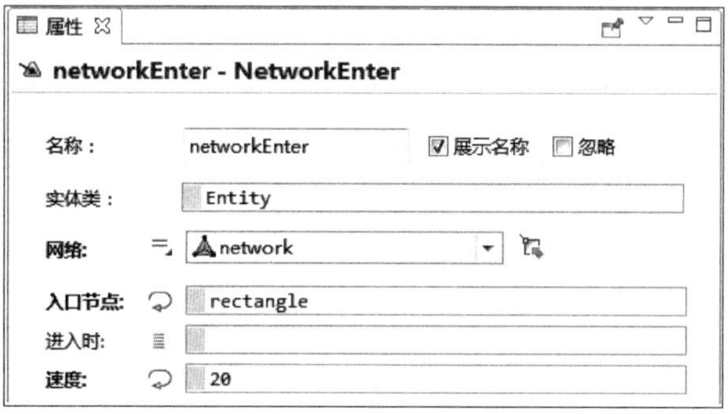

图 3-3-21 设置 networkEnter 的属性

图 3-3-22 设置 networkMoveTo 的属性

⑧单击"networkSeize"图标,在"属性"的"资源列表"中添加 networkResourcePool,勾选"发送获取的资源",将"目的地"是设为"实体",勾选"附加获取的资源",如图 3-3-23 所示。

⑨单击"delay"图标,在"属性"中将"延迟时间"设置为"triangular(1,2,3)",勾选"最大容量"选项,如图 3-3-24 所示。

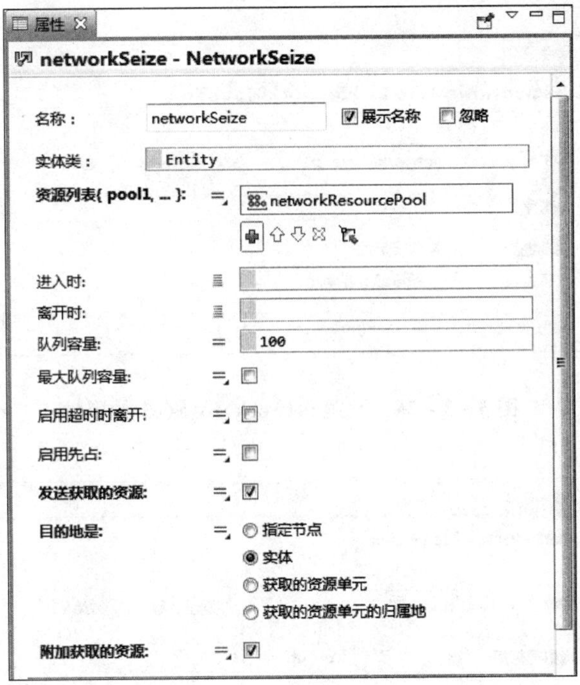

图 3-3-23　设置 networkSeize 的属性

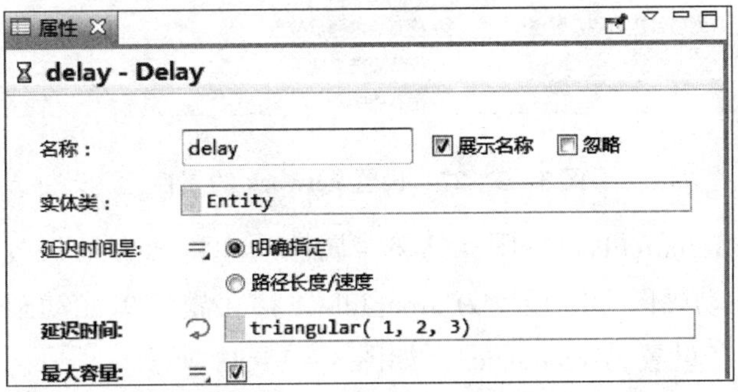

图 3-3-24　设置 delay 的属性

⑩单击"networkRelease"图标,在"属性"中将"释放"改为"所有获取的资源",如图 3-3-25 所示。单击"networkMoveTo1"图标,在"属性"中将"节点"改为"rectangle1",如图 3-3-26 所示。单击"network"图标,在"属性"中将"网络图形组"改为"group",取消"隐藏网络图形"的勾选,如图 3-3-27 所示。

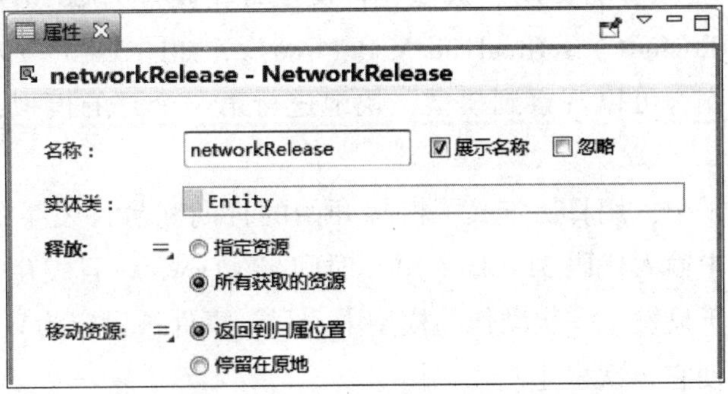

图 3-3-25　设置 networkRelease 的属性

图 3-3-26 设置 networkMoveTo1 的属性

图 3-3-27 设置 network 的属性

⑪单击"networkResourcePool"图标,在"属性"中将"容量"改为 3,将"速度"改为 30,将"空闲单元动画图形"设置为 groupIdle,将"繁忙单元动画图形"设置为 groupBusy,将"归属节点"设置为 rectangle3,如图 3-3-28 所示。

⑫在"工程"面板中单击"Simulation:Main"选项,在"模型时间"中将"执行模式"改为"虚拟时间(尽可能快)",勾选"使用日历"选项,将"开始日期"设定为 2010 年 1 月 1 日。在窗口中的"展示"状态栏中取消"模型时间""仿真进度""内存"前的勾选。

⑬打开"常规"面板,拖拽一个事件到图中并命名为 slowDown。单击 slowDown 图标,在"属性"中勾选"使用日历日期"选项,将发生日期设置为 2010 年 2 月 1 日,在"行动"中输入代码:getEngine().setRealTimeMode(true);,如图 3-3-29 所示。

⑭构建并运行模型,可以观察到模型飞快地进行第一个月的模拟,之后恢复到真实的时间。

总结:在这个例子中,用日历定义了模拟开始的日期和事件发生的日期(另一种方法是在事件的发生时间中输入代码 31*day())。时间 slowDown 一旦发生,会持续地作用,可以将这样的事件应用于只发生一次动作的模型中。尽管事件被设定为只发生一次,但可以通过代码 restart(time) 使它再次发生。

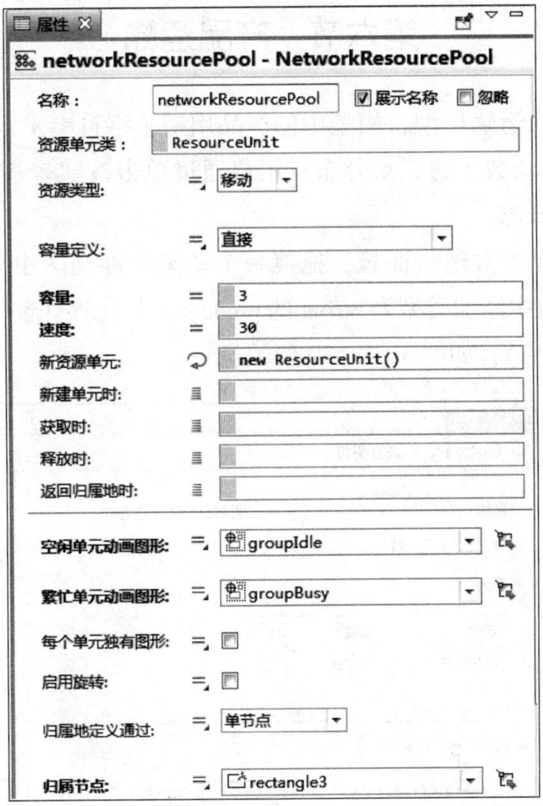

图 3–3–28　设置 networkResourcePool 的属性

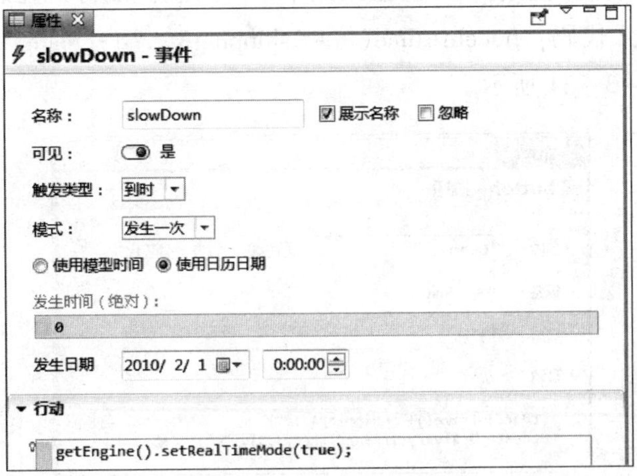

图 3–3–29　添加事件 slowDown 并设置属性

感谢：山东大学扬天润（QQ：317591924）整理翻译。

文档中若有纰漏，可加入 Anylogic 官方中文交流群（QQ：332492286）与格瑞纳丛（QQ：383438135）联系，进行确认统一修改后再发布，谢谢。

## 第六节　产品运输

本节将建立一个产品运输模型，模型中的产品用一个字符串来定义，运输时间将被设定为一个下限2、上限5、众数3的三角分布。用户通过单击按钮来控制出货。当产品被运输时，会将数据写入模型日志。

①创建新模型。打开"常规"面板，拖拽一个动态事件到图中并命名为 Delivery。单击"Delivery"图标，在参数中添加类型为 String 的 product，在行动中输入代码：traceln( time( ) + "Delivered" + product + "!" );,如图3-3-30所示。

图3-3-30　添加并设置事件 Delivery 的属性

②打开"控件"面板，拖拽一个按钮到图中。单击按钮图标，在属性中将"标签"改为 Ship，在行动中输入代码：traceln( time( ) + "shippingA..." );create_Delivery( triangular( 2, 3, 5), "A"), 如图3-3-31所示。

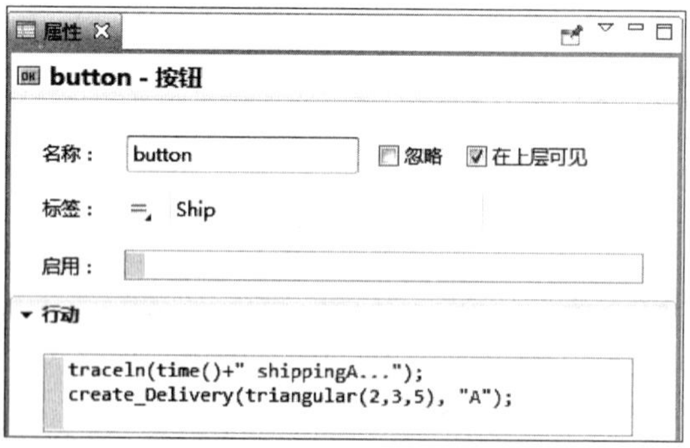

图3-3-31　添加并设置按钮的属性

③构建并运行模型，多按几次按钮，观察控制台中的模型日志，如图3-3-32所示。

观察模型运行结果发现，动态事件"Delivery"有一个字符串类型的参数，这意味着它每次发生都会链接一个字符串。当单击按钮时，一个新的动态事件就会被触发，并链接着字符串"A"。

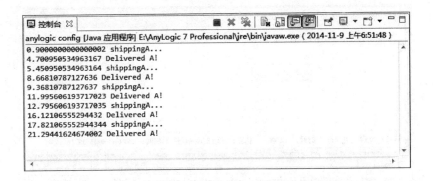

图 3-3-32　模型运行结果

④将模型再拓展一下。在编辑框中设定更多的产品类型,而不是仅仅一个"A",同时,还将在事件视图中观察动态事件数据。打开"控件"面板,拖拽一个编辑框到图中,如图 3-3-33 所示。

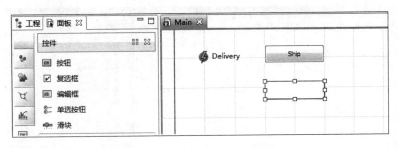

图 3-3-33　添加一个编辑框到图中

⑤单击按钮图标,在行动中将代码改为：String product = editbox. getText ( ) ; traceln ( time ( ) +" shipping" + product ) ; create_Delivery ( triangular ( 2 , 3 , 5 ) , product ) ;,如图 3-3-34 所示。

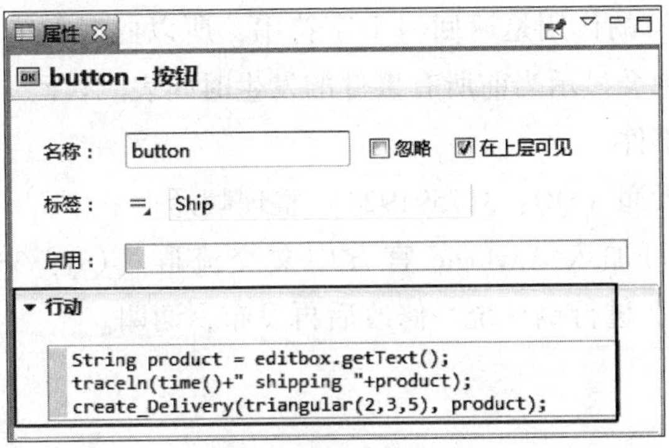

图 3-3-34　设置按钮的行动属性

⑥构建并运行模型,在编辑框中输入内容,观察控制台中的模型日志,如图 3-3-35 所示。在运行框中单击三角符号,在下拉菜单中选择事件视图。连续单击几次按钮,观察事件视图中的数据,如图 3-3-36 所示。

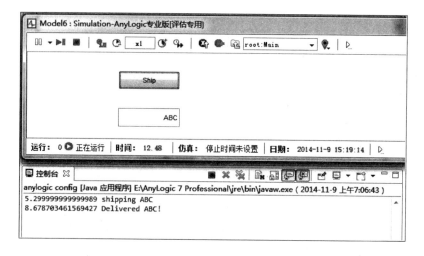

图 3-3-35 模型运行结果

图 3-3-36 观察事件视图中的数据

总结：代码 getText( ) 的作用是返回一个字符串，所以此时的产品类型是由编辑框中的内容确定的。事件视图中会显示当前所有事件的发生时间表。代码 root. Delivery 的意思是主函数中处于活动状态的事件。

感谢：山东大学扬天润（QQ：317591924）整理翻译。

文档中若有纰漏，可加入 Anylogic 官方中文交流群（QQ：332492286）与格瑞纳丛（QQ：383438135）联系，进行确认统一修改后再发布，谢谢。

# 第四章

# 模型数据导入方式

## 第一节 使用 txt 创建 log 文件

通过使用 txt 插件可以为模型创建 log 文件，使用 writeToLog（String info）方法可以将字符串写入 txt 文档中，模型启动前会检验是否在模型所在文件夹下有 log.txt 文档，如果存在，将清除其中所有内容，如果没有，将新建一个名为 log 的 txt 文档。

①创建新模型。从资源库的连接库中拖入插件文本文件，命名为 log。在"属性"中设置"模式"为"写"，在"资源"中写入：log.txt，如图 3-4-1 所示。

图 3-4-1 设置 log 文本文件的属性

②从资源库"常规"面板中拖入函数，更名为 writeToLog，添加参数 info，类型为 string。在函数体内写入代码：log.println(info);，如图 3-4-2 所示。

③单击工程此模型中的"Main"，在"属性"窗口的"启动时"中写入代码：writeToLog("Log created on" +(new Date()));，如图 3-4-3 所示。

④从资源库中的"常规"面板中拖入事件，在参数中修改"触发类型"为"速率"，将使用该事件来创建 log 中的内容。在行动中写入代码：writeToLog(time()+"event occurred");，运行模型。单击停止键终止运行模型，在模型保存的文件夹下查看 log 文件，如图 3-4-4 所示。

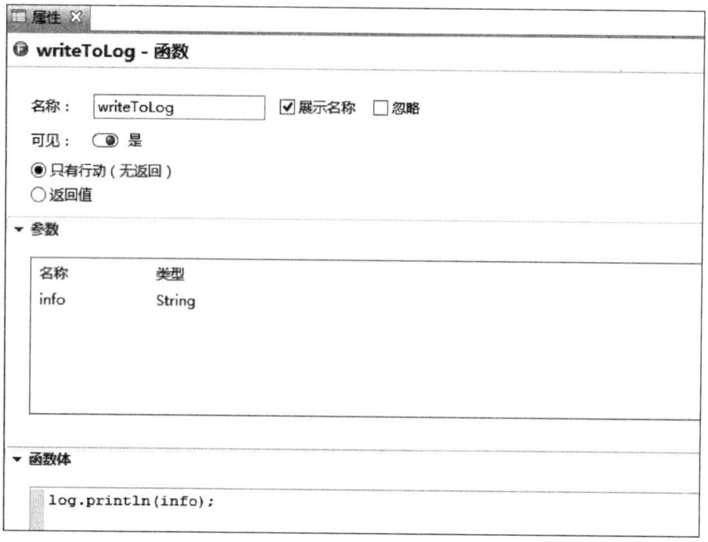

图 3-4-2 添加函数并设置属性

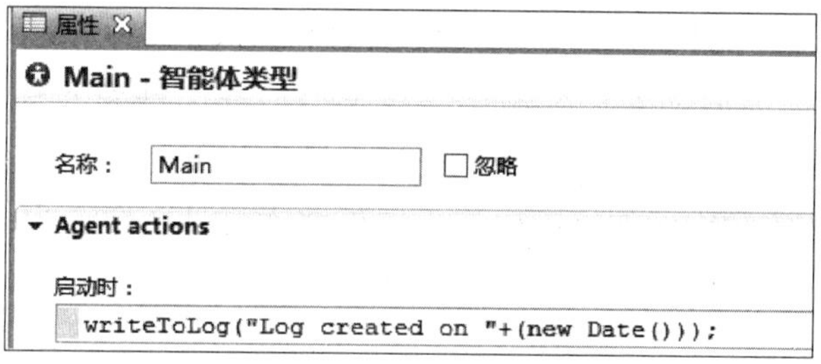

图 3-4-3 设置 Main 中 "Agent actions" 的 "启动时" 属性

图 3-4-4 查看 log 文件

感谢：山东大学扬天润（QQ：317591924）整理翻译。

文档中若有纰漏，可加入 Anylogic 官方中文交流群（QQ：332492286）与格瑞纳丛（QQ：383438135）联系，进行确认统一修改后再发布，谢谢。

## 第二节 从 txt 文档中读入表函数

①创建新模型。从资源库中的连接库中拖入插件文本文件,默认不需要修改任何参数。分隔符处需注意,此处列了多种数据分隔符,将来要从 txt 文档中读取数值类型数据,此处要与数据间的分隔一致,后面数据分隔是换行,同行数据用空格分隔,所以此处勾选行分隔符和空格。从"常规"面板中拖入表函数,默认参数不修改。从"控件"面板中拖入文件选择器,如图 3-4-5 所示。

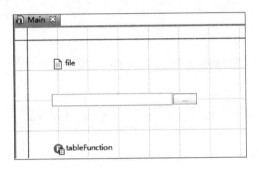

图 3-4-5　创建新模型

②在文本选择器的"属性"的"行动"中写入如下代码:

```
//设置文件读取对象 file.setFile(value,TextFile.READ);
//读取数据,由于此处数据大小未知,所以选择集合进行数据储存
ArrayList<Double>arguments = newArrayList<Double>();
ArrayList<Double>values = new ArrayList<Double>();
while(file.canReadMore()){
    arguments.add(file.readDouble());
    values.add(file.readDouble());
}
//由于表函数的 setArgumentsAndValues 方法中参数类型只支持数组型
//将集合数据转换为数组
int N = arguments.size();
double[]args = new double[N];
double[]vals = new double[N];
for(int x = 0;x<N;x++){
    args[x] = arguments.get(x);
    vals[x] = values.get(x);
}
//将数组填入表函数 tableFunction.setArgumentsAndValues(args,vals);
```

③在任何文本 txt 文件中录入如下数值后,保存文件名为"data":

0 0
1 0.15
2 0.25
3 0.44
4 0.58
5 0.97
6 0.78
7 0.61
8 0.34
9 0

④运行模型。通过文件选择器选择 data 文件。单击打开文件,表函数中就会读入文本里的数据,如图 3-4-6 所示。

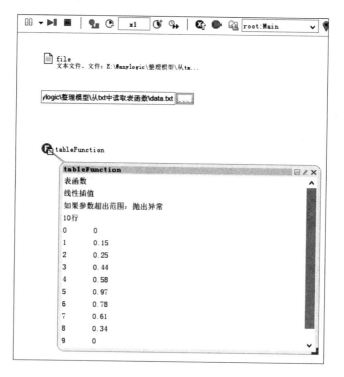

图 3-4-6 模型运行结果

感谢:山东大学扬天润(QQ:317591924)整理翻译。

文档中若有纰漏,可加入 Anylogic 官方中文交流群(QQ:332492286)与格瑞纳丛(QQ:383438135)联系,进行确认统一修改后再发布,谢谢。

## 第三节 读取 Excel 中不同类型的数据

本节将从外部 Excel 文件(图 3-4-7 所示)中读取不同类型的数据,并给模型中的变量、参数、文本、表函数和控件赋值。

| | A | B | C | D | E | F | G |
|---|---|---|---|---|---|---|---|
| 1 | | | | | | | |
| 2 | Intager value(formula=B23*B24) | 124000 | | | Hyper array data | MALE | FEMALE |
| 3 | | | | | 1 | 20 | 2014 |
| 4 | Real value | 15.8 | | | 2 | 1800 | 152 |
| 5 | | | | | 3 | 340 | 15 |
| 6 | Boolean value | TRUE | | | 4 | 150 | 0 |
| 7 | | | | | 5 | 18 | 0 |
| 8 | This text should will be set to the text shape | | | | | | |
| 9 | | | | | | | |
| 10 | The data on the right will be read into the table function | 0 | 0 | | | | |
| 11 | | 1 | 0.15 | | | | |
| 12 | | 2 | 0.25 | | | | |
| 13 | | 3 | 0.44 | | | | |
| 14 | | 4 | 0.58 | | | | |
| 15 | | 5 | 0.97 | | | | |
| 16 | | 6 | 0.78 | | | | |
| 17 | | 7 | 0.61 | | | | |
| 18 | | 8 | 0.34 | | | | |
| 19 | | 9 | 0 | | | | |
| 20 | | | | | | | |
| 21 | The data that will be used to schedule event | 15.07.2020 | | | | | |
| 22 | | | | | | | |
| 23 | The values on the right are used in the formula of B2 | 124 | | | | | |
| 24 | | 1000 | | | | | |

图 3-4-7 外部 Excel 文件数据

①新建模型。单击"连接",拖动一个 Excel 文件到"Main"中,设置文件为"data.xlsx"。从"常规"面板拖入一个变量和一个参数。

②从"控件"面板中拖入一个复选框,设置标签为"Checkbox(boolean value)"。从"演示"面板中拖入一个文本,设置文本为"text shape(String value)",如图 3-4-8 所示。

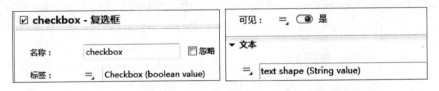

图 3-4-8 设置复选框及文本的属性

③在工程树顶端右击,单击"新建"→"维度",设置第一个维度名称为 Gender,定义为枚举,按图 3-4-9 设置名称和值;设置第二个维度名称为 SkillLevel,定义为范围 1~5。

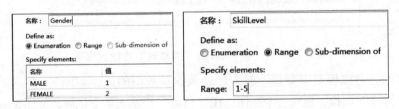

图 3-4-9 添加并设置维度的属性

④单击系统动力学面板,拖入一个动态变量,勾选"数组"和"常数",在数组维度中选择 Gender 和 SkillLevel。从"常规"面板中拖入一个表函数和一个事件,用来存储 Excel 表中数据的所有系统插件,如图 3-4-10 所示。

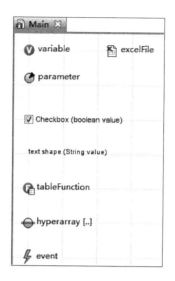

**图 3 – 4 – 10　在面板中添加变量、函数和事件**

⑤回到"Main"智能体类型界面,在"启动时"中输入如图 3 – 4 – 11 所示代码。

```
variable = (int)excelFile.getCellNumericValue("Sheet1! B2");
set_parameter(excelFile.getCellNumericValue("Sheet1", 4, 2));
checkbox.setSelected(excelFile.getCellBooleanValue(1, 6, 2));
text.setText(excelFile.getCellStringValue("Sheet1! A8"));
excelFile.readTableFunction(tableFunction, "Sheet1! B10", 10);
excelFile.readHyperArray(hyperarray, "Sheet1! F3", false);
event.restartTo(excelFile.getCellDateValue("Sheet1! B21"));
```

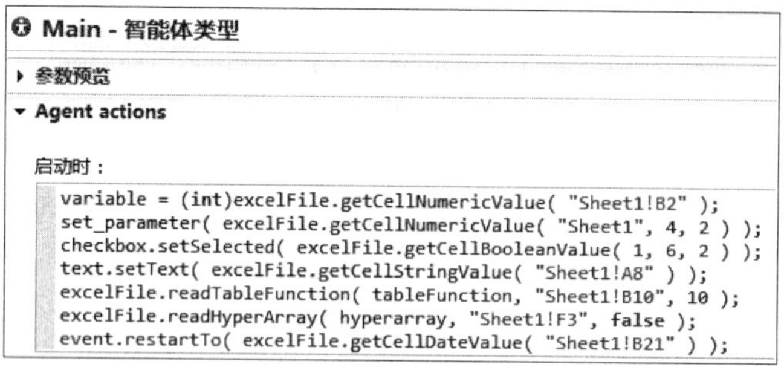

**图 3 – 4 – 11　在 Main 的"启动时"中输入代码**

⑥运行模型,对比模型中变量、参数、表函数和数组的值,如图 3 – 4 – 12 所示。

⑦打开"控件"面板,拖入一个按钮,在"行动"栏输入如下代码,如图 3 – 4 – 13 所示。

```
excelFile.setCellValue(250, "Sheet1! B23"); excelFile.evaluateFormulas();
variable = (int)excelFile.getCellNumericValue("Sheet1! B2");
//把 Excel 中 B23 的值改为 250,更新公式,重新给变量赋值
```

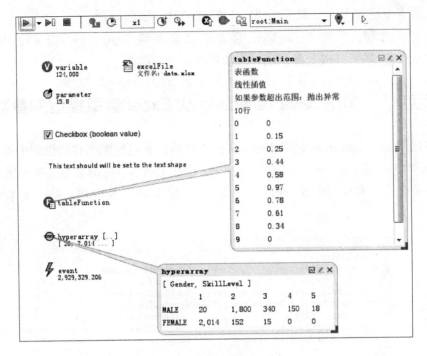

图 3-4-12　模型运行结果

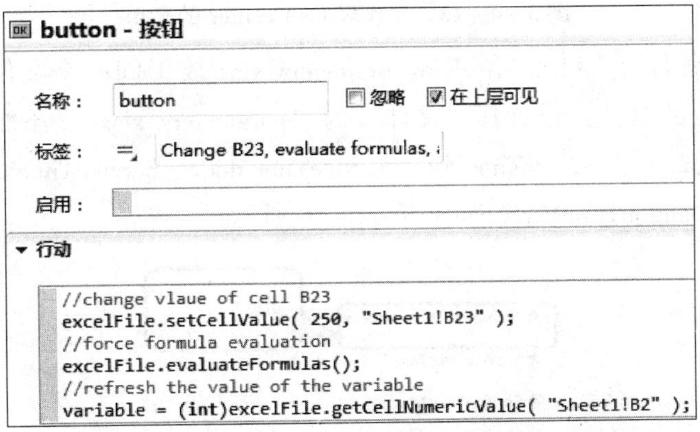

图 3-4-13　添加并设置按钮的行动属性

⑧重新运行模型，如图 3-4-14 所示，观察 variable 值的变化，发现变量的值从 124 000 变成了 250 000。

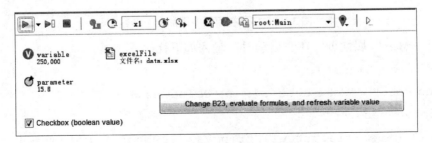

图 3-4-14　模型运行结果

感谢：南京航空航天大学黄玉（QQ：1175406301）整理翻译。

文档中若有纰漏，可加入 Anylogic 官方中文交流群（QQ：332492286）与格瑞纳丛（QQ：383438135）联系，进行确认统一修改后再发布，谢谢。

## 第四节　运用 Java reflection 从 Excel 读取模型的参数

本节将运用 Java reflection 读取 Excel 文件中的值，通过匹配名称给模型中的参数赋值。

图 3-4-15 就是 parameters.xlsx 的第一个工作表 Call center 的表单，A 列用来简单描述变量，B 列是名称（和模型中的参数进行匹配），一定要设置 B 列单元格为文本格式，C 列是取值。

|   | A | B | C |
|---|---|---|---|
| 1 | Description | Name | Value |
| 2 | Number of operators | NumberOfOperators | 20 |
| 3 | Minimum service time,minutes | ServiceTimeMin | 0.4 |
| 4 | Most likely service time,minutes | ServiceTimeMode | 3 |
| 5 | Maximum service time,minutes | ServiecTimeMax | 15 |
| 6 | Calls per minute | CallsPerMinute | 6 |
| 7 | Minimum abandon time,minutes | AbandonTimeMin | 5 |
| 8 | Maximum abandon time,minutes | AbandonTimeMax | 10 |

图 3-4-15　工作表 Call center 的表单

①新建模型，命名为"11.5"，并将 parameters.xlsx 放于同一个文件夹中。从"连接"面板中拖入一个 Excel 文件，设置其"文件"为"parameters.xlsx"。添加 7 个参数，分别命名为 NumberOfOperators、ServiceTimeMin、ServiceTimeMode、ServiecTimeMax、CallsPerMinute、AbandonTimeMin、AbandonTimeMax，如图 3-4-16 所示。

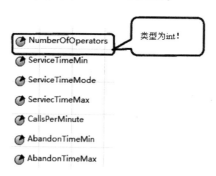

图 3-4-16　在面板中添加七个参数

②打开"Main"属性页，在"启动时"输入如下代码：

```
Class c = getClass();
String sheet = "Call center"; int colnames =1;
int colvalues =1;
while(! excelFile.getCellStringValue(sheet,1,colnames).equals("
 Name"))
```

```
        colnames ++;
while(! excelFile.getCellStringValue(sheet,1,colvalues).equals("
 Value"))
        colvalues ++;
        int row = 2;
while(excelFile.cellExists(sheet,row,colnames)){
        String name = excelFile.getCellStringValue(sheet, row, col-
           names);
        try{
            java.lang.reflect.Field f = c.getField(name);
            java.lang.reflect.Method m;
            String methodname = "set_" + name;
            Class<?> fc = f.getType();
            if(fc.equals(int.class)){
             m = c.getMethod(methodname,int.class);
             m.invoke(this,(int)excelFile.getCellNumericValue(sheet,
              row,colvalues));
            }else
            if(fc.equals(double.class)){
             m = c.getMethod(methodname,double.class);
              m.invoke(this,excelFile.getCellNumericValue(sheet,row,
               colvalues));
            }else
            if(fc.equals(String.class)){
             m = c.getMethod(methodname,String.class); m.invoke(this,
              excelFile.getCellStringValue(sheet,row,colvalues));
            }else
            if(fc.equals(boolean.class)){
             m = c.getMethod(methodname,boolean.class);
              m.invoke(this,excelFile.getCellBooleanValue(sheet,row,
               colvalues));
            }else{
             error("This parameter type cannot be read from Excel:" +
              fc);
            }
        }catch(Exception e){
            error("Could not setup the parameter:" + name + "because of:\
```

```
            n"+e);
        }
        row ++;
    }
```

③打开流程建模库,建立图 3 – 4 – 17 所示简单的流程图,并照图 3 – 4 – 18 ~ 图 3 – 4 – 20 修改各个控件的属性。

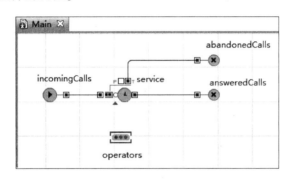

图 3 – 4 – 17　建立简单的流程图

图 3 – 4 – 18　修改 service 的属性

④运行模型,如图 3 – 4 – 21 所示,观察参数值。

感谢:南京航空航天大学黄玉(QQ:1175406301)整理翻译。

文档中若有纰漏,可加入 Anylogic 官方中文交流群(QQ:332492286)与格瑞纳丛(QQ:383438135)联系,进行确认统一修改后再发布,谢谢。

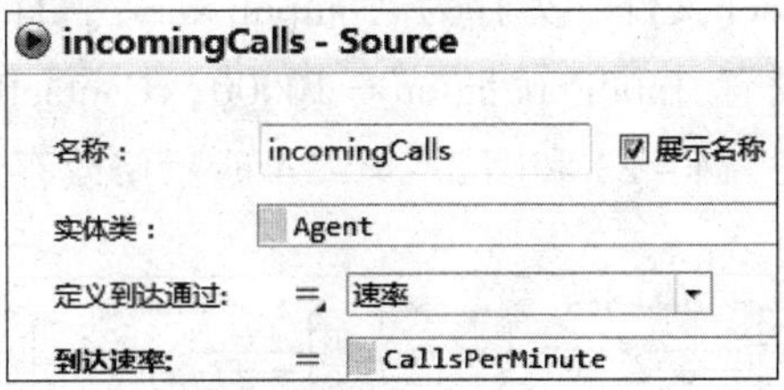

图 3-4-19 修改 incomingCalls 的属性

图 3-4-20 修改 operators 的属性

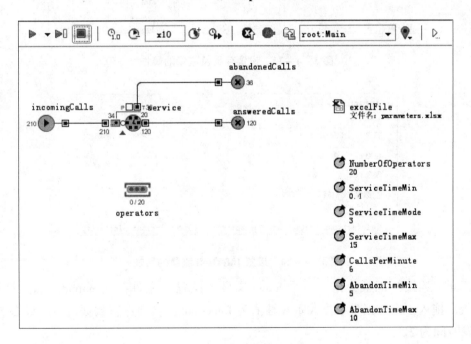

图 3-4-21 模型运行结果

## 第五节 在 Excel 中以图表形式展示模型输出结果

本节将首先建立一个简单的传染病传播系统动力学模型,然后把运行结果输出到 Excel 中。

①新建一个 Excel 文件,选中 A1:B50 区域,单击"插入"→"折线图",修改标题为

"Infectious people"。关闭 Excel 文件，另存为"output.xlsx"。打开"系统动力学"面板，建立图 3-4-22 所示模型，设置 TatalPopulation = 10000，ContactRate = 7，Infectivity = 0.05，IllnessDuration = 14。按照图 3-4-23 和图 3-4-24 所示修改存量和流量的属性。

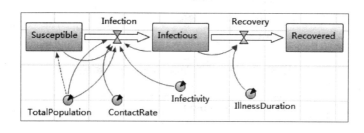

图 3-4-22 新建模型

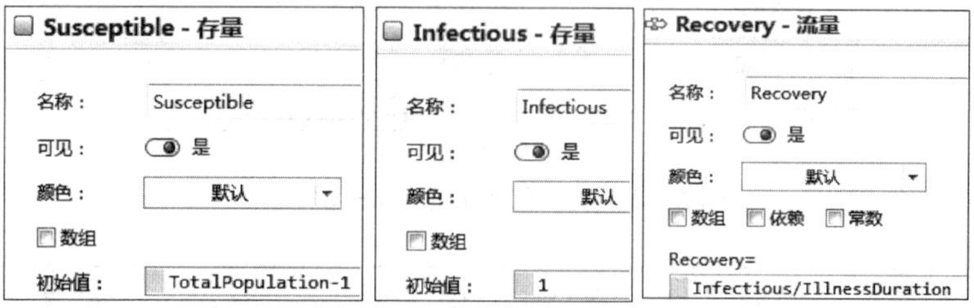

图 3-4-23 设置存量及流量的属性

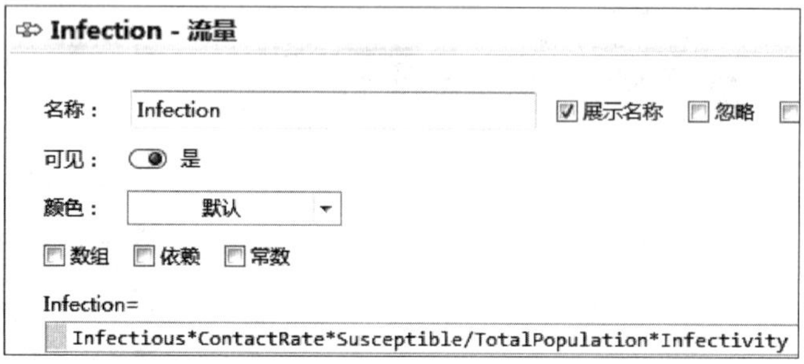

图 3-4-24 设置 Infection 流量的属性

②打开"连接"面板，拖入一个 Excel 文件。设置"文件"为 output.xlsx。打开"分析"面板，拖入一个数据集。修改垂直轴值为 Infectious，自动更新数据，显示最多 50 个样本，复发时间为 2。

③打开"Main"的属性页，在"销毁时"中输入如下代码：excelFile.writeDataSet(dataset,1,1,1);。当模型运行结束时，向 Excel 文件中写入数据集"dataset"的值，从第一行第一列开始，如图 3-4-25 所示。

④从工程树中单击打开"Simulation"的属性页。设置在指定时间停止，停止时间为 100，时间模式为虚拟。运行模型，保证 output.xlsx 是关闭状态。运行结束后，关闭运行窗口。打开 output.xlsx 文件，会出现输出的数据和图表，如图 3-4-26 所示。

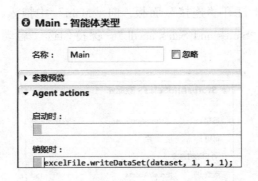

**图 3-4-25　设置 Main 中“Agent actions”的“销毁时”属性**

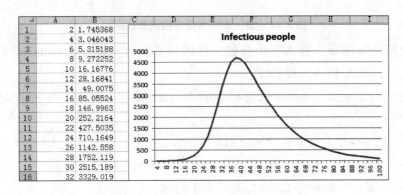

**图 3-4-26　模型运行的输出结果**

感谢：南京航空航天大学黄玉（QQ：1175406301）整理翻译。

文档中若有纰漏，可加入 Anylogic 官方中文交流群（QQ：332492286）与格瑞纳丛（QQ：383438135）联系，进行确认统一修改后再发布，谢谢。

## 第六节　利用 ResultSet 从数据库载入数据

本节将应用 Anylogic 的 database 和外部的数据库建立连接，并且执行一些查询，并对查询结果进行筛选。

①建立一个图 3-4-27 所示的数据库文件“Stores and Sales. accdb”，包含两张表：“SalesByYear”和“StoreLocation”。

SalesByYear

| Store | Year | Sales |
|---|---|---|
| A001 | 2009 | 85876 |
| A001 | 2010 | 368781 |
| A001 | 2011 | 456795 |
| A002 | 2009 | 34987 |
| A002 | 2010 | 55009 |
| A002 | 2011 | 76153 |
| A003 | 2011 | 124980 |
| A004 | 2010 | 127670 |
| A004 | 2011 | 118530 |

StoreLocation

| Store | City | State |
|---|---|---|
| A001 | Dallas | Texas |
| A002 | Sacramento | California |
| A003 | Austin | Texas |
| A004 | Boston | Massachusetts |

**图 3-4-27　建立数据库文件中的两张表**

②建立一个新模型。打开"连接"面板，向"Main"中拖入一个数据库，修改名称为 StoresAndSales，选择文件"Stores and Sales.accdb"，保持勾选"启动时连接"，如图 3-4-28 所示。

**图 3-4-28　添加并修改数据库的属性**

③打开"控件"面板，拖入一个按钮，修改标签为"Select whole table"；在"行动"中输入如下代码，如图 3-4-29 所示。

```
ResultSet rs = StoresAndSales.getResultSet("SELECT * FROM StoreLocation");
while(rs.next()){ traceln(rs.getString("Store") + ":" + rs.getString("City") + "," + rs.getString("State"));
}//在控制台显示"Store Location"表中的所有数据
```

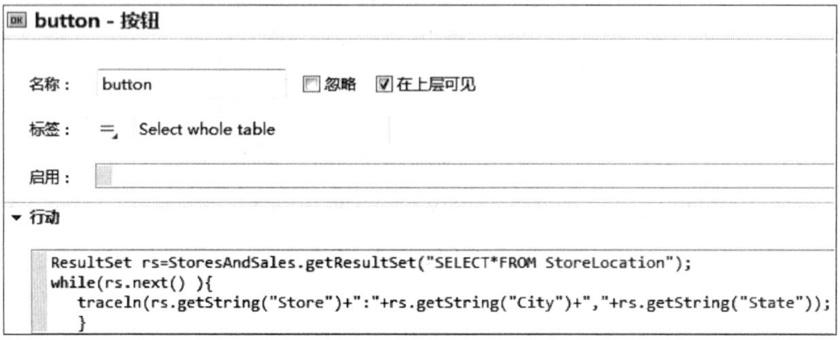

**图 3-4-29　添加并修改按钮的行动属性**

④运行模型，在运行时，数据库下方会显示"已连接"。打开控制台观察输出。

⑤单击"连接"面板，拖入一个"查询"，修改名称为"HighRevenueIn2011InTexas"。在"查询"的"SQL"中输入代码，如图 3-4-30 所示。

```
SELECT SalesByYear.Store,Sales,City
FROM SalesByYear INNER JOIN StoreLocation ON SalesByYear.Store = 
    StoreLocation.Store
WHERE Year = 2011 AND Sales > 100000 AND State = ´Texas´
```

⑥从"控件"面板中拖入一个按钮，修改标签为"Select highest TX revenues in 2011"。在"行动"中输入下面的代码，如图 3-4-31 所示。

```
traceln("\nStores with revenue >100,000 in 2011 in Texas \n");
```

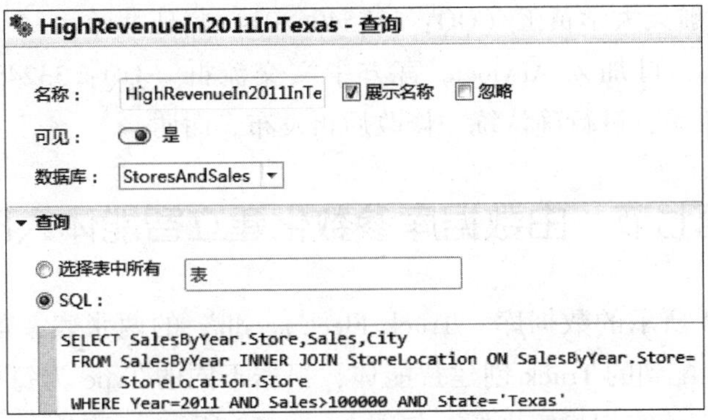

图 3-4-30 添加并修改查询的属性

```
ResultSet rs = HighRevenueIn2011InTexas.execute();
while(rs.next()){
traceln(rs.getString("Store") + ":" + rs.getDouble("Sales") + "in"
+rs.getString("City"));
}//在控制台以一定格式显示符合查询条件的值
```

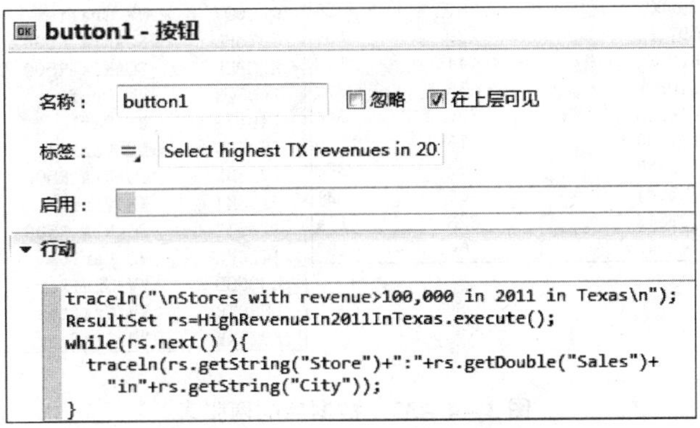

图 3-4-31 添加并修改按钮的属性

⑦再次运行模型,单击按钮"Select highest TX revenues in 2011",观察控制台显示,如图 3-4-32 所示。

图 3-4-32 模型运行结果

感谢：南京航空航天大学黄玉（QQ：1175406301）整理翻译。

文档中若有纰漏，可加入 Anylogic 官方中文交流群（QQ：332492286）与格瑞纳丛（QQ：383438135）联系，进行确认统一修改后再发布，谢谢。

## 第七节 由数据库参数化建立智能体人口

根据图 3－4－33 所示的数据库“Truck Fleet. accdb”的两张表，首先匹配两张表中的 TruckID，为每个能匹配到的 Truck 创建智能体，根据不同的 Type 为每个 Truck 指定不同的动画图形，根据 *X*、*Y* 为它们指定坐标，如图 3－4－33 所示。

TruckLocations

| TruckID | X | Y |
|---|---|---|
| A642VK | 475 | 209 |
| B492AP | 205 | 99 |
| B698BJ | 519 | 422 |
| C498PB | 169 | 218 |
| C634NW | 421 | 411 |
| C984JA | 459 | 239 |
| D840JI | 195 | 196 |
| F783VU | 130 | 319 |
| G600OV | 383 | 355 |
| G975PL | 229 | 194 |
| H129BE | 444 | 142 |
| I408QR | 438 | 312 |
| I461JS | 350 | 344 |
| I546UG | 478 | 326 |
| I713NN | 587 | 378 |
| J133NJ | 84 | 324 |
| J295JZ | 323 | 154 |
| J420WZ | 364 | 197 |

TruckTypes

| TruckID | Type |
|---|---|
| A642VK | SCANIA R500 |
| B492AP | VW Crafter |
| B698BJ | VW Crafter |
| C498PB | SCANIA R500 |
| C634NW | MB Vario |
| C984JA | SCANIA R500 |
| D840JI | VW Crafter |
| F783VU | SCANIA R500 |
| G600OV | VW Crafter |
| G975PL | SCANIA R500 |
| H129BE | SCANIA R500 |
| I408QR | VW Crafter |
| I461JS | MB Vario |
| I546UG | MB Vario |
| I713NN | SCANIA R500 |
| J133NJ | MB Vario |
| J295JZ | SCANIA R500 |
| J420WZ | MB Vario |
| L335SD | VW Crafter |
| L866ER | VW Crafter |
| N825RW | VW Crafter |

**图 3－4－33 数据库的两张表**

①新建模型。单击“演示”面板，拖入一个图像，添加图像“美国地图 . jpg”，设置坐标为（0，0），大小为 800×600，如图 3－4－34 所示。

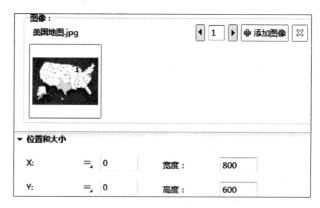

**图 3－4－34 添加并设置图像属性**

②单击"常规"面板,添加智能体。智能体类型名称为"Truck",智能体群名称为"fleet",初始智能体数为 0,单击"完成"按钮。

③打开"Main"属性页,取消勾选"其他智能体环境"中的"fleet"。单击"fleet"的属性页,勾选"高级"中的"Show presentation"。

④单击打开"Truck"界面,向其中拖入 4 个参数:id、type、x 和 y,前两个参数是 string 类型,后两个参数是 double 类型。

⑤单击打开"图片"面板。向"Truck"界面中依次拖入"货车""货车2"和"卡车"。在"lorry"的"可见"中输入:type.equals("MB Vario");在"lorry2"的"可见"中输入:type.equals("VW Crafter");在"truck"的"可见"中输入:type.equals("SCANIA R500")。设置三个图片组的位置都为(x,y)。如图 3-4-35 和图 3-4-36 所示。

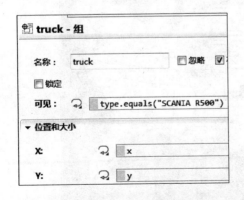

图 3-4-35 设置货车及货车 2 的属性

⑥单击"演示"面板,向 Truck 中继续添加一个文本;设置"文本"为 id,位置为 (x+1,y+1)。

⑦回到"Main"页面,单击"连接"按钮,拖入一个数据库,命名为 TruckFleetDB,勾选"启动时连接",选择文件"Truck Fleet.accdb",如图 3-4-37 所示。

图 3-4-36 设置卡车的属性　　图 3-4-37 添加并设置数据库的属性

⑧从"连接"面板继续向 Main 中添加一个查询,选择数据库"TruckFleetDB"。在"查询"→"SQL"中输入图 3-4-38 中的代码。勾选数据填充中的"每一行增加"→"智能体",指定智能体群为 fleet。勾选"启动时执行",如图 3-4-38 所示,输入参数/字段和列。

图 3-4-38 添加并修改查询的属性

⑨运行模型，如图 3-4-39 所示，观察图像分布。

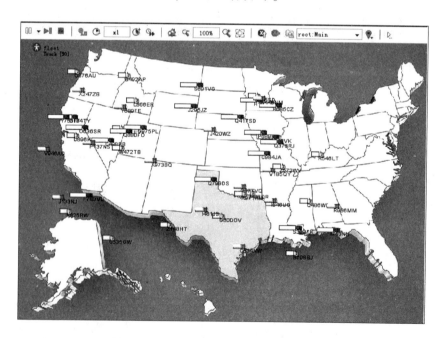

图 3-4-39 模型运行结果

感谢：南京航空航天大学黄玉（QQ：1175406301）整理翻译。

文档中若有纰漏，可加入 Anylogic 官方中文交流群（QQ：332492286）与格瑞纳丛（QQ：383438135）联系，进行确认统一修改后再发布，谢谢。

## 第八节　把仿真运行结果导入到数据库表格中

建立一个简单的流程模型，运行一段时间，然后把数据输出到数据库 Output Data. accdb 中。这个数据库包含两张表，如图 3-4-40 所示。主要输出的数据包括资源集 server 的平均利用率，以及每一个实体的 ID、进入系统的时间、离开系统的时间。

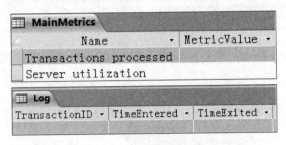

图 3-4-40　数据库中的两张表

①新建模型，在"Main"面板中利用标准库（旧版）建立图 3-4-41 所示简单模型，设置"server"的容量是 2，并勾选"启用统计"。

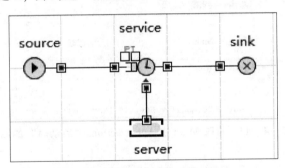

图 3-4-41　新建模型

②单击仿真实验属性页，设置"执行模式"为"虚拟时间"，在指定时间 1 000 停止运行。

③从"连接"面板中拖入一个数据库到 Main 中，命名为"OutputDB"，设置文件为"Output Data. accdb"。

④打开"Main"的"智能体类型"页面，在"销毁时"中输入图 3-4-42 所示的代码。

⑤运行模型，停止运行后按终止按钮。打开 Output Data 数据库，观察表 MainMetrics 中的数据，如图 3-4-43 所示。

⑥回到"Main"的"智能体类型"页面，在"启动时"中输入图 3-4-44 所示的代码，在每次模型启动前，先清除 Log 表中的数据。

⑦打开"source"的属性页，在"离开时"中输入图 3-4-45 所示的代码，代码表示向 Log 表中依次输入 Entity 的 hashCode、当前时间、0，这里的 0 只是一个符号，下面会有数据更新替换它。

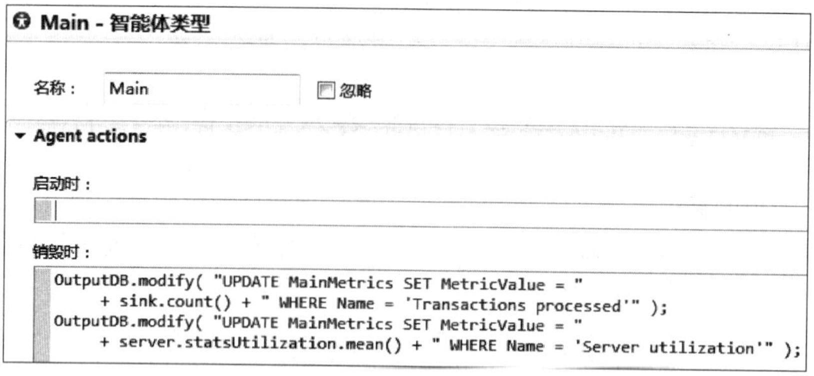


图 3-4-42 设置 Main 中 Agent actions “销毁时” 的属性

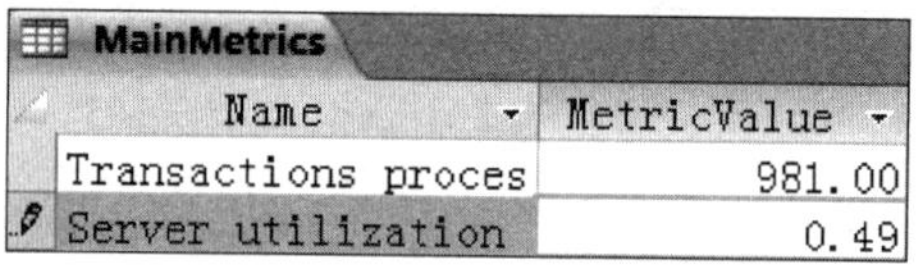

MainMetrics

| Name | MetricValue |
| --- | --- |
| Transactions proces | 981.00 |
| Server utilization | 0.49 |

图 3-4-43 模型运行后的输出数据

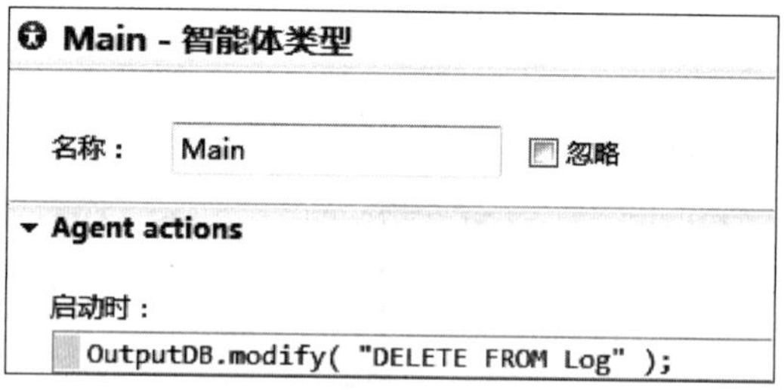


图 3-4-44 修改 Main 中 Agent actions “启动时” 的属性

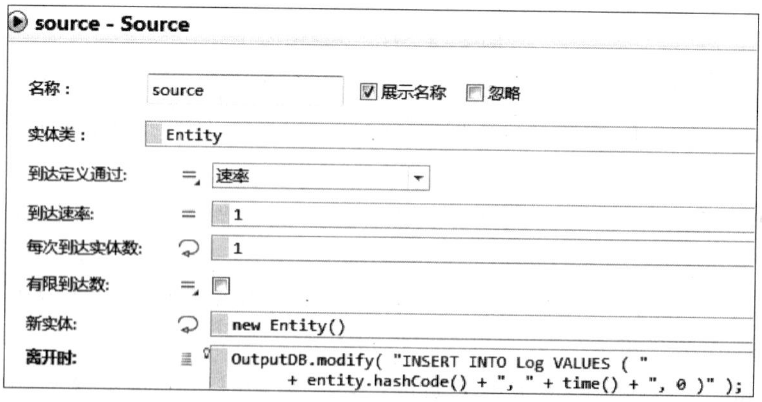


图 3-4-45 修改 source 中 “离开时” 属性

⑧打开 “sink” 的属性页，在 “进入时” 中输入以下代码，用 Entity 输出系统的时间，更新 Log 表中的 TimeExited 数据项，如图 3-4-46 所示。

```
OutputDB.modify("UPDATE Log SET TimeExited =" +time()
                    + " WHERE TransactionID = " + entity.hashCode
                    ());
```

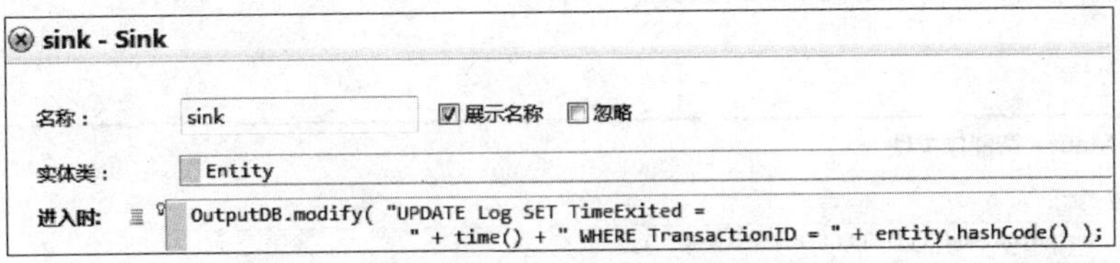


图 3－4－46　修改 sink 中“进入时”的属性

⑨重新运行模型，运行结束后按“终止”按钮。打开数据库中的 Log 表，观察数据，如图 3－4－47所示。

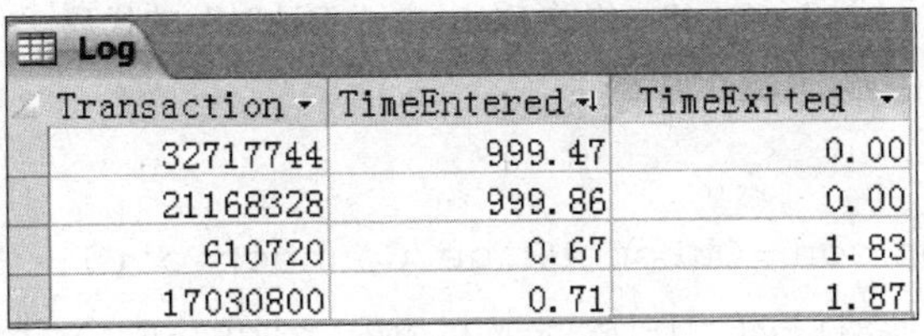

| Transaction | TimeEntered | TimeExited |
|---|---|---|
| 32717744 | 999.47 | 0.00 |
| 21168328 | 999.86 | 0.00 |
| 610720 | 0.67 | 1.83 |
| 17030800 | 0.71 | 1.87 |

图 3－4－47　模型运行的输出结果

感谢：南京航空航天大学黄玉（QQ：1175406301）整理翻译。

文档中若有纰漏，可加入 Anylogic 官方中文交流群（QQ：332492286）与格瑞纳丛（QQ：383438135）联系，进行确认统一修改后再发布，谢谢。

## 第九节　在输入数据库之前预编译

在上一节中发现模型运行所需要的时间变长了。这是因为数据库把每一次需求都看成新的，每次的结果是以字符串的形式提交的，都需要解析和编译。可以在模型启动时对数据库进行预编译，然后用特定的参数来执行准备好的语句。下面的操作是在第八节的基础上实现的。

①打开第八节中建立的模型，从“常规”面板中拖入两个变量，命名为 insertRecord 和 updateRecord。设置变量的类型为 java. sql. PreparedStatement。

②打开“Main”的“智能体类型”，修改“启动时”中的代码，如图 3－4－48 所示。

```
OutputDB.modify("DELETE FROM Log");
try{
    Connection con =OutputDB.getConnection();
    con.setAutoCommit(false);
     insertRecord = con.prepareStatement ( "INSERT INTO Log VALUES
     (?,?,0)");
```

```
updateRecord = con.prepareStatement("UPDATE Log SET
TimeExited = ? WHERETransactionID = ?");
    }catch(SQLException
ex){ error(ex.toString());
    }
```

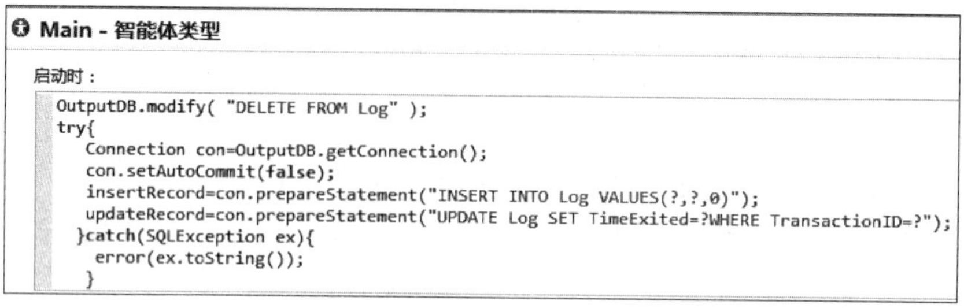

```
启动时：
  OutputDB.modify( "DELETE FROM Log" );
  try{
    Connection con=OutputDB.getConnection();
    con.setAutoCommit(false);
    insertRecord=con.prepareStatement("INSERT INTO Log VALUES(?,?,0)");
    updateRecord=con.prepareStatement("UPDATE Log SET TimeExited=?WHERE TransactionID=?");
  }catch(SQLException ex){
    error(ex.toString());
  }
```

图 3-4-48　修改 Main 中"启动时"的代码

③修改"销毁时"中的代码，如图 3-4-49 所示。

```
try{
    Connection con = OutputDB.getConnection();
    OutputDB.modify("UPDATE MainMetrics SET MetricValue = " +
sink.count() + " WHERE Name = 'Transactions processed'");
    OutputDB.modify("UPDATE MainMetrics SET MetricValue = " +server.statsUtilization.mean() + " WHERE Name = 'Server utilization'");
    con.commit();
    con.setAutoCommit(true);
}catch(SQLException
ex){ error(ex.toString());
}
```

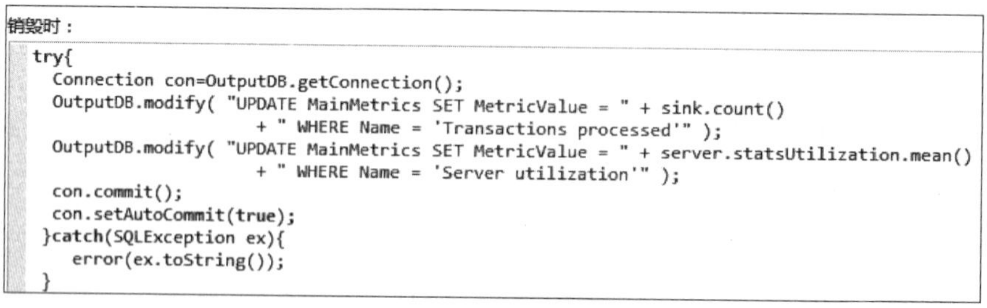

```
销毁时：
  try{
    Connection con=OutputDB.getConnection();
    OutputDB.modify( "UPDATE MainMetrics SET MetricValue = " + sink.count()
                    + " WHERE Name = 'Transactions processed'" );
    OutputDB.modify( "UPDATE MainMetrics SET MetricValue = " + server.statsUtilization.mean()
                    + " WHERE Name = 'Server utilization'" );
    con.commit();
    con.setAutoCommit(true);
  }catch(SQLException ex){
    error(ex.toString());
  }
```

图 3-4-49　修改 Main 中"销毁时"的代码

④打开"source"的属性页，在"离开时"中输入图 3-4-50 所示的代码。

```
try{
    insertRecord.setInt(1,entity.hashCode());
```

```
    insertRecord.setDouble(2,time());
    insertRecord.executeUpdate();
}catch(SQLException
    ex){ error(ex.toString());
}
```

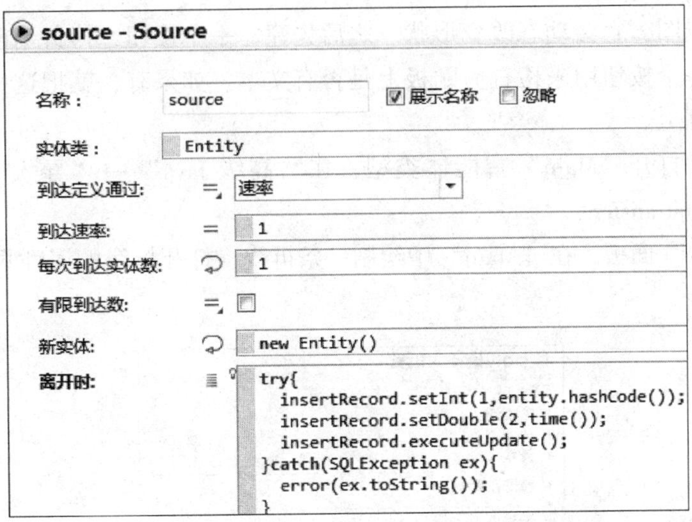

图 3-4-50　修改 source 中"离开时"的代码

⑤打开"sink"的属性页,编辑"进入时"中的代码,如图 3-4-51 所示。

```
try{
    updateRecord.setDouble(1,time());
    updateRecord.setInt(2,entity.hashCode());
    updateRecord.executeUpdate();
}catch(SQLException
    ex){ error(ex.toString());
}
```

图 3-4-51　修改 sink 中"进入时"的代码

感谢：南京航空航天大学黄玉（QQ：1175406301）整理翻译。

文档中若有纰漏，可加入 Anylogic 官方中文交流群（QQ：332492286）与格瑞纳丛（QQ：383438135）联系，进行确认统一修改后再发布，谢谢。

## 第十节　剪贴板操作

创建一个折线图，它会动态改变形状。之后先建立一个按钮，拷贝当前折线的点坐标到剪贴板上。还有一个按钮用来检查剪贴板上是否有文本，如果有，就把这些内容加载到模型中，并显示在屏幕上。

①新建模型，打开"Main"智能体类型，在"高级 Java"→"导入"部分输入代码：import java. awt. datatransfer.;。

②打开"演示"面板，在"Main"中绘制一条折线。打开折线的属性页，如图 3 - 4 - 52 所示，编辑选项。

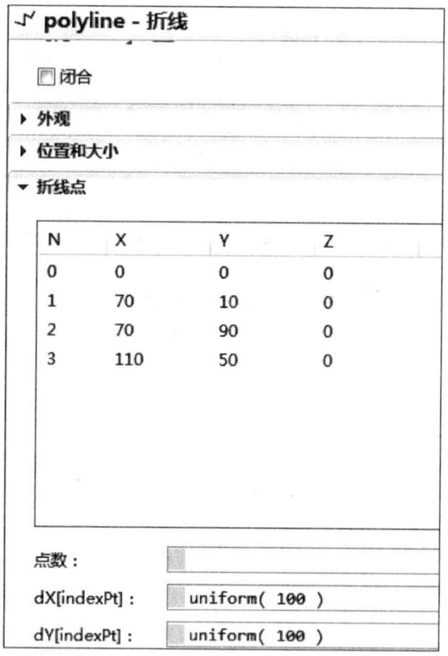

图 3 - 4 - 52　绘制并编辑折线的属性

③打开"控件"面板，拖入一个按钮，修改标签为"Copy"，在"行动"栏输入如下代码，如图 3 - 4 - 53 所示。

```
String s = "Polyline points:\n";
for(int i = 0; i < polyline.getNPoints(); i++)
    s += (int)polyline.getPointDx(i) + ", " + (int)poly-
        line.getPointDy(i)
    + "\n";
copyToClipboard(s);
```

//把折线的坐标关联到字符串,并拷贝到剪贴板

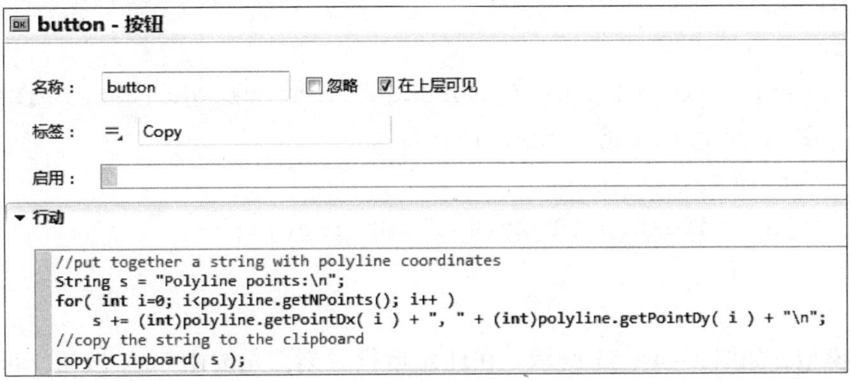

```
//put together a string with polyline coordinates
String s = "Polyline points:\n";
for( int i=0; i<polyline.getNPoints(); i++ )
    s += (int)polyline.getPointDx( i ) + ", " + (int)polyline.getPointDy( i ) + "\n";
//copy the string to the clipboard
copyToClipboard( s );
```

图 3-4-53　添加并修改按钮的属性

④从"演示"面板拖入一个文本,置于图形的下方,修改"文本"为"<pasted text>"。

⑤从"控件"面板拖入一个新的按钮,修改标签为"Paste"。在"行动"中输入如下代码,如图 3-4-54 所示。

```
//clear the text
pastedText.setText( "" );
//get the clipboard and its contents
Clipboard clipboard = java.awt.Toolkit.getDefaultToolkit().getSystemClipboard();
Transferable contents = clipboard.getContents(null);
if( contents == null ) {
    pastedText.setText( "The clipboard is empty" );
} else if( ! contents.isDataFlavorSupported( DataFlavor.stringFlavor ) ) {
    pastedText.setText( "The clipboard does not contain data in text format" );
} else { //there is contents and it has a text representation
    try {
        pastedText.setText( (String)contents.getTransferData( DataFlavor.stringFlavor ) );
    } catch( Exception ex ) {
        pastedText.setText( ex.toString() );
    }
}
```

图 3-4-54　添加并修改按钮的属性

```
pastedText.setText("");
Clipboard clipboard =
java.awt.Toolkit.getDefaultToolkit().getSystemClipboard();
Transferable contents = clipboard.getContents(null);
if(contents = =null){
    pastedText.setText("The clipboard is empty");
} else if (! contents.isDataFlavorSupported
(DataFlavor.stringFlavor))
    {pastedText.setText("The clipboard does not contain data in
```

```
            text format");
    } else {
        try {
            pastedText.setText((String) contents.getTransferData(Dat-
            aFlavor.stringFlavor));
        } catch(Exception ex)
            { pastedText.setText(ex.toString());
        }
    }
```

⑥运行模型,如图 3-4-55 所示。在任意运行时刻,先按住 Copy 按钮,再按住 Paste 按钮,就会出现折线的各个点的坐标。

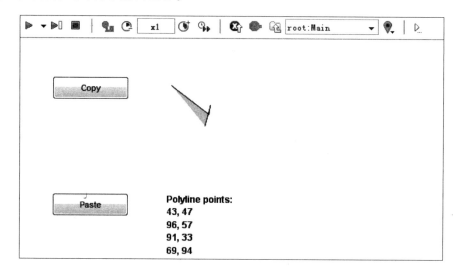

图 3-4-55　模型运行结果

感谢：南京航空航天大学黄玉（QQ：1175406301）整理翻译。

文档中若有纰漏，可加入 Anylogic 官方中文交流群（QQ：332492286）与格瑞纳丛（QQ：383438135）联系，进行确认统一修改后再发布，谢谢。

# 第五章

# 模型动画演示

## 第一节 产品价格变动图形演示

本节将用文本和一些图形来建立一个产品价格变动演示。价格本身是由一个随机变动的变量仿真的。为了展示价格变动，再引入另外一个变量。价格的动态变化由一个事件来驱动。

①新建模型，从"常规"面板中拖入一个变量，命名为 price，设置初始值为 100。

②按住 Ctrl 键并拖拽，复制出一个拥有和 price 变量一样属性的变量，命名为 lastDayPrice。

③从"常规"面板中向 Main 中拖入一个事件，命名为 dailyChange，设置为"到时"，"循环"模式，"复发时间"为 1，在"行动"中输入代码，如图 3–5–1 所示。

图 3–5–1 添加并修改事件 dailyChange 的属性

```
lastDayPrice = price;
price + = uniform_discr( -2,2)
```
④运行模型，观察变量 price 的变化，如图 3-5-2 所示。

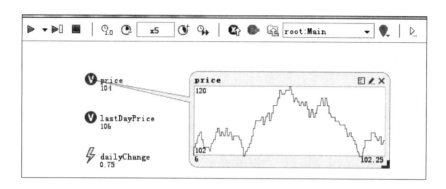

图 3-5-2　模型运行结果

⑤从"演示"面板中向"Main"中添加两个折线图，如图 3-5-3 所示。设置第一个折线的填充颜色为 forestGreen，第二个的颜色为 red，勾选两个折线的闭合选项。在第一个折线的可见栏输入：price > lastDayPrice，在第二个折线的可见栏输入：price < lastDayPrice。

图 3-5-3　在 Main 中添加两个折线

⑥从"演示"面板中拖入一个文本，在"文本"栏输入代码：
```
(price > lastDayPrice ? " + " : "") + (price - lastDayPrice)
```
在"颜色"栏输入代码：
```
price < lastDayPrice ? red : forestGreen
```
设置字体大小为 20 磅，加粗显示，如图 3-5-4 所示。

⑦运行模型，观察文本显示，如图 3-5-5 所示。

感谢：南京航空航天大学黄玉（QQ：1175406301）整理翻译。

文档中若有纰漏，可加入 Anylogic 官方中文交流群（QQ：332492286）与格瑞纳丛（QQ：383438135）联系，进行确认统一修改后再发布，谢谢。

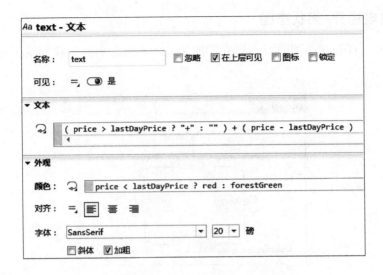

图 3-5-4　添加并设置文本的属性

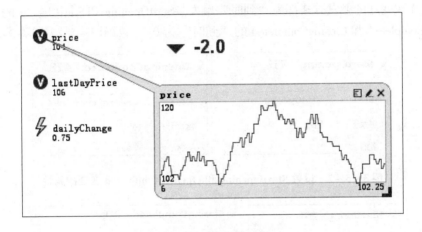

图 3-5-5　模型运行结果

## 第二节　电梯门开/闭动画演示

本节将创建电梯门的动画演示。电梯门的开闭过程用状态图模拟，共 4 种状态：开着、关闭、开门进行中、关门进行中。用两个矩形作为电梯门的动画图形。

已知条件如下：

①电梯刚开始处于关闭状态；

②2 min 之后电梯自动开启；

③开电梯需要 0.5 min；

④电梯保持开启状态 2 min，就会开始关闭；

⑤关闭电梯需要 0.5 min。

## 一、创建电梯开/闭状态图

①新建模型。打开状态图面板，建立如图 3-5-6 所示的简单状态图，显示各个状态和变迁的名称。

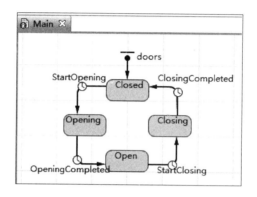

图 3-5-6　新建简单的状态图

②设置 4 次变迁的触发方式都为"到时"触发。StartOpening 和 StartClosing 的"到时"为 2，OpeningCompleted 和 ClosingCompleted 的"到时"为 0.5，如图 3-5-7 和图 3-5-8 所示。

图 3-5-7　设置 StartOpening 和 OpeningCompleted 变迁的属性

图 3-5-8　设置 StartClosing 和 ClosingCompleted 变迁的属性

## 二、为电梯门建立动画

在这个阶段中，会为电梯门指定动画（矩形），矩形的宽度随着电梯的运动而改变。左右两个电梯的宽度在运动中是匀速变化的，例如，在 opening 状态时，与剩余时间 OpeningCompleted.getRest( ) 成反比；在 closing 状态时，与 ClosingCompleted.getRest( ) 成正比。所以，在矩形的宽度中，用与这两个参数相关的代码表示。

已知条件如下：

a. 左右两个电梯完全关闭时宽度都是 50；

b. 左右两个电梯完全打开时宽度都是 0；

c. 电梯门高度是 100；
d. 开、闭过程中电梯横向运动是匀速的。
①打开"演示"面板，拖入两个矩形，如图 3-5-9 所示。

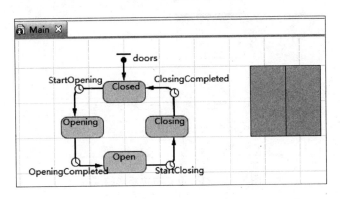

图 3-5-9　添加两个矩形

②设置左边一个矩形的名称为 leftDoor，位置为 (450, 50)，高度为 100。在"宽度"中输入如图 3-5-10 所示代码，意为：电梯处于 Closed 状态时，宽度是 50；处于 Open 状态时，是 0；处于 Opening 和 Closing 状态时，与下一个变迁剩余时间有关。

③设置右边一个矩形的名称为 rightDoor，位置 $X$ 为 $500 + (50 - leftDoor.getWidth())$，$Y$ 为 50，高度为 100，宽度 = leftDoor.getWidth()，如图 3-5-11 所示。

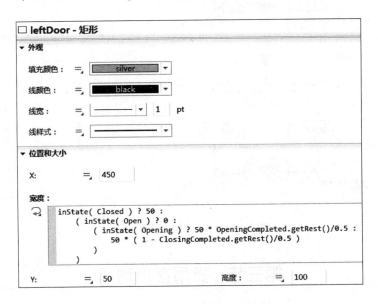

图 3-5-10　设置左边矩形的属性

④运行模型，观察不同状态下电梯门的动画变化，如图 3-5-12 所示。

感谢：南京航空航天大学黄玉（QQ：1175406301）整理翻译。

文档中若有纰漏，可加入 Anylogic 官方中文交流群（QQ：332492286）与格瑞纳丛（QQ：383438135）联系，进行确认统一修改后再发布，谢谢。

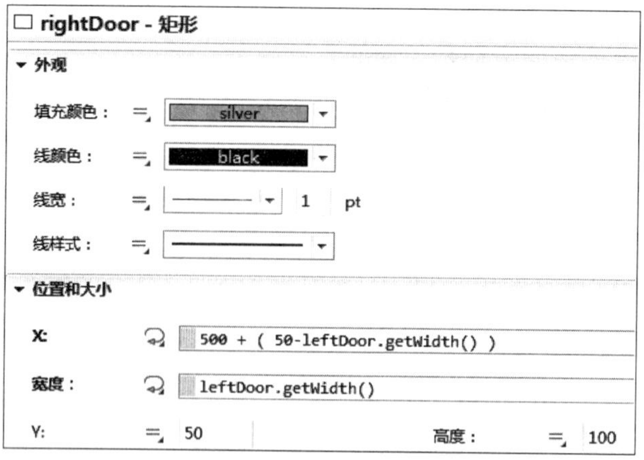

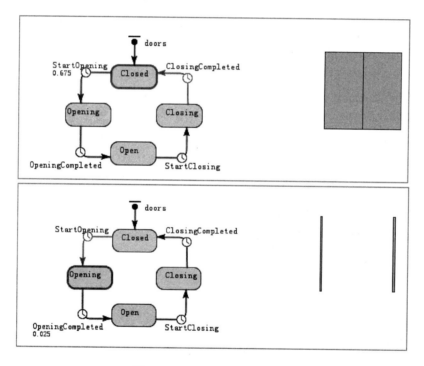

图 3-5-11　设置右边矩形的属性

图 3-5-12　模型运行的结果

## 第三节　货币存量动画

建立一个简单的系统动力学图，只有一个存量 Money、一个流入流量 Income、一个流出流量 Expenses。存量 Money 的动画是一个标有 $ 的袋子，并且袋子的大小也会随着存量 Money 的值变化。

①新建模型。打开系统动力学面板，建立如图 3-5-13 所示的存量和流量图。

②设置 Money 的默认值为 1 000。设置流量 Income = 500 + 500 * sin(time())，设置流量 Expenses = 500 + 500 * cos(time()/2)。

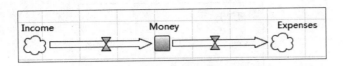

图 3-5-13　新建模型

③从"演示"面板绘制一个袋子形状的曲线，设置曲线的线颜色和填充颜色，如图 3-5-14 所示。

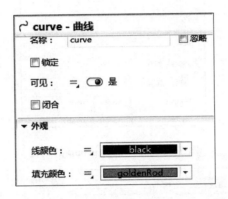

图 3-5-14　添加并设置曲线的外观属性

④从"演示"面板中继续拖入一个文本，设置文本为"$"，颜色为 yellow，字体为 SansSerif，大小为 72 磅，加粗。

⑤选中曲线和文本，右击"分组"→"创建组"，如图 3-5-15 所示。打开 group 的属性，设置 $X$ 比例为 Money/1 000，$Y$ 比例为 Money/1 000，如图 3-5-16 所示。

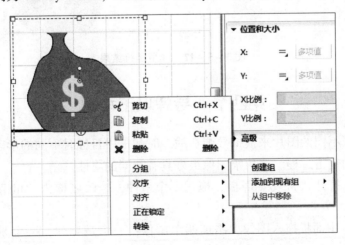

图 3-5-15　创建组 group

⑥运行模型，观察图形大小的变化，如图 3-5-17 所示。

感谢：南京航空航天大学黄玉（QQ：1175406301）整理翻译。

文档中若有纰漏，可加入 Anylogic 官方中文交流群（QQ：332492286）与格瑞纳丛（QQ：383438135）联系，进行确认统一修改后再发布，谢谢。

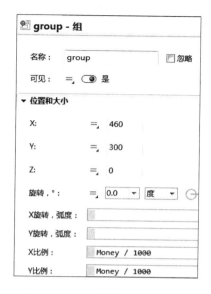

图 3-5-16　设置 group 的属性

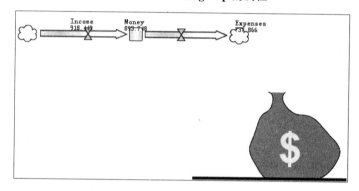

图 3-5-17　模型运行结果

## 第四节　导弹攻击动画

本节将用两张不同的图片来模拟导弹在战斗时和击中目标时不同的形态。仅仅在图像的层次上显示导弹的攻击过程。这两幅图像最好具有相同的属性。

①新建模型。打开"常规"面板，拖入一个事件，修改名称为"hitTarget"，触发类型为到 50 发生一次。

②从"演示"中面板拖入图像，添加两个图像：一个是导弹，一个是爆炸图像。设置图片位置是（100，150），大小是 100×100，如图 3-5-18 所示。在"高级"→"图像索引"中输入代码：hitTarget. isActive()? 0:1，意思是：当 hitTarget 事件已经发生时，显示爆炸图片，否则显示导弹图像。

③单击"image"，右击，单击"分组"→"创建组"。打开 group 组的属性页，在"X"中输入代码：500(hitTarget. isActive()? (1-hitTarget. getRest()/50):1)，设置 Y=150。在"X 比例"中输入代码：hitTarget. isActive()? 1:1+(time()-50)/10，在"Y 比例"中输入代码：group. getScaleX()。如图 3-5-19 所示。

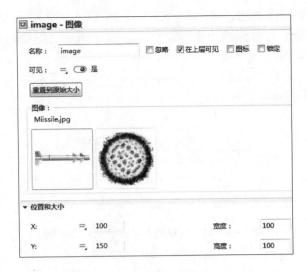

图 3-5-18 在主界面中添加两个图像

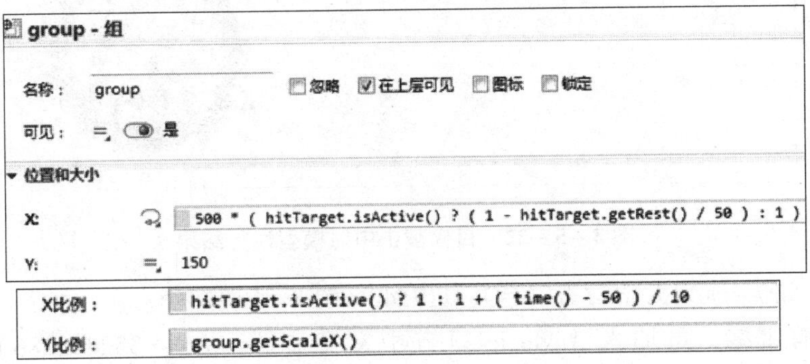

图 3-5-19 设置 group 的属性

④单击"演示"面板中的直线,在 Main 中绘制一个直线,起点是(550,50),终点是(550,250),如图 3-5-20 所示。

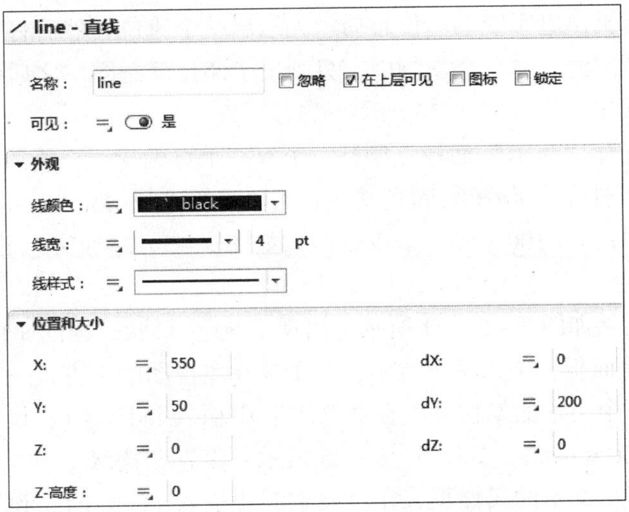

图 3-5-20 绘制并设置直线的位置和大小属性

⑤运行模型,观察图像变化,如图3-5-21和图3-5-22所示。观察可知,目标被击中前,显示的是导弹图形;目标被击中时,显示了爆炸图形;爆炸图形随着运行时间变大扩散。

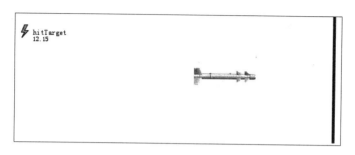

图3-5-21　目标被击中前模型运行结果

图3-5-22　目标被击中时模型运行结果

感谢:南京航空航天大学黄玉(QQ:1175406301)整理翻译。

文档中若有纰漏,可加入 Anylogic 官方中文交流群(QQ:332492286)与格瑞纳丛(QQ:383438135)联系,进行确认统一修改后再发布,谢谢。

## 第五节　电影院座位图

本节用重复功能画出电影院的座位布局。先绘出一个座位,然后将它重复。每次复制出来的座位的坐标是不同的。在这个案例中,只画出了座位静态图。之后的案例中,会继续加入人工选座的动画操作。

①新建模型。打开"演示"面板,绘制一个有三个点的折线,折线是向上开口的。

②打开折线的属性页,设置线颜色为 teal,填充颜色为 limeGreen,线宽为 6 pt,X = 100 + 50 * (index%10),Y = 100 + 50 * (index/10),如图3-5-23所示。设置"高级"→"重复"为50。

③运行模型,结果如图3-5-24所示,出现了50个形状一样的座位图。

④打开"演示"面板,拖入两个文本,一个放在座位图的上方,一个在左方。

⑤打开上方的那个文本的属性页,在"文本"中输入 index + 1,设置颜色为 teal,大小为12磅,X = 115 + 50 * index,如图3-5-25所示。设置"高级"→"重复"为10。

⑥打开左方的那个文本的属性页,在"文本"中输入 index + 1,设置颜色为 teal,大小为12磅,Y = 105 + 50 * index,如图3-5-26所示。设置"高级"→"重复"为5。

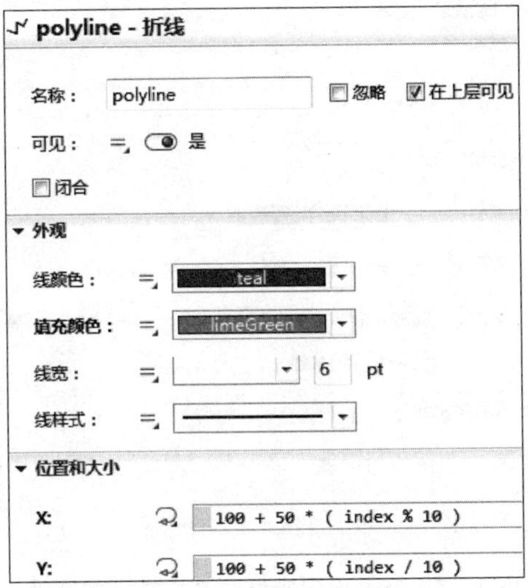

图 3–5–23　设置折线的属性

图 3–5–24　模型运行结果

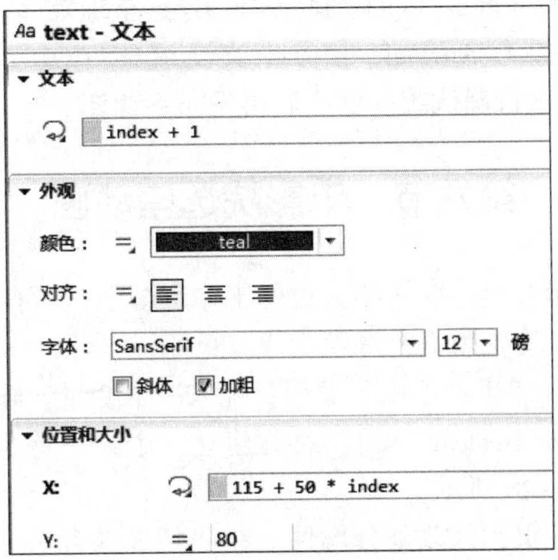

图 3–5–25　设置座位图上方文本的属性

图 3-5-26　设置座位图左方文本的属性

⑦重新运行模型，结果如图 3-5-27 所示，每一个座位都有对应的排和列的编号了。

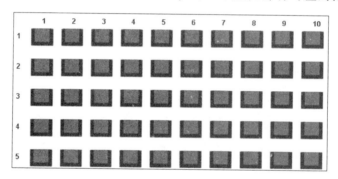

图 3-5-27　模型运行结果

感谢：南京航空航天大学黄玉（QQ：1175406301）整理翻译。

文档中若有纰漏，可加入 Anylogic 官方中文交流群（QQ：332492286）与格瑞纳丛（QQ：383438135）联系，进行确认统一修改后再发布，谢谢。

## 第六节　电影院选座动画

假设上一节座位图显示在电影院售票人员的工作屏幕上。当有顾客选择某个座位时，工作人员单击相应的座位图，座位就会从绿色变成红色。

①打开第五节的模型。打开"常规"面板，拖入一个变量，修改变量名称为 sold，类型为 boolean[ ]，初始值为 new Boolean[50]，意为建立一个大小是 50 的布尔型数组变量，刚开始是空集合，如图 3-5-28 所示。

②单击打开折线的属性页，修改部分属性。在"填充颜色"中输入：sold[index]？red：limeGreen，表示如果座位已经在 sold 集合中，就显示红色，未销售的就显示 teal 色。在"高级"选项中，在"点击时"中输入：sold[index] = true;，表示在单击座位图时，把它相应的 index 加入 sold 数组中，如图 3-5-29 所示。

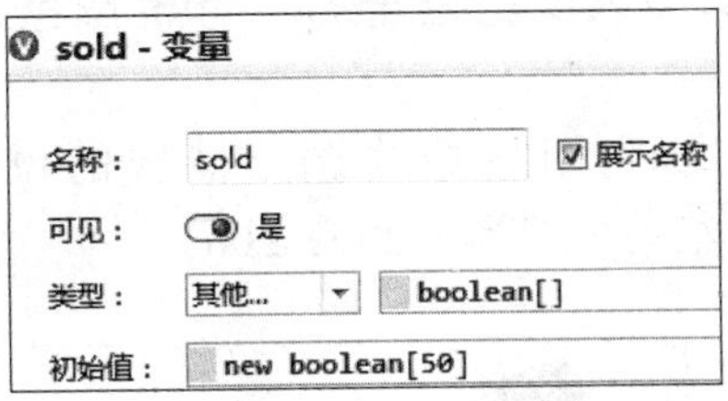

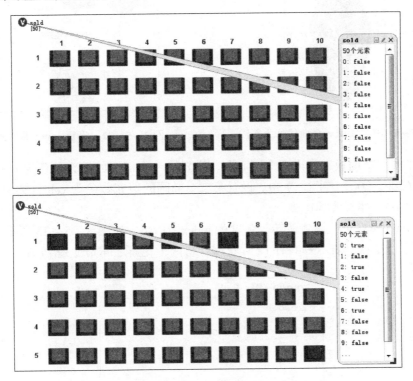

图 3-5-28　设置变量 sold 的属性 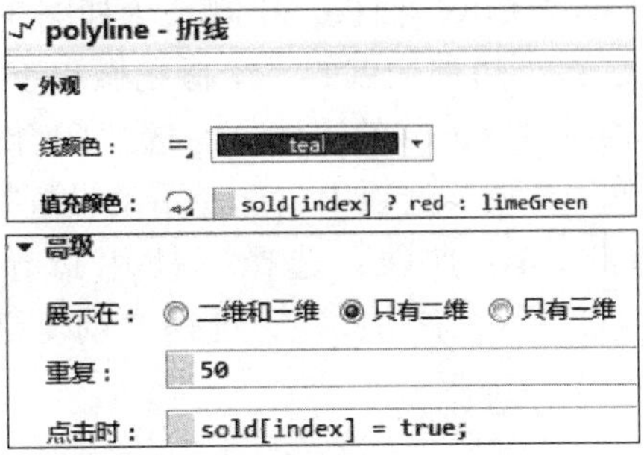　　　　图 3-5-29　设置折线的属性

③重新运行模型，如图 3-5-30 所示，在初始状态，所有座位都是 teal 色的。单击 sold 数组，所有元素都是 false；用鼠标随意单击几个座位，这些座位都会显示红色，同时，sold 数组中的对应元素会变成 true。

图 3-5-30　模型运行结果

感谢：南京航空航天大学黄玉（QQ：1175406301）整理翻译。

文档中若有纰漏，可加入 Anylogic 官方中文交流群（QQ：332492286）与格瑞纳丛（QQ：383438135）联系，进行确认统一修改后再发布，谢谢。

## 第七节　画出花的图案

本节仅仅用来娱乐，主要是熟悉重复功能的应用。首先要画出一个花瓣和花蕊，然后应用重复和旋转功能，画出完整的花。

①打开"演示"面板,绘制一个如图 3-5-31 所示的曲线作为花瓣。花瓣中心的 $X$ 坐标是 200,最下边那个点的 $Y$ 坐标稍微小于 150。

②编辑曲线 curve 的属性,勾选"闭合选项",设置线颜色为 thistle,填充颜色为 darkViolet。在"高级"选项中,选择手动设置控制点。

③右击 curve 曲线,选择"使用指导线编辑",利用指导线调整曲线的位置,如图 3-5-32所示。右击曲线,选择"创建组",设置组的位置为(200,200)。

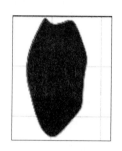

图 3-5-31  绘制一个曲线作为花瓣

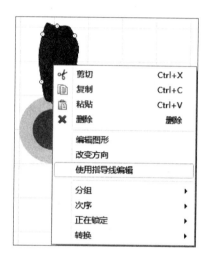

图 3-5-32  设置 curve 曲线的属性

④打开"演示"面板,拖入两个同心圆。设置第一个椭圆的填充颜色为 red,类型为圆圈,位置为(200,200),半径为30。设置第二个椭圆的填充颜色为 gold,类型为圆圈,位置为(200,200),半径为50。

⑤打开 group 属性页,设置旋转,弧度为 index * PI/6,如图 3-5-33 所示。设置"高级"→"重复"为12。表示一共有12片花瓣,每两个花瓣之间角度是 PI/6。

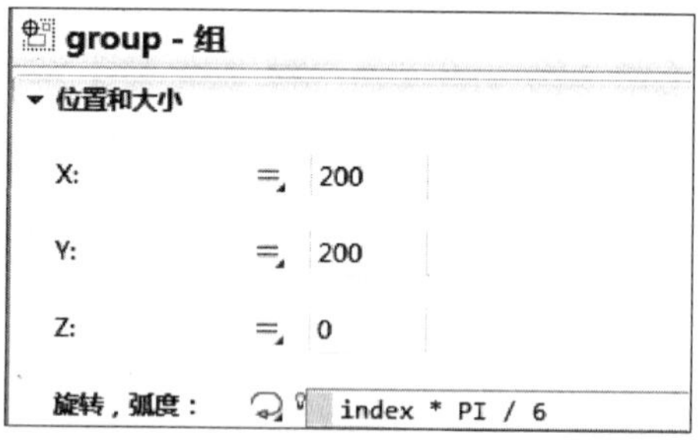

图 3-5-33  设置 group 的位置和大小属性

⑥运行模型,如图 3-5-34 所示。

感谢:南京航空航天大学黄玉(QQ:1175406301)整理翻译。

文档中若有纰漏,可加入 Anylogic 官方中文交流群(QQ:332492286)与格瑞纳丛(QQ:383438135)联系,进行确认统一修改后再发布,谢谢。

图 3-5-34 模型运行结果

## 第八节 产品投资气泡图

本节将用重复的图形建立动态变化的气泡图,其可以用来分析一个公司的业务单元和产品线。模型中假设对于每一个产品,我们已知:

①相关市场份额 RelativeMarketShare;

②业务增长率 BusinessGrowthRate;

③收入 Revenue。

使用 Java 类 Product,它有三个字段,还有一个集合 Products。模型的动态将用一个循环事件实现增加新的产品、修改已有产品的属性。

①打开"演示"面板,绘制一个矩形,设置填充颜色为不填充,位置为(250,50),宽度 =400,高度 =400,如图 3-5-35 所示。

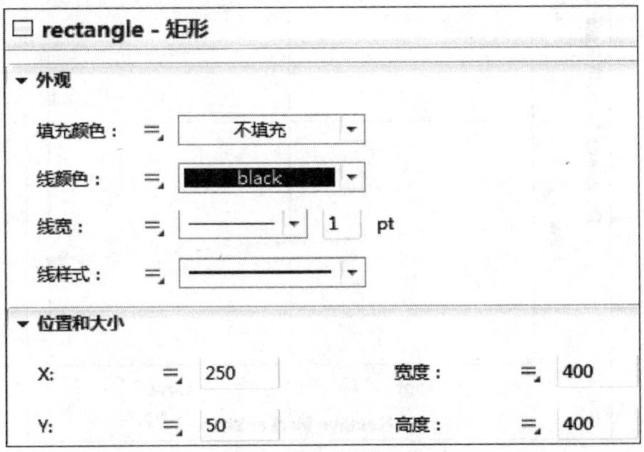

图 3-5-35 绘制矩形并设置矩形的属性

②从"演示"面板中绘制两条直线，把矩形分成四等份。横着的那条直线的属性设置如图3-5-36所示，竖着的那条直线的属性设置如图3-5-37所示。

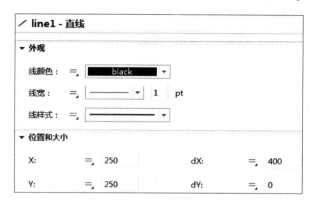

图3-5-36　横着的那条直线的属性设置

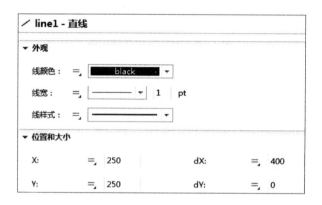

图3-5-37　竖着的那条直线的属性设置

③从"演示"面板拖入图3-5-38所示的6个文本。

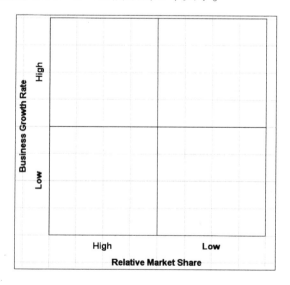

图3-5-38　添加6个文本

④在工程树顶端右击,选择"新建 Java 类",名称为 Product,单击"下一步"按钮,在"类字段"中输入图 3-5-39 所示的三个 double 类型的字段,单击"完成"按钮。

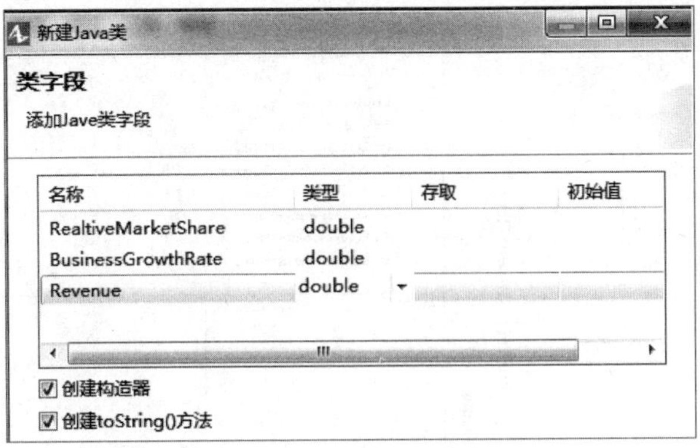

图 3-5-39　新建三个类字段

⑤从"常规"面板中拖入一个集合,把它放置在 (50, 100),名称为 Products,集合类为 ArrayList,元素类为 Product。

⑥从"常规"面板中拖入一个事件,把它放置在 (50, 50),设置"触发类型"为"到时"循环,"首次发生"时间为 0,"复发时间"为 1。在"行动"中输入代码,如图 3-5-40 所示。

```
for( Product p : products)
    p.Revenue *= uniform(0.9,1.1);
if(randomTrue(0.2))
    products.add(
        new Product(uniform(0.3,0.9),uniform(0.2,0.8),
uniform(10,30))
);/*在每一个时间单位里,以 20% 的概率向集合 Products 中增加一个新产品,并在一定范围内随机产生产品的三个字段。*/
```

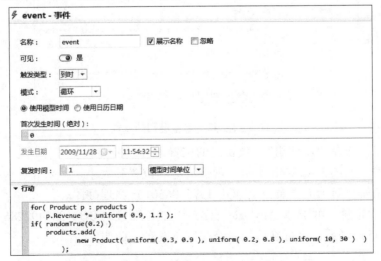

图 3-5-40　设置事件 event 的行动属性

⑦运行模型，如图 3-5-41 所示。打开 Products 集合观察元素变化。

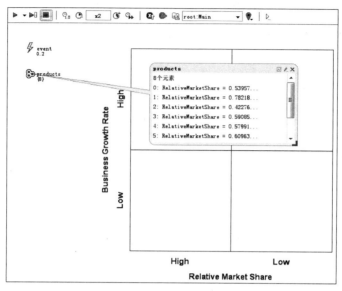

图 3-5-41　模型运行结果

⑧打开"演示"面板，拖入一个椭圆，设置填充和线颜色都是 mediumPurple，类型为圆圈，X = 400 - 400 * products.get(index).RelativeMarketShare，Y = 400 - 400 * products.get(index).BusinessGrowthRate，半径 = products.get(index).Revenue，如图 3-5-42 所示。

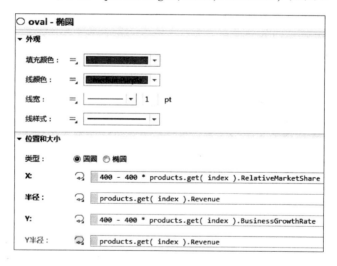

图 3-5-42　设置椭圆的属性

⑨右击 oval，选择"新建组"，设置组的位置为 (250, 50)。
⑩运行模型，如图 3-5-43 所示，观察气泡的位置和大小。
感谢：南京航空航天大学黄玉（QQ：1175406301）整理翻译。
文档中若有纰漏，可加入 Anylogic 官方中文交流群（QQ：332492286）与格瑞纳丛（QQ：383438135）联系，进行确认统一修改后再发布，谢谢。

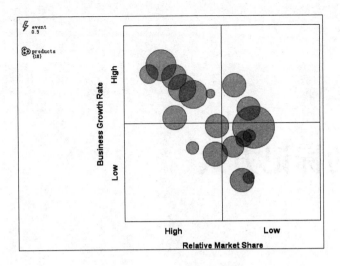

图 3-5-43 模型运行结果

# 第六章

# 模型图的标记方式

## 第一节 使用颜色展示状态图的当前状态

本节使用 setFillColor( ) 方法,当状态之间开始变化时,改变图形的填充颜色。这个模型中的状态图只有三种状态:Addreaable、OurClient、CompetitorsClient。绘制一个简单的表示消费 consumer 的图形,然后在进入每个状态时改变它的填充颜色。

①打开"演示"面板,用曲线绘制一个图 3-6-1 所示的图像,设置线颜色为无色,填充颜色为 silver。

②右击 curve 曲线,选择使用指导线编辑,调整曲线的位置。

③打开状态图界面,绘制图 3-6-2 所示的状态图。

④设置 Addreaable 下面的变迁属性,触发于速率,速率为 1。设置左边分支的变迁属性:条件,randomTrue(0.5);设置右边分支的变迁属性:默认。设置 OurClient 后面的变迁属性:触发于速率 1。设置 CompetitorsClient 后面的变迁属性:触发于速率 1。

图 3-6-1 用曲线绘制图像

⑤打开 OurClient 状态,在"进入行动"中输入:curve.setFillColor(royalBlue);,表示进入 OurClient 状态时,curve 的填充颜色是 royalBlue,如图 3-6-3 所示。

⑥打开 CompetitorsClient 状态,在"进入行动"中输入:curve.setFillColor(orangeRed);,表示进入 CompetitorsClient 状态时,curve 的填充颜色是 orangeRed,如图 3-6-4 所示。

⑦运行模型,观察 curve 填充颜色的变化,如图 3-6-5 所示。

感谢:南京航空航天大学黄玉(QQ:1175406301)整理翻译。

文档中若有纰漏,可加入 Anylogic 官方中文交流群(QQ:332492286)与格瑞纳丛(QQ:383438135)联系,进行确认统一修改后再发布,谢谢。

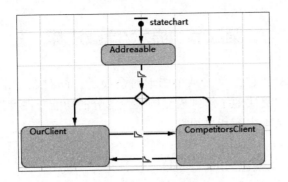

图 3-6-2 绘制状态图

OurClient - 状态
名称：OurClient  ☑展示名称 □忽略
填充颜色：默认
进入行动：`curve.setFillColor( royalBlue );`

图 3-6-3 设置 OurClient 状态的属性

CompetitorsClient - 状态
名称：CompetitorsClient  ☑展示名称 □忽略
填充颜色：默认
进入行动：`curve.setFillColor( orangeRed );`

图 3-6-4 设置 CompetitorsClient 状态的属性

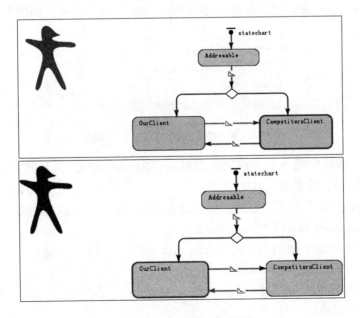

图 3-6-5 模型运行结果

## 第二节　显示/隐藏注释

本节将创建动态注释，它在单击某个图形时会显示，同时在单击"关闭"按钮时会消失。这些构建可以使用户更快地了解到模型中某个部分的功能。注释通常是一组图形，本节将动态改变它的坐标、文本内容和可视性。

①打开"演示"面板，用折线绘制一个图3-6-6所示的图形，勾选"闭合"选项，设置填充颜色为knaki，线颜色为darkKhaki。

②从"演示"面板中拖入两个文本，放置于图3-6-7中所示的位置。设置左上角的文本的名称为calloutText，在文本栏中输入Callout Text，设置颜色为black，大小为11磅，加粗。打开右下角文本的属性页，在文本栏中输入Close，设置颜色为blue，大小为11磅，加粗。

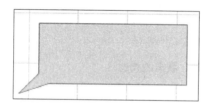
图3-6-6　用折线绘制图形

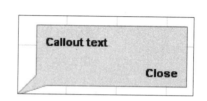
图3-6-7　添加两个文本

③单击全选折线和两个文本，右击，选择"分组"→"创建组"。修改新建的组的名称为callout，位置为(0, 0)。

④重新打开text的属性页，在"高级"选项中，在"点击时"中输入代码：callout.setVisible（false）;，表示在单击close文本时，callout组不可见，如图3-6-8所示。

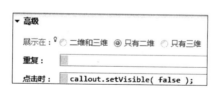
图3-6-8　修改text1"点击时"属性

⑤从"演示"面板中拖入一个椭圆，设置名称为redCircle，填充颜色为orangeRed，类型为圆圈，半径为20，位置为(100, 150)。

⑥打开redCircle的"高级"选项，在"点击时"中输入代码，如图3-6-9所示。
```
calloutText.setText("The red circle");
callout.setPos(redCircle.getX(), redCircle.getY());
callout.setVisible(true);
/*单击红色圆圈时,显示文本"The red circle",注释callout的位置和圆圈的位置一样,注释可见*/
```

⑦按住Ctrl键并拖拽，复制出一个新的圆圈，修改名称为violetCircle，填充颜色为darkViolet，修改位置为(250, 90)。在"点击时"中输入如下代码，如图3-6-10所示。

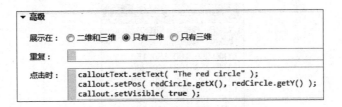

图 3–6–9　修改 redCircle 的属性

```
calloutText.setText("The violet circle");
callout.setPos(violetCircle.getX(), violetCircle.getY());
callout.setVisible(true);
```

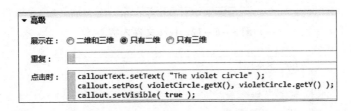

图 3–6–10　设置圆圈 violetCircle 的属性

⑧运行模型，如图 3–6–11 所示，观察运行的初始状态和不同颜色圆圈的注释。

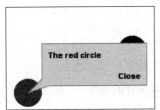 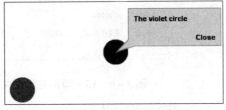

图 3–6–11　模型运行结果

感谢：南京航空航天大学黄玉（QQ：1175406301）整理翻译。

文档中若有纰漏，可加入 Anylogic 官方中文交流群（QQ：332492286）与格瑞纳丛（QQ：383438135）联系，进行确认统一修改后再发布，谢谢。

## 第三节　从文本文档中读取图形

模型中的图形构建有的时候是从外部文件读取的。模型启动的时候读取这个外部文件，在整个运行过程中使用构建的图形。这个案例中，将学习如何从 text 文件中读取图形相关数据，并建立相关的图形。

本例中用到的 text 文件如图 3–6–12 所示，text 文件的文件名为 "TextFileWithGraphics"。

①打开连接面板，拖入一个文本文件，设置文件为 "TextFileWithGraphics. txt"，模式为 "读"，分隔符为 "行分隔符" 和 "空格"，如图 3–6–13 所示。

②单击 Main 智能体类型属性页，在 "启动时" 中输入代码：

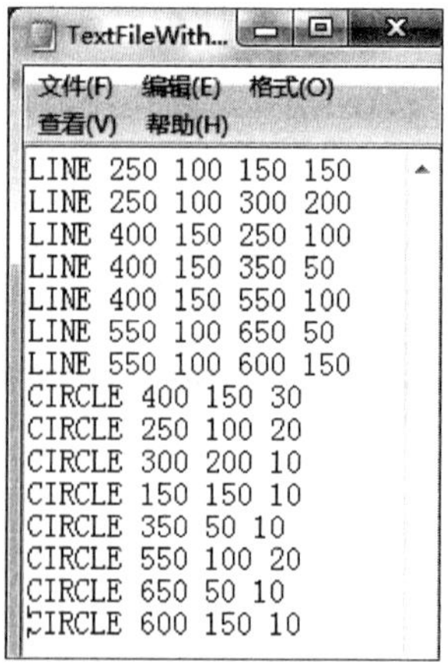

图 3-6-12 text 文件内容

图 3-6-13 添加并修改文本文件的属性

```
while(file.canReadMore())
{ String shape = file.readString();
if(shape.equals("LINE")){
    ShapeLine line = new ShapeLine();
    line.setColor(dodgerBlue);
    line.setLineWidth(4);
    line.setX(file.readInt());
    line.setY(file.readInt());
    line.setEndX(file.readInt());
    line.setEndY(file.readInt()); presentation.add(line);
} else if(shape.equals("CIRCLE")){
    ShapeOval oval = new ShapeOval();
    oval.setFillColor(white);
    oval.setLineColor(dodgerBlue);
    oval.setLineWidth(4); oval.setX(file.readInt());
    oval.setY(file.readInt());
```

```
            int r = file.readInt(); oval.setRadius(r);
            presentation.add(oval);
    }
  }
```
③运行模型。模型运行过程中,根据读取的文件中数据画出了图形,如图3-6-14所示。

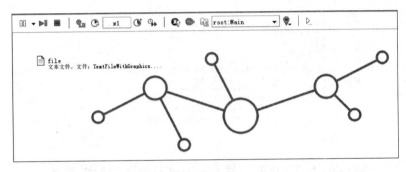

图3-6-14 模型运行结果

感谢:南京航空航天大学黄玉(QQ:1175406301)整理翻译。

文档中若有纰漏,可加入 Anylogic 官方中文交流群(QQ:332492286)与格瑞纳丛(QQ:383438135)联系,进行确认统一修改后再发布,谢谢。

## 第四节 找出所有红色圆圈

本节将遍历模型中演示组里的所有图形,找出所有红色圆圈,并把它们加入集合中。
①打开演示面板,随意画出图3-6-15所示的图形。

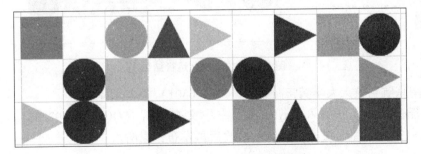

图3-6-15 随意画出一些图形

②打开"常规"面板,拖入一个集合,修改名称为 redCircles,ArrayList 集合类,ShapeOval 元素类。
③打开 Main 属性页,在"启动时"中输入代码,如图3-6-16所示。
```
for(int i = 0; i < presentation.size(); i++)
    { Object o = presentation.get(i);
        if(o instanceof ShapeOval)
            { ShapeOval oval = (ShapeOval)o;
```

```
    if(oval.getFillColor() = = red)
      redCircles.add(oval);
  }
}
```

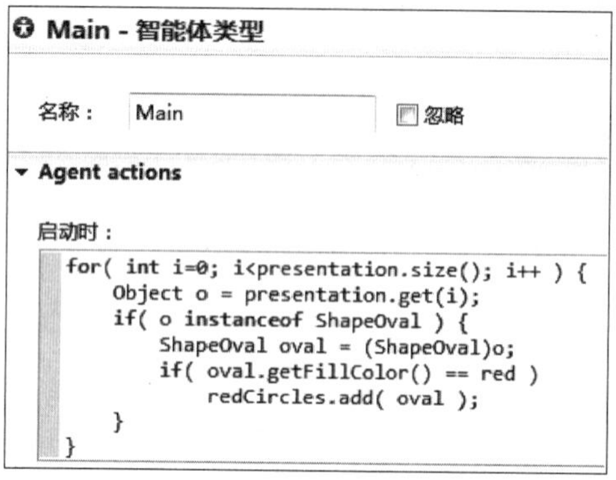

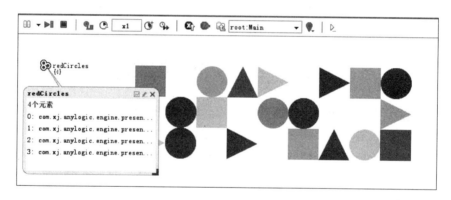

图 3-6-16 设置 Main 中 Agent actions 的"启动时"属性

④运行模型,单击 redCircles 集合,可以看到所有红色圆圈都在集合中,如图 3-6-17 所示。

图 3-6-17 模型运行结果

感谢:南京航空航天大学黄玉(QQ:1175406301)整理翻译。

文档中若有纰漏,可加入 Anylogic 官方中文交流群(QQ:332492286)与格瑞纳丛(QQ:383438135)联系,进行确认统一修改后再发布,谢谢。

## 第五节 为任意数量的物体选择合适的颜色

假设模型中有一些相似的物体,希望用合适的颜色来展示它们。spectrumColor(index, period)方法可以返回在光谱中一定范围内平均分布的颜色。

①打开"演示"面板,用折线绘制如图 3-6-18 所示的五角星。

②勾选折线的"闭合"选项,线颜色为 black,填充颜色为 spectrumColor(index,10),设置 X = 100 + index * 50,Y = 70。在"高级"选项中,设置重复 10。

③运行模型,如图 3-6-19 所示。

图3-6-18 用折线绘制五角星

图3-6-19 模型运行结果

感谢：南京航空航天大学黄玉（QQ：1175406301）整理翻译。

文档中若有纰漏，可加入 Anylogic 官方中文交流群（QQ：332492286）与格瑞纳丛（QQ：383438135）联系，进行确认统一修改后再发布，谢谢。

## 第六节 用透明图形标记覆盖范围

本节将用半透明的圆圈在美国地图上标记出几个城市的覆地范围。

①打开"演示"面板，拖入一个图像，选择图像"USA map.jpg"。

②打开"演示"面板，绘制如图3-6-20所示的8个圆圈，分别标记出了纽约、芝加哥、旧金山洛杉矶、西雅图、奥兰多、华盛顿、波士顿的位置，调整它们的位置和大小。

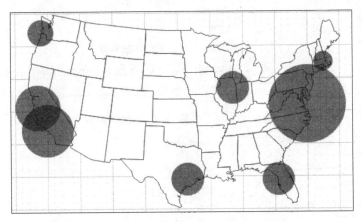

图3-6-20 绘制8个圆圈

③按住 Ctrl 键并选择8个圆圈，打开填充颜色选择面板，选择右上角的红色，把透明度滑块调整到100的位置，线颜色为无色。

感谢：南京航空航天大学黄玉（QQ：1175406301）整理翻译。

文档中若有纰漏，可加入 Anylogic 官方中文交流群（QQ：332492286）与格瑞纳丛（QQ：383438135）联系，进行确认统一修改后再发布，谢谢。

## 第七节　用颜色的深浅表示人口密度的变化

在第六节的基础上，将用 lerpColor( ) 来实现线颜色的改变，从而表示出美国人口迁移引起的人口密度的改变。底图是美国地图，其由许多州的图形组成。只考虑到两个州：得克萨斯州和加利福尼亚州，假设它们之间发生人口迁移。

①打开"系统动力学"面板，向"Main"中添加如图 3-6-21 所示的动力学图。

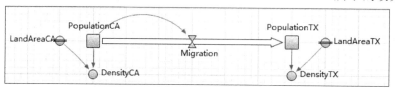

**图 3-6-21　向 Main 中添加动力学图**

②设置"PopulationCA"存量的初始值为 36 756 666。设置 LandAreaCA 动态变量的值为 155 959，勾选"常数"。设置 DensityCA = PopulationCA/LandAreaCA，创建链接。设置流量 Migration = PopulationCA/10。设置存量"PopulationTX"初始值为 24 326 974。设置动态变量 LandAreaTX = 261 797，勾选"常数"。设置动态变量 DensityTX = PopulationTX/LandAreaTX。

③选中代表加利福尼亚州的折线_ps38，在填充颜色中输入：lerpColor( DensityCA/500，white，red)。选中代表得克萨斯州的折线_ps40，在填充颜色中输入：lerpColor( DensityTX/500，white，red)，如图 3-6-22 和图 3-6-23 所示。

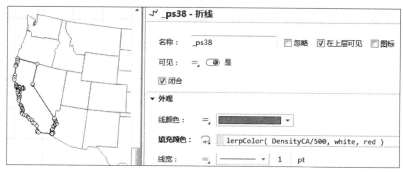

**图 3-6-22　设置_ps38 折线的属性**

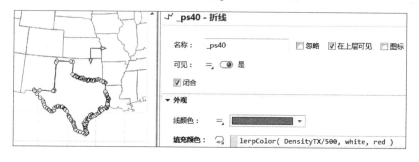

**图 3-6-23　设置_ps40 折线的属性**

④运行模型，如图3-6-24所示，观察随着人口迁移的两个区域颜色的深浅变化。

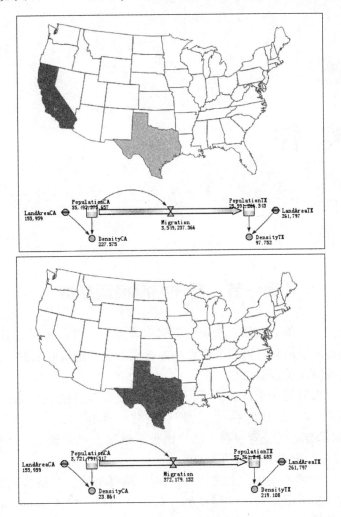

图3-6-24 模型运行结果

感谢：南京航空航天大学黄玉（QQ：1175406301）整理翻译。

文档中若有纰漏，可加入Anylogic官方中文交流群（QQ：332492286）与格瑞纳丛（QQ：383438135）联系，进行确认统一修改后再发布，谢谢。

# 第七章

# 模型控件

## 第一节 滑块控制模型参数

通过添加变量控件,例如按钮、滑块、编辑框等方式,可以实现 anylogic 内模型相互作用。这些控件都是可以赋值并且可以和模型中的参数及变量链接起来的,故使用者改变控件状态的时候,相应的链接量也会改变。

本节将使用滑块来链接一个系统参数,以便详细说明滑块控件的用法。

①单击"文件"→"新建"→"模型",创建一个模型,命名为:Slider linked to a model parameter,选择合适的位置保存。从"面板"选项卡"常规"选项栏中选择参数,拖拽到 Main 的编辑界面,设置其初始值为 50。

②选择"面板"选项卡中的"控件"选项栏,选择滑块,并拖拽到编辑界面。修改滑块的属性如图 3-7-1 所示,勾选"链接到"处的选项框,输入 parameter,即之前已经创建的参数。设置最大值 100,最小值 0。

图 3-7-1 修改滑块的属性

③运行模型,如图 3-7-2 所示。单击"parameter",可以调出参数的时间曲线,其位于右上角的按钮处。左右拖动滑块,可以看到曲线的变化。值得注意的是,滑块的初始值为

parameter 的初始值，如 parameter 的初始值超过滑块的范围，滑块将停在离初始值最近处。

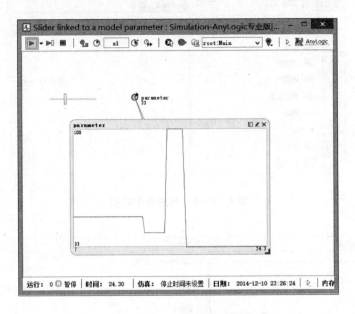

图 3 - 7 - 2　模型运行结果

感谢：北京航空航天大学田艺枫（QQ：542277804）整理翻译。

文档中若有纰漏，可加入 Anylogic 官方中文交流群（QQ：332492286）与格瑞纳丛（QQ：383438135）联系，进行确认统一修改后再发布，谢谢。

## 第二节　利用按钮改变参数数值

本节将对按钮在仿真中的应用进行描述。本节将在上一节及利用滑块控制参数值的基础上，创建两个按钮，这两个按钮每次将会对参数的值增加 1 或者减少 1，并保持参数的数值在 0~100 范围内。

①单击"文件"，打开并找到之前保持文件的地址，选择创建的文件，如图 3 - 7 - 3 所示。单击"面板"选项卡，选择"控件"选项栏，拖拽两个按钮到如图 3 - 7 - 4 所示位置。可以针对滑块和按钮微调其大小，设置按钮的属性，如图 3 - 7 - 5 和图 3 - 7 - 6 所示。

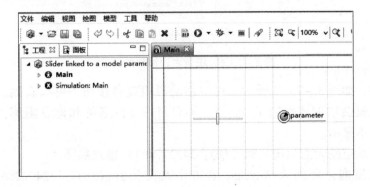

图 3 - 7 - 3　调出之前创建的模型

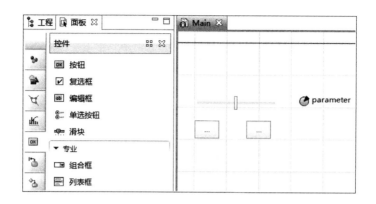

图 3-7-4　添加两个按钮

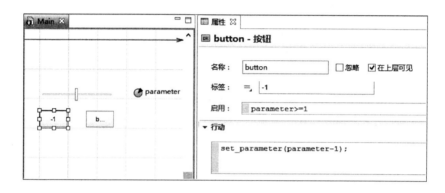

图 3-7-5　设置左边按钮的属性

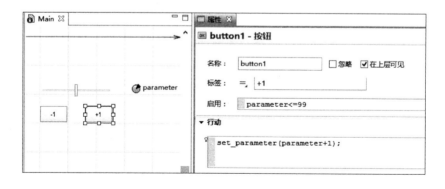

图 3-7-6　设置右边按钮的属性

②运行模型，如图 3-7-7 所示。可以移动滑块或者按钮，可以看到，每单击按钮一次，参数的数值就会增加或者减 1。注意：不要对按钮的名称和标签困惑，一个是系统需求，一个只是文本显示。

感谢：北京航空航天大学田艺枫（QQ：542277804）整理翻译。

文档中若有纰漏，可加入 Anylogic 官方中文交流群（QQ：332492286）与格瑞纳丛（QQ：383438135）联系，进行确认统一修改后再发布，谢谢。

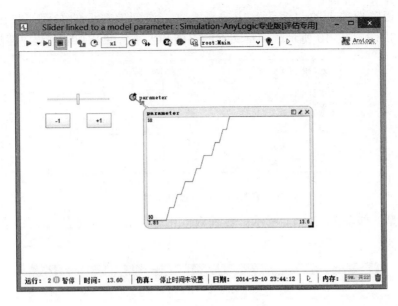

图 3-7-7　模型运行结果

## 第三节　编辑框链接嵌入式对象

Anylogic 中的控件不仅可以链接常规的参数和变量,同时还可以链接其他对象类的变量,例如嵌入式对象。本节将创建一个编辑框,并将该编辑框和流程建模库中的 Souce（源）对象进行链接。

①新建一个模型,命名为 Edit box linked to a parameter of embedded object,保存在需要的位置处。

②选择"面板"→"流程建模库",选择 source、sink,并拖拽到编辑界面。双击 source 的右端口,并将其和 sink 连接起来,如图 3-7-8 所示。

③打开"面板"选项卡的控件选项栏,并放置在 Source 左侧。在编辑框的属性中,勾选"链接到",输入 source.rate 及 source 的速度变量,最小值：0,最大值：100,如图 3-7-9 所示。

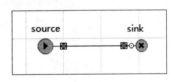

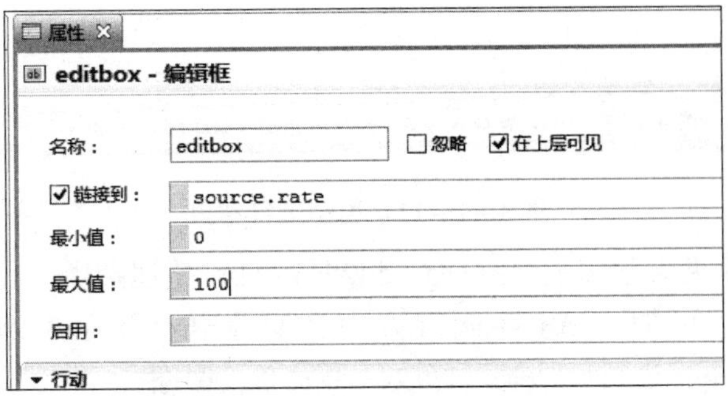

图 3-7-8　链接 source 和 sink

图 3-7-9　设置编辑框的属性

④在"面板"选项卡的"演示"中选择文本,拖到编辑框的左面,并在标签中输入 Arrival rate,如图 3-7-10 所示。调整文本的字体和大小,使其和整个程序匹配。

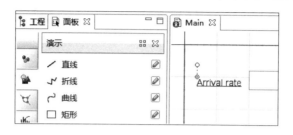

图 3-7-10 添加文本

⑤运行模型,如图 3-7-11 所示。在编辑框中输入相应的数值,source 的速率也会相应变化。

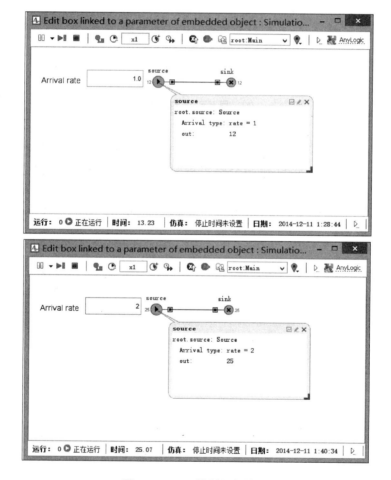

图 3-7-11 模型运行结果

感谢:北京航空航天大学田艺枫(QQ:542277804)整理翻译。

文档中若有纰漏,可加入 Anylogic 官方中文交流群(QQ:332492286)与格瑞纳丛(QQ:383438135)联系,进行确认统一修改后再发布,谢谢。

## 第四节 单选按钮改变视景

本节将使用单选按钮来改变模型的视景,该模型将使用美国地图作为界面。假定该模型可以给使用者提供三种可能的配置:带有城市标记的地图;不带有城市标记的地图;只有城市标记。

①单击"文件"→"新建"→"模型",命名为 Radio buttons changing the view mode,保存到需要的位置。单击"面板"选项卡的"图片"选项栏,选择美国地图,拖拽到编辑界面,如图 3-7-12 所示。

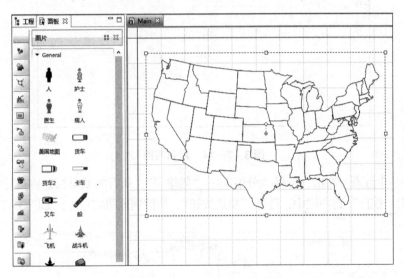

图 3-7-12 添加美国地图

②单击"面板"选项卡的"演示"选项栏,选择椭圆,拖拽到编辑界面,同时调整该椭圆参数。此处设定其为圆圈,设定半径为 5,设定填充颜色为红色,并放置在美国地图上,用以代表相应的城市,如图 3-7-13 所示。

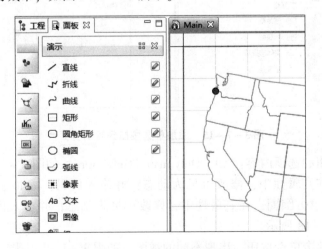

图 3-7-13 添加椭圆到编辑界面

③将鼠标放置在圆圈上，按住 Ctrl 键并同时鼠标左键拖动，将能够复制圆圈。将复制的圆圈放置到更多的地方，代表像洛杉矶、盐湖城、华盛顿、纽约、亚特兰大等各个城市。按住 Ctrl 键，依次单击各个圆圈，将能够选择所有的城市。注意，不要将地图选中，如果选中，再次单击可以取消。如图 3-7-14 所示。

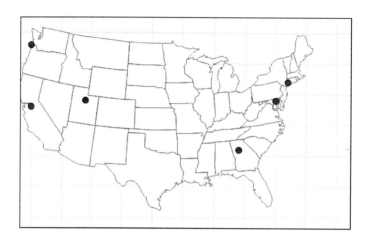

图 3-7-14　复制圆圈

④在其中一个红圈处右击，选择"分组"→"创建组"，所有的城市标记将被分在一个组。在"面板"选项卡"控件"选项栏中，选择"单选按钮"，拖拽到地图的左边，如图 3-7-15 所示。

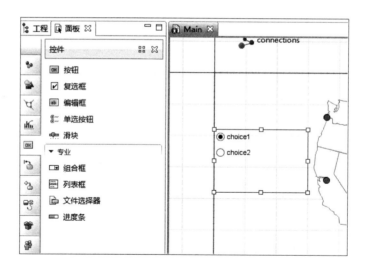

图 3-7-15　添加单选按钮到编辑界面

⑤修改单选按钮的选项内容：All、Only map、Only cities，如图 3-7-16 所示。

⑥单击地图，在其属性中，修改可见为动态，并输入代码：radio. getValue( )！=2，如图 3-7-17 所示。单击圆圈，在其属性中，修改可见为动态，并输入代码：radio. getValue( )！=1，如图 3-7-18 所示。

⑦运行模型，单击单选按钮，出现不同的视图，如图 3-7-19～图 3-7-21 所示。

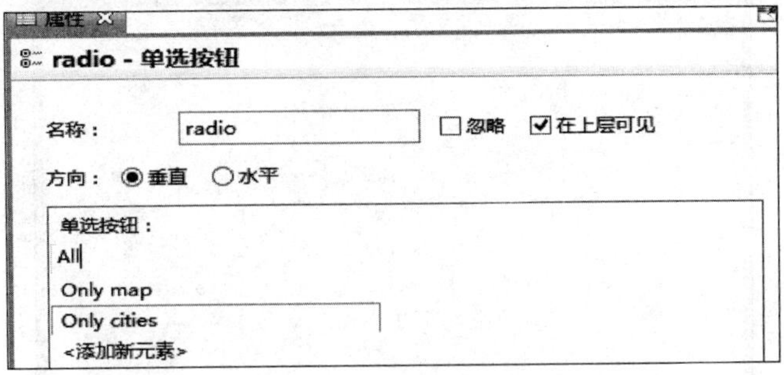

第七章 模型控件 351

图 3-7-16 修改单选按钮的选项内容

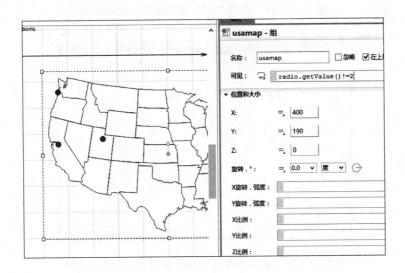

图 3-7-17 修改地图的属性

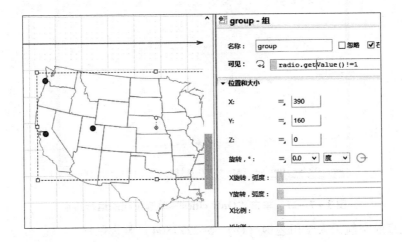

图 3-7-18 修改圆圈的属性

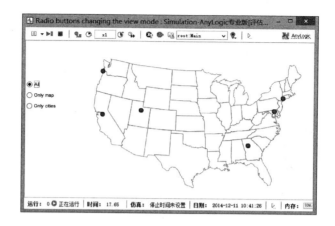

图 3-7-19　单击"All"单选按钮的运行结果

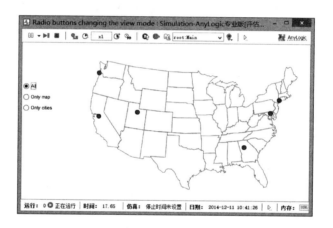

图 3-7-20　单击"Only map"单选按钮的运行结果

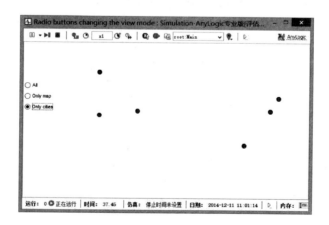

图 3-7-21　单击"Only cities"单选按钮的运行结果

感谢：北京航空航天大学田艺枫（QQ：542277804）整理翻译。

文档中若有纰漏，可加入 Anylogic 官方中文交流群（QQ：332492286）与格瑞纳丛（QQ：383438135）联系，进行确认统一修改后再发布，谢谢。

## 第五节　文件选择器的使用

本节将结合"控件"选项栏中的文件选择器及"连接"选项栏文本文件，实现使用者能够在仿真开始前选择某一个具体的文件，该文件可以包含仿真中所需要的参数的初始值，以及其他相应的变量数值。

①单击"文件"→"新建"→"模型"，输入文件名：File chooser for text files，选择合适的位置保存。选择"面板"选项卡"控件"选项栏，单击"文件选择器"，并拖拽到编辑界面。同时，单击文件选择器周围的 8 个矩形点，将其拉伸到合适大小。

②选择"面板"选项卡"连接"选项栏，选择文本文件，并拖拽到编辑界面，位于文件选择器的右侧，如图 3-7-22 所示。选择"面板"选项卡"演示"选项栏，选择文本，并拖拽到编辑界面，位于文件选择器的下方，同时设置字体大小为 12 磅。

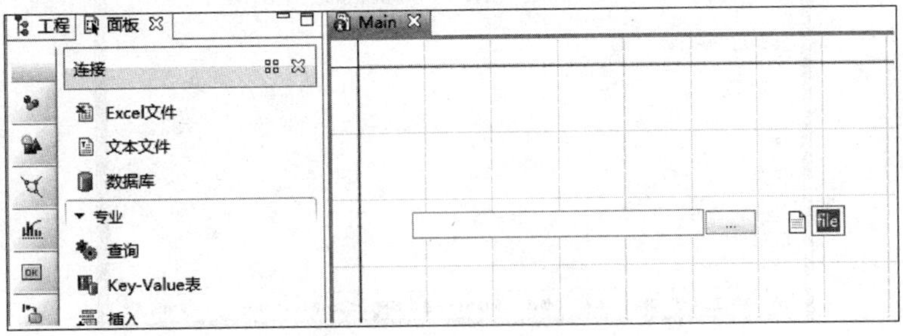

图 3-7-22　在选项栏的右侧添加文本文件

③单击"文件选择器"，在"文件选择器"的属性中的"标题"栏中输入：Open a text file，在"文件名过滤器"中输入过滤器名：Text files，文件扩展名：txt，如图 3-7-23 所示。在"行动"中输入代码，如图 3-7-24 所示。

```
file.setFile(value,TextFile.READ);
text.setText("");
while(file.canReadMore())
text.setText(text.getText() + file.readString() + "\n")
```

图 3-7-23　设置文件选择器属性

```
▼ 行动
  file.setFile(value,TextFile.READ);
  text.setText("");
  while(file.canReadMore())
  text.setText(text.getText()+file.readString()+"\n")
```

图 3-7-24　设置文件选择器的"行动"属性

④运行模型，如图 3-7-25 所示。单击"文件选择"按钮，选择相应的 txt 文件，文本处将显示 txt 文件的内容，文件栏部分将显示地址。

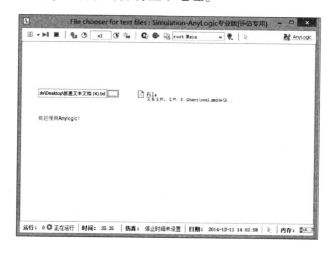

图 3-7-25　模型运行结果

感谢：北京航空航天大学田艺枫（QQ：542277804）整理翻译。

文档中若有纰漏，可加入 Anylogic 官方中文交流群（QQ：332492286）与格瑞纳丛（QQ：383438135）联系，进行确认统一修改后再发布，谢谢。

## 第六节　单选按钮控制滑块控件

几乎所有的空间都有启用功能，该功能可以由一个布尔表达式控制，如果该表达式为 true，则该控件将被激活，因此，控件不仅可以控制其他的变量及参数，还可以被其他控件控制。

本节将创建一个单选按钮，针对给使用者提供的两种参数设定——默认设定、自定义设定——进行选择与激活。

①单击"文件"→"新建"→"模型"，将模型命名为 radio buttons enabling or disabling other controls，保存在相应的位置。单击"面板"选项卡"控件"选项栏，单击"单选按钮"并拖拽到编辑界面，如图 3-7-26 所示。

②选择"面板"选项卡中的"常规"选项栏，拖拽一个参数到单选按钮的右方，如图 3-7-27 所示，同时设定其初始值为 50。单击"滑块"按钮，在其属性中勾选"链接到"，输入：parameter，并在"启用"一栏内输入：radio.getValue()==1。

③在单选按钮的"行动"中输入代码，如图 3-7-28 所示。

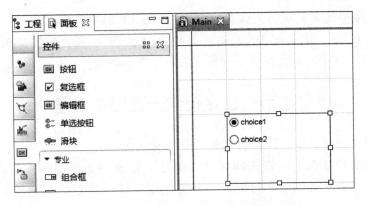

图 3-7-26　添加单选按钮到编辑界面

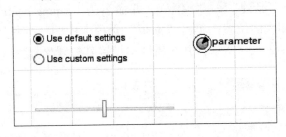

图 3-7-27　在单选按钮的右方添加参数

```
if(value = =0)
set_parameter(50);
else
set_parameter(slider.getValue());
```

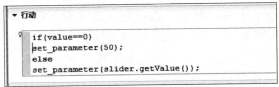

图 3-7-28　设置单选按钮的"行动"属性

④运行模型，如图 3-7-29 所示，可以看到，选择默认设置的时候，滑块是不能移动的；选择自定义模式，滑块可以移动，并使参数的值改变。

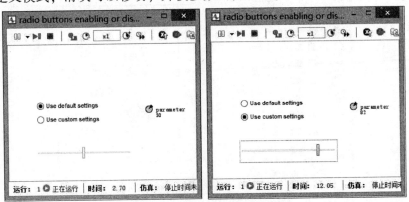

图 3-7-29　模型运行结果

感谢：北京航空航天大学田艺枫（QQ：542277804）整理翻译。

文档中若有纰漏，可加入 Anylogic 官方中文交流群（QQ：332492286）与格瑞纳丛（QQ：383438135）联系，进行确认统一修改后再发布，谢谢。

## 第七节　锁定控件于窗口左上角

在建模与仿真的过程中，往往会遇到这样一种情况：模型中有许多控件，并且模型有不同的视图，需要经常在不同视图间切换，但是不管视图如何变换，都希望控件能够始终出现在左上角。为了达到这个目的，本节将使用控件或者控件组的动态 $X$ 和动态 $Y$ 来进行设计。

①单击"文件"→"新建"→"模型"，并命名为 Keeping controls in the top left corner of the window，保存在相应的位置。单击"面板"选项卡中的"控件"选项栏，拖拽一个按钮到编辑界面，如图 3-7-30 所示，并在属性中设置其位置坐标为（50，50）。

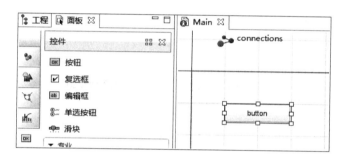

**图 3-7-30　在编辑界面添加按钮**

②单击"面板"选项卡中的"演示"选项栏，拖拽一个椭圆到编辑界面，并在属性中设置填充演示为红色，如图 3-7-31 所示。该圆形图标并没有实际作用，只是用来演示界面移动的参考物。单击按钮，在其"位置和大小"属性中，将 $X$、$Y$ 坐标设置为动态模式，并输入代码，如图 3-7-32 所示。

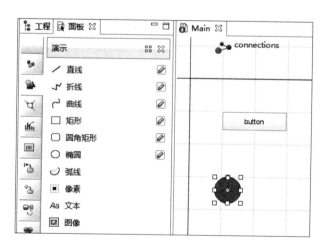

**图 3-7-31　在编辑界面添加圆圈**

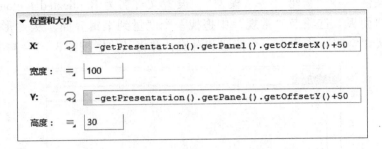

图 3-7-32　设置按钮的"位置和大小"属性

-getPresentation().getPanel().getOffsetX()+50
-getPresentation().getPanel().getOffsetY()+50

③运行模型,如图 3-7-33 所示。通过按住鼠标右键,拖动界面,可以看到,整个界面已经移动了,但是按钮仍然处在左上角处。

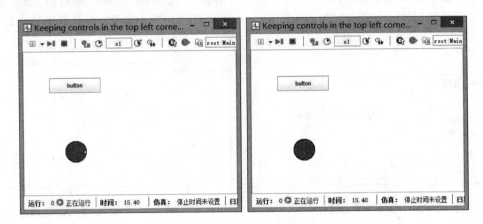

图 3-7-33　模型运行结果

值得说明的是,代码 getPresentation().getPanel().getOffsetX()指的是,当整个演示界面的坐标原点（0,0）因为鼠标右键的拖动,从整个界面的左上角顶点移动到界面的其他位置时,该函数将返回 $X$ 的偏移量,$Y$ 的偏移量也同理可得。

要保持按钮的位置不变,即是要消除该偏移量。

感谢：北京航空航天大学田艺枫（QQ：542277804）整理翻译。

文档中若有纰漏,可加入 Anylogic 官方中文交流群（QQ：332492286）与格瑞纳丛（QQ：383438135）联系,进行确认统一修改后再发布,谢谢。

## 第八节　复制按钮

有时模型需要创建一组相似的按钮,例如,在仿真运行的时候改变一组相似的对象。通过复制按钮可以节省建模时间,同时也可以增强模型的可扩展性。

本节将创建一个复制按钮,并用它来改变复制图形的颜色。同时,按钮和形状的复制数量将由滑块控制。

①单击"文件"→"新建"→"模型",设置文件名为 Replicated button,保存在相应的位置处。从"面板"选项卡"常规"中拖拽一个变量到编辑界面,从"形状"中拖拽一个圆角矩形,从"空间"中拖入一个按钮和滑块,并将其位置按图 3-7-34 所示放置。

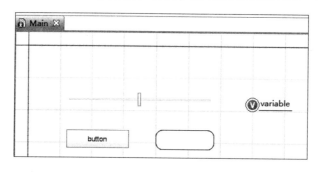

图 3-7-34　变量、矩形、按钮及滑块的位置图

②设置变量的属性,如图 3-7-35 所示,名称:N,类型:int,初始值:3。单击滑块,设置滑块的属性,如图 3-7-36 所示,勾选"链接到",输入:N,最小值:1,最大值:9。

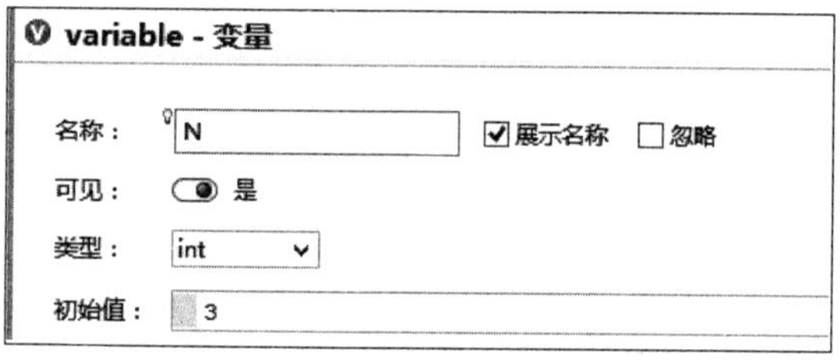

图 3-7-35　设置变量的属性 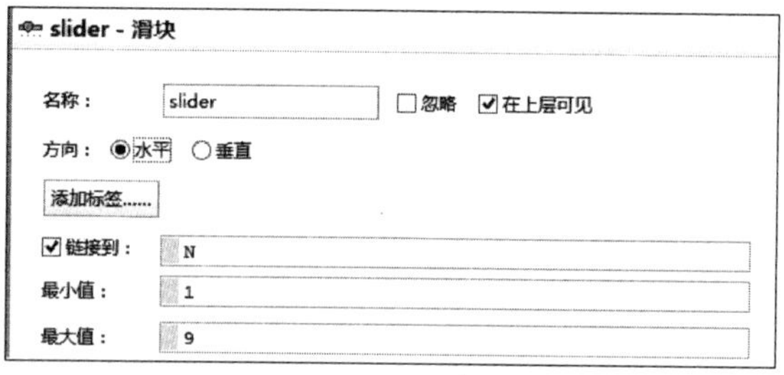　　　　图 3-7-36　设置滑块的属性

③单击圆角矩形,设置圆角矩形的属性,如图 3-7-37 所示。单击"高级"→"重复",设为 N。Y:100+50*index。

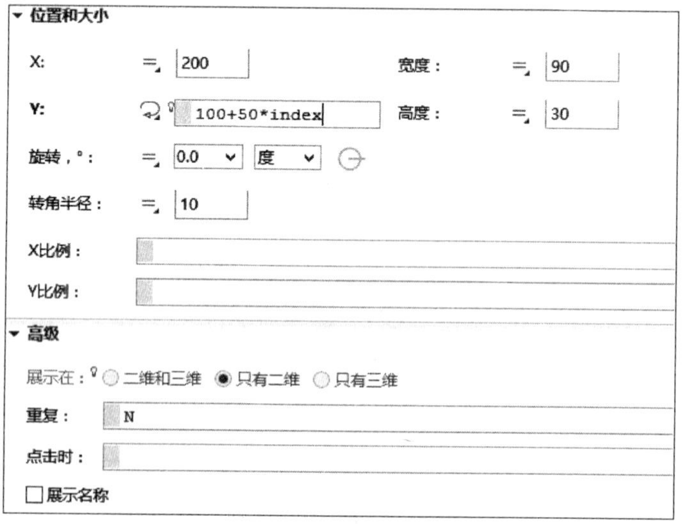

图 3-7-37　设置圆角矩形的属性

④单击按钮，设置按钮的属性，标签:"Paint shape" + index。单击"高级"→"重复"，设为 N。Y:100 + 50 * index。如图 3 – 7 – 38 所示和图 3 – 7 – 39 所示。

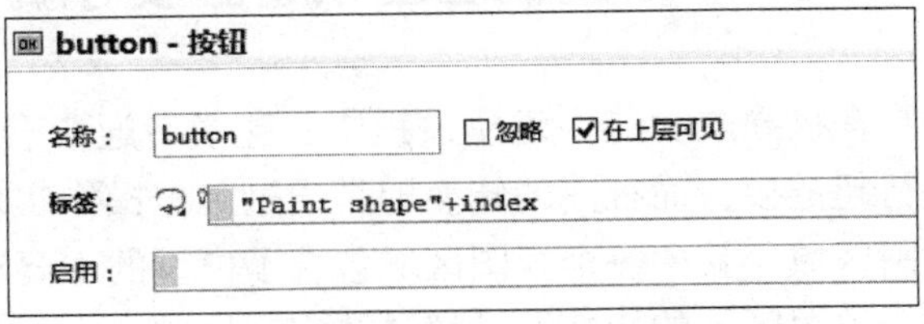

**图 3 – 7 – 38  设置"标签"**

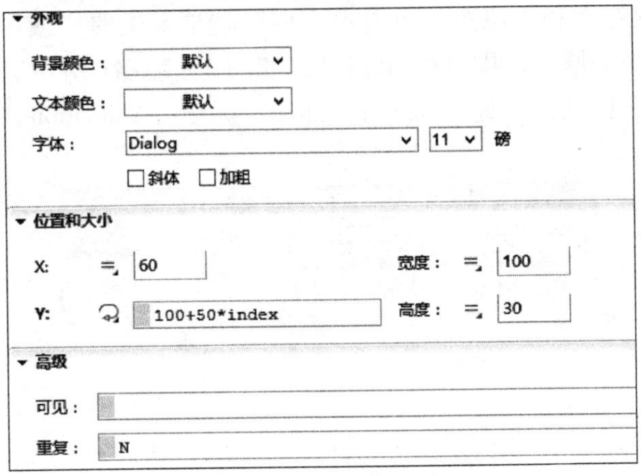

**图 3 – 7 – 39  设置按钮的属性**

⑤运行模型，如图 3 – 7 – 40 所示，拖动滑块，则下面的按钮和圆角矩形数量会增加或者减少，单击按钮，则对应的圆角矩形颜色将会变化。

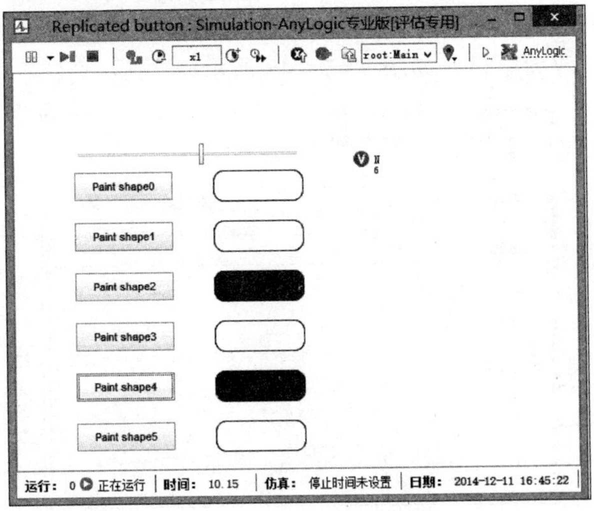

**图 3 – 7 – 40  模型运行结果**

感谢：北京航空航天大学田艺枫（QQ：542277804）整理翻译。

文档中若有纰漏，可加入 Anylogic 官方中文交流群（QQ：332492286）与格瑞纳丛（QQ：383438135）联系，进行确认统一修改后再发布，谢谢。

## 第九节　不同视图区域超链接导航

单击操作通常为用户提供导航功能。建模过程中，建模者通常会设计一些文本和图形，并与一些重要的位置进行超链接，而视图的转换即是通过单击操作实现的。

本节设置了两个视图区域，其中一个视图区域包含了模型的主要动画，另一个视图区域为模型的参数输出，两个视图区域的切换通过超链接实现导航。

①单击"文件"→"新建"→"模型"，输入文件名：Hyper link menu to navigate between view areas，保存在相应位置。单击"面板"选项卡中的"演示"选项栏，选择视图区域并拖拽到编辑界面的原点，即（0，0）点，如图3-7-41所示。同时，在该视图区域的属性中修改其名称和标题，名称：viewAnimation；标题：Animation。

图3-7-41　在编辑界面的原点处添加视图区域

②从"演示"中再拖拽一个视图区域到编辑界面，并修改其属性，名称：viewOutput，标题：Output，坐标（0，600），如图3-7-42所示。从面板的"演示"中拖拽一个椭圆到编辑界面，放置到第一个视图区域附近，该椭圆没有具体的作用，但是可以作为视图切换的标记物，将其填充颜色改为绿色，如图3-7-43所示。

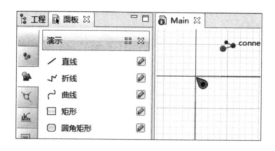

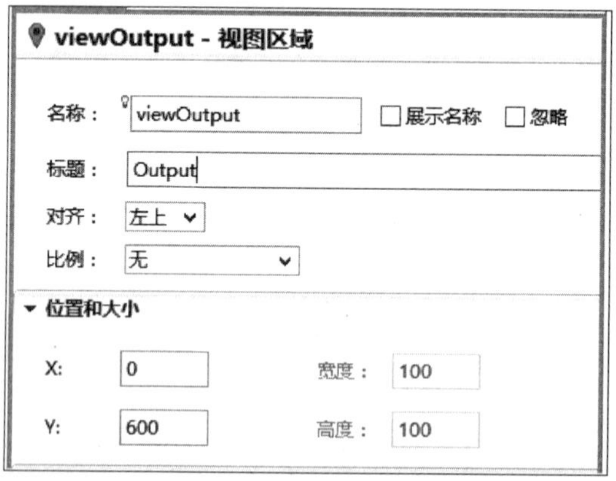

图3-7-42　设置视图区域的属性

③从"面板"选项卡中的"分析"选项栏中，拖拽一个图标到第二个视图区域中，此处以时间折线图为例。从面板选项卡演示选项栏中，拖拽一个文本到第一个视图区域的（50，20）处，并设置其相应属性，文本：Animation，字体：16磅，如图3-7-44所示。

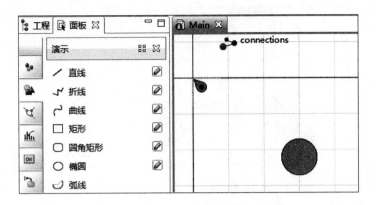

图 3-7-43　添加椭圆到编辑界面

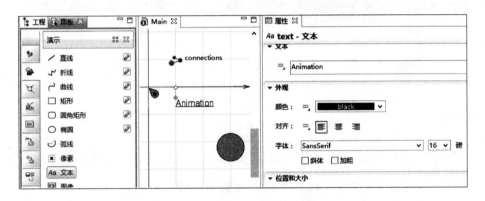

图 3-7-44　添加文本到第一个视图区域

④拖拽另一个文本到编辑界面，设定其坐标为（150，20），设定其大小为 16 磅。同时，将字体的颜色设定为蓝色。在文本的"高级"中"点击时"一栏里，输入代码：viewOutput. navigateTo( )；。在 Output 文本下画一条横线，使其看起来像超链接，如图 3-7-45 所示。

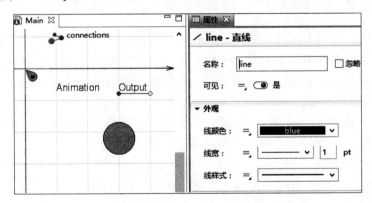

图 3-7-45　添加另一个文本到编辑界面

⑤同时选中两个文本，按住 Ctrl 键并拖动，复制出新的文本，如图 3-7-46 所示。移动文本到第二个视图处，使其中的 Animation 位于（50，620）。把 Output 文本换回黑色，把 Animation 设置为蓝色，同时将蓝线移动到 Animation 下面，并调节其长短。

⑥在 Animation 的属性"高级"里的"点击时"中输入代码：viewAnimation. navigateTo( )；。

图 3-7-46 复制出新的文本

⑦运行模型，如图 3-7-47 所示，单击相应的文本，实现两个场景的切换。

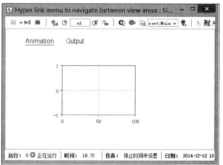

图 3-7-47 模型运行结果

感谢：北京航空航天大学田艺枫（QQ：542277804）整理翻译。

文档中若有纰漏，可加入 Anylogic 官方中文交流群（QQ：332492286）与格瑞纳丛（QQ：383438135）联系，进行确认统一修改后再发布，谢谢。

## 第十节 在鼠标单击处创建点

在建模过程中，有时不仅需要使单击的某一个图形发生变化，也会希望将鼠标单击的地方留下一个标记，或者画出一个图形。在本节中，将会在鼠标单击的地方创建小的圆点。

①单击"文件"→"新建"→"模型"，并命名为 Creating dots at the click coordinates，保存到相应的位置。

②从"面板"选项卡"演示"选项栏中选中矩形，拖拽到编辑界面，并设定它的属性，如图 3-7-48 所示，X：50，Y：50，宽度：500，高度：500。

③将矩形的点命名为 clickArea。修改矩形的颜色，使其更为明显。同时，在矩形的"属性"→"高级"→"点击时"中输入代码，如图 3-7-49 所示。

```
ShapeOvaldot = new ShapeOval();
dot.setRadius(2);
dot.setFillColor(blue);
dot.setLineColor(null);
dot.setPos(clickArea.getX() + clickx, clickArea.getY() + clicky);
presentation.add(dot);
```

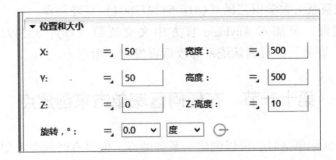

图 3 – 7 – 48　设置矩形的"位置和大小"属性

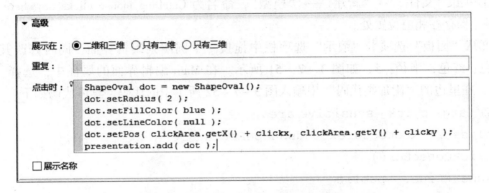

图 3 – 7 – 49　设置矩形"点击时"属性

④运行模型，如图 3 – 7 – 50 所示，单击矩形区域，将看到单击处出现小圆点。

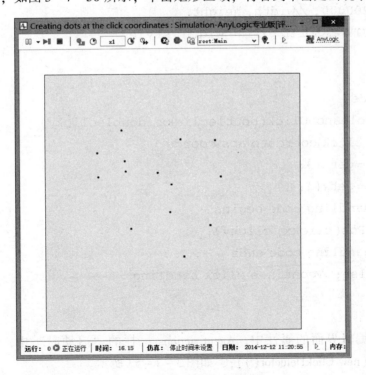

图 3 – 7 – 50　模型运行结果

感谢：北京航空航天大学田艺枫（QQ：542277804）整理翻译。

文档中若有纰漏，可加入 Anylogic 官方中文交流群（QQ：332492286）与格瑞纳丛（QQ：383438135）联系，进行确认统一修改后再发布，谢谢。

## 第十一节　在任何区域单击来创建点

在图形上进行鼠标单击时，可以创建一系列的点，但是有时候会希望编辑界面的任何位置进行单击都可以创建点，这时可以创建一个非常大的不可见的图形，来支持鼠标单击。

①单击"文件"→"新建"→"模型"，命名为 Catching mouse clicks anywhere on the canvas，保存在相应位置处。

②从"面板"选项卡"演示"选项栏中拖拽一个圆圈到编辑界面，同时修改其属性，线颜色：红色，半径：5，如图 3-7-51 所示。在 Main 编辑界面的属性中，选择"高级 Java"，在里边的"附加类代码"中输入图 3-7-52 所示中的代码，具体代码如下：

```
//Large click-sensitive area
class ClickDetector extends ShapeRectangle{
ClickDetector() {
super(true, //public
 -100000, -100000, 0, //coords & rotation
null, null, //line & fill colors
200000, 200000, //width, height
0, LINE_STYLE_SOLID //line width, style
);
}
@Override
public boolean onClick(double clickx, double clicky) {
//adjust click coords to abs coords
clickx += getX();
clicky += getY();
//click handling code begins
oval.setPos(clickx, clicky);
//click handling code ends
return false; //continue click handling
}
}
```

③在 Main 编辑界面的属性中，Agent actions 一栏的"启动时"中，输入如下代码：presentation.add(new ClickDetector());，如图 3-7-53 所示。

④运行模型，如图 3-7-54 所示，单击任意空白处，圆圈会出现在鼠标单击坐标处。

图 3-7-51　在编辑界面添加圆圈

```
附加类代码：
// Large click-sensitive area
class ClickDetector extends ShapeRectangle {
    ClickDetector() {
        super( true, //public
            -100000, -100000, 0, //coords & rotation
            null, null, //line & fill colors
            200000, 200000, //width, height
            0, LINE_STYLE_SOLID //line width, style
        );
    }

    @Override
    public boolean onClick( double clickx, double clicky ) {
        //adjust click coords to abs coords
        clickx += getX();
        clicky += getY();
        //click handling code begins
        oval.setPos( clickx, clicky );
        //click handling code ends
        return false; //continue click handling
    }
}
```

图 3-7-52　附加类代码

```
▼ Agent actions
启动时：
    presentation.add( new ClickDetector() );
销毁时：

到达目标位置时：

每步前：
```

图 3-7-53　修改 Main 的 Agent actions 中"启动时"属性

感谢：北京航空航天大学田艺枫（QQ：542277804）整理翻译。

文档中若有纰漏，可加入 Anylogic 官方中文交流群（QQ：332492286）与格瑞纳丛（QQ：383438135）联系，进行确认统一修改后再发布，谢谢。

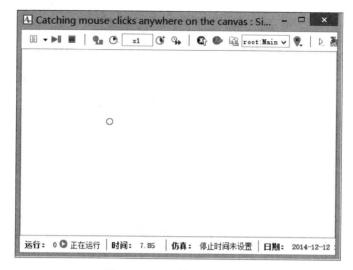

图 3-7-54 模型运行结果

## 第十二节 组合框控制仿真速度

本节将使用组合框控制仿真速度。虽然在仿真界面有一个时间控制工具条,但是通过组合框实现仿真速度的控制,能够使特定的模型有一个特定的仿真速度,这对仿真是很有意义的。

①单击"文件"→"新建"→"模型",输入文件名 Combo box controlling the simulation speed,保存在相应位置处。单击"面板"选项卡中的"控件"选项栏,单击组合框,拖拽到编辑界面,如图 3-7-55 所示。

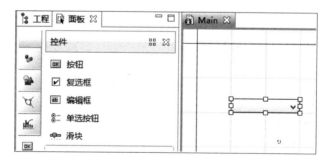

图 3-7-55 在编辑界面添加组合框

②修改组合框的项目,如图 3-7-56 所示,分别是:x1、x10、Fast。在"行动"中输入代码,针对不同的组合框选项,设定不同的仿真速度。代码如下:

```
if(value.equals("Fast"))
getEngine().setRealTimeMode(false);
else{
getEngine().setRealTimeMode(true);
if(value.equals("x1"))
getEngine().setRealTimeScale(1);
elseif(value.equals("x10"))
```

```
getEngine().setRealTimeScale(10);
}
```

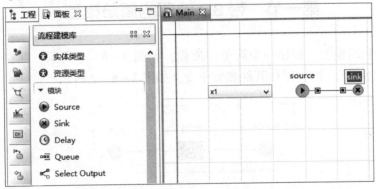

图 3-7-56　修改组合框的项目

③为了展示仿真速度的改变，此处通过流程建模库建立了一个简单的仿真，拖拽 source 和 sink 到界面中，并连接起来，如图 3-7-57 所示。单击"工程"选项卡中的 simulation，在其属性中的"模型时间"的"停止"一栏，选择"从不"。

图 3-7-57　连接 source 和 sink

④运行模型，如图 3-7-58 所示，可以看到仿真速度变化情况。

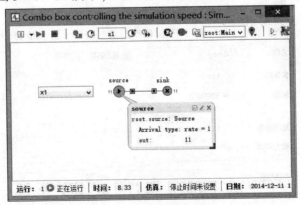

图 3-7-58　模型运行结果

感谢：北京航空航天大学田艺枫（QQ：542277804）整理翻译。

文档中若有纰漏，可加入 Anylogic 官方中文交流群（QQ：332492286）与格瑞纳丛（QQ：383438135）联系，进行确认统一修改后再发布，谢谢。

# 第八章

# 3D动画模型构建

## 第一节 带3D动画的简单模型

①创建一个新的模型。创建一个简单的流程，如图3-8-1所示，并在"delay"的属性中勾选"最大容量"，同时保持其他参数不变，如图3-8-2所示。

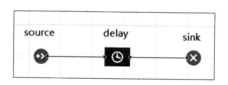

图3-8-1 创建一个简单的流程

图3-8-2 设置delay的属性

②单击"面板"选项卡中的"演示"，画一个矩形作为地面，在空间标记中双击路径，在地面上画一条折线，如图3-8-3所示。

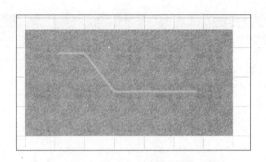

图 3-8-3　绘制矩形和折线

③设置地面和路径的其他参数，如图 3-8-4 所示。

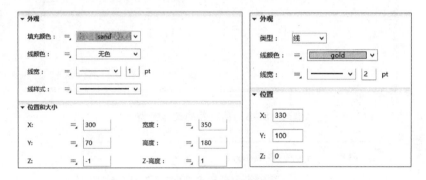

图 3-8-4　设置地面和路径的其他参数

④在"面板"选项卡中的"三维物体"选项栏中，拖拽房子和商店到地面上，如图 3-8-5 所示。

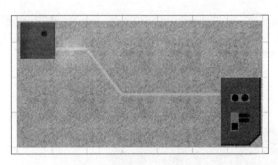

图 3-8-5　拖拽房子和商店到地面上

⑤从"面板"选项卡的流程建模库中，拖拽一个实体类型到编辑界面，选择其动画为职员，如图 3-8-6 所示。

⑥设置资源"source"的属性中的"新实体"为创建的 MyEntity，同时设置"delay"的属性中的实体位置为创建的路径：path，如图 3-8-7 所示。

⑦拖拽一个 3D 窗口到编辑界面，运行程序，如图 3-8-8 所示，可以看到该模型实现了 3D 动画的同步展示。

感谢：北京航空航天大学田艺枫（QQ：542277804）整理翻译。

文档中若有纰漏，可加入 Anylogic 官方中文交流群（QQ：332492286）与格瑞纳丛（QQ：383438135）联系，进行确认统一修改后再发布，谢谢。

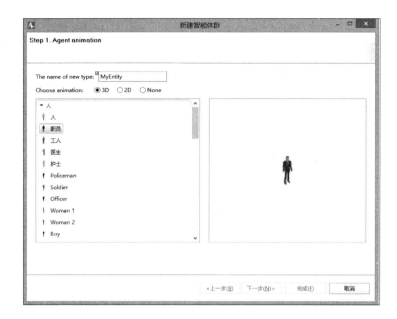

图 3-8-6　创建新的实体类型

图 3-8-7　设置资源"source"的属性

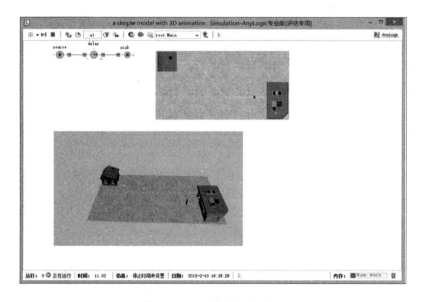

图 3-8-8　模型运行结果

## 第二节 三维物体的旋转——标杆标志

①创建一个新的模型。使用文本、矩形和直线画如图 3-8-9 所示的图形，同时，每一图形 Z 方向参数为如下。矩形，Z：0，Z-高度：2；文本，Z：2；标杆，Z：0，Z-高度：2。

②选中所有的图形，右击，选择"分组"，将其创建为一组，此时该组的中心在图片的中心。右击该组，从弹出的菜单中单击，选择组内容。将整个组元素向上移动，使整个组的中心位于标杆的底部，如图 3-8-10 所示，其中坐标处即为组的新的中心。

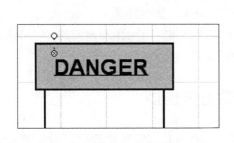
图 3-8-9 创建新的模型

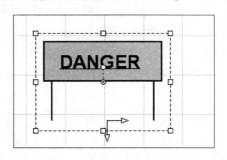
图 3-8-10 移动整个组元素

③单击整个组，在其属性处设置"X 旋转，弧度"为 -PI/2，如图 3-8-11 所示。

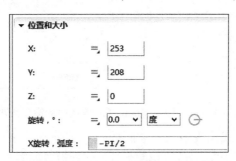
图 3-8-11 设置组的位置和大小属性

④拖拽一个 3D 窗口到编辑界面，并设置其属性中的网格颜色为白色。运行模型，如图 3-8-12 所示。可以看到，空间中出现了一个立于标杆上的标志，但是标志上的文本出现溶解的感觉，那是因为文字表面和标志的表面相交了，两者处于同一平面。

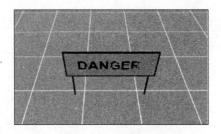
图 3-8-12 模型运行结果

⑤为了解决上述问题,可以重新设置文字的属性,将其 Z 值设置为 2.1,使文字在标志平面的上方。重新运行模型,如图 3-8-13 所示,文字变得清晰。

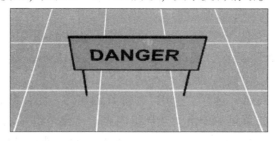

图 3-8-13　重新运行模型的结果

感谢:北京航空航天大学田艺枫(QQ:542277804)整理翻译。

文档中若有纰漏,可加入 Anylogic 官方中文交流群(QQ:332492286)与格瑞纳丛(QQ:383438135)联系,进行确认统一修改后再发布,谢谢。

## 第三节　桥式吊车模型

①创建一个新的模型,单击工程文件下的 simulation,在其属性中,设置窗口大小为 900×700,如图 3-8-14 所示。

图 3-8-14　设置 simulation 属性中的窗口大小

②在编辑界面中,画桥式吊车在 XY 平面的投影,分别为 3 个立方体和 2 个圆柱,如图 3-8-15 所示。立方体及圆柱的"位置和大小"的属性设置如图 3-8-16~图 3-8-20 所示。

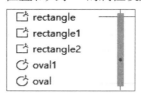

图 3-8-15　画桥式吊车在 XY 平面的投影

图 3-8-16　设置 rectangle 的"位置和大小"属性

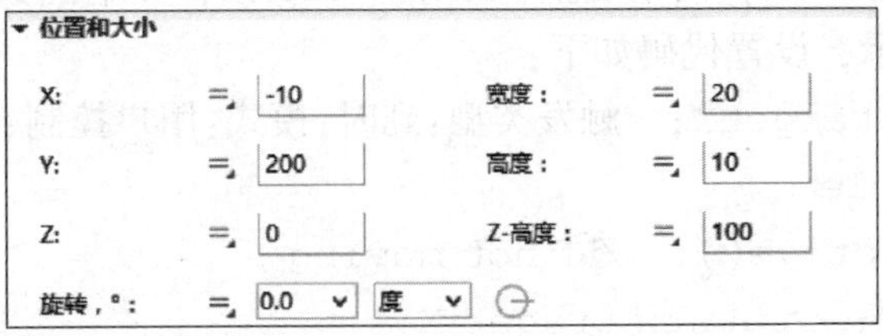

图3-8-17 设置 rectangle1 的"位置和大小"属性

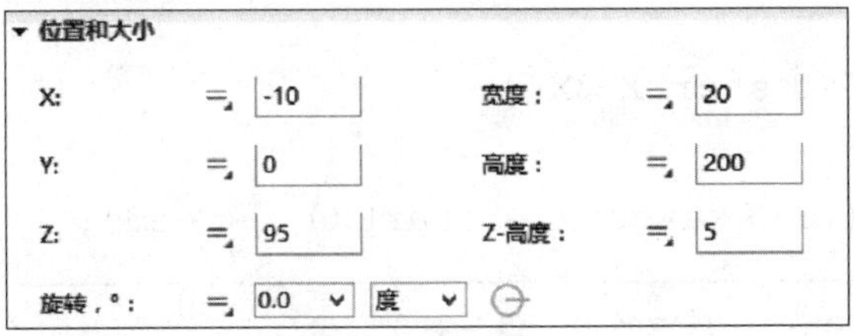

图3-8-18 设置 rectangle2 的"位置和大小"属性

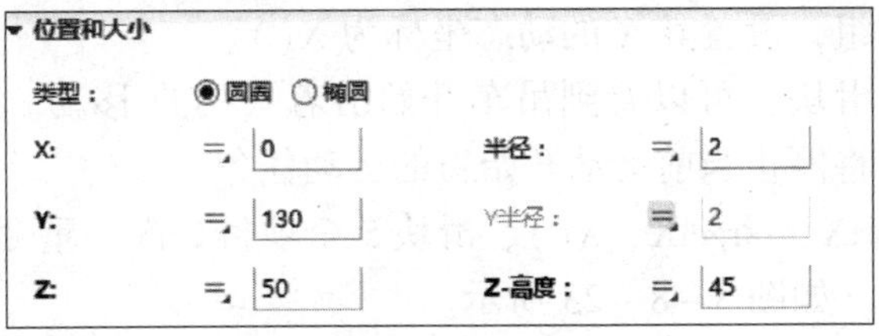

图3-8-19 设置 oval 的"位置和大小"属性

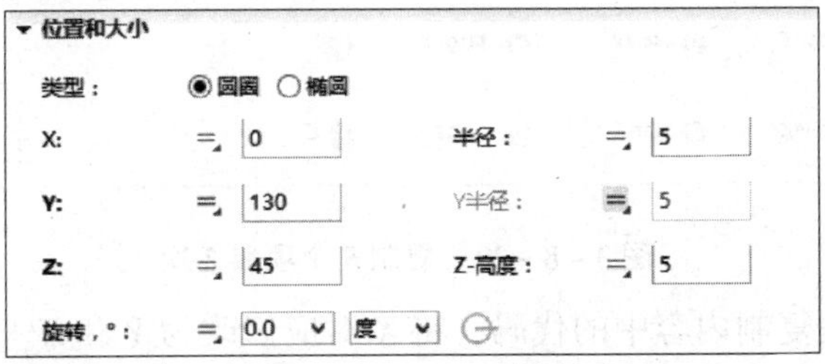

图3-8-20 设置 oval1 的"位置和大小"属性

③将所有的图形选中，右击，单击"分组"，创建为同一组，同时移动组的中心，使其在坐标原点处。

④拖拽一个三维窗口到编辑界面，将其左上角放置在（0，400）处，将窗口的像素设置为900×300。

⑤运行模型，调整三维窗口中的视角，出现吊车的三维模型，如图3-8-21所示。

⑥添加一个参数，命名为 speed，设置默认值为50。为了简化模型。吊车的三个移动方向的速度都将使用这个速度。

图3-8-21 模型运行结果

⑦添加一个事件：moveX，两个变量：startX、targetX，一个函数 x()，同时添加一个滑块，如图 3-8-22 所示，设置代码如下：

moveX:startX = targetX;　触发类型:到时;模式:用户控制;
X():返回值:double
```
if(!moveX.isActive()) //if not moving
return targetX; //return traget X
//otherwise calc distance to target
return targetX - moveX.getRest() * speed * signum(targetX - startX);
```
滑块:min:0 max:500 startX = X();
targetX = value;
moveX.restart(abs(targetX - startX) / speed);

图 3-8-22　添加事件及滑块

⑧选择之前创建的组，设置其 X 的动态坐标为 X()。

⑨运行模型，移动滑块，可以看到吊车开始沿着 X 方向移动。同时，如果在吊车移动过程中移动滑块，吊车将停止当前运动开始新的运动任务。

⑩复制 moveX、startX、targetX、X()、滑块 5 个项目 2 次。重命名复制内容，将其中 X 依次对应替换为 Y 和 Z，如图 3-8-23 所示。

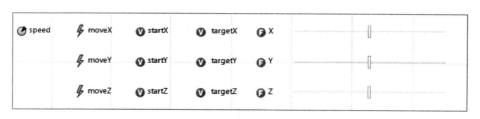

图 3-8-23　复制 5 个项目 2 次

⑪同样，对应修改复制内容中的代码，将 X 对应修改为 Y 和 Z。设置 Y 方向的滑块的范围为 0~200，设置 Z 方向的滑块范围为 0~95。修改起重臂的相关坐标，如图 3-8-24 和图 3-8-25 所示。

图 3-8-24　修改 oval 的"位置和大小"属性

图 3-8-25　修改 oval1 的"位置和大小"属性

⑫运行模型，如图 3-8-26 所示，移动滑块，可以看到桥式吊车在三个方向上的运动情况。

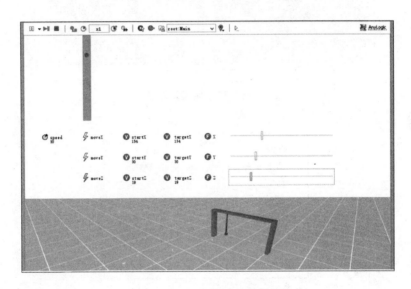

图 3-8-26　模型运行结果

感谢：北京航空航天大学田艺枫（QQ：542277804）整理翻译。

文档中若有纰漏，可加入 Anylogic 官方中文交流群（QQ：332492286）与格瑞纳丛（QQ：383438135）联系，进行确认统一修改后再发布，谢谢。

## 第四节　带三维窗口与摄像机的简单模型

①打开之前创建的模型：asimplemodelwith3Danimation，该模型将作为基础，本节将在此模型上做新的扩展。

②减小原三维窗口的大小，为另一个窗口留下空间。拖拽第二个三维窗口到第一个三维窗口的右侧，调整大小。两个三维窗口最后的效果如图 3-8-27 所示。

③从"面板"选项卡中的"演示"中拖拽一个摄像机到编辑界面任意处，如图 3-8-28 所示。

④运行模型，如图 3-8-29 所示，可以看到两个三维窗口均显示相同的场景。

⑤调整第一个三维窗口的视角，使其能够以一个较好的视角看清整个全景。右击，单击该三维窗口，选择菜单中的"复制摄像机的位置"，如图 3-8-30 所示。

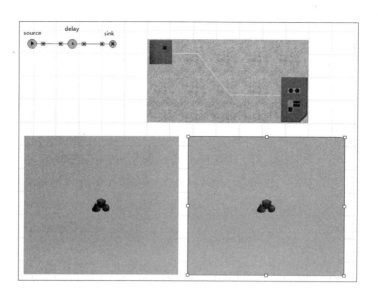

图 3-8-27 调整三维窗口

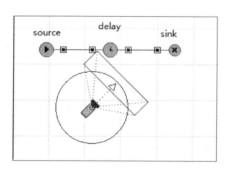

图 3-8-28 拖拽一个摄像机到编辑界面任意处

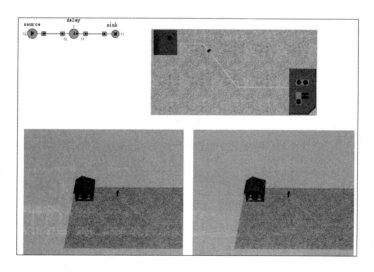

图 3-8-29 模型运行结果

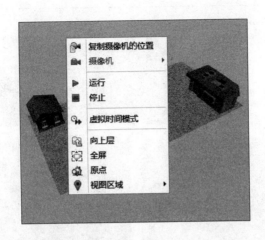

图 3-8-30　复制摄像机的位置

⑥返回编辑界面，单击摄像机，单击其属性中的"从剪贴板粘贴坐标"，此时，该摄像机将移动到新的坐标，同时，其角度等也将发生改变，如图 3-8-31 所示。

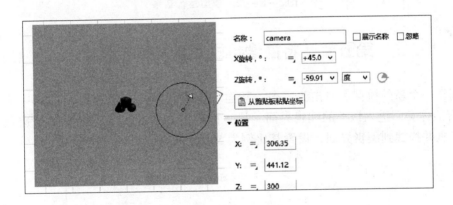

图 3-8-31　修改摄像机的属性

⑦选择第一个三维窗口，在其属性中，设置摄像机为 camera，即刚才创建的摄像机。不要勾选"跟随摄像机"，同时导航类型选择"只旋转"。

⑧运行模型，该三维窗口将以一个新的视角展现整个场景，这时可以微调整个场景，但不再能够对场景进行放缩。

⑨添加另一个摄像机，以同样的方式设置第二个三维窗口的视角，将该视角设置在商店的门口处，使整个视景集中在进商店的顾客上。

⑩在第二个三维窗口的属性处，选择"跟随摄像机"，导航类型设置为"无"。

⑪运行模型，检验整个模型，两个三维窗口分别从不同的摄像机角度对整个模型进行展示，如图 3-8-32 所示。

感谢：北京航空航天大学田艺枫（QQ：542277804）整理翻译。

文档中若有纰漏，可加入 Anylogic 官方中文交流群（QQ：332492286）与格瑞纳丛（QQ：383438135）联系，进行确认统一修改后再发布，谢谢。

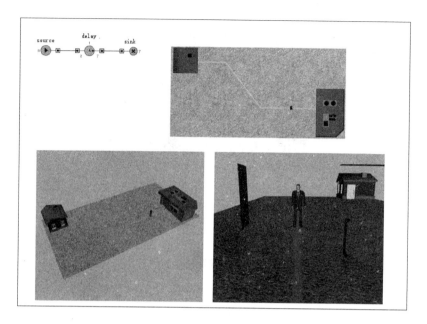

图 3-8-32 模型运行结果

## 第五节 将摄像机固定到移动物体上

①创建一个新的模型。右击工程名，新建一个智能体类，命名为 Airplane。双击"Airplane"智能体类，进入该类的编辑界面，从"面板"选项卡的"三维物体"选项栏中，选择民航飞机并拖拽到编辑界面，设置其比例为 50%，如图 3-8-33 所示。

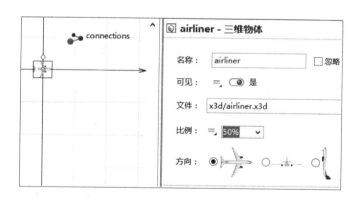

图 3-8-33 添加民航飞机到编辑界面

②回到"Main"编辑界面，从"工程"选项卡中拖拽"Airplane"到编辑界面，如图 3-8-34 所示，这时编辑界面将嵌入一个飞机的对象，确认该对象属性的"高级"中已经单击了"show presentation"。同时，单击飞机的动画，勾选其"高级"属性中的"画智能体到这个位置有偏移"。初始的飞机动画位于坐标原点，此处移动飞机到（200, 50）处。

③从图片中拖拽美国地图到编辑界面，移动该图片，使其左上角大概位于（200, 50），同时设置该地图位于底层，使飞机位于地图上方，如图 3-8-35 所示。

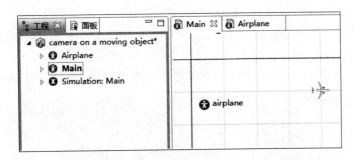

图 3-8-34　拖拽 Airplane 到编辑界面

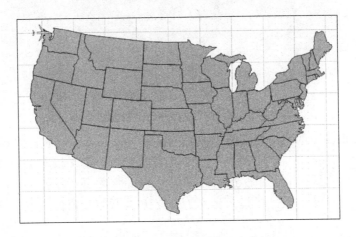

图 3-8-35　拖拽美国地图到编辑界面

④再次打开"Airplane"类的编辑界面，进入该智能体的属性中，并在"到达目标位置"处填写代码：moveTo(uniform(450),uniform(300));。该代码的作用是，当飞机飞到目标位置之后，将会随机飞往地图中另外一个位置。在其属性中，修改其速度为50。复制"到达目标位置"处的代码，并粘贴到"启动时"，其作用是设置飞机的初次飞行目标。

⑤运行模型，如图3-8-36所示，将能够看到飞机在二维界面的飞行情况。

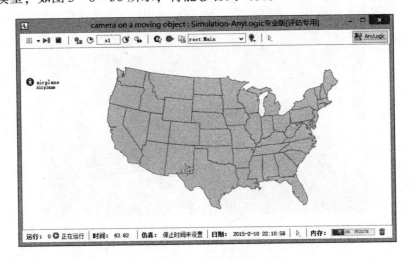

图 3-8-36　模型运行结果

⑥进入"Main"的编辑界面,单击"Main"的属性,确认其展示在二维和三维。单击"Main"界面上的飞机动画,设定其 Z 坐标为 30,使其在地图上方该高度飞行。拖拽一个三维窗口到地图下方。

⑦运行模型,如图 3-8-37 所示,将可以在三维窗口中看到其在三维中的飞行情况。

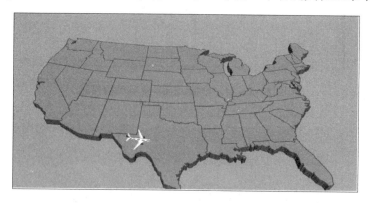

图 3-8-37 模型运行的三维结果

⑧进入"Airplane"的编辑界面并拖拽一个摄像机于其上,同时,将摄像机放置在飞机尾部,并旋转摄像机使其朝向飞机头部,如图 3-8-38 所示。进入该摄像机的属性页面,设置"X 旋转"为 20°,设置其 Z 坐标为 20,该参数将使摄像机位于飞机上方,并俯视飞机。

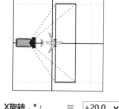

图 3-8-38 修改摄像机的属性

⑨回到"Main"编辑界面,添加一个按钮,并将其标签命名为:Airplane camera。添加按钮代码如下:window3d.setCamera(airplane.camera,true);。

⑩运行模型,如图 3-8-39 所示,单击上述按钮,3D 窗口将展示飞机视角。

⑪进入"Main"的编辑界面,拖拽一个新的摄像机到地图的左下角。添加另一个按钮,并命名为"Static camera",并在该按钮的属性中输入代码:

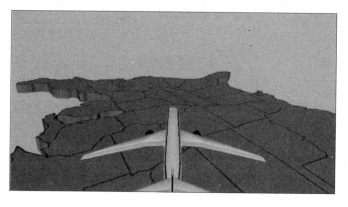

图 3-8-39 运行模型中 3D 窗口展示的飞机视角

```
window3d.setCamera(camera, false, 500);
window3d.setNavigationMode(WINDOW_3D_NAVIGATION_FULL);
```

⑫运行模型，如图3-8-40所示，单击切换按钮，将实现摄像机在两个物体之间视角的切换。

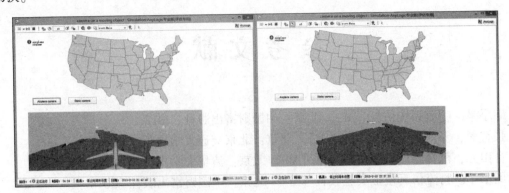

**图3-8-40 模型运行最终结果**

感谢：北京航空航天大学田艺枫（QQ：542277804）整理翻译。

文档中若有纰漏，可加入 Anylogic 官方中文交流群（QQ：332492286）与格瑞纳丛（QQ：383438135）联系，进行确认统一修改后再发布，谢谢。

# 参 考 文 献

[1] 邱小平. 物流系统仿真 [M]. 北京：中国财富出版社，2012.
[2] 张智勇，等. 物流系统仿真 [M]. 北京：北京交通大学出版社，2011.
[3] 肖田元，范文慧. 系统仿真导论 [M]. 北京：清华大学出版社，2010.
[4] 周永军. 物流仿真模拟实验教程 [M]. 北京：中国财富出版社，2016.
[5] 蒋淑华. 物流系统仿真理论与实践 [M]. 南京：东南大学出版社，2015.
[6] 唐连生，李思寰，张雷. 物流系统优化与仿真 [M]. 北京：中国财富出版社，2013.
[7] 马向国. 现代物流配送中心规划、仿真及应用案例 [M]. 北京：中国发展出版社，2014.
[8] 刘红. 供应链牛鞭效应建模与仿真 [M]. 上海：上海交通大学出版社，2008.
[9] 徐静. 基于供应链视角的生鲜农产品有效供给保障研究 [M]. 镇江：江苏大学出版社，2017.
[10] （俄）格里高利耶夫. AnyLogic 建模与仿真 [M]. 北京：清华大学出版社，2014.
[11] 龚晓光，肖人彬. 管理系统模拟应用 以供应链为背景 [M]. 北京：电子工业出版社，2012.
[12] 马峻. 离散事件系统仿真技术与实例 [M]. 北京：中国铁道出版社，2015.